Korra Deaver ist Reinkarnationstherapeutin und war Präsidentin des »Parapsychology Education Centers« in Little Rock, Arkansas. Sie erhielt 1984 den Ehrendoktortitel für Parapsychologie der St. John's University Louisiana, USA.

Esoterik

Herausgegeben von Gerhard Riemann

Dieses Buch wurde auf chlor- und säurefreiem Papier gedruckt.

Deutsche Erstausgabe September 1993
© 1993 für die deutschsprachige Ausgabe
Droemersche Verlagsanstalt Th. Knaur Nachf., München
Das Werk einschließlich aller seiner Teile ist urheberrechtlich geschützt.
Jede Verwertung außerhalb der engen Grenzen des Urheberrechtsgesetzes ist
ohne Zustimmung des Verlages unzulässig und strafbar. Das gilt insbesondere
für Vervielfältigungen, Übersetzungen, Mikroverfilmungen und die Einspeicherung
und Verarbeitung in elektronischen Systemen.
Titel der Originalausgabe »Psychic Power & Soul Consciousness«
© 1991 Korra Deaver
Originalverlag Hunter House Inc., Publishers
Umschlaggestaltung Peter F. Strauss
Satz DTP ba · br
Druck und Bindung Ebner Ulm
Printed in Germany
ISBN 3-426-86036-8

2 4 5 3 1

Korra Deaver

Magische Kräfte
und Spiritualität

Neun Schritte auf dem Weg

Aus dem Amerikanischen von Manuela Pervez

Inhaltsverzeichnis

1. Woche

2. Woche

3. Woche

4. Woche

5. Woche

6. Woche

Praktische Übungen, Teil 6: Die Aura und die Akasha-Chronik

7. Woche

8. Woche

9. Woche

Wichtiger Hinweis

Das Material dieses Buches ist eine genaue Beschreibung und ein Überblick über die Techniken, die von der Autorin verwendet oder entwickelt wurden, um erweiterte Sinneswahrnehmungen hervorzurufen. Alle in diesem Buch beschriebenen Übungen sollten sorgfältig und vorsichtig angewandt werden.

Hinweise zum Gebrauch dieses Buches

Dieses Buch ist in erster Linie als Handbuch zur sorgfältigen Planung einer effektiven Entwicklung der bereits in Ihnen schlummernden Fähigkeiten gedacht. Es ist aus den Erfahrungen der letzten 25 Jahre entstanden, in denen ich selbst lernte und forschte. Davon verbrachte ich 15 Jahre in den Unterrichts- und Vortragsräumen der esoterischen Zentren in ganz Amerika. Ich habe dieses Buch geschrieben, um Sie über die Stufe des oberflächlichen »Spiritismus« hinaus in die tieferen Ebenen Ihres Seins zu führen. Es soll Sie durch ein klar gegliedertes und durchdachtes Programm spiritueller und psychischer Entwicklung auf den Heimweg zu erweitertem Bewußtsein bringen.

Zunächst möchte ich kurz die Bedeutung des Wortes »okkult« klären. Im heutigen Sprachgebrauch werden damit zunehmend Dinge wie »schwarze Magie«, »Hexerei« und »Satanskult« assoziiert, was jedoch eine irreführende und einseitige Auslegung ist. Okkult bedeutet einfach »geheim, verborgen« und bezieht sich auf tiefgründige seelische Prinzipien. Das Okkulte ist »geheim«, da es sich auf geistige Vorgänge im Inneren des Menschen bezieht, die niemand anders sehen oder hören kann und an denen niemand anders teilhaben kann. Diese Vorgänge sind daher jedem »verborgen«, der sie nicht selbst erfahren hat.

Bei der Suche nach Büchern für die Anfänger in meinen Gruppen entdeckte ich, daß die meisten Bücher die Interpretation der spirituellen Gesetze durch den jeweiligen Autor widerspiegeln. Oder sie sind von Gurus geschrieben, die eine bestimmte Form der Entwicklung einer anderen vorziehen, wobei sie sich manchmal sogar bezüglich der Interpretation dieser Gesetzmäßigkeiten widersprechen. Die meisten Bücher sind entweder von einem strikt wissenschaftlichen oder einem mystischen Standpunkt aus geschrieben worden. Die wenigen Autoren, die den Versuch machen, Religion und Wissenschaft in Einklang zu bringen, befassen sich in der Regel nur mit einem Ausschnitt des Lebens, zum Beispiel erstens wie man materiell, zwischenmenschlich und/oder geschäftlich erfolgreich sein kann, zweitens mit Meditation und ihrer Auswirkung im inneren und äußeren Leben oder drittens mit positivem Denken und seinem Dreh- und Angelpunkt, der Willenskraft. Wieder andere empfehlen magische Rituale unterschiedlicher Art, um die Elemente unter Kontrolle zu bringen.

Ich habe bis zum heutigen Tage kein Buch gefunden, welches ein verständliches, umfassendes Programm persönlicher und spiritueller Entwicklungsschritte darlegt und gleichzeitig auch neue wissenschaftliche Erkenntnisse mit einbezieht, so daß der Praktizierende dahin geführt wird, sein ICH-BIN-Bewußtsein auf die rechte Art und Weise zu benutzen. Denn dieses ICH-BIN-Bewußtsein ist uns als einzige Quelle der Führung in allen weltlichen und spirituellen Angelegenheiten gegeben worden. In diesem Handbuch nennen wir dieses Bewußtsein das Seelen-Selbst, obwohl es in allen Zeiten in den Religionen als Gott bezeichnet worden ist, von dem man glaubte, er sei die innere Stimme, der nur zu den Gläubigen und Heiligen sprach. Ich glaube, daß dieses Seelenbewußtsein uns allen von Natur aus gegeben ist, aber von den meisten Menschen entweder nicht genutzt oder nicht erkannt wird.

Dieses Buch ist eine Synthese meiner persönlichen Studien und Forschungen, in denen ich ein wachsendes persönliches Verstehen der universellen Gesetze erwarb – was sie sind, wie sie funktionieren und wie sie auf das normale Leben angewandt werden können, um inneren und äußeren Reichtum, spirituelle Entwicklung und Meisterschaft zu erzielen. Die Arbeit begann nach der Gründung des Instituts für Mediale Wissenschaften in

Little Rock, Arkansas, im Jahre 1971. Es fanden dort eine Reihe von Ausbildungsgruppen statt, in denen außersinnliche Wahrnehmung (ASW) gelehrt und erforscht wurde. Der Name der Schule wurde 1978 umgeändert in »Parapsychologisches Ausbildungszentrum«, und 1984 führte eine Rezession dazu, daß das Zentrum geschlossen wurde.

Das Zentrum war eine unabhängige, gemeinnützige Organisation und als solche der Entwicklung und Erforschung der latenten Kräfte und unerforschten Potentiale des Menschen gewidmet. Da das Zentrum nicht an eine spezielle Lehre oder Geistesschule gebunden war, waren wir frei, unserem Gewissen und unserem Bewußtsein bei unseren Forschungen zu folgen. Diese Freiheit ermöglichte eine Synthese vieler verschiedener Gedankenrichtungen und einen umfassenden Überblick, der auf jeden Bereich des Lebens angewandt werden konnte.

Die Kapitel in diesem Buch geben neun Vorträge und Workshops wieder, die ich für Anfängergruppen entwickelt habe. Viele Studenten kamen aus reiner Neugier ins Zentrum, und doch fühlte ich mich dafür verantwortlich, sie so schnell wie möglich auf die tieferen Mysterien vorzubereiten. Die ersten vier Wochen bzw. Kapitel sind dafür gedacht, diese Übergangsphase zu verkürzen. Die Kapitel befassen sich mit weltlichen Angelegenheiten und damit, wie Sie durch den rechten Gebrauch Ihres Intellekts, Ihres Willens, Ihrer Gefühle und Ihrer Vorstellungskraft erwünschte Veränderungen in Ihrem Leben herbeiführen können.

In der fünften Woche beschäftigen wir uns mit dreizehn der Gesetzmäßigkeiten, die als die »niederen Mysterien« bekannt sind. Die kurze Darstellung der Gesetze soll Sie dazu anregen, sich geistig mit ihnen auseinanderzusetzen. Hinter diesen Gesetzmäßigkeiten steht eine Philosophie, welche viele einfache Regeln enthält, durch die man das eigene Leben so gestalten kann, wie man es möchte. Mit Hilfe dieser Gesetzmäßigkeiten erreichen Sie auf eine geistig gesunde und leicht umsetzbare Art und Weise die

Dinge, die Sie sich am allermeisten wünschen. Sie können lernen, effektiver zu kommunizieren, Ihre zwischenmenschlichen Beziehungen erfolgreich zu gestalten und vor allen Dingen eine vertraute Kommunikation zwischen Ihnen und Ihrer Seele zu etablieren. Ihnen wird die Gelegenheit geboten, sich mehr an Ihrer Seele als an einem Guru zu orientieren und Ihren eigenen Weg durch das wachsende Dickicht esoterischer oder spiritueller Dogmen zu finden.

Die letzten vier Kapitel beschreiben, wie Sie Ihre höheren Chakren aktivieren und Ihr Bewußtsein um die mentalen und spirituellen Dimensionen Ihres Seins erweitern können. Dies wird Ihre Entwicklung zu vollständiger geistiger und seelischer Selbstverwirklichung beschleunigen.

Die Beschäftigung mit diesem Buch wird Ihr Leben auf wundervolle Art und Weise verändern. Bevor Sie anfangen, möchte ich Ihnen noch ein paar Tips mit auf den Weg geben. Sie können sich allein oder in einem Kreis gleichgesinnter Freunde mit diesem Buch beschäftigen. Wenn sie gewissenhaft die acht nachfolgenden Schritte ausführen, werden Sie auf heilsame Art persönlich und spirituell wachsen:

1. Nehmen Sie sich an einem Tag in der Woche zwei Stunden Zeit, zum Beispiel am Montagmorgen oder am Dienstagabend, um den theoretischen Teil des Kapitels zu lesen. Machen Sie dies genauso gewissenhaft, als wenn Sie zum Unterricht in einer öffentlichen Schule gingen und wüßten, daß ein Lehrer dort auf Sie wartet. Lesen Sie den Text, egal, was sonst in Ihrem Leben passiert. Selbstdisziplin und Gewissenhaftigkeit werden sich auszahlen. Sie werden sich nicht nur Wissen aneignen, sondern die positiven Auswirkungen dieser Qualitäten in Ihrem täglichen Leben erfahren und vor allem auch spirituelles Wissen über sich selbst erwerben.

2. Führen Sie ein spirituelles Tagebuch (in Kapitel 2 steht mehr darüber, wie Sie dies möglichst erfolgreich tun können). Lesen Sie an dem ausgewählten Tag das Textmaterial für die jeweilige Woche. Schreiben Sie einen kurzen Abriß oder eine Zusammenfassung der wesentlichen Punkte in Ihr spirituelles Tagebuch.

3. Machen Sie entweder allein, mit Ihrer Familie oder mit Freunden an den restlichen Tagen der Woche die Übungen, die in dem Kapitel beschrieben werden. Andere können auch von den Übungen profitieren, da sie ihnen helfen, ihre medialen Fähigkeiten zu entfalten, und viele der Übungen eignen sich sogar gut als Partyspiele. Es ist nicht wichtig, wieviel Zeit Sie mit jeder Übung verbringen. Wenn Ihr inneres Selbst berührt wird, werden Sie Begeisterung spüren und gespannt sein. So werden Sie feststellen, daß einige der Übungen Sie mehr anziehen als andere. Die Freude, die Sie bei diesen speziellen Übungen verspüren, wird Sie veranlassen, sie immer wieder zu machen.

Jede Übung ist ein »Türöffner« zum inneren Selbst. Wahrscheinlich werden Sie weder in der Lage noch willens sein, sämtliche Übungen zu machen, doch sollten Sie versuchen, so viele wie möglich auszuprobieren. Die Gedanken und Handlungen, die die Übungen erfordern, werden dazu beitragen, in Ihnen schlummernde Sinne zu erwecken, die Sie bald ganz automatisch auf die Situationen des täglichen Lebens anwenden werden.

4. Notieren Sie in Ihrem spirituellen Tagebuch die Ergebnisse, die Sie bei den Übungen erzielen. Denken Sie daran, daß es nicht darum geht, Ihre Fähigkeiten zu testen. Sie werden nicht für »gute« oder »schlechte« Ergebnisse oder dafür, daß Sie bessere oder schlechtere Ergebnisse als jemand anders haben, benotet. Seien Sie daher in bezug auf Ihre Leistung ehrlich. Sie werden bald anfangen, zu verstehen, wie Ihr

Gehirn funktioniert, wie Sie persönlich Informationen empfangen und wie Sie auf normale Lebenssituationen ansprechen.

5. Sie sollten sich einmal am Tag oder mindestens dreimal in der Woche die Zeit nehmen, um die Meditation der jeweiligen Woche durchzuführen. Notieren Sie in Ihrem Tagebuch die Zeiten Ihrer Meditation und alle besonderen Auswirkungen, die Sie bemerkt haben.

6. Achten Sie in der Woche, während deren Sie die Prinzipien anwenden, die im Textmaterial dargelegt werden, auf jede Veränderung in Ihren zwischenmenschlichen Beziehungen und in Ihrer Einstellung zum Leben. Schreiben Sie Ihre Beobachtungen in Ihr spirituelles Tagebuch.

7. Schreiben Sie alle Fragen, die Sie zu den in der Woche behandelten Themen haben, in Ihr Tagebuch. Erwarten Sie, daß sie auf eine interessante und kreative Art und Weise beantwortet werden. Die Informationen in diesem Buch sollen Ihnen helfen, Ihre eigenen Antworten auf jede Frage und zu jeder Situation zu finden. Das Buch liefert nicht nur die Grundlagen für spirituelle Entwicklung, sondern auch eine sichere Basis für den bewußten Kontakt zur inneren Stimme der Seele.

8. Ihr Fortschritt wird von Ihrer Einstellung und Ihrem Einsatz abhängen. Genauso wie der unregelmäßige Besuch der Schule schlechtere Zensuren bringt, wird die unregelmäßige Anwendung des Materials und der Übungen die Menge und die Qualität des Wissens mindern, das Sie erwerben und behalten. Ich möchte Ihnen daher nahelegen, Ihre Studienzeiten unbedingt beizubehalten – allen sich aufdrängenden anderen Aktivitäten Ihres Lebens zum Trotz. Wenn Sie die Übungen gewissenhaft durchführen, die Ihre medialen Zentren zunächst vorbereiten und dann öffnen, werden Sie nie wieder derselbe sein. Jede neue Erfahrung verändert die

menschliche Persönlichkeit in einem gewissen Ausmaß. Die Erfahrungen, die Sie mit Hilfe dieses Buches machen können, sind dazu bestimmt, Ihr Bewußtsein zu erweitern und jene Fähigkeiten und inneren Wahrnehmungsmöglichkeiten in Ihr Bewußtsein zu bringen, die Ihrem göttlichen Selbst entspringen – unserem lebenswichtigen, doch weitgehend unerkannten göttlichen Erbe.

Viele Bücher vereinfachen das Thema der esoterischen Entwicklung zu sehr, doch findet der Student bald heraus, daß zu spirituellem Wachstum mehr gehört als »positives Denken«, mehr als zu lernen, mit einer selbstgeschaffenen, eigenen Welt umzugehen, und mehr als das Abbauen mentaler und körperlicher Anspannungen durch Meditation – auch wenn all diese Faktoren eine Rolle spielen.

Man kann die Auswirkungen eines undisziplinierten Lebens nicht dadurch beseitigen, daß man sich einredet, das Problem existiere gar nicht. Die Vergangenheit hat Macht, und man muß sie verstehen, bevor man sie überwinden kann. Das alte Leben muß täglich – und in jedem Moment aufs neue – durch sich ständig erweiternde Erkenntnis und Umsetzung von besserem Verhalten transformiert werden. Dieses Buch zeigt einen evolutionären Entwicklungsprozeß auf, in dem sich das außersinnliche und spirituelle Bewußtsein kontinuierlich erweitert. Dies ist das größte Geheimnis eines erfolgreichen und erfüllten Lebens.

Wenn sich der Geist erst einmal für die neue, inspirierende Idee geöffnet hat, daß es einen Weg gibt, auf dem man durch eigene Anstrengungen die Aktivitäten im Leben unter Kontrolle bringen kann, wird er und kann er nicht mehr in die alte, begrenzte Form zurückfallen. Es ist genauso unmöglich, daß eine sich entfaltende Seele zu der alten, einst vertrauten Sicht des Lebens zurückkehrt, wie es für einen Zwölfjährigen unmöglich ist, in die Wiege zurückzukehren. Die Seele paßt nicht mehr in die alten Muster, wenn sie einmal mit ihren neuen Dimensionen in Berührung gekommen ist. Sie hat ein größeres Verständnis des Planes menschlicher Entwicklung gewonnen und ist gewachsen – so wie es uns allen nach den esoterischen Gesetzen des Universums bestimmt ist.

In früheren Zeiten glaubte man, daß bewußte Kontrolle übersinnlicher Phänomene, womit wir die bewußte Verursachung von Prophezeiungen, Hellsicht, Geistheilung, Astralwanderung und ähnlichen »Wunderdingen« verstehen, nur Hexen, Zauberern und Magiern vorbehalten sei. Heute erkennen die spirituellen Wegbereiter, daß diese Fähigkeiten ein natürliches Nebenprodukt innerer Entwicklung sind. Die Zeiten, in denen Aberglauben und Angst in bezug auf übersinnliche Phänomene herrschten, gehen zu Ende und mit ihnen andere überkommene Philosophien. Der Forschergeist ist heutzutage stärker denn je in der Geschichte der Menschheit. In dem Maße, wie Sie lernen, Ihre neu erworbenen Fähigkeiten zu beherrschen und willentlich einzusetzen, werden Sie Ihr persönliches Leben mit all seinen Aspekten unter Kontrolle haben. Sie werden nicht länger ein Blatt im Wind sein oder ein Opfer des Schicksals, welches den eigenen oder fremden Emotionen, den Umständen, Situationen oder Ereignissen hilflos ausgeliefert ist. Sie werden statt dessen Ihr eigenes Schicksal in die Hand nehmen. Sie werden lernen, bewußt Gelegenheiten herbeizuführen, durch die Sie das Leben endlos zum Besseren verändern können, indem sie bewußt zu Ihrer eigenen inneren Stimme Kontakt aufnehmen, um in jedem Augenblick Führung zu bekommen.

Wenn Sie mit den Übungen fertig sind, werden Sie vielleicht in der Lage sein, sich telepathisch mit einem Freund zu unterhalten, der Kilometer weit weg ist. Oder Sie werden Gefahren erkennen, bevor sie sich ereignen, oder die Zukunft vorhersehen. Vielleicht erkennen Sie zum erstenmal, daß Ihre Träume keine unnützen Phantasieprodukte eines chaotischen Unterbewußtseins sind, sondern gültige Kommunikationswege, durch die Sie Anleitung, Einsichten und Informationen bekommen, und daß sie sehr häufig wichtige Daten enthalten, die sich auf die Vergangenheit, die Gegenwart und die Zukunft beziehen.

Sie werden bald erkennen, daß Eingebungen, die Sie vielleicht bisher ignoriert haben, häufig wertvolles Wissen enthalten, welches Sie zu Ihrem Vorteil verwenden können. Sie werden auch erkennen, daß die Erweiterung Ihrer Wahrnehmungsfähigkeiten nur davon abhängt, wie weit Sie Ihren Horizont stecken können. Vielleicht werden sie nicht alle medialen Fähigkeiten entwickeln, von denen im Text die Rede ist, aber Sie werden neue dynamische Energien in sich entdecken. Auf die eine oder andere Art und Weise wird sich Ihr persönliches übersinnliches »Talent« zeigen. Sie gestalten Ihr Leben selbst. Echte psychische und spirituelle Gesundheit und Entfaltung gibt es nur, wenn man der eigenen inneren Weisheit folgt und sich ganz der Führung durch die eigene Seele und dem persönlichen Lebensplan hingibt.

Überall auf der Welt sind Menschen spirituell verwirrt – oder tief vom göttlichen Selbst berührt – und suchen nach Gurus, spirituellen Helfern oder Heil in den verschiedenen Formen der Bewußtseinsforschung. Sie folgen sowohl dem linkshändigen als auch dem rechtshändigen Pfad, um Antworten auf dringende universelle Fragen zu erhalten: Wer bin ich? Woher komme ich und wohin gehe ich? Welchen Weg soll ich einschlagen? Wie finde ich den richtigen Weg in das neue Zeitalter oder Hilfe und Rat in meiner augenblicklichen Situation?

»Wo keine Offenbarung [Vision] ist, wird das Volk wild und wüst ...« (Sprüche 29, 18). Man hat von den Vereinigten Staaten behauptet, daß sie ein technologischer Riese und ein spiritueller Zwerg seien. Die Menschen haben keine Vision (Offenbarung) mehr. Die Seele ringt in dieser Situation um Anerkennung ihres Seins, und so kommt es, daß sich immer mehr Menschen aus allen Gesellschaftsschichten mit spiritueller und psychologischer

21

Selbsterfahrung und der Suche nach höheren Werten und Selbstverwirklichung beschäftigen.

Wenn in uns dieses Gefühl der dringenden Notwendigkeit aufkommt, das uns nicht mehr losläßt, so ein Gefühl, daß es vielleicht bald zu spät sein könnte, dann begeben wir uns auf den Weg, auf dem es »kein Zurück« mehr gibt, wie ich immer sage. Wenn ein Mensch sich auf diesen Weg eingelassen hat – der in Wirklichkeit eine aufwärts gerichtete spirituelle Bewegung ist, eine Erweiterung unseres Bewußtseins darüber, wer wir wirklich sind –, beginnt er, sich allein oder in Gruppen mit esoterischen oder spirituellen Fragen zu beschäftigen.

Die eigene religiöse Zugehörigkeit spielt dabei genausowenig eine Rolle wie der Beruf oder der soziale Hintergrund. Unsere eigene Göttlichkeit, die wir erfahren, wenn wir uns unserer selbst als Seele bewußt sind, steht jenseits der Illusion religiöser und sozialer Unterschiede und lebt gleichzeitig in Frieden mit ihnen. Wenn die Prinzipien oder Gesetzmäßigkeiten verstanden werden, die jenen Gottesfunken in uns allen lenken, kann man mit Selbstvertrauen und einem Gefühl von Sicherheit das eigene Leben auf die Entfaltung der höchsten menschlichen Potentiale hin ausrichten. Mir ist klar, daß einige Menschen nicht ohne therapeutische Hilfe mit den Problemen, die sie in ihrem Leben geschaffen haben, zurechtkommen können. Selbsterforschung kann sinnlos oder sogar gefährlich sein, wenn gewisse Persönlichkeitsanteile nicht vorher integriert und verarbeitet worden sind. Diesen Menschen empfehle ich mit Nachdruck, sich lieber um professionelle psychologische Unterstützung zu bemühen, anstatt auf eigene Faust zu experimentieren. Viele Millionen intelligenter und sonst normaler Menschen, die in der materialistischen Konditionierung unserer Gesellschaft gefangen sind, werden allerdings den Pfad der Selbsterleuchtung, wie er in diesem Buch dargelegt wird, als ein Licht in ihrer trüben Welt willkommen heißen, da er ihnen den Weg zur Selbst-Beherrschung aufzeigt.

Lassen Sie mich diesen Punkt noch ein bißchen klarer machen. Dies ist kein weiteres Handbuch zur Entfaltung einer passiven Form von »Medialität«. Es wird Sie nicht ermutigen, sich auf spirituelle Führer und Lehrer, Oui-ja-Bretter[1] oder irgendeine andere Art von Kontrolle durch innere oder äußere Kräfte zu verlassen. Obwohl diese »medialen Erfahrungen« durchaus real sind, führen sie normalerweise keineswegs zu der Art von spiritueller Evolution, nach der wir suchen, da sie in den wenigsten Fällen vom Individuum kontrolliert werden können. Diese Fähigkeiten werden im allgemeinen durch einen entspannten, empfänglichen Geisteszustand hervorgebracht, der einer leichten Trance oder einem Zustand von Selbsthypnose ähnelt. Der gleiche Geisteszustand läßt einen auch für alle möglichen Wesenheiten, Energien oder Intelligenzen offen sein, die sich gerade in der Nähe befinden. Sowohl der eigene Wille als auch der bewußte Verstand werden in gewisser Weise abgeschaltet, wobei die Person für allerlei Kräfte offen ist, von denen zumindest einige sehr unerwünscht sind. Es ist bekannt, daß eine solche Herangehensweise bei der betreffenden Person irrationale Verhaltensweisen hervorrufen kann, wenn sie dies lange und oft genug praktiziert. Die Methoden in diesem Buch führen den Leser Schritt für Schritt den mystischen Pfad entlang, wobei der Geist vollständig wach bleibt und vom Willen gelenkt werden kann. Die Betonung liegt auf der Individualität und der Einzigartigkeit des Lernenden im Rahmen des kosmischen Plans. Das Programm legt die Verantwortung für die Beherrschung und Entwicklung dieser Einzigartigkeit in die Hände des Individuums, nicht in die der Helfer, Geister oder Gurus. Der Leser lernt durch diese Herangehensweise mehr und mehr die Situationen des Lebens zu meistern und seine persönlichen emotionalen Reaktionen auf das Leben zu kontrollieren. Dies ist ein systematischer Prozeß, bei dem Sie sich partnerschaftlich mit der Seele verbinden – der einzigen wirklichen Quelle spirituellen Wissens und übersinnlicher Bewußtheit.

Gruppenarbeit

Ich hoffe sehr, daß Sie dieses Buch so inspirierend, erbauend und auch für die Praxis geeignet finden, daß Sie eigene Gruppen leiten und dabei dieses Handbuch benutzen möchten. Vielleicht laden Sie auch einfach einige Freunde zu sich nach Hause ein, um sich gemeinsam weiterzuentwickeln.

Die Größe der Gruppe ist dabei unwichtig, obwohl die meisten eher klein sind. In kleineren Gruppen ist es leichter, eine gewisse Intimität und Entspanntheit herzustellen, und es ergeben sich häufiger Gespräche zwischen Leiter und Schülern. Mit größeren Gruppen von 45 bis 50 Personen ist es schwerer, einen persönlichen Kontakt mit jedem einzelnen herzustellen. Sie könne jedoch sehr effektiv sein, wenn die Studenten sich paarweise oder in Kleingruppen zusammentun, um die Übungen zu machen, wobei am Ende jedes Treffens Zeit gelassen werden sollte, damit aufregende Durchbrüche und Resultate im großen Kreis besprochen werden können.

Normalerweise bedarf es eines starken Gruppenleiters, damit die Gruppe am Ball bleibt. Wenn persönliche Erfahrungen oder Entdeckungen mitgeteilt werden, neigen einzelne leicht dazu abzuschweifen, wenn kein Verantwortlicher da ist, der sie wieder auf das jeweilige Thema zurückbringt. Wenn dies zu oft vorkommt oder wenn eine Person das Gespräch beherrscht, neigt die Gruppe dazu, unruhig zu werden und mangels Interesse auseinanderzubrechen.

Viel Erfolg für Ihre Entwicklung! Wenn Sie die vermittelten Prinzipien regelmäßig anwenden, werden Sie am Ende der neun Wochen ein anderer Mensch sein. Ihr Wertesystem wird um neue Werte bereichert sein, und Sie werden dem Leben gesünder, angemessener und freudiger entgegentreten.

Für den christlich orientierten Leser

Als ältestes von drei Kindern wurde ich von einer christlichen Mutter und einem atheistischen Vater erzogen. Eine meiner ersten Erinnerungen ist, daß meine Mutter mir und meinen zwei Brüdern, als wir gerade laufen konnten, aus der Bibel vorlas.

Es war uns jedoch nicht erlaubt, Gott oder irgendeine religiöse Schrift oder Lehre zu erwähnen, wenn mein Vater im Hause war. Seltsamerweise wurden mein älterer Bruder und ich ordinierte Priester. Mein Bruder fühlt sich zutiefst mit traditioneller christlicher Theologie verbunden, ich wurde New-Age-Priesterin.

Mein Vater, der Anfang dieses Jahrhunderts in der kanadischen Wildnis groß geworden war, hatte nur die Möglichkeit gehabt, die Volksschule zu besuchen. Er war jedoch wißbegierig und war sich immer des menschlichen Potentials bewußt, Neues, Unerprobtes und Unbekanntes zu erforschen. Er staunte unaufhörlich über die Fülle neuer Erfindungen, die in der ersten Hälfte dieses Jahrhunderts aufkamen. Für ihn mußte alles möglichst praktisch sein und einen irdischen Bezug haben. Er sagte von sich, daß er nicht an einen Gott glaubte – das war ihm nicht praktisch genug. Dennoch bekam ich oft eine Gänsehaut, wenn er von seinen eigenen Abenteuern in Häusern, in denen es spukte, oder von seinen manchmal bizarren Erlebnissen als Trapper allein in der Wildnis erzählte. Ich empfand ein seltsames Verlangen in mir, selbst einige der außergewöhnlichen Dinge zu erleben, die es in Gottes weiter Welt gibt.

Mein Vater entschied sich dafür, daß religiöse Prinzipien nicht in die Praxis umgesetzt werden konnten. Ich aber sah, daß Wissenschaft und Religion Seite an Seite in der Welt existierten. Also mußte es irgendeine noch nicht entdeckte Art und Weise geben, sie miteinander in Einklang zu bringen. In der Genesis (1. Mose 3) heißt es zum Beispiel: »Und Gott sprach: Es werde Licht! Und es ward Licht.« Die Wissenschaft glaubt, daß das Universum mit dem Urknall oder mit einer großen Explosion einer unvorstellbaren Menge an Energie seinen Anfang nahm. Kann eine solche Explosion von Energie etwas anderes gewesen sein als eine gewaltige Explosion von Licht? Auf der anderen Seite kann Schall nicht ohne feste Körper existieren, die ihn zurückwerfen, aber die Bibel erwähnt auch keinen Schall, oder? Daher müssen sowohl der Urknall wie auch Gottes Erschaffung des Lichtes in Stille vor sich gegangen sein.

Als Kind wußte ich oft, wann sich Besuch unserer Farm näherte, ohne erklären zu können, wie ich dazu kam, es zu wissen. Meine Tante bedeutete mir sehr freundlich und behutsam, daß ich dieses Wissen nicht zulassen dürfe, da es »das Werk des Teufels« sei. Also übte ich mich darin, nicht zu wissen, daß ich »wußte«. Doch tuschelten sie und andere oft darüber, daß eine andere Tante, die häufig epileptische Anfälle hatte, vielleicht von einem Geist »besessen« sein könnte. Sie fanden es nicht seltsam oder gottlos, daß solche Gedanken in ihren Köpfen waren.

Ich nahm die religiösen Lehren meiner Kirche von ganzem Herzen an, erzog meine Kinder im Sinne der Kirche und versuchte mit meinem ganzen Sein, die moralischen und ethischen Kodizes, die mir von meinem Glauben nahegelegt wurden, zu leben. Ich studierte auch als junge Erwachsene weiterhin die Bibel und wurde bereits in jungen Jahren von vielen als mütterliche Ratgeberin betrachtet. Ich stieß jedoch immer wieder auf einen seltsamen Zwiespalt, der manchmal einfach zu offensichtlich war: Auf der einen Seite gab es die Art und Weise, wie mir die Kirche vorschrieb, zu denken und zu handeln, und auf der anderen Seite war da die schlichte und einfache Tatsache, daß die Erfahrungen des Lebens einfach nicht in diese Schablone paßten und passen konnten.

Warum verhalten sich Menschen so, wie sie es tun, besonders wenn es noch nicht einmal zu ihrem eigenen Besten ist? Wenn wir bereits sündig geboren werden und nur dadurch von der

Sünde geläutert werden können, daß wir die stellvertretende Sühne durch das Blutvergießen Jesu akzeptieren, was passiert dann mit all den Babys, die sterben, bevor sie alt genug sind, um sich für Jesus zu entscheiden? Was ist mit den Stummen oder Behinderten? Wie kann ein liebender Gott (falls er ein liebender Gott ist) die vielen Heiden der »dunklen« Kontinente, die noch nie etwas von Jesus gehört haben und somit gar nicht die Gelegenheit hatten, sich für ihn zu entscheiden, zur ewigen Verdammnis verurteilen? Und wenn es so ist, wie einige Priester sagen, daß sie einer besonderen Gnade anheimfallen und nicht verdammt werden, da sie »unwissend« sind – warum besteht dann so eine dringende Notwendigkeit, ihnen erleuchtete Missionare zu schicken, um sie aufzuklären? Wird nicht auf diese Weise die Grundlage für ihre Verdammung erst gelegt, da sie dann nicht mehr unwissend sind? Und was ist mit den Millionen von Menschen, die gelebt haben, bevor Jesus kam? In meiner Jugend quälten mich solche und ähnliche Fragen, und die Antworten, die ich von den Priestern erhielt, verursachten nur noch mehr Zweifel und Unverständnis. Seltsamerweise schien ihnen nie aufzufallen, daß einige ihrer Auslegungen mit wiederum anderen Interpretationen biblischer Wahrheiten im Widerspruch standen.

Meine Hingabe an Gott und das christliche Leben war vollkommen. Dennoch fragte ich mich, wie ich »in der Welt, aber doch nicht von ihr« sein konnte. Ich hatte kein Verlangen danach, ein Einsiedlerleben zu führen. Gleichzeitig stellten mich die Erfahrungen des Lebens oft vor Alternativen, für die es nach der Lehrmeinung der Kirche einfach keine Lösung gab. Meine erste Erfahrung mit innerer Führung machte ich als junge Frau. Ich arbeitete mich gerade durch einige persönliche sexuelle Erfahrungen, wobei ich über die begrenzten Möglichkeiten, die mir meine Kirche offenließ, entsetzt war. Wenn wir von Natur aus sexuell waren, dann muß auch die Sexualität gottgegeben sein. Was also war daran verkehrt und warum? Nur durch meine innere

Führung bekam ich schließlich die nötigen Antworten, um mich mit meiner Sexualität auszusöhnen und in Frieden mit mir selbst und meinen Mitmenschen – vornehmlich den »Mit-Männern« – leben zu können.

Ab diesem Zeitpunkt versuchte ich die Theorie der Evolution mit der sehr kurzen biblischen Beschreibung der Schöpfungsgeschichte in Einklang zu bringen. In der Genesis (1. Mose 5) steht: »… Da ward aus Abend und Morgen der erste Tag.« Der Abend bzw. die Nacht wird zuerst erwähnt, da er bereits vor der Explosion des Lichtes, die wir Tag nennen, existierte. Diese Explosion könnte die Geburt des Universums gewesen sein. Nach der biblischen Schöpfungsgeschichte wurde der Rest in sieben Tagen erschaffen, doch ist es kaum möglich, daß der Rest des Universums, wie wir es kennen, in sieben 24-Stunden-Tagen erschaffen worden ist. Unsere Definition von »Tag« bezieht sich auf die Erfahrung der Erdrotation um die Sonne in 24 Stunden. Gottes Tage und Nächte gab es jedoch schon, bevor die Erde und die Sonne erschaffen wurden, daher kann Zeit, wie wir sie kennen, nicht gemeint sein. Vielleicht ist der Ablauf der Ereignisse zu Anbeginn der Zeit, wie er uns in der Bibel geschildert wird – etwa »der Tag, an dem das Firmament oder der Himmel erschaffen wurde« oder »der Tag, an dem das Land und das Wasser, die Erde genannt werden, erschaffen wurde« –, so gemeint, daß der Begriff »Tag« tatsächlich für Zeiten oder Zeitalter steht. Die gegenwärtigen wissenschaftlichen Evolutionstheorien würden sich dann wunderbar mit dieser Abfolge von Ereignissen decken; das hieße, sowohl Wissenschaft als auch Religion beschrieben die gleichen Ereignisse. Sie verwenden nur andere Worte dafür.

Ich konnte auch nicht verstehen, warum die meisten Kinder Gottes arm und krank in erbärmlichen Verhältnissen leben, während die, die »mit dem Teufel im Bunde sind«, die Reichtümer des Landes für sich in Anspruch nehmen. Ich war davon überzeugt, daß Gottes Plan für die Welt gut war, daher mußte die Welt auch gut sein. Doch wenn ich die Welt als das akzeptierte, was sie war, war es völlig unmöglich, dies in Einklang mit den religiösen Lehren zu bringen. Dennoch ließ mich mein inneres Selbst keinen anderen Weg als diesen gehen. Meine mentale Struktur ließ nichts anderes zu, und so lebte ich mein Leben nach den Richtlinien meines Glaubens, bis ich 35 Jahre alt war. Zu diesem Zeitpunkt besuchte ich einen Gottesdienst der Einheits-kirche. Ich war innerlich bereit, die neuen Interpretationen alter Wahrheiten zu hören, die die Priesterin ihrer Kirchengemeinde an diesem Tage mit auf den Weg gab, und es schien, als könne meine Seele von dieser neuen Art des Denkens gar nicht genug bekommen.

Als ich ein paar Jahre später mit Selbsthypnose experimentierte, um meine Prüfungsergebnisse an der Universität zu verbessern, begegnete ich zum ersten Male einem Geist oder einem körper-losen Wesen. Diese Begegnung wird in Kapitel/Woche 6 be-schrieben, doch bleibt noch zu erwähnen, wie erschrocken meine Familie darüber war. Sie gab mir klar zu verstehen, daß ich mit dem Teufel in Verbindung stände und daß ich besser die Finger von diesen Sachen lassen sollte. Nur wußte ich nicht, wie ich das tun sollte. Er hatte ja *mich* im Griff, wenn es stimmte, was sie sagten, und wie sollte ich gegen etwas Unsichtbares ankämpfen? Ich hatte das Gefühl, daß, wenn es der Teufel war, ich soviel wie möglich über ihn lernen mußte, damit ich im Falle eines wirklichen Kampfes auch wissen würde, wie ich am besten vorgehen sollte. Das war vielleicht naiv gedacht, doch benutzte ich diese Argumentation, um an den Ausbildungsangeboten der Spiritistischen Kirche teilnehmen zu können. Ich sollte vielleicht noch sagen, daß mir dabei etwas mulmig zumute war, aber dennoch war ich fest entschlossen, mein eigenes Schicksal zu meistern.

Von dieser Zeit an studierte ich viele esoterische und okkulte Philosophien, und mein Geist öffnete sich in einem rasanten

29

Tempo. Ich entdeckte, daß viele alte biblische Wahrheiten nur deshalb so unlogisch erschienen, weil die Menschen sie gewöhnlich auf eine bestimmte Art und Weise interpretierten und sich nie die Mühe machten, diese Interpretationen in Frage zu stellen. Durch meine erweiterte Sichtweise erwarb ich neue Erkenntnisse und neue Klarheit und stieß auf neue Interpretationen. Diese wiederum verwandelten alte Ideen und Ideale in praktische, auf das irdische Leben bezogene und brauchbare Ansätze, um das weltliche Leben freier und glücklicher zu gestalten. Weiterhin stellte ich fest, daß einige Erzählungen aus der Bibel (besonders aus dem Alten Testament) nur von einem esoterischen Standpunkt aus verstanden werden konnten.

Das Vaterunser ist beispielsweise nicht etwas, was nur auswendig gelernt werden sollte, sondern eine Reihe verschlüsselter Anweisungen: eine Meditationsanleitung in einzelnen Schritten. Man kann das unmöglich erkennen, bis man selbst gelernt hat zu meditieren.

Mit Meditation meine ich eine Methode, um mit Gott zu kommunizieren, die in den meisten Kirchen nicht mehr gelehrt wird. (Im Anhang C finden Interessierte Näheres zum Vaterunser.)

Als ich das Parapsychologische Ausbildungszentrum in Little Rock, Arkansas, gründete – einem Gebiet, in dem es mehr als 200 Kirchen gab –, wurde meine Aufmerksamkeit ständig und manchmal auch schmerzlich auf die Tatsache gelenkt, daß ich in einem spirituellen Bereich Pionierarbeit leistete. Dieser Bereich wurde von der etablierten Kirche mit Mißfallen und sogar als gefährlich betrachtet. Daß das Zentrum mehr als dreizehn Jahre lang guten Zulauf hatte und expandierte, schreibe ich der Tatsache zu, daß ich ständig der Gemeinde gegenüber beteuerte, daß wir keine »Antichristen« waren, nur weil wir uns traditionellerweise verbotener Gebiete geistiger und spiritueller Forschung annahmen. Ein Grund, warum mein Unterricht und meine Bücher reichlich mit Bezügen auf die Bibel durchsetzt sind, ist, daß christlich orientierte Schüler und Leser die Stellen nachschlagen können, was viele von ihnen auch tun.

Da ich selbst sowohl von der christlichen als auch der atheistischen Weltsicht geprägt wurde, verstehe ich die Angst des orthodoxen Christen im Umgang mit verbotenen Dingen sehr gut. Genausogut kenne ich aber auch die Freude an neuen Erkenntnissen, die sich einstellen müssen, wenn man tatsächlich Unbekanntes erforscht. Ich fühlte mich verpflichtet, meinen Angehörigen zu versichern, daß das, was ich lernte, nur Ergänzungen der Glaubensinhalte waren, mit denen sie erzogen worden waren. Sie sollten wissen, daß es nicht »das Werk des Teufels« war, sondern daß diese Inhalte auch in den Ermahnungen der Propheten und in den mystischen Aussagen und Werken Jesu wiedergefunden werden konnten. Da Sie, der Leser, vielleicht ebenfalls gezwungen sein könnten, Ihre Position gegenüber anderen zu verteidigen, die Ihnen zwar wohlwollen, doch um Ihre spirituelle Sicherheit besorgt sind, sind viele dieser aufklärenden Hinweise in diesem Buch enthalten.

Ein weiterer Vorwurf, der gegen den Esoteriker erhoben wird, ist der, daß wir Humanisten sind, die ihren Willen, Gutes zu bewirken, über den Willen Gottes stellen. Als Esoteriker glauben wir nicht, daß Gott etwas anderes als unser Bestes will, darum versuchen wir, unsere Gedanken auf das Beste für alle auszurichten. Unsere Aufmerksamkeit richtet sich am Anfang der spirituellen Ausbildung in diesem Buch zunächst auf die äußeren Manifestationen unserer Welt (Woche 1 bis 4). Wir müssen uns zuerst dessen bewußt werden, was wir geschaffen haben, bevor wir Macht ausüben können, um Veränderungen herbeizuführen (oder um Herrschaft zu erlangen, wie es in der Genesis ausgedrückt wird.) Vom 5. Kapitel (5. Woche) an befasse ich mich jedoch mit der Beziehung des Menschen zu seiner eigenen Seele, dem wahren Pfad zum Christus, den zu gehen Jesus uns ermahnte.

Ich habe auch den gemeinsamen roten Faden gefunden, der sich durch sämtliche lebenden Religionen zieht. Häufig wird er »zeitlose Weisheit«, »Geheimlehre« oder »Esoterik« genannt. Diese uralte Lehre bildet den Kern aller wahren Religionen. Obwohl sich ihre Herkunft in grauer Vorzeit verliert, ist sie doch über die Jahrhunderte in den verschiedensten Ausprägungen immer wieder zum Vorschein gekommen. Im Zusammenhang mit Krishna ist sie als Hinduismus bekannt. Moses reformierte später Abrahams Version, den Judaismus. Im Zusammenhang mit Buddha ist sie als Buddhismus bekannt, die Mohammedaner nennen sie Islam, und die Nachfolger Christi gaben ihr den Namen Christentum. Jede dieser Religionen umfaßt die gleichen zeitlosen Lehren, die uns die Grundlagen zur Charakterbildung und zur Integration mentaler, emotionaler und spiritueller Fähigkeiten vermitteln. Daraus entwickelt sich die Einheit von Seele und Persönlichkeit, und schließlich erreicht man das letztendliche Ziel aller wahren Religionen, die Einheit mit Gott.

Die meisten selbständig denkenden Menschen sind der Meinung, daß viele kirchliche Glaubenssätze nicht zu verwirklichen sind. Der Grund liegt einfach darin, daß sehr viele wichtige Informationen verlorengegangen sind oder in der Vergangenheit sorgsam aus den Überlieferungen entfernt wurden. Jesus hat den Weg gezeigt. Er war ein Beispiel für all die Meisterschaft, die sich Esoteriker oder Okkultisten jemals gewünscht haben, angefangen vom Heilen Kranker bis hin zur Macht über den Tod – seinen eigenen und den anderer. Seine Hellsicht (das Wissen über Dinge, die an entfernten Plätzen vor sich gehen) und seine Fähigkeit, in die Zukunft zu schauen, sind allgemein bekannt. Er sagte zu seinen Schülern: »Wer an mich glaubt, der wird die Werke auch tun, die ich tue, und wird größere als diese tun ...« (Johannes 14,12). Viele Christen glauben, daß dies nur eine Unterweisung für seine persönlichen Schüler war, doch sind wir nicht auch Schüler? Ein Schüler folgt den Anweisungen und Ermahnungen des Lehrers.

Als Jesus sagte: »Folget mir«, meinte er nicht, daß man dies blind tun sollte. Anbetung und Verehrung sind passiv. Sein eigenes Leben war dynamisch und erfüllt von der praktischen Anwendung seines Verstehens der Gesetze Gottes. Die Himmelfahrt Christi war der krönende Abschluß eines Lebens, welches in Einheit mit Gott gelebt worden war.

»Folget mir!« Diese Worte hallten durch die Jahrhunderte wie keine anderen, aber es ist eine wahrlich gewaltige Aufgabe, die eigene Seele aus der Trägheit eines passiven, blinden Glaubens emporzuheben; denn es ist genau dieser blinde, passive Glaube, der die Menschheit in die gegenwärtige spirituelle Sackgasse geführt hat.

Ich möchte Sie noch darauf hinweisen, daß in jedem Kapitel spezielle Hinweise auf Bibelstellen enthalten sind, die sich auf das Thema der Woche beziehen. Ich hoffe, daß Sie aus dem Studium dieser Grundlagen genauso viele neue Erkenntnisse ziehen wie ich.

Ich wünsche Ihnen für die besten Jahre Ihres Lebens – für die, die noch vor Ihnen liegen –, daß Sie den Weg zu wirklicher spiritueller Höherentwicklung gehen.

Zu den Übungen und Literaturhinweisen

Als ich in den frühen siebziger Jahren anfing, außersinnliche Wahrnehmung (ASW) zu lehren, gab es nur sehr wenige esoterische Zentren in Amerika, und meist lagen sie weit verstreut. Der große Boom esoterischer und magischer Bücher setzte gerade erst ein, und die meisten nützlichen Werke stammten noch aus der Zeit um die Jahrhundertwende. Lehrer und Vortragende reisten von Zentrum zu Zentrum, hielten Vorträge und veranstalteten Seminare. Informationen, Übungen und Experimente wurden weitergegeben, durch die es möglich war, außersinnliche Wahrnehmungen zu entwickeln. Die Lehrer in den Zentren nahmen sie begeistert auf, um sie in ihren eigenen Gruppen weiterzugeben.

Während ich dieses Buch zum Druck vorbereitete, versuchte ich sorgfältig die Urheberschaft der vielen ASW-Übungen, die ich für meine Gruppen verwendete und nützlich fand, zurückzuverfolgen, doch sind einige von ihnen schon so lange im Umlauf, daß ich ihre Quelle nicht mehr ausfindig machen konnte. Ähnlich erging es mir mit vollständigen oder aktuellen bibliographischen Angaben für ältere esoterische Bücher, die nicht mehr in Druck sind oder die nur von kleinen, unabhängigen Verlegern in Umlauf gebracht worden sind.

Ich würde mich sehr über alle Hinweise freuen, die dazu führen, daß die entsprechenden Personen und Verleger gewürdigt werden können, und werde die Danksagungen in zukünftige Auflagen einfügen.

1. Woche

Die ersten Schritte zur Entfaltung Ihrer außersinnlichen Wahrnehmung (ASW)

Erweiterte Sinneswahrnehmungen

Welche Bedeutung hat ASW (außersinnliche Wahrnehmung, engl. ESP) *[extrasensory perception]* für Sie? Meiner Meinung nach ist ASW nichts Besonderes. Jeder hat in gewissem Maße die Fähigkeit, außersinnliche Wahrnehmungen zu empfangen. Der Unterschied liegt lediglich darin, daß einige Menschen im Gegensatz zu anderen diese Fähigkeit bewußt und absichtlich einsetzen. Lassen Sie uns ASW lieber in »erweiterte Sinneswahrnehmung« umdefinieren. Denken Sie in diesem Sinn an ASW, wenn das Wort im Text benutzt wird, da ASW für Sie so eher zu einer praktischen Angelegenheit in Ihrem alltäglichen Leben werden wird.

Die Wissenschaft hat mit ihrer Technologie und ihren Meßinstrumenten bewiesen, daß es Töne gibt, die sowohl oberhalb als auch unterhalb der Reichweite des menschlichen Gehörs liegen. Genauso gibt es Farben, die zum gegenwärtigen Stand unserer Evolution außerhalb der Reichweite unseres Sehvermögens liegen. Radio- und Fernsehwellen sind eindeutige Beispiele hierfür. Das Konzept der erweiterten Sinneswahrnehmung führt zu der Erkenntnis, daß wir tatsächlich in der Lage sind, ein bißchen weiter zu sehen, ein bißchen deutlicher zu hören und feinere Schwingungen um uns herum zu erfühlen.

Mediale Fachausdrücke

Es gibt eine ganze Reihe von Fachwörtern, die von Medien und esoterischen Schülern benutzt werden und mit denen Sie vielleicht nicht vertraut sind. Das bekannteste ist »Hellsehen« (engl. *clairvoyance,* das wörtlich übersetzt »klares Sehen« bedeutet). Wenn Sie eine Vision haben, spüren oder sehen, was die Zukunft für Sie bereithält (Präkognition, Vorauswissen), oder wenn Sie sich einfach etwas vorstellen, verwenden Sie dazu Erweiterungen Ihres Sehvermögens. Andere Menschen in Ihrer Umgebung müssen nicht unbedingt an diesen erweiterten Wahrnehmungen teilhaben.

»Hellhören« (engl. *clairaudience,* »klares Hören«) ist die Fähigkeit, Töne oder »Stimmen« zu hören, die andere nicht hören können. Haben Sie jemals gehört, wie Ihr Name gerufen wurde, obwohl gar niemand in der Nähe war? Manchmal ist es sogar möglich, die Stimme zu identifizieren, die »gerufen« hat. Wenn Sie der Sache nachgegangen wären, hätten Sie wahrscheinlich entdeckt, daß diese Person gerade an Sie dachte oder zu dem Zeitpunkt über Sie sprach und Ihren Namen im Sinn hatte. Sie haben tatsächlich den Gedanken gehört!

Können Sie eine Hundepfeife hören? Eine Hundepfeife läßt Töne erklingen, die über das normale Hörvermögen des Menschen hinausgehen. Hunde dagegen reagieren auf diese Töne, da die Bandbreite, in der sie hören können, gegenüber der des Menschen nach oben verschoben ist. Mit etwas Übung können Sie jedoch auch lernen, eine Hundepfeife zu hören, wenn auch nur leise. Wenn wir uns darin üben, unsere Sinne auf eine andere Art und Weise zu verwenden, als wir es gewohnt sind, werden wir durch genau diese Übung unsere Fähigkeiten bewußt kontrollieren und einsetzen lernen.

Die Erweiterung unseres Fühlens, Schmeckens und Riechens wird »Hellfühlen« genannt (engl. *clairsentience,* was »klares

Fühlen« bedeutet). Manche Menschen haben die Fähigkeit, Blumen, Rauch oder anderes zu riechen, wenn es keine natürliche Erklärung dafür gibt, oder ein bevorstehendes Ereignis bzw. einen anderen Menschen oder dessen Anwesenheit zu »fühlen«, auch wenn niemand in der Nähe ist.

Das Wort »Psyche« bedeutet »Seele«, im weiteren Sinne auch »Geist, Bewußtsein«. Der Ausdruck »Psychologie« wurde aus dem gleichen Wortstamm gebildet (griech. *psyché* = »Seele, Hauch, Atem«; *logós* = »Rede, Wort; Untersuchung«). »Parapsychologie« bedeutet wörtlich genommen das, was über der Psyche steht oder normalerweise über die Psyche oder dieses Studiengebiet nicht bekannt ist. Wir befassen uns mit den Grundlagen der Psychologie, die sich in der Regel nur mit unseren körperlichen, mentalen und emotionalen Beziehungen beschäftigt, als Basis und lernen dann, wie wir auf einer kosmischen Ebene mit anderen Wesen verbunden sind. Das englische Wort *psyche* bedeutet »medial«. In dem Maße wie wir mehr darüber erfahren, was unsere Psyche, das heißt unsere Seele, ist und was wir tun können, um Harmonie sowohl zwischen Körper, Geist und Seele in uns, aber auch zwischen uns und anderen Menschen zu schaffen, beginnen wir auf ganz natürliche Weise, unsere erweiterten Sinne zu gebrauchen.

Manchen Menschen ist der Unterschied zwischen »medial« (engl. *psychic*) und »mystisch« nicht ganz klar. Folgende Definitionen finde ich ganz treffend: Ein Medium ist ein Mensch, der sich auf die Gefühle und Gedanken anderer Menschen und Wesenheiten einstimmen kann. Ein Mystiker ist ein Mensch, der im Einklang mit seiner Seele und Gott ist. Unsere Seele kann beides erreichen. Übungen, die unser Wahrnehmungsspektrum erweitern, werden uns auf ganz natürliche Weise von der Ebene der Seele aus in Kommunikation mit anderen Menschen und mit Gott treten lassen. Wenn uns diese Wahrnehmungen auf der seelischen Ebene bewußt werden, sind wir medial.

Ist Telepathie »nur« ein sechster Sinn?

Da Hellsehen, Hellhören und Hellfühlen scheinbar nur Erweiterungen unserer normalen fünf Sinne sind, könnte es sein, daß Telepathie »nur« ein wirklicher sechster Sinn ist. Mit Telepathie meinen wir die nonverbale Kommunikation von Geist zu Geist in folgenden Formen:

1. von Mensch zu Mensch,
2. vom höheren Geist zum niederen Geist,
3. von Gott zum Menschen oder
4. von einer nicht verkörperten Wesenheit zu einer inkarnierten Wesenheit.

Dieser neu erworbene Sinn entwickelt sich mit dem Herannahen des Wassermann-Zeitalters so rasch und natürlich in der Menschheit, daß Sie sehr wahrscheinlich schon telepathische Erlebnisse hatten. Wenn Sie sich einmal der Tatsache bewußt werden, daß es sich um eine natürliche Art von Sinneswahrnehmung handelt, die genauso normal wie Sehen, Hören, Fühlen, Schmecken und Riechen ist, werden Sie entdecken, daß sich diese Fähigkeit schneller und fehlerfreier entwickelt. Schon allein die Tatsache, daß Sie sich dieser geistigen Fähigkeit bewußt sind, wird eine erwartungsvolle, aufmerksame Einstellung in Ihnen hervorrufen, die auch wirklich das hervorbringt, was Sie erwarten. All Ihre übersinnlichen Kräfte werden sich schneller entwickeln, wenn Sie eine entsprechende Erwartungshaltung in sich kultivieren.

Das erste esoterische Gesetz

Das erste esoterische Gesetz, das Sie kennen und verstehen müssen, ist: *Energie gehorcht Gedanken.* Dieses ist das grundlegendste aller esoterischen Gesetze und gleichzeitig auch die Basis aller Gesetze, die wir aus den »Geheimlehren« kennen und die unser Universum beherrschen.

Diese Energie umfaßt alles im Universum und läßt sich anhand ihrer Schwingungen messen. Alles besteht aus Energie in verschiedenen Erscheinungsformen und Manifestationen – einschließlich unseres Körpers, unseres Gehirns und sogar unseres göttlichen Selbstes. Wir haben über unseren Geist Zugang zu dieser Energie und können sie auf jede erdenkliche Art und Weise einsetzen. Um jedoch unsere Fähigkeiten außersinnlicher Wahrnehmungen bewußt kontrollieren zu können, müssen wir diese Energie vollkommen verstehen lernen.

Wichtig zu wissen ist, daß diese Energie form- und richtungslos ist. Sie besitzt kein Bewußtsein ihrer selbst, hat keinerlei innewohnende Bedeutung und ist absichts- und wunschlos – schlichtweg völlig neutral. Sie kommt einfach zu uns, und wir setzen sie unseren mentalen Mustern entsprechend ein. Wir gestalten unsere Welt mit dieser Energie: unsere Umgebung, unsere Erfahrungen und die materiellen Dinge um uns herum. Alles wird durch die Qualität unserer Gedanken erschaffen, wobei wir diese Energie in verschiedene Schwingungsfrequenzen umwandeln, die sich in unserer materiellen Welt manifestieren.

Obwohl diese Energie sehr mächtig ist, ist sie völlig neutral, weder gut noch böse. Ähnlich ist die Elektrizität an sich zum Beispiel eine völlig neutrale Kraft. Sie kann sowohl zum Töten als auch zum Heilen eingesetzt werden – der Elektrizität »ist es egal«. Der Gedanke, der dazu führt, daß der Schalter umgelegt wird, kann diese Energie benutzen, wie er will. Wasser, welches einen Berghang hinabfließt, kann sehr, sehr starke Energien produzieren. Sie können das Wasser zum Trinken benutzen oder darin ertrinken, was an den Grundeigenschaften des Wassers gar nichts verändert. Die Energien des Wassers sind in dieser Hinsicht völlig neutral.

Genauso verhält es sich mit den Energien, die wir durch dieses wundervolle Organ – unser Gehirn – heranziehen. Sie können sie entsprechend Ihrer eigenen Absichten, Ihrem Verstehen des Lebens und Ihren Wünschen für gute oder böse Zwecke einsetzen. Ich hoffe, daß Sie bei der weiteren Lektüre des Buches lernen, was den guten oder schlechten Gebrauch dieser Energien ausmacht. Energie gehorcht Gedanken, daher ist die Kontrolle oder Disziplin der eigenen Gedanken ein wichtiges Element esoterischer Entwicklung. Immer wenn Sie diese Energie in Form eines Gedankens aussenden, »dreht sie eine Runde« und kehrt zu Ihnen zurück. Gedanken haben Schöpferkraft. Das, was wir denken, senden wir aus bzw. erschaffen wir. Liebe, Mißtrauen, gute oder böse Absichten, negative oder positive Vorstellungen, absichtslose Gedanken oder Tagträume: all diese Dinge beeinflussen unser Leben. Unsere Erfahrungen spiegeln genau das wider, was wir als Gedankenformen erschaffen haben.

Energie gehorcht Gedanken, und es sind Ihre Gedanken, die Ihre Welt erschaffen. Sie können nicht länger nur Ihre Mutter, Ihren Vater, Ihre Frau, Ihren Ehemann, Ihre Lehrer, Ihre Regierung oder Ihre Nachbarn für die Ereignisse, Menschen und Umstände verantwortlich machen, die Sie umgeben. Allerdings muß ein Mensch, spirituell gesehen, schon eine gewisse Reife erworben haben, um diese Tatsache für sich erkennen und akzeptieren zu können. Wenn Sie dies jedoch tun, werden Sie dadurch im Hinblick auf die bewußte Kontrolle Ihrer medialen und spirituellen Fähigkeiten einen großen Schritt nach vorne gemacht haben. Sie werden spiritueller, bewußter, medialer, menschlicher, hingebungs- und liebevoller und übernehmen sehr viel mehr Verantwortung für Ihr eigenes persönliches Wachstum, wenn Sie einfach nur diese eine esoterische Wahrheit akzeptieren: Energie gehorcht Gedanken! Dann werden Sie auch damit beginnen, Ihre Gedanken zu verändern, damit das, was Sie aussenden, so harmonisch und angenehm ist, wie Sie Ihre Welt gerne haben möchten.

Das Gesetz des Karmas

Aus dem Umgang mit dieser Energie folgt das, was als Gesetz des Karmas bekannt ist. Karma[2] ist ein Begriff aus dem Sanskrit und bedeutet wörtlich »Tat«. Im Grunde genommen ist Karma – ähnlich wie Energie – etwas ganz Neutrales: das Gesetz von Ursache und Wirkung. Abhängig davon, was wir aussenden, kehrt es als unser gutes, schlechtes, harmonisches oder disharmonisches Karma zurück.

Heutzutage sprechen viele Menschen im Zusammenhang mit falschen Handlungen vom Gesetz des Karmas. Immer wenn ihnen etwas Unangenehmes oder Disharmonisches passiert, neigen sie dazu, zu sagen: »Nun ja, das ist wohl mein Karma«, da sie wissen, daß es ihr Gedanke oder ihre Tat ist, die diese disharmonischen oder unangenehmen Energien zurückkommen läßt. Man denkt daher tendenziell mehr an die negativen Seiten des Karmas und betrachtet es als negative Energie, die zu uns zurückkehrt.

In den nächsten Wochen bzw. Kapiteln werden wir lernen, wie wir Gedankenenergie praktisch und nützlich anwenden können, um den Grundstein dafür zu legen, daß nur noch Gutes zu uns zurückkehren kann. Wir senden nur noch positive Gedanken aus, und zwar so, daß wir alles, was wir uns von Herzen wünschen und in Gedanken nur vorstellen können, für uns selbst kreieren. In seinem Buch *Denke nach und werde reich*[3] schreibt Napoleon Hill: »Alles, was ein Mensch sich vorstellen kann, kann er auch erreichen.«

Wir werden mit einigen grundlegenden Übungen beginnen, deren Zweck es ist, unsere Gefühlsreaktionen unter Kontrolle zu bekommen, denn diese Kontrolle ist zur Entfaltung unserer eigenen ASW-Fähigkeiten wichtig. Fühlen Sie sich vom Leben überwältigt? Wenn Ereignisse oder Menschen Sie in Ihrem emotionalen Zentrum, im Solarplexus, treffen, reagieren Sie eher in einer vernünftigen oder unvernünftigen Weise? Verkriechen Sie sich in einer Ecke und wünschen Sie, Sie wären tot? Oder werden Sie manchmal sehr ärgerlich, und überkommt Sie eine mörderische Wut? In jedem dieser Fälle benutzen Sie Ihre Gedankenkraft auf negative Art und Weise, und was noch wichtiger ist, Sie werden von Ihren Gefühlen benutzt, statt daß Sie Ihre Gefühle benutzen, um die Situation in etwas Positives zu verwandeln.

Wenn Ihre Emotionen außer Kontrolle sind, werden Sie nicht einmal Ihre normalen fünf Sinne effektiv einsetzen können, viel weniger noch Ihre erweiterten Sinne. Starke Emotionen schränken Ihre Wahrnehmungsfähigkeit ein.

Energie gehorcht Gedanken, und Gedanken erzeugen emotionale Reaktionen. *Gedanken und Gefühle zusammen bewirken Manifestationen.* Das ist das vollständige Gesetz der Schöpfung, des Erschaffens.

Wie oft haben Sie schon Sätze wie »Ich habe die Nase voll! Ich verstehe einfach nicht! Das lasse ich mir nicht gefallen!« verwendet? Schauen Sie sich diese und ähnliche Sätze, die Sie gewöhnlich im Alltag benutzen, genau an. Solche emotionalen Aussagen haben kreative Energien und bewirken, daß genaue Abbilder ihrer Inhalte Wirklichkeit werden. Wenn wir unsere Sprache auf diese Art und Weise verwenden, schaffen wir Mängel und Mangelzustände in unserem Leben, unserem Körper und unseren zwischenmenschlichen Beziehungen. Wir verhindern geradezu, daß sich positive Dinge in unserem Leben manifestieren können. Gedanken, die wir unachtsam aussenden, verbrauchen kostbare Energie auf negative Art und Weise, und wir erhalten durch sie genau die Abbilder dessen, was wir ausgesandt haben.

Zunächst müssen wir lernen, unsere Emotionen unter Kontrolle zu bekommen und diszipliniert zu reagieren. Anstatt ärgerlich zu werden, können wir versuchen, den anderen Menschen zu verstehen; egal, was dieser Mensch tut, er wird jeweils von der für ihn höchstmöglichen Bewußtseinsebene aus handeln. Und wie können wir einen Menschen dafür kritisieren, daß er nicht mehr ist, als er sein kann?

Die herkömmlichen religiösen Vorstellungen haben viele von uns dazu gebracht, zu glauben, der Mensch sei im Grunde genommen schlecht. Ich glaube, wir sind grundsätzlich gut. Das bedeutet nicht, daß wir keine falschen Entscheidungen treffen. Aber wir lernen alle dazu. Und wir sind dabei, spirituell zu wachsen. Wenn wir uns entschieden haben, nur noch das aussenden zu wollen, was auch zu uns zurückkehren soll, dann ist es erforderlich, daß wir mit anderen nachsichtiger sind und zumindest im Zweifelsfall zu ihren Gunsten entscheiden.

Wir sollten versuchen, eine Situation objektiv zu betrachten, anstatt ärgerlich und emotional auf sie zu reagieren. Besinnen Sie sich, und schicken Sie dann eine Gedankenform aus, die das Gefühl beinhaltet, welches Sie gerne in solch einer Situation erleben würden, wenn die Rollen vertauscht wären. In den meisten Fällen werden Sie entdecken, daß die Person, über die Sie sich geärgert haben, gar nicht vorhatte, diese Reaktion in Ihnen hervorzurufen. Ihr eigenes Unverständnis hat diese Gefühle verursacht. Vielleicht fühlen Sie sich bedroht, zurückgewiesen oder benutzt, worauf Sie dann mit einem Schwall von Empörung, Ärger oder Trotz reagiert haben.

Dieser erste Schritt, nämlich die eigenen emotionalen Haken und Ösen eingehend zu betrachten, ist zwar nicht einfach, aber dennoch ein erforderlicher Schritt zur Entfaltung Ihres medialen Potentials. Ohne – in diesem Sinne verstandene – emotionale Objektivität können wir übersinnliche Kräfte weder konstruktiv einsetzen noch kontrollieren.

Es gilt das universelle Gesetz: Wenn wir Kritik, Verurteilung, Ärger und Sarkasmus säen, werden wir genau das in unserem Leben ernten – und zwar so, daß dadurch noch mehr Gelegenheiten entstehen, in denen diese Emotionen ausgelöst werden können. So reproduzieren wir immer wieder die gleichen Dramen, bis wir schließlich lernen, diese Situationen in ihrem eigenen emotionalen Gefüge zu bewältigen. Mediale Fähigkeiten entwickeln sich natürlich und ohne Anstrengungen im Verhältnis zu unserer Fähigkeit, uns auf eine objektive Art und Weise auf andere zu beziehen, ohne sie zu verurteilen oder zu kritisieren.

Verantwortung für unsere Gedanken und Gefühle zu übernehmen bedeutet nicht, daß wir uns für vergangene falsche Entscheidungen und für den Mißbrauch emotionaler Energie schuldig fühlen sollen. Das Gefühl von Schuld ist selbst ein Mißbrauch von Energie. Wenn Sie erkennen, daß Sie einen Fehler gemacht haben, bedeutet dies ja, daß Sie jetzt weiser sind als zu der Zeit, als Sie den Fehler gemacht haben, und daß Sie diesen Fehler jetzt nicht mehr machen werden. Das sollte Ihnen Anlaß zur Freude geben.

Vergangenem kann immer verziehen werden. Wir fangen genau da an, wo wir jetzt stehen, und arbeiten mit unserem jetzigen Verständnis spiritueller Energien. Wenn wir täglich das hinzufügen, was wir von den Lehrern um uns herum lernen, werden wir spirituell wachsen. Unsere Fehler sind genauso unsere Lehrer wie die Menschen, die uns die Gelegenheit geben zu lernen.

Die aufwärtsstrebende Spirale zu spiritueller Vollendung

Das Leben entwickelt sich in einer aufwärtsstrebenden Spirale zur spirituellen Vollendung. Einige von uns befinden sich weiter oben auf der Spirale, einige mehr im unteren Bereich, die meisten von uns irgendwo dazwischen. Das sollte keinen Anlaß zu Werturteilen geben. Es bedeutet nicht, daß einige von uns besser sind als die anderen. Was es höchstens bedeutet, ist, daß einige von uns schon ein bißchen besser mit ihren emotionalen Reaktionen auf das Leben umgehen können. Wo der eine noch Situationen falsch beurteilt, hat ein anderer diese Lektion schon gelernt und arbeitet nun an etwas anderem. Sie haben vielleicht die Prüfung schon bestanden, mit der ein anderer sich noch quält, oder Sie versuchen Aufgaben zu bewältigen, die andere schon hinter sich haben. Es ist nicht sinnvoll, andere zu verurteilen, denn wir könnten uns eines Tages an ihrer Stelle wiederfinden.

Wenn Sie sich jedoch eher im oberen Bereich dieser Spirale befinden und jemand, mit dem Sie Schwierigkeiten haben, sich eher im unteren Bereich befindet – relativ gesehen, selbstverständlich –, wird es wahrscheinlich Verständigungsprobleme geben. Wie kann die andere Person die Probleme verstehen, mit denen Sie sich gerade auseinandersetzen müssen? Und wie können Sie seine oder ihre Probleme verstehen?

Wenn Sie sich in einer Situation befinden, in der Sie auf solche emotionalen Probleme mit anderen Menschen stoßen, sollten Sie vielleicht Ihr Tempo ein bißchen drosseln oder lichte und liebevolle Gedanken aussenden, um die Menschen mehr auf Ihre Ebene hochzuziehen. Das wäre eine konstruktive Herangehensweise an das Problem. Anstatt unkontrolliert zu reagieren, erlauben Sie den anderen Menschen einfach, dort zu sein, wo sie sind. Es sind verwandte Seelen, die sich auf dem gleichen Weg befinden wie Sie und die – genau wie Sie selbst auch von Zeit zu Zeit – im Dunkeln stehen.

Dieses Einfühlungsvermögen Ihrerseits kann Wunder vollbringen, wenn es darum geht, emotionale Stolpersteine zu beseitigen. Wenn Sie anderen nicht verzeihen können, genauso menschlich zu sein wie Sie, dann lassen Sie ihnen wenigstens den Raum, sie selbst zu sein. Überlassen Sie sie einer höheren Macht, und nehmen Sie Ihre emotionale Reaktion ganz zurück. Wenden Sie Ihre Energien von der Person ab, und erlauben Sie nicht, daß negative Emotionen Ihre Gedanken beherrschen. Vielleicht werden Sie diesem Menschen nach einer Weile sogar ein bißchen Liebe schicken können. Liebe ist das universelle Heilmittel für emotionale Wunden und schwierige Beziehungen.

Es gibt an keinem Menschen etwas fundamental Schlechtes; sie befinden sich nur im Augenblick auf einer anderen Stufe ihrer spirituellen Entwicklung als Sie. Sie arbeiten genau wie Sie an einem spirituellen Ziel, auch wenn ihre Ziele scheinbar nicht in Einklang zu bringen sind. Das Beste, was Sie für sie tun können, ist, ihnen alles Gute zu wünschen. Schicken sie ihnen Liebe und Lichtenergie, wenn Sie sie nicht verstehen können, und lassen Sie diese Menschen sein, wie sie sind, aber drücken Sie sie nicht weiter hinunter. Fügen Sie der Situation keine negativen Werturteile hinzu, die alles nur weiter verkomplizieren würden und für Sie zu einem karmischen Bumerang werden können.

Es könnte sein, daß ein Mensch in Ihrem Leben einzig und allein die Aufgabe hat, Ihnen dabei zu helfen, Ihre emotionale Reaktion auf das Problem, das Sie beide miteinander haben, zu überwinden. Wenn Sie das geschafft und eine neue emotionale Stabilität erreicht haben, kann es sein, daß dieser Mensch bald danach wieder aus Ihrem Leben tritt und sein Glück woanders sucht. Für beide wird dies ein Segen sein.

Sind Sie ein Körper, der eine Seele hat?

Glauben Sie, daß Sie ein Körper sind, in dem eine Seele wohnt? Glauben Sie, daß Sie eine Seele haben? Sie sind nicht ein Körper, der eine Seele hat – Sie sind eine Seele, die in einem Körper wohnt!

Der Körper hat keinen eigenen Willen. Er denkt nicht, besitzt keine Vernunft und keine ASW-Fähigkeiten. Er ist lediglich das Gefährt, in dem sich die Seele fortbewegt. Sogar der gewaltige Computer – unser Gehirn – kann sich seiner Fähigkeit, zu denken, zu beurteilen und Schlüsse zu ziehen, ohne Aktivierung durch die Seele nicht bedienen! Die Seele hat den Körper erschaffen, um ihn für ihre Zwecke zu verwenden. Ein Körper ist aus Atomen des Materials zusammengesetzt, in dem er sich manifestiert, damit die Seele einen Zugang zu dieser speziellen Existenzform bekommt. Der Körper gehört der Seele und ist so gestaltet, daß sie mit ihm ihr Werk vollenden kann.

Esoterische Gesetze lehren, daß die Zellen des Körpers ein fundamentales Bewußtsein besitzen, welches für ihre Ernährung, Erhaltung und Vermehrung ausreicht. Dieses elementare Bewußtsein wird jedoch völlig von den Wünschen der Seele beherrscht, die die Zellen überhaupt erst zusammengebracht hat.

Wissenschaftliche Untersuchungen haben ergeben, daß es keinen Grund gibt, warum der Körper überhaupt sterben sollte! Ursprünglich sollte er sich selbst verjüngen und noch nicht einmal altern. Wissenschaftler untersuchen jetzt die Ursachen und Auswirkungen des Alterungsprozesses. Bald werden die Ärzte verstehen, daß unsere Gedanken, Gefühle und Einstellungen, die auf das elementare Bewußtsein der Zellen einwirken, zum größten Teil für die Krankheiten und den Alterungsprozeß unseres Körpers verantwortlich sind.

Sie sind eine Seele, die einen Körper bewohnt, und haben als Seele eine Aufgabe, ein Ziel. Dieses Ziel ist das Meistern der materiellen Ebene, auf der wir leben. In der Genesis (1. Mose 28) steht: »Und Gott segnete sie und sprach zu ihnen: Seid fruchtbar und mehret euch und füllet die Erde und machet sie euch untertan und herrschet über die Fische im Meer und über die Vögel unter dem Himmel und über das Vieh und über alles Getier, das auf Erden kriecht.«

Viele Menschen behaupten, daß sie zu einigen sehr hoch entwickelten Wesen, die Meister genannt werden, Kontakt haben. Diese aufgestiegenen Meister haben in der Vergangenheit wirkliche Meisterschaft auf der irdischen Ebene erlangt, und genau das ist es, was wir jetzt auch anstreben.

Der größte esoterische Meister, den die Welt je gesehen hat, war Jesus. Er sagte: »Wer an mich glaubt, der wird die Werke auch tun, die ich tue, und wird größere als diese tun ...« (Johannes 14,12). Bis wir jedoch diese Ebene und die universellen Gesetze, die sie beherrschen, gemeistert haben, werden wir immer wieder zurückkehren, um die verschiedenen Lektionen des Lebens zu wiederholen, bis wir schließlich völlige Meisterschaft erreicht haben.

Dies ist als das Gesetz der Reinkarnation bekannt, und es wird von der Mehrheit der zur Zeit auf der Welt existierenden Religionen gelehrt. Reinkarnation ist unsere einzige Möglichkeit, die Aufwärtsspirale spiritueller Evolution hinaufzusteigen. Nachforschungen haben ergeben, daß diese Theorie auch von den frühen Christen gelehrt wurde, bis man sie aus den Texten, die unsere heutige Bibel ausmachen, gestrichen hat.

Im 4. Jahrhundert wurde das Christentum offizielle Religion des Römischen Reiches, das von Konstantin dem Großen regiert wurde (Toleranzdelikt von 311). Es gab viele erbitterte politische Kämpfe darüber, welche Lehrmeinungen akzeptiert werden sollten. Sekten spalteten sich ab, die entweder die östlichen oder westlichen Rituale der christlichen Kirche propagierten. Im Jahre 553 berief der byzantinische Kaiser Justinian auf Geheiß der Kaiserin Theodora und gegen die Proteste von Papst Vigilius, der sich weigerte teilzunehmen, das fünfte ökumenische Konzil zu Konstantinopel ein. 165 Bischöfe verabschiedeten dort eine Resolution (schriftlich, während des Konzils), die beinhaltete, daß sie die »Lehre der Wiedergeburt« abschaffen würden. Scheinbar war die Freiheit, die eine solche Lehre dem Individuum gibt, der absoluten Macht, die sowohl die Kirche als auch der Staat anstrebten, nicht dienlich.

Der folgende Auszug aus Robert Ripleys Buch *Believe it or Not*[4] aus dem Jahre 1929 liefert wahrscheinlich eines der einleuchtendsten Argumente für die logische Wahrscheinlichkeit von Reinkarnation: »Wir hoffen alle, nach dem Tode an irgendeinen himmlischen Platz zu kommen, wo wir mit unseren verstorbenen

Familienmitgliedern wieder zusammentreffen. Doch rate ich Ihnen: Lassen Sie sich frühzeitig einen Platz reservieren! Der Himmel ist schon ziemlich überfüllt, und es ist sehr fraglich, ob Sie noch hineinkommen.

Angenommen, Sie kommen in den Himmel und treffen dort Ihre Mutter und Ihren Vater, mal ganz zu schweigen von Ihren sonstigen Verwandten und Bekannten. Wenn Sie Ihre Eltern treffen, werden diese mit Ihren Eltern zusammensein, da sie den gleichen Wunsch hatten wie Sie: bei den Eltern zu sein. Und genauso wäre es mit den Eltern Ihrer Eltern und so weiter, und das gleiche würde für all die zahllosen Generationen der Menschheitsgeschichte gelten.

Wenn wir jetzt von 25 Jahren pro Generation ausgehen, dann kommen wir auf 77 Generationen seit Christi Geburt. Und wenn wir dann nur von Ihren Eltern ausgehen, deren Eltern und so weiter bis zur Zeit Christi dann werden Sie dort 302 231 454 903 657 293 676 543 verschiedene Verwandte treffen!

Würden diese Menschen heute alle auf der Erde leben, müßte man sie stapeln! Wenn man jedem eine Fläche von 60 mal 60 Zentimeter Raum zugeständе, um darauf zu stehen, dann hätten wir eine 182 228,9 Kilometer hohe durchgängige Schicht von Menschen, die den ganzen Erdball bedecken würde!

Den Bevölkerungsstatistiken der zivilisierten Länder können wir entnehmen, daß in jeder Minute 68, täglich 97 920 und jährlich 35 704 800 Menschen sterben – und dies gilt nur für die kriegsfreien Jahre. Den biblischen Aussagen gemäß kommen sowohl die frommen als auch die bösen Menschen vor das himmlische Gericht. Wenn in jeder Minute 68 Menschen sterben, bedeutet das, daß Gott für jede Seele, die vor das himmlische Gericht kommt, um für alle Verführungen und Vergehen der Fleischeslust ihr Urteil zu empfangen, weniger als eine Sekunde Zeit hat. In dieser Zeit müßte ihr ganzes Leben durchgesehen werden, und Gott müßte ihr daraufhin ein ewiges Schicksal zumessen.

Was für ein unparteiischer Überblick über ein ganzes Leben sollte das sein, der da zusammengedrängt in weniger als einer Sekunde vor sich gehen soll? Und wenn Gott für 35 740 800 Seelen im Jahr ein Urteil über ewige Seligkeit oder ewiges Leid fällen müßte, hätte er ja gar keine Zeit mehr, irgend etwas anderes zu tun. Dabei sollten wir auch bedenken, daß in dieser Geschwindigkeit auch Jahr für Jahr weiterhin unablässig Seelen vor den himmlischen Toren ankommen, um ihr Urteil entgegenzunehmen.«

Auch wenn wir hierbei sowohl den esoterischen Gesichtspunkt einnehmen, daß es Raum und Zeit gar nicht gibt, als auch die enormen Fähigkeiten moderner Computer mit berücksichtigen, die in der Lage sind, Millionen von Bits in einer Nanosekunde zu verarbeiten, sind Ripleys Gedanken noch immer verblüffend. Besonders dann, wenn wir die unzähligen Welten noch hinzurechnen, für die Gott zur gleichen Zeit wahrscheinlich auch noch verantwortlich ist.

Würde es nicht das Problem der übervölkerten himmlischen Sphären lösen, wenn wir davon ausgingen, daß die Seelen immer wieder zurück auf die Erde kommen, um sich neu zu verkörpern? Lassen Sie uns einmal annehmen, daß es eine feste Anzahl von Seelen gibt, vielleicht 15 oder 20 Milliarden, die – durch welche Kräfte auch immer – der Erde zugeteilt worden sind. Während sich die Hälfte von ihnen mehr oder weniger auf der Erde befindet, bewohnt die andere Hälfte die spirituellen Räume, wobei sie ihren Wohnort wechseln, während sich das Rad der Wiedergeburten weiterdreht. Dann sollten wir die Möglichkeit in Betracht ziehen, daß sich die Menschen täglich selbst richten und das unveränderliche Gesetz von Ursache und Wirkung, welches durch die eigenen Handlungen in Kraft gesetzt wird, ganz von selbst harmonische oder disharmonische Umstände für sie kreiert. Durch diesen Prozeß könnten wir auf unserem spirituellen Weg die manchmal schmerzlichen Lektionen lernen, durch die wir der Vorstellung der Vollkommenheit näherkommen, für die Jesus Christus uns ein Beispiel war. Auf diese Art und Weise ginge der Prozeß von selbst immer weiter, und wir würden im Leben lernen, die Verantwortung für unsere spirituelle Entwicklung selbst zu übernehmen.

Der erste Schritt zur Meisterschaft

Die Seele nimmt sich also immer wieder neue Körper und legte alte ab. Ein sinnvoller Anfang, die Gesetzmäßigkeiten auf dieser Ebene zu meistern, ist daher, den Berührungspunkt der Seele mit ihrem jetzigen Körper kennenzulernen. Richten Sie dazu Ihre Aufmerksamkeit nach innen, und sagen Sie: »ICH BIN.«[5] Finden Sie heraus, wo das Gefühl von ICH in Ihnen am stärksten ist. Liegt dieser Punkt im Solarplexus, einem Bereich unterhalb des Herzens? Oder tiefer? Ist der Punkt in der Herzgegend? Im Hals? Im Gehirn? Außerhalb des Gehirns? Wenn Sie diesen Punkt einmal gefunden haben, können Sie Ihre bewußte Selbstwahrnehmung als Seele an diesen Punkt verlagern, in dem Wissen, daß Sie Ihr Körpergefährt von diesem Punkt aus steuern.

Diese bewußt wahrnehmende Einheit ist der Teil von Ihnen, der sagt: »ICH BIN.« Es ist die Seele, die ewige, unsterbliche Essenz des individualisierten Ausdrucks Gottes. Dieser Teil lebt auch nach dem »Tod« weiter, und dieser Teil ist es auch, der sich während außerkörperlicher Erfahrungen von Ihrem physischen Körper entfernt.

Wenn wir uns unserer selbst als etwas vom Körper Losgelöstes bewußt werden und bewußt von dieser Perspektive aus operieren, bildet sich in uns die Fähigkeit, sowohl unsere emotionale und intellektuelle Natur als auch die anderen Gesetze dieser Seinsebene zu meistern. Von diesem Bewußtseinspunkt beziehen wir unser Leben und unsere Energie, und von hier aus werden wir unseren ersten Schritt machen, die Gesetze des Universums zu meistern. Zunächst schauen wir uns jedoch einige wissenschaftlich bekannte Daten über das Gehirn an.

Der Unterschied zwischen Gehirn und Geist

Das Gehirn ist ein sehr hoch entwickeltes, spezialisiertes Organ wie das Herz oder die Leber und hat eine besondere Funktion im Körper. Das Gehirn ist nicht der Geist. Es ist so etwas wie eine Schaltstelle zwischen Geist und Körper. Der Geist kann über das Gehirn Kontakt mit dem Körper aufnehmen und schickt dann Anweisungen für körperliche Aktivitäten. Lassen Sie uns nun einmal von der bewußt wahrnehmenden Einheit aus, das heißt vom Standpunkt der Seele aus, darauf schauen, wie das Gehirn funktioniert und wie wir seine Funktionen kontrollieren können. Wenn ein Elektroenzephalogramm (EEG) durchgeführt wird, zeichnet das Gerät wellenförmige Linien auf einem Streifen Papier auf. Das sind Aufzeichnungen der Aktivitäten des Gehirns, welches ständig wellenförmige Schwingungsmuster aussendet, die mit solchen wissenschaftlichen Methoden gemessen werden können. Forscher im Bereich medialer Phänomene haben entdeckt, daß verschiedene Dinge vor sich gehen, wenn das Gehirn in unterschiedlichen Gehirnwellen-Frequenzbereichen arbeitet. Wenn das Gehirn sehr schnelle Schwingungen aussendet, befinden Sie sich in einem anderen Bewußtseinszustand, als wenn die Gehirnwellenfrequenz niedriger ist. Tabelle 1 ist eine Übersicht der verschiedenen »Gehirnwellen-Frequenzbereiche«.

52

Hz

Hz	Bewußtseinsbereich	Ebene	Kategorie	Beschreibung
32	**Physische Welt** Sehen · Fühlen Riechen · Zeit Hören · Raum Schmecken Äußere Bewußtseinsebenen, Beschäftigung mit äußeren, weltlichen Manifestationen	**Beta-Ebene**	Tat	Körperliche Aktivität, Lachen, Weinen, emotionale Reaktionen, mentale Vorgänge wie zum Beispiel schlußfolgerndes und logisches Denken, alle Beziehungen zur äußeren Welt
14	**Das innere Königreich** Die innere spirituelle Welt (oder die Welt des göttlichen Selbst) ASW, mediale Phänomene, mentale Projektion, mediale oder geistige Heilungen, Telekinese, Trance etc. Raum- und zeitlose Ebene	**Alpha-Ebene** Innere Bewußtseinsebenen »... so gehe in dein Kämmerlein und schließ die Tür zu ...«	Hypnose, Meditation und Schlafzustände / Gedanken	Hellhören, Hellfühlen, Hellsehen, Träume, Hypnose, Meditation, Erinnerungen, Vorahnungen, Telepathie, Visionen, tiefe Zustände der inneren Schau, leichte Schlafzustände
7		**Theta-Ebene** Halbbewußte Zustände Fehlen von Sinneswahrnehmung	Hypnose, Meditation und Schlafzustände / Gedanken	Erinnerungsspeicher; unterschwellige Bewußtseinsaktivität, Aktivitäten des parasympathischen Nervensystems wie zum Beispiel Kreislauf, Verdauung, Atmung etc.; die Quelle psychosomatischer Krankheiten und zwanghafter Verhaltensweisen
4	**Unbekannt** Gegenwärtig ein Bereich, in dem intensive Forschung betrieben wird	**Delta-Ebene** Koma, Bewußtlosigkeit, außerkörperliche Erfahrungen, Teleportation		Sehr tiefer Schlaf; einige Trancemedien operieren von dieser Ebene aus

Tabelle 1: Gehirnwellen-Frequenzbereiche

Die bewußte Ebene

Wenn das Gehirn entsprechend dem EEG auf einer Schwingungsfrequenz von etwa 14 bis 32 Hertz arbeitet, befindet es sich in
einem Zustand, den die Wissenschaftler Beta-Bewußtsein genannt haben. Dies ist vollständiges Wachbewußtsein. In diesem
Bewußtsein gehen wir den alltäglichen Dingen des Lebens nach.
Man kann fühlen, spüren, denken, schmecken, sehen und hören –
alle Sinne sind in diesem Zustand maximal aufnahmefähig.
Wenn unser Gehirn auf dieser Ebene schwingt, findet unser
aktives, körperliches Leben statt. Auf der Beta-Ebene ist unser
bewußter, denkender Geist. Sehr viele Menschen kommen über
diesen Aspekt ihres Seins nie hinaus. Wir sind aber so viel mehr
als nur unser bewußter, denkender Geist. Wenn wir uns anderer
Ebenen bewußt werden, können wir lernen, unsere ASW-Fähigkeiten gezielt einzusetzen.

Die kreative Ebene

Wenn das EEG im Gehirn 7 bis 14 Schwingungen pro Sekunde
mißt, entspricht das dem Zustand, den die Wissenschaftler Alpha-
Bewußtsein genannt haben. Zur Zeit wird dieser Bereich sehr
intensiv erforscht, und viele neue Erkenntnisse werden darüber
gewonnen. Sie können sich teure Biofeedbackgeräte kaufen, die
immer dann, wenn Sie die Alpha-Ebene erreicht haben, ein Signal
ertönen lassen. Die simpelste Methode ist jedoch, einfach die
Augen zu schließen, einen tiefen Atemzug zu nehmen, ruhig zu
werden und sich zu entspannen. Sie werden sich umgehend tief
genug auf der Alpha-Ebene befinden, um die kreativen Kräfte
nutzen zu können, die dort zu finden sind.
Durch Übung ist es möglich, bei vollem Bewußtsein immer tiefer
zu gehen – bis hin zu den unteren Theta-Bereichen. Vielleicht

wollen Sie es später selbst einmal ausprobieren. Im Augenblick reicht die Alpha-Ebene für unsere Zwecke völlig aus.

Dieser Funktionsbereich des Gehirns besteht im wesentlichen aus zwei Hauptebenen, auch wenn Wissenschaftler schon insgesamt 32 Unterebenen unterscheiden können. Eine dieser Hauptebenen ist durch Meditation oder leichte Trance erreichbar, wobei wir voll bewußt bleiben, die andere Ebene erreichen wir in Traumzuständen. Wenn Sie im Tiefschlaf gewesen sind und zur Traumebene hochkommen, weist das Gehirn Alpha-Schwingungen auf, besonders dann, wenn es sich um einen Traum handelt, an den wir uns nach dem Erwachen erinnern.

Alle außersinnlichen Erscheinungen und Phänomene aus anderen Dimensionen finden dann statt, wenn sich das Gehirn im Alpha-Zustand befindet. In diesem Bereich gibt es weder Raum noch Zeit, und mediale oder spirituelle Heilungen können bei dieser verlangsamten Schwingungsfrequenz stattfinden. Erinnerungsrückrufe, Visionen, Hypnose, Hellsehen, Hellhören, Hellfühlen, Telepathie und Präkognition finden statt, wenn sich das Gehirn im Alpha-Zustand oder darunter befindet.

Die Alpha-Ebene ist die kreative Ebene des Gehirns. Alle Gedanken, die wir auf dieser Ebene denken, werden sich in der äußeren Welt mit ihren materiellen und persönlichen Beziehungen manifestieren. Es ist unbedingt notwendig, diesen Gehirnwellen-Frequenzbereich zu verstehen, um zu lernen, den Körper und die Umgebung zu beherrschen. In den »Praktischen Übungen, Teil 1« im Anschluß an dieses Kapitel finden Sie ein paar grundlegende Meditationstechniken und Regeln, die auf der Alpha-Ebene zu beachten sind. Durch die richtigen Meditationstechniken können wir alles in unserem Leben erschaffen, was sich unser Herz nur wünscht.

Die unterbewußte Ebene

Der dritte Frequenzbereich der Gehirnwellen, die Theta-Ebene, ist dann aktiv, wenn im Gehirn zwischen 4 und 7 Schwingungen pro Sekunde gemessen werden. Dies ist der Langzeitspeicher des Gehirns: das Unterbewußtsein. Es befindet sich unterhalb des normalen Wachbewußtseins. Alles, was Sie je gewesen sind, getan haben, gehört oder gesehen haben, alle durch die fünf Sinne zusammengetragenen Daten sind in den Gedächtniszellen in diesem Bereich gespeichert. Sogar vorgeburtliche Erinnerungen wurden hier gespeichert, die durch emotionale Einflüsse oder durch Hypnose aktiviert werden können.

In einem untrainierten Gehirn besteht so gut wie keine bewußte Verbindung zu dieser Ebene, aber man kann sie mit Hypnose erreichen. Dieser Teil des Gehirns schläft nie. Tagein, tagaus zeichnet er alles auf, was vor sich geht. Nur wenn die Gehirnwellenfrequenz unter 4 Hertz sinkt, wird dieser Bereich deaktiviert. Einige Menschen, die Vollnarkosen bekommen haben, konnten sich danach unter Hypnose alles zurückrufen, was während der Narkose im Operationssaal vor sich ging. Sie wußten ganz genau, was die Menschen im Raum gesagt und getan hatten, auch wenn ihr bewußter Geist durch die Narkose völlig ausgeschaltet war.

Das parasympathische Nervensystem arbeitet von der Theta-Ebene aus. Alle automatischen Funktionen im Körper, zum Beispiel der Herzschlag, die Verdauung, die Atmung, das Kreislaufsystem und die Bewegungen der unwillkürlichen Muskeln, sind Funktionen der Theta-Ebene. In diesem Bereich des Gehirns sind alle Gewohnheiten, die Sie haben, alle erlernten Bewegungen, etwa Autofahren, Maschinenschreiben, Lesen, Schreiben, einfach alle Dinge, die Sie tun, ohne über sie nachdenken zu müssen, programmiert. Zwanghafte Handlungen, die aus traumatischen Erlebnissen in der frühen Kindheit herrühren, liegen tief in dieser Ebene begraben.

Die Quelle dieser zwanghaften Handlungen kann von der Beta-Ebene eines untrainierten Gehirns aus nicht erreicht oder entdeckt werden. Allerdings können die geprägten Verhaltensweisen und emotionalen Reaktionen, die in die Theta-Ebene eingebrannt wurden, ständig Leid verursachen, da sie immer wieder wie Luftblasen an die Oberfläche kommen und sich in unbewußten Handlungen niederschlagen. Ein triftiger Grund dafür, zu lernen, wie man die unbewußten Ebenen des Gehirns erreichen kann, ist, daß man dadurch die verborgenen Quellen gegenwärtiger emotionaler Schwierigkeiten ausfindig machen kann.

Dieser Bereich des Gehirns funktioniert wie ein gigantischer Computer. Immer wenn Sie sich eine Frage stellen, durchsucht das Gehirn als erstes all die Informationen, die in seinem normalen Speicher liegen. Wenn die Antwort dort nicht gefunden werden kann, dann muß sich die Information statt dessen auf den Ebenen des Geistes befinden. An dieser Stelle setzt kontrolliertes und wissentliches mediales Bewußtsein ein.

Wenn wir zwischen den Beta-, Alpha- und Theta-Ebenen Brücken bauen können, werden wir einen größeren Nutzen aus unserem Gehirnpotential ziehen und die Funktionen des Gehirns durch bewußte Kontrolle verbessern. Dadurch werden wir mehr Selbst-Bewußtsein entwickeln.

Die unbewußte Ebene

Wenn sich Ihr Gehirn im Schwingungsbereich zwischen 0 und 4 Hertz befindet, sind Sie auf der Delta-Ebene. Das sind zum Beispiel Zustände vollständiger Bewußtlosigkeit, ein Koma, sehr, sehr tiefer Schlaf und einige protokollierte Fälle tiefer medialer Trance. Anzeichen deuten darauf hin, daß das Gehirn selbst fast völlig aufhört zu arbeiten. Im Körper sind nur noch der Herzschlag und die Atmung aktiv. Die Verdauung hört auf.

Atmungs- und Kreislaufsystem werden gerade noch so weit aufrechterhalten, um den Körper am Leben zu erhalten.

Normalerweise bringt man von dieser Ebene nicht, wie von der Theta-Ebene, bewußte Erkenntnisse von Gehirnvorgängen mit zurück. Jedoch weisen jüngste Experimente darauf hin, daß unter bestimmten kontrollierten Umständen Erkenntnisse von Vorgängen im Bereich des Geistes durchsickern, wenn jemand beispielsweise in tiefer Trance auf der Delta-Ebene ist.

Eine Gehirnwellenfrequenz von 0 Hertz deutet auf den völligen Stillstand der Lebensvorgänge hin. Es gibt allerdings Aufzeichnungen über einige Fälle, in denen zwar schon der klinische Tod eingetreten war, in denen jedoch Erinnerungen an ein Gewahrsein von Aktivität in der physischen Welt (zusammen mit bestimmten mystischen Erfahrungen) im Gedächtnis geblieben sind, bis sich die normalen Lebensvorgänge wieder eingestellt hatten.

Das läßt Raum für Spekulationen offen, ob Astralwanderung oder außerkörperliche Erfahrungen vielleicht in diesem Bereich der Gehirnwellenfrequenz einsetzen. Möglicherweise kehrt der astrale Körper dann wieder zum physischen Körper zurück, wenn die Frequenz der Gehirnwellen wieder zunimmt und der Körper die Seele (oder die astrale Essenz) auf diese Weise wieder zurückzieht.

»… so gehe in dein Kämmerlein und schließ die Tür zu …«

Jesus sagte: »… Der Vater aber, der in mir wohnt, der tut seine Werke … Wer an mich glaubt, der wird die Werke auch tun, die ich tue … ich gehe zum Vater« (Johannes 14,10–12). Wir können diese kreative Quelle in uns nutzen, um noch größere Werke zu vollbringen als er, erfahren wir an dieser Bibelstelle.

Je langsamer das Gehirn schwingt, desto geringer ist unser Bewußtsein der uns umgebenden Geräusche oder Einflüsse, und Sie können sogar einen Zustand so tiefer Meditation oder Trance erreichen, daß Sie sich noch nicht einmal mehr Ihres Körpers oder des Zimmers, in dem Sie sich befinden, oder anderer Personen im Raum bewußt sind.

Wenn Sie sich auf tiefere Ebenen begeben, verlieren Sie zunächst Ihre optische Sinneswahrnehmung, dann schmecken und riechen Sie nichts mehr, dann verliert sich das Fühlen und zuletzt das Hören. Wenn Sie noch tiefer in Ihre innere Welt vordringen, werden die Gehirnfrequenzen immer langsamer.

Das ist die wahre Bedeutung von »… so gehe in dein Kämmerlein und schließ die Tür zu …« (Matthäus 6,6), und ich glaube, daß Jesus dies zum Ausdruck bringen wollte. Wir verlassen damit die Welt der Sinne. Unsere heutige verdrehte Interpretation ist, daß er meinte, wir sollten uns dem Sinnlichen, speziell der Sexualität, verschließen. Dabei meinte er mehr das Sinnliche in bezug auf unsere physischen Sinne und die einfließenden Informationen aus der objektiven, äußerlichen Welt. In tiefen Meditationszuständen verlieren wir das Bewußtsein der einfließenden Sinneswahrnehmungen, obwohl unser Bewußtsein unserer selbst, als bewußtes lebendes Wesen, bleibt und sogar noch verstärkt wird.

Dieser Verlust der bewußten Sinneswahrnehmung ist notwendig, um Verspannungen zu lösen und um den Weg freizulegen, damit eine Kommunikation mit der Seele außerhalb des Gehirns stattfinden kann. Dann werden wir uns einer anderen Dimension unseres Seins bewußt, der transzendenten Welt des ICH BIN.

Die überbewußte Ebene

Es gibt einen Teil des Geistes, der nicht mit Meßinstrumenten erfaßt werden kann. Diesen Teil nennen wir das Überbewußte. Grundsätzlich handelt es sich dabei eher um ein elektromagnetisches Feld als um einen Frequenzbereich des Gehirns. In diesem Bereich befindet sich das »Wahrnehmungsorgan« der Seele, welches eine Verbindung zwischen den Aktivitäten der Seele und den physischen, mentalen und emotionalen Aktivitäten des Körpers und der Persönlichkeit herstellt.

Innerhalb des Gehirns ist alles Erlernte gespeichert. Wir mußten lernen, zu laufen und zu sprechen, ja sogar zu atmen. Alles, was wir jetzt tun, mußten wir lernen, da bei unserer Geburt lediglich ein paar pränatale Erinnerungen in unserem Gehirn gespeichert waren. Alles, was jetzt in unserem Gehirn gespeichert ist, kam nach der Geburt hinzu.

Für das Überbewußte gilt dies nicht. Der Geist kann Kontakt mit Menschen, Orten und Situationen in Raum und Zeit aufnehmen, zu denen unser Gehirn keinen Zugang hat. Informationen, die auf diese Art und Weise in unser Bewußtsein gelangen, werden so Bestandteil der unterbewußten Ebenen des Gehirns und können dann willentlich für den zukünftigen Gebrauch wieder ins Bewußtsein gebracht werden. Wir sammeln also sowohl Informationen über die äußere Welt durch unsere Sinne als auch Informationen aus dem überbewußten Bereich. Letztere treten als Inspirationen, Intuitionen, Träume und andere mediale Eindrücke in unser Bewußtsein.

Dieser Teil unseres Geistes hat Zugang zu allen Informationen, die wir jemals brauchen werden, jedoch kann nur der geübte Schüler diese Informationen willentlich abrufen. Die meisten von uns sind im Gehirn, in der Welt der Sinne und innerhalb der uns bekannten Formen von Sinneswahrnehmung gefangen. Wenn wir lernen könnten, außerhalb des Gehirns zu denken und uns der erweiterten Wahrnehmungsmöglichkeiten unserer Sinne bewußt würden, könnten wir Raum und Zeit transzendieren. Dann wäre es uns möglich, zu wissen, was in der Zukunft passieren wird und was in der Vergangenheit passiert ist (auch wenn wir nicht dabei waren). Und wir wären in der Lage, ohne empirische Daten – oder das, was wir zur Zeit unter empirischen Daten verstehen – viele andere Dinge zu wissen.

Der universelle Geist

Das Überbewußtsein hat zu Informationen Zugang, die uns normalerweise nicht zugänglich sind. Lassen Sie uns die Quelle dieser Informationen den universellen Geist nennen. Würden wir sie Gott nennen, aktivierten wir zu leicht aus unserem konditionierten Erinnerungsspeicher stereotype Vorstellungen von Gott. Wenn wir unser außersinnliches Bewußtsein entfalten wollen und eine bewußte Brücke zwischen dem Gehirn und dem Geist errichten wollen, ist es hilfreich, zunächst einmal unsere Vorstellung von Gott zu erweitern.

Ein Philosoph sagte einmal, Gott habe den Menschen nach seinem Bilde erschaffen und der Mensch erwies ihm dann die gleiche Ehre. Wir glauben zum Beispiel zu oft, daß es »der Wille Gottes« ist, wenn wir leiden, da uns dies auf irgendeine mysteriöse Art und Weise läutern soll, unsere Hingabe stärken und uns irgendwie helfen soll, uns zu reinigen. Es ist allerdings widersprüchlich, auf der einen Seite von einem »Gott der Liebe« und vom »freien Willen« zu sprechen und auf der anderen Seite gleichzeitig zu denken, daß Gott ein unsichtbares Wesen ist, das die Fäden in der Hand hat, und uns als Marionetten seines Willens zu betrachten. Diese Verstellung ist eine Projektion des Menschlichen auf Gott.

Betrachten wir uns selbst als nach dem Bilde Gottes geschaffen, als Verkörperung oder Vorstellung Gottes. Unabhängig davon, was Ihre gegenwärtigen religiösen Vorstellungen sind, auch wenn Sie sich selbst als Atheist bezeichnen, bin ich mir sicher, daß Sie grundsätzlich damit übereinstimmen werden, daß jede Religion behauptet: »Gott ist alles.« Lassen Sie uns kurz über diese Aussage nachdenken.

Wenn Gott alles ist, kann es sonst nichts anderes geben! Wenn Gott also alles ist, was hat er dann benutzt, um das Universum, die Erde, die Steine, die Bäume, Sie und mich zu erschaffen?

Logischerweise muß er es aus sich selbst heraus erschaffen haben. Wenn es andere Materialien oder Stoffe gegeben hätte, aus der er seine Schöpfung hätte erbauen können, dann wäre er nicht alles gewesen – es hätte außer ihm noch etwas anderes geben müssen. Daraus folgt, daß, wenn Gott wahrhaft göttlich ist, auch seine Schöpfung, die aus ihm entstanden ist, göttlich sein muß. Jesus sagte: »Ich habe gesagt: Ihr seid Götter« (Johannes 10,34). Der Apostel Paulus beschreibt es im Brief an die Epheser (4,6) wie folgt: »… ein Gott und Vater aller, der da ist über allen und durch alle und in allen.« Wir müssen nicht »weit gehen«, um Gott zu finden. In der Apostelgeschichte (17,28) sagt Paulus: »Denn in ihm leben, weben und sind wir …«

Daraus können wir erkennen, daß Gott nicht nur der Vater aller Dinge ist, da er alles aus sich selbst erschaffen hat, sondern er beseelt und durchdringt seine gesamte Schöpfung, während er unablässig in der Weite seiner äußerlichen Manifestation lebt, sich selbst erfährt und sich weiterentwickelt.

Gott ist Leben, der Lebensatem und die Essenz einer jeden Zelle, eines jeden Atoms, welches je erschaffen wurde, und zugleich alle Kräfte und Formen im Sichtbaren und Unsichtbaren. Er ist die Intelligenz und die Macht, die sowohl das Universum bewegt als auch unsere winzig erscheinenden irdischen Angelegenheiten.

Wir sind ein Teil Gottes, und Gott ist in uns allen. Man könnte sagen, die Essenz Gottes sei Energie, Kraft, Macht und Substanz. All dies und noch viel mehr, jenseits von Formen, Definitionen und Beschreibungen. Gott ist in Ihnen, durch Sie und als Sie selbst tätig. Alles ist mit unbegrenztem Potential, sich zu entfalten und auszudrücken, ausgestattet.

Wenn wir einen Eimer voll Wasser aus dem Meer nähmen, wäre das Wasser im Eimer nun kein Meerwasser mehr, weil es nicht mehr im Meer ist? Es hat noch immer genau die gleichen Eigenschaften und das gleiche Potential. Es könnte zwar keinen Wal in sich aufnehmen, aber es hätte das Potential dafür, wenn man es wieder ins Meer schüttete.

Unser Bewußtsein für das göttliche Potential in uns zu erweitern ist ein wesentlicher Schritt auf dem Weg, das Gefängnis des Gehirns und des Körpers zu verlassen und zur Freiheit im Überbewußtsein zu gelangen. Das Überbewußtsein weiß, daß es ein Teil des unendlichen Seins Gottes ist und daß es Zugang zu allen Informationen hat, die im universellen Geist – unserem erweiterten Konzept von Gott – gespeichert sind.

Innerhalb des universellen Geistes (oder Gottes) findet unablässig die Schöpfung statt, die immer wieder neue, noch nie dagewesene Ausdrucksformen findet. Gott ist unendlich kreativ. Er hat noch nie zwei Sachen gleich geschaffen. Es gibt keine zwei Schneeflocken, zwei Fingerabdrücke, keine zwei Haare auf Ihrem Kopf, die gleich sind. Es gibt noch nicht einmal zwei Sandkörner am Strand, die exakt identisch sind. Warum sollten Sie also davon ausgehen, daß Sie so sein sollten wie Ihr Nachbar oder daß Ihr Nachbar so sein sollte wie Sie? Keiner von Ihnen ist besser als irgend jemand anders, und keiner ist schlechter. Sie sind einfach verschieden, und jeder von Ihnen ist einzigartig!

Ich möchte, daß Sie sich Ihrer Einzigartigkeit bewußt werden, damit wir sie noch steigern können und sie in all ihrer wunderbaren Schönheit zum Ausdruck kommt. Sie sind eine einzigartige Schöpfung Gottes, ein ganz und gar einmaliges Wesen, ein vollständiger Ausdruck Gottes auf Ihre spezielle Art und Weise. Es gibt kein zweites Wesen auf diesem Planeten oder irgendwo anders in diesem Universum, welches so ist wie Sie.

Betrachten Sie Ihre Nachbarn von diesem neuen Gesichtspunkt aus. Denken Sie daran: Ihre Nachbarn sind wie Sie einzigartige Geschöpfe Gottes. Wie kann man diesen Aspekt Gottes, der das Göttliche auf seine einmalige Weise erfährt und zum Ausdruck bringt, nicht lieben? Wie kann man sich selbst nicht lieben?

Der entscheidende Faktor ist Bewußtsein! Öffnen Sie Ihren Geist.

Denken Sie in neuen Begriffen und Konzepten. Fangen Sie an zu erkennen, daß es Potentiale in Ihnen gibt, die Sie noch nicht im entferntesten zu Einsatz gebracht haben oder vielleicht noch nicht einmal ahnen. Diese Potentiale sind so gewaltig, daß Sie erstaunt sein werden, wozu Sie in der Lage sind.

Uri Geller machte vor ein paar Jahren Schlagzeilen mit seiner Fähigkeit, Gabeln, Schlüssel und andere Gegenstände aus Metall allein durch Gedankenkraft zu verbiegen. Seit dieser Zeit bekam ich häufiger von meinen Schülern zu hören: »Mein Sohn kann Löffel verbiegen!« oder »Mein Mann hat einen Löffel verbogen!« Wissen Sie, warum sie es vorher noch nicht konnten? Weil sie es noch nie versucht hatten! Ich möchte Ihnen eine ganz neue Welt innerer Potentiale eröffnen, die so erstaunlich ist, daß Sie völlig verblüfft sein werden. Haben Sie keine Angst, etwas Neues auszuprobieren. Stellen Sie sich vor, daß Sie ein Forscher sind und daß Sie in Grenzbereiche des Geistes vordringen, die noch nie zuvor betreten worden sind.

Man sagt, daß der größere Teil des Geistes wie ein Eisberg ist. Nur etwa ein Zehntel eines Eisberges ist sichtbar. Psychologen behaupten, daß wir nur ein Zehntel unseres geistigen Potentials benutzen. Sie können Ihr Gehirn dahin gehend trainieren, mit dem Überbewußtsein bewußt Kontakt aufzunehmen, und werden dadurch einen Zugang zu den übrigen Bereichen des Geistes bekommen.

Wenn Sie die äußere Welt und ihre ständigen Anforderungen an Ihre Sinne nicht ausblenden, können Sie Ihre innere Stimme nicht wahrnehmen. Sie können sie nur wahrnehmen, wenn Ihr Gehirn in den langsameren Frequenzbereichen schwingt. Wenn Sie schon einmal mediale Erfahrungen gemacht haben, beispielsweise Vorahnungen, Visionen oder telepathische Erlebnisse hatten, werden Sie festgestellt haben, daß diese Eindrücke in einer Zeit auftauchen, als Ihr Geist ruhig war und auf einer langsameren Frequenz arbeitete. Es versteht sich von selbst, daß, wenn Sie lernen, die ganze Zeit über in diesen langsameren Schwingungszuständen zu leben, oder lernen, sich willentlich auf diese Schwingungsfrequenzen einzustimmen, sich Ihr Bewußtsein dadurch erweitert. Sie werden sich nicht nur Ihrer selbst bewußter sein, sondern auch der Aktivitäten, die um Sie herum vor sich gehen. Das ist wirklich eine Erweiterung Ihrer Sinne.

Praktische Übungen, Teil 1
Die Kontrolle über das Gehirn

Einige Menschen haben sehr große Schwierigkeiten beim Visualisieren. Wenn es Ihnen auch so geht, kann das dadurch verursacht worden sein, daß Sie als Kind von Ihren Eltern dafür getadelt oder ausgelacht wurden und daß man Ihnen sagte, Sie sollten »aufhören, sich etwas einzubilden«. Dadurch kann Ihre Fähigkeit, etwas zu visualisieren, ausgeschaltet oder unterdrückt worden sein. Grundlegende Übungen im Visualisieren können Ihnen helfen, den Zugang zu dieser kreativen Fähigkeit wiederzugewinnen. Die folgenden Übungen können entweder in einer Gruppe oder allein durchgeführt werden.

Übung 1: Steigern Sie Ihre Vorstellungskraft

Schauen Sie sich die Abbildungen 1 bis 6 nacheinander an. Verdecken Sie, wenn nötig, die jeweils andere mit einem weißen Blatt Papier, damit Sie nicht abgelenkt werden. Es sind einfache Bilder, die man auch in Kinderbüchern finden könnte, sie werden jedoch nach und nach komplexer, was die Linien und Details anbelangt. Betrachten Sie ein Bild, und nehmen Sie so viele Details auf, wie Sie können. Schließen Sie dann Ihre Augen, und versuchen Sie, das gleiche Bild vor Ihrem geistigen Auge entstehen zu lassen. Dies nennt man Visualisieren.

Wenn Sie sich so viele Details wie möglich zurückgerufen haben, öffnen Sie wieder die Augen und vergleichen das, was Sie vor Ihrem inneren geistigen Augen gesehen haben, mit dem Bild vor Ihnen. Ein Teil von dem, was Sie gesehen haben, wird das Nachbild auf der Netzhaut gewesen sein, das heißt das Bild, was auch dann noch auf der Netzhaut bleibt, wenn Sie bereits woandershin schauen. Einen anderen Teil werden Sie sich aus Ihrer Erinnerung zurückgerufen haben. Beides wird jedoch nützlich

Abbildung 1: Visualisierungshilfe

Abbildung 2: Visualisierungshilfe

Abbildung 3: Visualisierungshilfe

Abbildung 4: Visualisierungshilfe

Abbildung 5: Visualisierungshilfe

Abbildung 6: Visualisierungshilfe

sein, um Ihren Geist wieder auf das kreative Visualisieren einzustimmen. Vielleicht sind die geistigen Bilder am Anfang noch verschwommen, doch wenn Sie mit den Übungen fortfahren, werden Sie bald klare und scharfe Bilder wahrnehmen.

Untersuchungen weisen darauf hin, daß es im Bereich des Visualisierens möglicherweise zwei verschiedene Gehirnvorgänge gibt. Manche Menschen können visualisieren, andere können es offenbar nicht. Wenn Sie entdecken, daß Sie trotz aller Bemühungen, die Kunst des Visualisierens einfach nicht meistern, versuchen Sie einmal folgendes: Denken Sie an einen Regenschirm. Was auch immer in Ihrem Gehirn passiert, wenn Sie an einen Regenschirm (oder einen Hund, einen Berg oder ein Krokodil) »denken«, das ist Ihr Äquivalent zum Visualisieren. Dies ist die Art und Weise, wie Ihr Gehirn funktioniert, und Sie müssen lernen, damit zu arbeiten. Wenn andere vor ihrem geistigen Auge etwas sehen, entspricht dies bei Ihnen vielleicht eher einer Art des Denkens. Wenn das bei Ihnen besser funktioniert, machen Sie es so. Auf jeden Fall werden Sie das gleiche damit erreichen.

Menschen, die nicht visualisieren können, haben häufig die Fähigkeit, etwas einfach zu wissen. Diese intellektuelle Aktivität ist eine andere Form der gleichen medialen Bewußtheit. Andere Menschen können Informationen vielleicht eher »fühlen« oder »spüren«, anstatt sie zu sehen. Visualisieren ist zwar die am weitesten verbreitete Methode, übersinnliche Informationen zu empfangen, aber auf keinen Fall die einzige. Sie haben mediale Fähigkeiten! Wie Sie die Informationen empfangen, ist unwichtig. Sie müssen lediglich herausfinden, welche Methode am besten zu Ihnen paßt.

Durch die folgenden Übungen wird Ihr Visualisationsvermögen gesteigert, sofern es latent vorhanden ist. Fühlen Sie sich jedoch auch frei, zu »spüren«, zu »fühlen« oder zu »wissen«, wenn Sie nicht visualisieren können, denn jede Entfaltung Ihrer inneren Sinne wird Ihre mediale Fähigkeiten steigern.

Übung 2: Kreatives Visualisieren

Stellen Sie sich einen Tisch von beliebiger Größe, Form und Farbe vor. Stellen Sie eine wunderschöne hohe, blaue Vase auf den Tisch. Pflücken Sie auf der rechten Seite Ihres inneren Bildes eine wunderschöne rote Rose, und tun Sie diese Rose in die blaue Vase. Pflücken Sie jetzt auf der linken Seite Ihres Bildes eine prächtige, preisgekrönte gelbe Rose, und stellen Sie sie neben die rote Rose in die Vase. Jetzt sehen Sie direkt vor sich eine atemberaubende weiße Rose. Stellen Sie auch diese Rose in die Vase. Halten Sie das gesamte Bild eine Minute lang aufrecht, und beugen Sie sich dann vor, um an den Rosen zu riechen!

Übung 3: Erweitern Sie Ihre Sinne!

Zum inneren Sehen kommen bei diesen Übungen noch weitere Sinneswahrnehmungen hinzu.

Stellen Sie sich vor, daß wir neben einem leise plätschernden Fluß in einem ruhigen, bewaldeten Tal ein Zeltlager aufgebaut haben. Sammeln Sie Stöcke und Holz, um ein warmes knisterndes Lagerfeuer zu machen. Beobachten Sie, wie die Flammen in der Nacht hochzüngeln, und nehmen Sie den Geruch des verbrannten Holzes wahr. Fühlen Sie die Wärme des Feuers.

Stellen Sie jetzt einen Kaffeekessel zum Kochen in die Flammen, und nehmen Sie den Kaffeegeruch wahr. Lauschen Sie den leisen nächtlichen Geräuschen.

Plötzlich donnert ein Lastwagen auf der nahegelegenen Straße vorüber. Hören Sie, wie er davonfährt und es wieder still wird. Lauschen Sie dem Wasser, wie es leise gegen das Ufer plätschert. Irgendwo quakt ein Frosch, und Sie können den Ruf eines Vogels in der Nähe hören. Eine sanfte, erfrischende Brise kommt auf.

Greifen Sie nach unten, und fühlen Sie die feuchte, kühle Erde.

Übung 4: Und jetzt mit etwas Bewegung

1. Sie haben direkt vor Ihrem Fenster eine Futterstelle für Vögel gebaut. Beobachten Sie, wie die Vögel herumhüpfen, und hören Sie, wie sie sich zuzwitschern. Es ist jetzt an der Zeit, die Vögel zu füttern, und Sie nehmen die Schachtel mit dem Vogelfutter in die Hand. Sie hören die Geräusche des Vogelfutters in der Schachtel, während Sie ein paar Körner auf die Futterstelle schütten. Beobachten Sie die Vögel, während sie die Körner aufpicken. Plötzlich fängt ein Vogel laut an zu singen.

2. Setzen Sie sich hin, und nehmen Sie (in Gedanken natürlich!) einen warmen, pelzigen kleinen Hund auf den Schoß. Streicheln sie über seinen warmen lebendigen Körper, und verbiegen Sie behutsam seine Ohren. Das Hündchen leckt Ihre Hände mit seiner warmen kleinen Zunge. Lassen Sie den kleinen Hund wieder hinunter, und halten Sie jetzt ein weiches, kuscheliges Kätzchen auf dem Schoß. Welche Farbe hat es? Die kleine Katze rollt sich zusammen und schläft ein, während Sie ihr übers Fell streichen. Hören Sie, wie die Katze zufrieden schnurrt?

Übung 5: Und nun mit Geschmacks- und Geruchswahrnehmungen

Sie sind von einem guten Freund zum Grillen im Garten hinter seinem Haus eingeladen worden. Sie sitzen in angenehmer Gesellschaft und erfreuen sich an den guten Gerüchen, die vom Grill kommen. Benutzt der Gastgeber Feuerholz oder Holzkohle? Sie hören, wie das schmelzende Fett in den Flammen zischt. (Wenn Sie Vegetarier sind, stellen Sie sich einen vegetarischen Hot dog oder Hamburger vor, wenn Ihnen das lieber ist. Nehmen Sie ruhig auch Honig statt Zucker, oder streichen Sie Zucker und Salz ganz, wenn sie nicht zu Ihrem Speiseplan gehören und Sie sich diese Zutaten nicht vorstellen möchten.)

Schauen Sie sich den Gartentisch an. Aus welchem Holz ist er? Aus welchem Material ist die Tischdecke? Wie sehen das Geschirr und das Besteck aus?

Der Gastgeber serviert jetzt einen heißen Hot dog in einem Brötchen. Schmecken Sie das Fleisch und das Brötchen. Etwas Senf wäre gut. Schmecken Sie den Senf.

Nehmen Sie das Glas Limonade in die Hand, das in der Nähe Ihres Tellers steht. Die Limonade ist sauer. Schütten Sie etwas Zucker auf die Hand, und schmecken Sie seine Süße.

Jetzt wird Ihnen ein Teller Mais serviert. Probieren Sie die wohlschmeckenden einzelnen Körner. Das Salz fehlt noch. Schütten Sie etwas Salz in Ihre hohle Hand, und kosten Sie das Salz mit der Zunge.

Nehmen Sie von einem Vorspeiseteller eine saure Gurke, und essen Sie sie. Sie ist sauer. Fühlen Sie die Gurke zwischen Ihren Zähnen, während Sie sie zerkauen.

Übung 6: Und zum Schluß mit Gefühl!

Denken Sie an einen Menschen, den Sie sehr lieben. Es kann ein Kind oder ein Erwachsener sein. Visualisieren Sie sein oder ihr Gesicht. Halten Sie die Hand des anderen Menschen, und fühlen Sie die Form und die Wärme seiner Hand in Ihrer. Nehmen Sie den Menschen jetzt in den Arm. Nehmen Sie die schönen Gefühle der Liebe und Freundschaft zwischen Ihnen wahr.

Küssen Sie ihn zum Abschied. Halten Sie dieses Gefühl der Liebe und des Wohlwollens aufrecht, und schicken Sie dieses Gefühl auch allen anderen Menschen im Raum. Fühlen Sie, wie dieses Gefühl, durch die anderen im Raum vielfach verstärkt, zu Ihnen zurückkehrt. (Wenn Sie diese Übung allein durchführen, schicken Sie der Welt als Ganzes dieses Gefühl der Liebe und des Wohlwollens, und stellen Sie sich vor, daß alle Menschen und Völker von diesem Gefühl berührt werden.)

Speichern Sie dieses Gefühl jetzt in Ihrem Herzen und in Ihrem

Geist. Nehmen sie sich vor, nie wieder auf ein verkörpertes oder nichtverkörpertes Wesen mit irgendeinem anderen Gefühl als diesem Gefühl der Liebe und der Freude zuzugehen, welches Sie jetzt gerade zum Ausdruck bringen.

Machen Sie diese Übung so oft wie möglich, um ein Gefühl warmherziger, menschlicher Kameradschaft zu Ihren Mitmenschen aufzubauen.

Übung 7: Finden Sie einen Parkplatz!

Diese Übung ist eine Vorausschau auf das, was Ihr Geist für Sie tun kann. Benutzen Sie sie, um sich die Zeit der lästigen Parkplatzsuche zu sparen. Es ist eine einfache und außerordentlich effektive Methode, mit geistiger Energie umzugehen, und sie ist sogar schon von den skeptischsten Anfängern mit großem Erfolg durchgeführt worden.

In den meisten großen Städten geht die Innenstadt im Verkehr unter, und für die Autofahrer ist die Parkplatzsuche das Problem Nummer eins. Wenn Sie Ihre Gedankenenergie bewußt einsetzen, können Sie allerdings immer genau vor dem Gebäude parken, zu dem Sie möchten (jedoch nur, wenn dort kein Parkverbot besteht)!

Visualisation ist das ganze Geheimnis. »Sehen« oder visualisieren Sie einfach einen leeren Parkplatz genau vor der Eingangstür des Gebäudes. Und wenn Sie ankommen, fahren Sie einfach in den leeren Parkplatz, der dort auf Sie wartet! Sie werden manchmal erleben, daß der Fahrer eines anderen Autos genau dann von einem Parkplatz wegfährt, wenn Sie vorfahren, gerade so, als ob er Ihnen diesen Parkplatz reserviert hatte.

Diese Visualisation hat zwei Varianten. Sie können sich entweder im Geiste genau den Parkplatz vorstellen, den Sie haben möchten, oder Sie stellen sich das Gebäude vor und lassen einfach zu, daß ein leerer Parkplatz vor Ihrem geistigen Auge entsteht. Bei der ersten Methode benutzen Sie Ihren Willen, bei der zweiten eine positive Erwartungshaltung. Sie wissen, daß sich ein freier Parkplatz finden wird, und Sie warten einfach, bis sich in Ihrem Bild herauskristallisiert, wo er sein wird.

Probieren Sie beide Varianten aus, um herauszufinden, welche Ihnen mehr liegt. Beide funktionieren, und doch werden Sie für eine von beiden mehr Energie brauchen. Verwenden Sie die Methode, die Ihnen am leichtesten fällt.

Grundlegende Meditationstechniken

Wir hatten schon darüber gesprochen, daß die Alpha-Ebene die kreative Ebene des Gehirns ist und daß wir diese Ebene bewußt beherrschen und für positive Zwecke gebrauchen können. In diesem Zusammenhang möchte ich Ihnen ein paar Meditationsregeln mit auf den Weg geben.

Sie sollten unter keinen Umständen Ihre Probleme, Ihren Liebeskummer oder Ihre negativen emotionalen Reaktionen auf diese kreative Ebene mitnehmen. Da die Dinge, die wir in diesem Zustand visualisieren, sich in unserem Leben manifestieren, müssen wir auf unsere Gedanken aufpassen. Der Verstand hat die Tendenz, sich in bezug auf bestimmte Situationen immer wieder im Kreis zu drehen, speziell bei negativen oder emotional aufgeladenen Themen. Wenn wir das zulassen, reproduzieren wir diese Situationen in unserem Leben immer wieder aufs neue, da wir sie im Geiste immer wieder erneut einprogrammieren. Wir erleben Jahr für Jahr die gleichen Situationen, da wir dem Problem ständig neue geistige Energie zuführen, anstatt kreativ nach einer Lösung zu suchen. Auf diese Art und Weise schaffen wir das, was wir *nicht* wollen.

Sich mit Hilfe erweiterter Wahrnehmungen das vorzustellen, was man tatsächlich im Leben möchte, ist der Schlüssel zur Transformation des eigenen Lebens. Auf diese Weise wenden Sie Ihr kreatives Potential auf die Substanz Gottes an und richten Ihre geistigen Energien auf ein produktives Leben aus.

Seien Sie sich der Vorgänge in Ihrem Gehirn beim Denken bewußt. Tatkräftige, energetische Aktivitäten finden auf der Beta-Ebene statt und sind die Manifestation vorangegangener Gedankenformen auf der passiven Ebene.

Ruhige, nach innen gekehrte Gedanken sind kreative Gedanken. Diese Gedanken spiegeln Ihre emotionalen Reaktionen wider, zum Beispiel inneren Aufruhr oder inneren Frieden, und sie entsprechen Ihrer gegenwärtigen spirituellen Verfassung. Nach innen gekehrte Gedanken, ob friedlich oder aufgebracht, finden stets auf der kreativen Alpha-Ebene statt. Mit ihrer Hilfe können Sie erkennen, was Sie bisher in Ihrem Leben visualisiert oder sich vorgestellt haben. Um unsere kreativen Fähigkeiten beherrschen zu können, ist geistige Disziplin absolut notwendig.

»Im Gebet sprechen wir mit Gott, und in der Meditation lauschen wir seinen Worten«, diese gängige Definition finde ich sehr treffend. Wir können also unserer Meditation ein kurzes, individuell formuliertes Gebet voranstellen und zu unserer Vorstellung von Gott sprechen. Darin sollten wir kurz die Situation, die uns Sorgen macht, so objektiv wie möglich darstellen und um Unterstützung bitten. Dann lassen wir unseren Geist zur Ruhe kommen und achten innerlich auf neue Herangehensweisen oder Erkenntnisse, die in uns aufsteigen. Es ist dabei sehr wichtig, nicht über die Situation nachzudenken, wie sie jetzt ist, sondern daß wir einfach still, offen und empfänglich für neue Ideen oder Lösungen sind.

Sie können Ihre Meditationszeit auch so nutzen, daß Sie sich die Situation so vorstellen, wie Sie sie haben möchten. Legen Sie positive Gefühle in die Vorstellung hinein. Lieben sie Ihr neues Bild, und erkennen Sie dankbar die Kraft des kreativen Bewußtseins an, die gerade dabei ist, Ihr Leben zu verändern. Wenn Sie das Bild sechzig Sekunden lang aufrechterhalten können, ohne daß es flackert oder verblaßt, wird es sich manifestieren. Sie können auf diese Weise zwischenmenschliche Beziehungen harmonisieren, Ihren Körper heilen oder materielle Dinge anziehen. Vielleicht erfahren Sie, welchen Weg Sie in Ihrem Leben einschlagen sollen, wenn Sie die Schwingungen Ihres Gehirns benutzen, um sich auf die höheren Ebenen Ihres Seins einzuschwingen, die sich gerade in diesem Moment bemerkbar machen wollen. Vielleicht erscheint es Ihnen auf dieser Stufe Ihrer Entwicklung unmöglich, Ihr Gehirn zu disziplinieren. Ihr Geist springt von einem zum anderen Gedanken im Kreis herum, Ihre Visualisation verschwimmt, Ihre Aufmerksamkeit schweift ab, und Sie landen in einem Dickicht vorgefaßter Meinungen aus negativen Erinnerungen.

Eine Möglichkeit, um den Geist im gewünschten Bereich zu halten, ist, ein Mantra zu benutzen. Dieses Wort aus dem Sanskrit beschreibt einen bestimmten Klang, an den sich der Geist, ohne zu denken, halten kann. Wenn Sie ein Mantra benutzen, wird Ihr Körper den Alltagsstreß leichter loslassen und sich entspannen. Gleichzeitig verhindert es, daß sich in dieser Zeit der Stille negative Gedanken aufdrängen, so daß Heilung von Körper und Geist möglich wird. Es gibt sehr viele Mantras, die für verschiedene Ziele eingesetzt werden können. Ein gutes Mantra ist ein Name Gottes: OM. Man spricht dieses Mantra laut beim Ausatmen vor sich hin.

In der ersten Woche haben Sie die Aufgabe, diese grundlegende Form der Meditation zu üben. Jetzt sind Sie auf dem Weg zu Ihrem wahren inneren Selbst.

1. Gehen Sie in ein ruhiges Zimmer, wo Sie keinen Ablenkungen oder Unterbrechungen ausgesetzt sind, und setzen Sie sich hin. Wenn es möglich ist, schalten Sie das Telefon ab, bevor Sie mit Ihrer Meditation beginnen, damit Sie nicht durch ein lautes Klingeln aus diesem sensiblen Zustand gerissen werden.

2. Halten Sie stets Ihre Wirbelsäule gerade, wenn Sie meditative oder esoterische Übungen machen. Ihre Füße sollten auf dem Boden sein, damit Sie mit den Energien der Erde verbunden sind. Ihre Kleidung sollte locker sitzen, und wenn Sie möchten, können sie auch Ihre Schuhe ausziehen. Entspannen Sie sich. Die Handflächen können entweder einfach nach oben geöffnet auf den Beinen liegen, oder Sie können die Zeigefinger und Daumen jeweils zu einem Kreis zusammenlegen.

Sie können sich auch mit gekreuzten Beinen, das heißt im Schneider- oder Lotussitz, hinsetzen, wenn Ihnen das lieber ist. Halten Sie dabei Ihre Wirbelsäule gerade, und legen Sie die Hände oder Handgelenke auf die Knie. In dieser Stellung bilden die Wirbelsäule, die Arme und die Beine ein Dreieck, und man sagt, daß Dreiecke kraftvolle Formen sind.

Dies sind »ideale« Vorbereitungen für eine Meditation. Wenn Sie sich einmal an das Meditieren gewöhnt haben, werden Sie entdecken, daß Sie immer und überall in einen meditativen Zustand fallen können, ohne dafür ein Ritual veranstalten zu müssen. Sie können diese Fähigkeit immer dann nutzen, wenn Sie die Notwendigkeit verspüren, sich auf eine Informationsquelle »einzuschwingen« oder in die Quelle innerer Ruhe und Kraft einzutauchen. Das einzig Wichtige ist, Ihre Wirbelsäule gerade zu halten. Die Meditation macht Gebrauch von Energien, die Ihre Wirbelsäule hinauf- und hinunterfließen, und es ist wichtig, diese Kräfte nicht zu behindern.

3. Richten Sie Ihre Aufmerksamkeit nach innen, und gestatten Sie Ihrem Geist, zur Ruhe zu kommen und zu entspannen. Lassen Sie alle emotionalen Reaktionen zur Ruhe kommen. Wenden Sie Ihre Gedanken bewußt von allen negativen Situationen Ihres Lebens ab. Fokussieren Sie Ihre Aufmerksamkeit statt dessen auf etwas Angenehmes, zum Beispiel

auf eine ruhige, friedliche Szene, auf jemanden, den Sie lieben, oder ein zukünftiges Ereignis, auf das Sie sich freuen.

4. Wenn Ihr Körper so entspannt wie möglich ist, nehmen Sie einen tiefen Atemzug, und atmen Sie mit einem langen O-O-M-M-M ganz aus. Wiederholen Sie das dreimal.

5. Erlauben Sie jetzt diesem nicht mehr hörbaren OM, in Ihrem Geist zu verweilen. Bemühen Sie sich nicht darum, im Geiste frei von Gedanken zu sein. Lassen Sie Ihre Gedanken einfach sein, und betrachten Sie sie gleichgültig. Seien Sie weder glücklich noch unglücklich, noch in irgendeiner anderen Weise emotional mit ihnen verbunden. Der Laut OM wird Sie davon abhalten, ins Negative abzugleiten. Wenn Sie den Laut verlieren, holen Sie ihn sanft zurück. Bleiben Sie passiv und losgelöst. Beobachten Sie einfach.

6. Beenden Sie die Meditation nach ein paar Minuten mit einem Gebet des Dankes. Da Gedanken kreative Kräfte sind, wird Ihre Dankbarkeit für das Gute, das bereits jetzt in Ihrem Leben ist, dieses Gute noch verstärken, und es wird weniger Raum bleiben für negative Situationen.

7. Kommen Sie langsam aus dem meditativen Zustand. Der Geist und der Körper waren auf einer langsameren Schwingungsebene, und Ihr Nervensystem braucht mindestens ein bis zwei Minuten, um sich auf den aktiveren Zustand einzustellen.

8. Wenn Sie es nicht gewohnt sind zu meditieren, meditieren Sie nicht länger als 15 bis 20 Minuten auf einmal. Sonst könnte sich eine Tendenz zu Auflösungsgefühlen oder Störungen des normalen Raum- und Zeitempfindens bemerkbar machen. Wenn Sie jedoch mindestens sechs Monate, besser noch ein Jahr lang, meditiert haben und den Wunsch verspüren, länger zu meditieren, können Sie dies ohne unerwünschte Nebenwirkungen tun.

Die Absicht der Textmaterialien und Übungen in diesem Buch ist, Ihnen zu helfen, Ihren eigenen Weg zur Selbsterkenntnis unter den vielen, die heutzutage angeboten werden, zu finden. Es gibt einen richtigen Weg für Sie, und es ist mein Wunsch, Ihnen dabei zu helfen, diesen einen Weg zu finden.

Die Techniken und Anleitungen, die ich in diesem Buch vermittle, sind von Menschen, die sich von ihnen angesprochen fühlten, getestet worden, und sie haben für eben diese Menschen gut funktioniert. Allerdings könnte es sein, daß gewisse Veränderungen notwendig sind, damit sie auch für Sie passend sind. Denken Sie daran, daß Sie einzigartig sind. Ich möchte Sie dabei unterstützen, Ihre Einmaligkeit zu entdecken und zu entfalten, und nicht, eine Kopie von jemand anderem zu werden.

Um dieses einmalige Potential voll entfalten zu können, ist eine gewisse Disziplin notwendig. Diese ganz und gar nicht unangenehme Disziplin besteht einfach daraus, daß Sie Ihr eigenes Sein und Werden aktiv beobachten, und aktiv und willentlich dieses Sein in Kanäle leiten, die Sie zur Gotteserkenntnis und zur Entwicklung Ihrer Seele führen. (Im sechsten Kapitel [sechste Woche] wird die Bedeutung der Entwicklung der Seele näher beschrieben.)

Man könnte viele Fragen in bezug auf den Vorgang und die Praxis der Meditation stellen. Paulus ermahnte die Thessalonicher in einem Brief (1. Thessalonicher 5,17): »... betet ohne Unterlaß.« Ein Channel aus dem New-Age-Bereich nannte dies einmal »Hingabe in Aktion«. Ich möchte an dieser Stelle aus dem Buch *New Age Teachings* zitieren. Diese Botschaft von einer höheren Bewußtseinsebene kam durch das Channelmedium Illiana. Die Hervorhebungen stammen aus dem Original; die Botschaften sind sehr christlich orientiert und beinhalten klare spirituelle Ziele und Formulierungen).[6]

Aus dem Reich des Lichtes höre ich eine Stimme: »Zu allen geliebten Söhnen des Lichtes spreche ich über die innere Vereinigung: MEDITATION … Sei dir bewußt, daß die Vielfalt ALLER Dinge zur Ebene des reinen LICHTES gehört. Es ist nicht beabsichtigt, daß sich jeder in ›festgelegte‹ Strukturen einfügt. Auch Meditation ist hiervon nicht ausgenommen. Es gibt so viele Möglichkeiten, in der Betrachtung Gottes zu verweilen, wie Möglichkeiten bestehen, alltäglichen Dingen nachzugehen. Es gibt kein ›kosmisches Gesetz‹, welches besagt, daß nur eine Methode richtig ist!

Diejenigen von euch, die Probleme damit haben, ›in Stille‹ zu meditieren … leiden manchmal unter Körperlichen und emotionalen Beschwerden, wenn sie versuchen, stille Techniken anzuwenden. Es kann ihnen dabei sogar passieren, daß sie von fremden Mächten oder Kräften überwältigt werden. Dies muß UNTER ALLEN UMSTÄNDEN verhindert werden! Diese Menschen sollen anstelle einer stillen inneren Meditation eine AKTIVE MEDITATION durchführen.

Mit aktiver Meditation meinen wir folgendes: Beginne den Tag gleich nach dem Aufstehen mit Gebeten und Affirmationen. Zentriere dich so auf Gott. Mache einige Körperübungen (zum Beispiel Hatha-Yoga-Asanas)[7], um Körper und Geist in Harmonie zu bringen. Nimm dir dann etwas Zeit, um inspirierende Texte zu lesen, die dir helfen, Herz und Verstand auf göttliche Ideen zu fokussieren. Die restlichen Aktivitäten des Tages sollten dann in einem ZUSTAND DER HINGABE durchgeführt werden. Dies ist … eine Form der Meditation … die als HINGABE IN AKTION (Bhakti-Yoga) bekannt ist.

Für einige von euch ist dies nützlicher und hilft außerdem, ›Karma abzutragen‹. Diejenigen unter euch, die innere Kontemplation praktizieren, können dadurch zusätzliche Segnungen empfangen, daß sie diese HINGABE IN AKTION ZUSÄTZLICH in ihr tägliches Leben integrieren. Es ist äußerst wichtig, jeden Augenblick der Gottes-Erkenntnis zu widmen … Viele glauben, daß dies nicht verwirklichbar ist – und tatsächlich wäre es auch sehr sinnlos, wenn wir euch vorschlügen, in der Abgeschiedenheit, tatenlos, nur in STILLE zu sitzen! Doch befürworten wir dies NICHT. Wir betonen immer wieder, daß JEDE HANDLUNG aktiver DIENST und HINGABE sein kann, wobei der Geist stets auf Gott und seine göttlichen Eigenschaften gerichtet bleibt …

Der göttliche Vater/die göttliche Mutter ist flexibel und versteht die Bedürfnisse seiner/ihrer Kinder. Daher gibt es kein ›dogmatisches Gesetz‹ innerhalb des göttlichen Plans. Viele Methoden und Wege stehen euch allen für die verschiedenen Aspekte spirituellen Wachstums offen. Laßt es nicht zu, daß IRGEND JEMAND die WAHRHEIT und den GÖTTLICHEN WEG dogmatisiert, indem er sagt, ›dies und jenes‹ sei die einzig richtige Methode – oder ›so und so‹ sei die einzig richtige Interpretation des göttlichen Gesetzes! Laßt das Verstehen aus eurem eigenen Herzen kommen! Laßt euch nie von der Interpretation eines anderen zu einem ›Glauben‹ verleiten oder zwingen – DEIN Geist ist selbst in der Lage, die Wahrheit zu erkennen. Erlaube deinem Geist, offen und flexibel zu sein. Probiere aus, mit welcher Methode du dich am besten in Gott zentrieren kannst.

Wichtig ist, aufrichtig zu sein, dem Wissen, das du hast, verpflichtet zu sein, offen dafür zu sein, noch MEHR zu verstehen, mitfühlend im Umgang mit anderen zu sein, bei allen Handlungen tugendhaft, immer ein Vorbild göttlicher Liebe und FREI zu sein, die Geschenke des universalen Geistes zu genießen! Auf diese Art und Weise wirst du ein völlig harmonisches Körper-Geist-Wesen sein …

Manchmal wird … von REINER MEDITATION gesprochen. Aus dem Reich des LICHTES wird immer wieder betont, daß … REINE Meditation das letztendliche Ziel aller Söhne und Töchter des LICHTES, die auf den königlichen Pfad gehen wollen ... sein muß ...

Viele Meditationssysteme werden von vielen verschiedenen Lehrern verwendet – sie alle haben ihre Bedeutung und ihren Stellenwert, da jede Methode für die nützlich ist, die sich zu ihr hingezogen fühlen. Das Ziel der einen Methode mag ›Konzentration‹ sein – das Ziel der anderen ›Weisheit‹. Tatsächlich ist JEDE METHODE ein Schritt auf dem Weg zur REINEN MEDITATION! ... Auf der Erde verkörperte Wesen sind an so viele Dinge angehaftet: physische Objekte, Menschen, Ideen, ja sogar an den Geist! Diese Anhaftungen müssen erst aufgelöst werden, damit man zu der Freiheit und der Zufriedenheit der REINEN MEDITATION finden kann. Daher sind die Methoden für sehr viele Menschen nützlich. Doch müßt ihr aufpassen, daß ihr KEINE ANHAFTUNGEN AN METHODEN, MANTRAS ODER LEHRER ENTWICKELT.

Die REINE MEDITATION ist ein seelisch-geistiger Bewußtseinszustand, in dem ihr frei von jeder Art von System und ›Werkzeug‹ seid. In der REINEN MEDITATION löst sich euer Geist von vorgefaßten Meinungen, während er gleichzeitig zuläßt, daß er von erhabenen Vorstellungen der Liebe, der Hingabe und des Verstehens erfüllt wird. Er ERWARTET nichts mehr – er ist nur noch empfänglich für die göttlichen Schwingungen, die als Weisheit in ihn einfließen, so wie ein Fluß in das Meer fließt. So ein reiner Geist ist an nichts mehr angehaftet, weder körperlich noch spirituell! ER IST FREI ... ER IST LIEBE ... ER IST ALL-UMFASSEND ...

Die großen Mystiker und Weisen der Vergangenheit haben oft ihre Zustände der Ekstase beschrieben. Sie erleben das STÄNDIGE Erfülltsein mit dem Geliebten: Gott. Das war keine ›Technik‹ mehr, die sie ein- oder zweimal am Tage durchführen, und keine ›Praxis‹, der sie sich verpflichtet fühlen ... Diese gottverwirklichten Heiligen waren in einem UNABLÄS-

SIGEN ZUSTAND REINER SELIGKEIT, auch wenn sie die welt-
lichsten aller Dinge taten. DAS IST REINE MEDITATION!

Das, ihr Söhne des Lichts, muß also euer Ziel sein. Sicherlich
ist es gut, euren Tag abgeschieden zu beginnen, an einem
Platz, wo ihr euch sozusagen ›einstimmen‹ und auch wieder
›ausklingen‹ könnt und wo ihr anderen durch Heilmeditatio-
nen und Channeling-Sessions dienen könnt … Bleibt JEDOCH
dazwischen, das heißt den Tag über, IN DIESEM ZUSTAND DER
REINEN MEDITATION, in dem alle Handlungen als vortreffliche
Gaben dem EINEN, dem KOSMISCHEN GELIEBTEN, dem/der
Vater/Mutter des Universums gewidmet werden.

Auf diese Weise wirst du die SELIGKEIT erlangen – auf diese
Weise wirst du … aufsteigen in das GÖTTLICHE BEWUSSTSEIN
– auf diese Weise wirst du GOTT erfahren! ICH … BIN … DER
… ICH … BIN, DER EINE IN ALLEM.«

Für den Anfänger sind einige Arten mentaler Disziplin – beständiges, unablässiges, inneres, erkennendes Reflektieren – notwendig, um eine bewußte Verbindung zum hören Selbst aufzunehmen. Diese Art von Disziplin kann nur von einem inneren
Verlangen oder einer spirituellen Absicht erreicht werden, die
Ihnen keine Ruhe gibt, bis Ihr ganzes Wesen dem entspricht.

Ist diese Stufe des Verlangens erreicht, empfehle ich Ihnen,
verschiedene Methoden auszuprobieren und die anzuwenden, die
für Sie die besten Ergebnisse bringen. Im Verlauf des Buches
werden Sie noch viele andere Meditationsarten kennenlernen,
und ich werde Ihnen viele Vorschläge machen, wofür Sie Meditation einsetzen können. Sowie Ihnen die Eingebungen der Seele
vertrauter sind, werden Sie erkennen, wann Sie die richtige
Methode oder Technik »gefunden« haben. Diese wird Ihnen ein
Gefühl der Zufriedenheit geben. Halten Sie Herz und Geist offen,
und *erwarten* Sie gute Ergebnisse.

2. Woche

Erweiterte Sinneswahrnehmung

Unsere Wissenschaftler wenden Millionen von Stunden und Milliardenbeträge für die Erforschung dessen auf, was sie die »reale Welt« nennen. Auch wir haben uns unser ganzes Leben lang damit beschäftigt, Daten über die sinnlich erfahrbare Welt anzusammeln, im Glauben, dies sei alles, was das Leben ausmacht.

Wenn wir auf dieser Stufe stehenbleiben und unseren Horizont nicht erweitern, werden wir weiterhin Dinge falsch beurteilen und emotional auf Situationen reagieren, die wir scheinbar nicht verursacht haben. Wir werden weiterhin glauben, daß wir Opfer des Schicksals sind und daß wir keinen Einfluß darauf haben, was uns im Leben geschieht.

Jetzt wissen Sie jedoch, daß es eine andere Perspektive gibt: Ihr ICH-BIN-Bewußtsein. Von dieser Perspektive aus ist es möglich, zu erkennen, daß »Sinneseindrücke« von unseren emotionalen Prägungen und selektiven Wahrnehmungen gefärbt sein können. Die Devise »Glaube nichts von dem, was du hörst, und nur die Hälfte von dem, was du siehst« sollte am allermeisten dann in die Tat umgesetzt werden, wenn wir versuchen, uns ein Urteil über die äußere, »reale« Welt zu bilden.

Bei Ihnen zu Hause steht zum Beispiel eine wunderschöne, große Vase. Die eine Seite ist graviert oder verziert, während die andere Seite ganz schlicht ist. Stellen Sie sich nun vor, daß Sie die Vase hochhalten, damit ein Freund sie bewundern kann. Ihr Freund befindet sich auf der einen Seite der Vase, Sie auf der anderen. Wenn Sie ihn bitten, die Vase von seinem Standpunkt aus zu beschreiben, wäre seine Beschreibung sicherlich anders als Ihre, nicht wahr? Vielleicht betrachtet er gerade die Seite mit der Verzierung, während Sie auf die schlichte Seite schauen. Er müßte die Vase herumdrehen und sie von allen Seiten betrachten, um sich ein Bild von der »wirklichen« Vase machen zu können. Das gleiche gilt für die »reale, wirkliche« Welt. Jeder betrachtet die Welt von seinem persönlichen Gesichtspunkt aus, und dieser Gesichtspunkt ist für den Betrachtenden jeweils völlig richtig. Unsere Sinneswahrnehmung zu erweitern ist gleichbedeutend mit dem Versuch, die Welt sowohl von dem Gesichtspunkt unseres Freundes als auch von unserem eigenen aus zu betrachten, wobei wir natürlich auch unser Verständnis der unermeßlichen Schöpfung erweitern. Das Verstehen wird automatisch viele Hindernisse auf unserem Weg beseitigen.

Lassen Sie uns jetzt eine andere mentale Übung machen. Schließen Sie Ihre Augen, und stellen Sie sich vor, hoch oben in der Luft zu sein und auf das Dach Ihres Hauses herabzuschauen. Was sehen Sie? Beschreiben Sie das Dach, den Hinterhof und die Umgebung aus dieser Perspektive. Von diesem Gesichtspunkt sehen die Dinge anders aus, nicht wahr?

Plötzlich kommt Ihnen ein anderer Gedanke! Sie waren ja noch nie hoch oben in der Luft über Ihrem Haus! Trotzdem sind Sie sich in Ihrer Vorstellung völlig bewußt darüber, wie es von diesem Blickwinkel aus aussieht.

Dies ist ein ausgezeichnetes Beispiel dafür, wie Sie Ihre Wahrnehmungen erweitern können. Sie haben in Ihrem Geist zum einen ein Bild des Daches zusammengesetzt, und zwar so, wie Sie es von verschiedenen Blickwinkeln auf der Erde aus gesehen haben. Zum anderen haben Sie eine Struktur aus den Erinnerungen an Gelegenheiten abgeleitet, in denen Sie auf andere Dinge hinuntergeschaut haben. Aus diesen geistigen Bildern aus zwei verschiedenen Dimensionen haben Sie letztendlich das akkurate neue Bild geformt.

Etwas ganz Ähnliches findet statt, wenn wir »medial« Eindrücke, Geistesblitze oder Vorahnungen empfangen, von denen wir das Gefühl haben, daß sie uns auf empirischem Wege nicht zugänglich waren. Je mehr wir über die scheinbar objektive Welt um uns herum wissen, desto mehr können wir auch über die subjektive Welt, die scheinbar nur »in unserer Vorstellung« existiert, wissen. Was ist denn überhaupt unsere Vorstellung? Es ist der kreative, unablässige Schöpfungsprozeß in Aktion. Ohne erhebliche Anstrengungen und Einsatz des Willens kann man diesen Fluß nicht anhalten. Man kann die Stunden des Tages mit Tagträumen verbringen und sich mit harmlosen Phantasien vergnügen, oder man kann diese schöpferische Energie einsetzen, um jedes Problem und jede verwirrte Situation im Leben zu lösen! Wie oft hat man in unserer Kindheit unsere Phantasie mit Sätzen wie »Das bildest du dir nur ein! Vergiß es!« unterdrückt? In der Folge ignorieren viele von uns jetzt als Erwachsene die Fähigkeit, unsere Vorstellungskraft auf konstruktive und gewinnbringende Art und Weise einzusetzen.

Das Reich Gottes ist in uns

Jesus lehrte: »Trachtet am ersten nach dem Reich Gottes und nach seiner Gerechtigkeit, so wird euch solches alles zufallen« (Matt. 6,33). Er sagte uns sogar, wo wir suchen sollen: Das Reich Gottes ist in uns. Das ist etwas ganz anderes als die weitverbreitete Lehrmeinung, daß der Himmel »irgendwo da oben ist« und man ihn – wenn überhaupt – erst nach dem Tode erreichen kann.

Lassen Sie uns einmal den menschlichen Körper mit seinen Sinnesorganen und seinem Vorstellungsvermögen von einem anderen Gesichtspunkt aus betrachten, dem des ICH-BIN-Bewußtseins. Stellen Sie sich vor, Sie schauten als dieses bewußt wahrnehmende Wesen, das ICH BIN sagt, herunter auf Ihren Körper,

Ihr irdisches Gefährt. Eigentlich entspricht das gerade Gesagte sogar der Wahrheit. Um diese Wahrheit jedoch vollständig erfassen zu können, müssen wir uns ihr erst in unserer Vorstellung nähern, etwa so, wie wir es bei der imaginären Betrachtung unseres Hauses von oben getan haben. Wenn Sie die folgenden Aussagen in Ihrer Vorstellung nachvollziehen oder einfach so tun, als ob es so wäre, werden Sie zu neuen Einsichten und Erkenntnissen kommen und zu einem Verstehen gelangen, welches nicht mit Worten vermittelt werden kann. Versuchen Sie, Ihren Körper also jetzt so zu sehen, wie ich ihn beschreibe.

Der physische Körper, die Emotionen, das Gehirn und die Triebe sind Instrumente der Seele, durch die sie diese Dimension, in der sie sich inkarniert hat, erfahren kann. Betrachten Sie objektiv – das heißt auf die gleiche Art und Weise, wie Sie einen Gegenstand betrachten würden, der nicht mit Ihnen verbunden ist – was diese Werkzeuge eigentlich sind, damit Sie sie effektiver einsetzen können.

Der physische Körper ist eines von sieben Energiefeldern, welches die Seele benutzt, um die Informationen zu untersuchen, zu bewerten, zu speichern und anzuwenden, die sie über ihre sinnliche Ausrüstung, die fünf Sinne, aufnimmt. Die anderen sechs Energiefelder nennt man ätherischer Körper, kausaler Körper, astraler Körper, emotionaler Körper, mentaler Körper und spiritueller Körper (diese »Körper« werden im 6. Kapitel [6. Woche] näher beschrieben).

Der physische Körper ist eine Ansammlung spezialisierter Atome, die aus den Elementen der Erde bestehen. Diese Ansammlung von Atomen wird von einer vitalen »magnetischen« Kraft gesteuert, welche die Gesundheit und das harmonische Zusammenwirken der Zellen beaufsichtigt. Diese magnetische Energie ist der ätherische Körper, dem wir unser körperliches Wohlbefinden verdanken. Innerhalb des ätherischen Körpers gibt es eine Reihe von Zentren, durch die er mit den anderen Körpern in

Verbindung steht. In der östlichen Terminologie werden diese Zentren Chakren genannt, und sie fungieren als mächtige Transformatoren für das große universale Energiefeld.

Jedes Chakra steht für eine andere Bewußtseinsebene und produziert seine eigene besondere Art von Energie, die wir bewußt für verschiedene Zwecke einsetzen können. Wir müssen alle Zentren verstehen, wenn wir als vollkommenes spirituelles Wesen ganzheitlich funktionieren und sowohl den physischen Körper, als auch die materielle Seinsebene meistern wollen.

Es ist interessant, daß die Farben der Chakren, die zwischen Rot und Lila liegen, aufsteigend denen des Regenbogens entsprechen. Darauf bezieht sich der esoterische Ausdruck »Regenbogen-Brücke«, wobei jedes Chakra jeweils das untere Ende einer Verbindung zwischen dem dichteren physischen Körper und einem feinstofflicheren Körper mit einer höheren Schwingungsfrequenz ist. Dies ist auch ein Teil des noch umfassenderen Konzeptes einer »Brücke zwischen Himmel und Erde«. Der Leser möge für sich selbst weitere Informationen sammeln, sowohl durch eigene Meditationen als auch durch weiterführende Literatur.

Das Kronen-Chakra

Dies ist das oberste Chakra. Es befindet sich über dem Kopf. Esoteriker nehmen schon seit langer Zeit an, daß die Zirbeldrüse in der Mitte des Gehirns das physische Gegenstück zum Kronen-Chakra ist; das heißt, daß dieses Chakra von der Zirbeldrüse aus seine Wirkung entfaltet.

Dieses Zentrum wurde als der Sitz der Seele betrachtet, als der Ort, von dem aus wir Verbindung mit dem Überbewußten aufnehmen können und welcher gleichzeitig unser Zugang zu den Energien des spirituellen Körpers ist.

Sein östlicher Name ist »Sahasrara«. Dieses Chakra ist violett und dient dazu, höchste spirituelle Erkenntnisse zu erlangen. Es wird durch die Öffnung des Dritten Auges aktiviert.

Das Zentrum des Dritten Auges

Dieses Chakra befindet sich in der Nähe der Hypophyse im Gehirn, etwas hinter und über den Augen, und es ist das Tor zur Aktivierung des Kronen-Chakras.

Wenn dieses Zentrum aktiviert wird, erlangt man hellsichtige Fähigkeiten auf einer höheren Ebene und Kontrolle über den mentalen Körper. Es ist der Sitz aller medialen Fähigkeiten. Dieses Zentrum läßt sich durch den bewußten Gebrauch der Alpha-Ebene des Gehirns in Verbindung mit dem Wunsch, die medialen Kräfte zur spirituellen Entfaltung einzusetzen, stimulieren.

Sein östlicher Name ist »Ajna«, und seine Farbe ist Indigo.

Der Geistheiler, der lernt, das Ajna- oder Stirn-Chakra beim Heilen einzusetzen, lenkt die heilenden Energien direkt aus dem universalen Heilungsfeld in den Patienten, statt mit dem Herz-Chakra zu arbeiten. Beim Heilen mit dem Herz-Chakra verliert der Heiler durch sein Mitgefühl für den Patienten häufig selbst zu viel Energie, was nicht wünschenswert ist.

Es gibt grundsätzlich zwei Möglichkeiten, die Fähigkeiten des Dritten Auges zu entfalten. Beide Wege stehen uns, sofern wir es wünschen, offen. Beurteilt werden wir jedoch nach der Motivation unseres Herzens. Der geringere Pfad ist der, diese Fähigkeiten um der Fähigkeiten willen zu suchen, was unweigerlich zu einem Mißbrauch der erworbenen Kräfte und zum Niedergang bzw. zur Degeneration des Wesens führt. Diesen Weg sind in der Vergangenheit einige gegangen, woraus sich der Aberglaube entwickelte, daß übersinnliche Kräfte »ein Werkzeug des Teu-

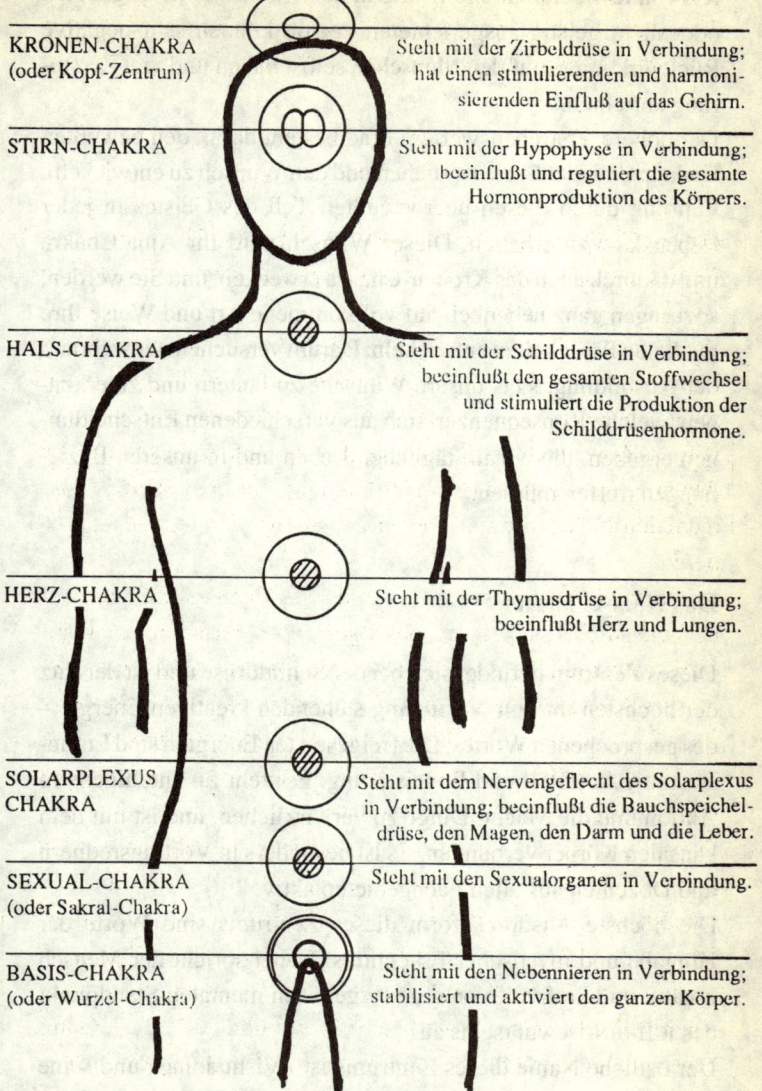

KRONEN-CHAKRA
(oder Kopf-Zentrum)

Steht mit der Zirbeldrüse in Verbindung; hat einen stimulierenden und harmonisierenden Einfluß auf das Gehirn.

STIRN-CHAKRA

Steht mit der Hypophyse in Verbindung; beeinflußt und reguliert die gesamte Hormonproduktion des Körpers.

HALS-CHAKRA

Steht mit der Schilddrüse in Verbindung; beeinflußt den gesamten Stoffwechsel und stimuliert die Produktion der Schilddrüsenhormone.

HERZ-CHAKRA

Steht mit der Thymusdrüse in Verbindung; beeinflußt Herz und Lungen.

SOLARPLEXUS CHAKRA

Steht mit dem Nervengeflecht des Solarplexus in Verbindung; beeinflußt die Bauchspeicheldrüse, den Magen, den Darm und die Leber.

SEXUAL-CHAKRA
(oder Sakral-Chakra)

Steht mit den Sexualorganen in Verbindung.

BASIS-CHAKRA
(oder Wurzel-Chakra)

Steht mit den Nebennieren in Verbindung; stabilisiert und aktiviert den ganzen Körper.

Abbildung 7: Die Chakren (Energiezentren) des menschlichen Körpers[8]

fels« sind. Übersinnliche Kräfte in den Händen einer ungeübten oder nicht geistig ausgerichteten Person können sehr negative Rückwirkungen auf den Menschen selbst haben und viel Zerstörung anrichten.

Der höhere, erstrebenswertere Pfad besteht darin, den bewußten Einklang mit der Seele zu suchen und den Wunsch zu entwickeln, Führung durch diesen überbewußten Teil des Geistes in jeder Lebenslage zu erhalten. Dieser Wunsch wird Ihr Ajna-Chakra und dadurch auch das Kronen-Chakra erwecken, und Sie werden, sozusagen ganz nebenbei, auf vollkommene Art und Weise Ihre medialen Fähigkeiten entwickeln. Darum versuchen wir während der Ausbildung, stets unsere Wünsche zu läutern und zu erkennen, welche Konsequenzen sich aus verschiedenen Entscheidungen ergeben, die wir im täglichen Leben und in unseren Beziehungen treffen müssen.

Das Hals-Chakra

Dieses Zentrum befindet sich bei der Schilddrüse und ist der Sitz der höchsten uns zur Verfügung stehenden kreativen Energie – des gesprochenen Wortes. Die freigesetzten Energien sind Enthusiasmus, Autorität und Begeisterung. Es steht für Intelligenz in Aktion und die Macht, Dinge zu verwirklichen, und ist mit dem kausalen Körper verbunden. Es ist besonders in Vortragsrednern und Dozenten aus allen Fachgebieten aktiv.

Die höchste Ausdrucksform dieses Zentrums sind Worte der Hingabe und mystischer Erkenntnis. Dabei spricht der Mensch kreativ und kraftvoll von dem losgelösten mentalen Standpunkt des ICH-BIN-Bewußtseins aus.

Der östliche Name dieses Zentrums ist »Vishuddha«, und seine Farbe ist Blau. Es entspricht dem Element Äther.

Das Herz-Chakra

Dieses mittlere Zentrum befindet sich in der Nähe des Herzens. Seine positiven Energien der Liebe, der Hingabe und des Mitgefühls bewirken auf vollkommene Weise einen Ausgleich zwischen der leidenschaftlichen Hitze der niederen physischen Triebe und der intellektuellen Kühle der höheren mentalen Zentren. Durch dieses Zentrum entwickeln wir uns über die Stufe der Selbstbezogenheit und der Genußsucht hinaus und beginnen spirituelle Verwirklichung anzustreben.

Einige Heiler benutzen hauptsächlich die magnetischen und strahlenden Energien des Herzens für die Heilung. Es ist die häufigste Anknüpfungsstelle des astralen Körpers, und seine höchsten Ausdrucksformen sind nach außen gerichtete Liebe, Hingabe und der Wunsch, anderen zu helfen.

Der östliche Name dieses Zentrums ist »Anahata«, seine Farbe ist Grün und sein Element die Luft.

Das Solarplexus-Chakra

Dieses Chakra befindet sich am Nabel oder im Bereich des Solarplexus und ist heutzutage in den meisten Menschen das aktivste Zentrum. Es ist das Zentrum der sprunghaften menschlichen Emotionen und zur gleichen Zeit auch ein sensitiver Empfänger für alle intensiven Gefühle in der Umgebung. Alle negativen Emotionen – beispielsweise Sorge, Verzweiflung, Neid, Angst, Gier, Haß, Eifersucht und Lust – treffen uns in diesem Zentrum. Und wir empfinden die physische Manifestation dieser aufgebrachten Gefühle körperlich als »Schmetterlinge im Bauch«, Verdauungsstörungen, Verhärtungen, Geschwüre und andere Magenprobleme.

Man nennt den Solarplexus auch das Zentrum der Begierden oder das emotionale Zentrum, daher sollte es nicht verwunderlich sein, daß es mit dem emotionalen Körper in Verbindung steht. Anfänglich entsteht durch dieses Zentrum Ehrgeiz und der Wunsch nach Fortschritt, dann entwickelt sich der Wunsch nach Erleuchtung, welcher wiederum den Weg ebnet für die Öffnung des Herz-Chakras. Trancemedien, die gegenwärtig noch unbewußt über den Solarplexus arbeiten, könnten später, wenn sich ihr Verständnis erweitert hat, das Ajna-Chakra erwecken und voll bewußt einsetzen. Voll bewußte Medialität befindet sich auf einer höheren spirituellen Verwirklichungsstufe als Trance, da bewußte Kontrolle die volle Meisterschaft repräsentiert.

Die höchste Ausdrucksform dieses Zentrums ist eine friedliche und wohlwollende Einstellung der gesamten Menschheit gegenüber. Die mentale Kontrolle des emotionalen Zentrums ist ein notwendiger Schritt auf dem Weg zur Meisterschaft. Man erreicht sie, indem man die Energien des emotionalen Zentrums in und durch das Herz-Chakra hindurch leitet, damit sie dort durch Liebe und Mitgefühl geläutert werden.

Die Farbe des Solarplexus ist ein goldenes Gelb, und sein Element ist Feuer. Sein östlicher Name lautet »Manipura«.

Das Milz-Chakra

Einige Autoren werfen das Steiß-Chakra und das Sakral-Chakra in einen Topf und fügen das Milz-Chakra als sechstes Chakra hinzu. Andere sagen, das Milz-Chakra sei wie der Blinddarm ein evolutionäres Überbleibsel, da es kein höheres Gegenstück hatte, durch das seine Energien umgewandelt werden können.

Einige, die dem Milz-Chakra gewisse Kräfte zusprechen, behaupten, man werde durch die Erweckung dieses Zentrums fähig, willentlich Astralwanderungen durchzuführen. Menschen, die Astralwanderungen erlebt haben, nehmen allerdings unterschiedliche Austrittspunkte aus dem Körper wahr. Scheinbar ist es möglich, den Körper von jedem Zentrum aus zu verlassen. Ich persönlich glaube, der Astralreisende verläßt den Körper von dem Chakra aus, welches bei ihm am weitesten entwickelt ist. Wir werden im Verlauf des Buches die Verbindung zwischen der astralen Ebene und den Energien des Sakral-Chakras noch besprechen.

Vielleicht wird dem Milz-Chakra in einigen Schulen deshalb soviel Aufmerksamkeit gewidmet, um den Gefahren des Sakral-Chakras aus dem Wege zu gehen. Hier wird aus meiner Sicht nur eine Gefahr gegen eine andere ausgetauscht, was keine befriedigende Lösung ist. Es gibt im ganzen Körper viele untergeordnete Zentren. Möglicherweise ist das Milz-Chakra eines der wichtigeren davon. Vielleicht haben die Autoren, die als erstes östliches Gedankengut in den Westen brachten und westliche Begriffe für östliche Ideen geprägt haben, dem Milz-Chakra versehentlich zuviel Wichtigkeit beigemessen. Da es kein höheres Zentrum gibt, welches seine Energien umwandelt, kann es nicht wie die anderen Chakren als spirituelles Sprungbrett eingesetzt werden. Daher schenke ich ihm persönlich nicht viel Beachtung. Ich habe es nur informationshalber und als Anregung zum weiteren Studium der Materie erwähnt. Während ägyptische Bücher dieses Zentrum aufführen, fehlt es in der indischen Literatur, daher gibt es keinen östlichen Namen dafür.

Seine Farbe ist Rosa, und sein Zweck ist, Lebensenergie von der Sonne aufzunehmen.

Das Sakral-Chakra

Das Sakral-Chakra befindet sich in der Nähe der Geschlechtsdrüsen. Man verbindet alle möglichen Formen physischer Kreativität mit diesem Zentrum, und es beherrscht das Sexualleben. Es liefert den größten Teil der Energie, die die Menschen dazu treibt, zur Arbeit zu gehen und etwas zu produzieren. Diese Energien können am leichtesten in unproduktive, gewalttätige und zerstörerische Kanäle geleitet werden. Sie können aber auch für konstruktive und edle Zwecke genutzt werden. Es ist das Zentrum der Triebe des physischen Körpers, und es produziert rohe, animalische Energie, die für körperliche Aktivitäten eingesetzt werden kann. Seine höchste Ausdrucksform besteht darin, die Gesundheit und die Lebenskraft des physischen Körpers zu erhalten. In einem geistig ausgerichteten Schüler wird seine Energie in die des Hals-Chakras umgewandelt und bewirkt dort Macht, Selbstkontrolle und manifestierte Autorität durch das gesprochene Wort. Sein östlicher Name ist »Svadhishthana« und seine Farbe Orange. Sein Element ist Wasser.

Das Basis-Chakra

Dieses Zentrum wird auch manchmal Wurzel-Chakra genannt. Es befindet sich am unteren Ende der Wirbelsäule und ist das Zentrum des ätherischen Körpers. Es wirkt ganz automatisch als Energiereiniger, wobei es niedrigere Schwingungen in höhere umwandelt. Es ist der Gegenpol des Kronen-Chakras und sollte als letztes bewußt aktiviert werden. Es wird in dem Maße von selbst mit mehr Energie gespeist, wie unsere spirituellen Bestrebungen zunehmen. Wenn es jedoch einmal aktiviert ist, sollte man darauf vorbereitet sein, bewußt und intelligent mit den Kräften dieses Zentrums umgehen zu können.
Sein östlicher Name ist »Muladhara«, und sein Element ist Erde. Seine Farbe schwankt zwischen Weinrot und einem leuchtenden, schillernden Rot, je nach der jeweiligen spirituellen Entwicklung des Menschen.
Die höchste Ausdrucksform des Basis-Chakras ist die Energie der

Umwandlung, des Erschaffens und der Regeneration. Durch seine Aktivierung entsteht zwischen dem Basis-Chakra und dem Kronen-Chakra so etwas wie ein »zündender Funke«, und eine Energie steigt auf, die als Kundalini oder Schlangenkraft bekannt ist. Das unvollständige oder vorzeitige Aufsteigen der Kundalini kann die emotionalen Energien der unteren Zentren entfachen, wodurch sie außer Kontrolle geraten und den Unglückseligen überwältigt zurücklassen.

Wenn jedoch die niederen Emotionen mental unter Kontrolle sind, die Begehren des Herzens gereinigt und geläutert wurden, die Energien des Ajna-Chakras positiv und konstruktiv benutzt werden und das Kronen-Chakra aktiviert wurde, so daß das ganze Wesen in allen Aktivitäten des Tages höherer Führung untersteht, dann kann die Energie des Wurzel-Chakras gefahrlos freigesetzt werden, um das ganze körperliche, mentale und emotionale Wesen in einen Dynamo spiritueller Energie zu verwandeln.

Die Kundalini-Energie ist in den meisten Menschen noch nicht erweckt. In dem spirituell Suchenden, der durch Hingabe und Liebe motiviert ist, ist die Kundalini bereits erwacht. Sie kann dann ganz bewußt weiter nach oben gelenkt werden, um die Begierden zu läutern, die Gefühle zu klären und zu vergeistigen und um heilsame Energien in jeden Teil des Körpers zu schicken, der nicht richtig funktioniert.

Der Energiegenerator

Einige spirituelle Lehrer beharren darauf, daß der Körper samt seinen Bedürfnissen unterdrückt werden sollte, doch ohne einen gesunden Körper können wir auf dieser Ebene nicht angemessen wirken. Wir sind eine Einheit aus Körper, Geist und Seele und sollten alle Ebenen unseres Seins ganzheitlich entwickeln. Die folgende Übung ist dazu gedacht, Ihre medialen, körperlichen und spirituellen Aktivitäten in einem ausgewogenen Verhältnis zueinander zu verstärken. Machen Sie diese Übung, wenn möglich, täglich, mindestens aber dreimal die Woche.

Es geht bei dieser Übung nicht darum, Ihre Kräfte darauf zu konzentrieren, ein bestimmtes Chakra zu öffnen. Man sollte ein Chakra nicht durch direkte Visualisationen, Atemübungen und ähnliches zu erwecken versuchen. Das ist nicht nur sinnlos, sondern kann sogar gefährlich sein. Ein Zentrum kann durch die Akkumulation von übermäßig viel Energie so sehr stimuliert werden, daß es zu unkontrollierten Gefühlsausbrüchen oder Krankheiten kommen kann.

Ein Chakra öffnet sich von selbst als natürliche Folge davon, daß man die Dinge tut, die seine spezielle Aktivität verstärken, und indem man bewußt von den höchsten Energien des Chakras Gebrauch macht. Wenn Sie zum Beispiel selbstlos lieben oder geben, wird das Herz-Chakra gestärkt. Wenn Sie in einem kreativen Feld arbeiten, lehren oder schreiben, belebt dies das Hals-Chakra. Das innere Selbst wächst durch intelligente, absichtsvolle Handlungen, die mit einem starken inneren Verlangen nach spiritueller Entwicklung verbunden sind.

Den größten Nutzen haben Sie von dieser Übung, wenn Sie die Absicht und die Bedeutung der Meditation, die der Übung vorangeht, verstehen und verinnerlichen. Sie können für die Meditation Ihre eigenen Worte benutzen. Wichtig ist, daß Sie die Übung reinen Herzens machen und Ihre Wünsche darauf ausgerichtet sind, mit dem höchsten Willen zu verschmelzen.

Bedenken und erwägen Sie gründlich die Bedeutung der folgenden Worte: »Ich will, daß mein ganzes Streben nach deinem Willen sei! Vater/Mutter/Schöpfer, laß mich hingebungsvoll sein und die Kraft haben, in deinem Gesetz zu verweilen. Hilf mir, in Einklang mit meiner Seele zu sein, die unablässig in dir ruht. Mögen Weisheit, Wohlwollen und Liebe stets all mein Handeln lenken.«

Der Zweck dieser Meditation ist, die Sehnsucht des Herzens auf die Kommunikation mit der Seele zu richten und Sie dabei zu unterstützen, alle unbewußten negativen Einstellungen oder Widerstände, die vielleicht diese innere Führung verhindern, loszulassen und auf harmonische Weise aufzulösen. Sie wird Ihnen auch helfen, den sogenannten »Lichtkörper« zu erzeugen, der die Schwingungsebene des physischen Körpers erhöht. Durch ihn werden letztendlich alle Aspekte Ihres ganzen spirituellen Wesens erhöht und in eine vollkommenere Ganzheit integriert.

Suchen sie sich einen Platz aus, an dem Sie ungestört sind, und setzen oder legen Sie sich bequem hin. Entspannen Sie Ihren Körper, und beruhigen Sie Ihren Geist so weit wie möglich. Denken Sie daran, Ihre Wirbelsäule auf jeden Fall geradezuhalten. Lenken Sie Ihre Aufmerksamkeit jetzt auf das Basis-Chakra. Versuchen Sie sich vorzustellen, daß Ihr gesamtes Bewußtsein sich an diesem Punkt befindet und daß Ihr ganzes Denken, Ihr ganzes Gefühl und Ihre Empfindungsfähigkeit auf diesen Punkt zentriert ist. Nach kurzer Zeit werden Sie spüren, wie sich ein warmes, energetisches Gefühl dort ausbreitet.

Sobald Sie diese Reaktion spüren, beginnen Sie sich vorzustellen, wie sich dort ein Trichter aus goldenem Licht bildet, der sich im Uhrzeigersinn dreht. Stellen Sie sich vor, daß dieser Trichter immer mehr anwächst und sich immer schneller dreht, während er die Energie und die Kraft des Zentrums erhöht, an dem er sich befindet.

Lenken Sie diese Energie jetzt in das Solarplexus-Zentrum. Spüren Sie, wie dieses Chakra angeregt wird und sich dort ein Wirbel aus rotierendem Licht bildet. Verlagern Sie Ihre Aufmerksamkeit vollständig in dieses Zentrum, und stellen Sie sich vor, daß das Licht immer heller wird und sich der Trichter immer schneller dreht. Fühlen Sie den stärkeren Energiefluß in diesem Zentrum! Lenken Sie diese Energie nun zum Herz-Chakra. Stellen Sie sich wieder vor, daß das Licht immer heller wird, der Trichter sich immer schneller dreht und mehr Energie durch das Chakra fließt. Dann lenken Sie die Energie weiter nach oben und wiederholen den Vorgang im Hals-Chakra, im Stirn-Chakra und im Kronen-Chakra. Wenn Sie spüren, daß das Kronen-Chakra vor lauter Energie zu prickeln oder zu kribbeln anfängt, sprechen Sie folgendes Gebet: »Heiliger Geist, der du in mir wohnst, dir übergebe ich mein ganzes emotionales, mentales, körperliches und spirituelles Sein, auf daß ich ein reiner, vollkommener Kanal deines Willens werde. Schweigend lausche ich nun der Stimme meiner Seele.«

Lauschen Sie innerlich ein paar Minuten lang, und beobachten Sie dabei objektiv die Gedanken, Bilder und Ideen, die Ihnen durch den Sinn gehen. Vielleicht nehmen Sie zu Anfang nichts wahr, vielleicht sind Sie aber auch erstaunt über die sofortigen Ergebnisse, die Sie erzielen. Während Sie dieses lebendige Licht durch Ihre Chakren nach oben leiten, können Sie die Gesundheit in jeglichen schwachen oder kranken Teilen Ihres Körpers wiederherzustellen, indem Sie die Energie Ihres Energiegenerators dazu benutzen. Während Sie bewußt jedes Zentrum auf seine maximale Rotationsgeschwindigkeit bringen, lenken Sie geistig die heilenden Kräfte des Lichtes zu dem kranken Körperteil, bevor Sie Ihre Aufmerksamkeit zum nächsthöheren Zentrum verlagern. Sehen Sie, wie das schmerzende Organ oder der schmerzende Körperteil in einem im Uhrzeigersinn rotierenden Wirbel aus Licht gebadet wird, und stellen Sie sich vor, daß dieser Teil des Körpers sich in einem Zustand völliger Gesundheit und jugendlicher Kraft befindet. Auf diese Weise behandeln Sie das Organ oder den Körperteil mit heilender Energie, die Sie durch Ihre eigenen Energietransformatoren – die Chakren – aus dem universalen Heilungsfeld angezogen haben. Der Zustand dieses Körperteils wird sich auf jeden Fall verbessern, und sehr häufig tritt sogar völlige Heilung ein.

Sie können die Übung damit abschließen, daß Sie sich ein violettes Licht vorstellen, das nach oben fließt und Ihren ganzen Körper durchdringt. Violett ist die Farbe, die benutzt wird, um karmische Rückstände im ätherischen Körper auszulösen.

Vielleicht ist Ihnen aufgefallen, daß ich das Sakral-Chakra in unserer Aufwärtsspirale ausgelassen habe. Das habe ich deswegen getan, weil dieses Zentrum bei den meisten Menschen heutzutage schon relativ weit geöffnet ist. Außerdem verursacht der undisziplinierte Gebrauch dieser Energien die meisten Probleme und Verwirrungen, von denen unsere Gesellschaft heimgesucht wird! Wenn Sie jedoch gesundheitliche Probleme mit den Sexualdrüsen oder den Organen im unteren Körperbereich haben, sollten Sie auf jeden Fall die heilende Kraft des Lichtes in diese Bereiche lenken. Sexuelle Gesundheit ist auch sehr wichtig.

Beachten Sie bei dieser Übung bitte noch folgendes: Wenn Sie einmal angefangen haben, die Lebensenergie entlang Ihrer Wirbelsäule nach oben zu bringen, sollten Sie die Aufwärtsspirale nicht anhalten. Es ist nicht schädlich, wenn von Zeit zu Zeit mal eine unerwartete Unterbrechung stattfindet, doch wenn es zur Gewohnheit wird, diese Übung nicht bis zum Schluß durchzuführen, werden die niederen Zentren dadurch mehr angeregt als die höheren spirituellen Zentren. Dadurch würde ein Ungleichgewicht und/oder eine zu starke Betonung des Sexualtriebes und der anderen, rein materiellen Triebe entstehen. Übersinnliche Kräfte verstärken das, was Sie *sind*. Die niedrigeren Zentren öffnen sich zuerst, und alle noch unkontrollierten, destruktiven Emotionen kommen zum Vorschein.

Alle Bereiche des Lebens sind gleichermaßen wichtig. Wenn wir ein harmonisches, ausgewogenes Leben leben möchten, sollten wir keinen davon vernachlässigen. Wenn die niederen Zentren mit ihren körperlichen und materiellen Energien unter die Herrschaft und die Führung der spirituellen Zentren gestellt sind, verändern sich unsere Wertvorstellungen im Leben. Wir verlieren unsere Selbstbezogenheit und finden Glück, inneren Frieden und

Zufriedenheit, die alles übersteigen, was das niedere Selbst sich vorstellen kann.

Der Pfad der Kundalini

Wenn sie über längere Zeit einem Meditationsweg folgen, werden Sie früher oder später einen plötzlichen Aufstieg der Kundalini erleben. Das ist ein völlig natürlicher Bestandteil evolutionärer und spiritueller Entwicklung, der bei den meisten Menschen keine besonderen Probleme mit sich bringt. Doch wenn man auf den Aufstieg der Kundalini nicht vorbereitet ist oder die möglichen Begleiterscheinungen nicht kennt, kann dies eventuell eine alptraumähnliche Erfahrung sein.

Krämpfe, Muskelspasmen, sexuelle Orgasmen, Schweißausbrüche, Schüttelfrost, stechende Schmerzen, Ohrklingeln, innere Lichterscheinungen, Visionen, vorübergehende Lähmungen und viele andere unbeschreibliche, aber meist intensive Empfindungen können mit der Kundalini-Energie einhergehen. Ihr Aufstieg kann schon wenige Wochen nach Beginn der Meditationspraxis einsetzen oder aber erst Jahre danach. Die Erfahrung kann ein paar Wochen oder Monate bis hin zu mehreren Jahren dauern, wobei die Erscheinungen selbst eher sporadisch auftreten. Jedes Symptom ist normalerweise nur von kurzer Dauer. Diese Symptome bereiten emotional in der Regel mehr Schwierigkeiten als auf der körperlichen Ebene, da sie bei unvorbereiteten Menschen oft starke Angst, Zweifel und das Gefühl, wahnsinnig zu werden, auslösen.

Obwohl der Aufstieg der Kundalini anfangs von Streß, Verwirrung, Desorientiertheit und sogar der Schizophrenie ähnlichen Symptomen begleitet sein kann, wird dadurch die Fähigkeit, alltäglichen Aufgaben nachzugehen, nicht wirklich beeinträchtigt, wie das bei tatsächlichen Psychosen der Fall ist. Schockbehandlungen oder Drogentherapien verschlimmern das Problem nur, anstatt es zu lösen, und könnten den Prozeß für diese Inkarnation sogar zum Stillstand bringen. Das wäre nicht nur für das Individuum ein großer Verlust, sondern auch für die Gesellschaft, die sonst sehr von dem kreativen Potential profitieren könnte, das von der Kundalini freigesetzt wird. Die einzige medizinische Therapie, die ich befürworten könnte, wäre der Besuch bei einem guten Chiropraktiker, um gegebenenfalls die Wirbelsäule auszurichten, damit der Aufstieg der Kundalini nicht noch zusätzlich durch körperliche Blockaden erschwert wird.

Das Resultat dieses Aufstiegs der Kundalini ist ein Gefühl intensiver Glückseligkeit, welches oft von einer ungeheuerlichen Lichtexplosion im Körper, normalerweise im Kopf, begleitet wird. Wenn man zuläßt, daß dieser Vorgang zu seinem natürlichen Ende kommt – egal, wie viele Wochen oder Jahre es dauern mag –, kommt es schließlich zu einer tiefen seelischen Ausgeglichenheit. Man ist psychisch gestärkt und gereift. In eklatanter Weise werden die ganze Persönlichkeitsstruktur, das Charakterbild und die Fähigkeit des Menschen, sich mit den inneren und äußeren Welten auseinanderzusetzen, gestärkt.

Die Kundalini-Energie kann verschiedene Wege durch den Körper nehmen. In der klassischen Yoga-Beschreibung steigt sie von der Basis der Wirbelsäule auf, und der Vorgang des Aufstiegs erreicht schließlich seinen Höhepunkt mit einer Lichtexplosion im Kopfbereich. Viele Menschen aus dem Westen haben jedoch erlebt, daß zunächst intensive Hitze- und Wärmeempfindungen an den Fußsohlen auftreten und die Energie dann den Rücken hinaufsteigt, wobei Hände und Arme dabei manchmal brennend heiß werden. Anschließend steigt sie am Hinterkopf hoch, wandert vorne an der Nase entlang und dann zum Hals, um schließlich im Bereich des Nabels ihre höchste Kraft zu entfalten. Andere Autoren berichten, daß der Prozeß im Bereich der Stirn einsetzt, die Energie am Gesicht und am Hals entlangwandert, dann durch den Magen zur Basis der Wirbelsäule und zuletzt wieder nach oben in den Kopfbereich zurückkehrt.

Unabhängig davon, welchen Weg die Kundalini einschlägt, in jedem Fall muß sie durch die Chakren oder Energiezentren hindurch, die den physischen Körper mit den restlichen sechs Energiefeldern verbinden, welche alle zusammen den ganzen Menschen ausmachen. Diese Chakren enthalten die energetischen Unreinheiten, die die Kundalini auflösen muß, bevor sie weiter aufsteigen kann. Die Blockaden, die die einzelnen Menschen haben, sind unterschiedlich, daher ist auch die Erfahrung der Kundalini sehr individuell.

Die Kundalini ist bei ihrem Aufstieg eine gewaltige Kraft, die das Nervensystem veranlaßt, Spannung abzubauen und karmische und psychologische Blockaden zu bereinigen, die spirituellem Wachstum und emotionaler Stabilität im Wege stehen. Man nimmt an, daß die Kräfte und die Schmerzen, die manchmal mit ihrem Aufstieg einhergehen, eigentlich ein Teil dieses Reinigungsprozesses sind. Wenn die Kundalini auf diese Spannungspunkte oder Blockaden trifft, beginnt sie, sich in einem selbstgelenkten Prozeß im gesamten psychologischen System auszubreiten, um diese Blockaden aus dem Wege zu räumen.

Wenn eine Blockade aufgelöst wurde, kann die Kundalini anschließend in diesem Bereich frei fließen. Sie steigt dann weiter auf, bis sie auf die nächste Blockade trifft. So wandert sie durch jeden Bereich unseres psychologischen Systems, wobei sie Blockaden auflöst und unser Bewußtsein erweitert. Die dabei auftretenden Schmerzen, Spannungen und Phasen innerer Unruhe verstärken sich, wenn wir aus Angst oder Unsicherheit dem Prozeß bewußt oder unbewußt Widerstand entgegensetzen oder störend eingreifen. Es könnte sich nachteilig auf die Gesundheit auswirken, sich mit der Erweckung der Kundalini-Energie durch bestimmte Übungen zu beschäftigen, ohne die entsprechende innere Reife zu besitzen, doch ist es sicherlich genauso schädlich, den

Vorgang absichtlich anzuhalten, wenn er einmal eingesetzt hat. Wenn die Symptome zu stark werden, hören Sie einfach mit Ihrer Meditation auf, bis Sie wieder zu Ihrem inneren Gleichgewicht gefunden haben.

Läßt man den Prozeß einfach seinen natürlichen Gang nehmen, wird die Geschwindigkeit für den jeweiligen Menschen erträglich sein, es wird sich immer wieder ein neues Gleichgewicht der Kräfte einstellen, und die Symptome werden so spontan wieder verschwinden, wie sie gekommen sind. Da es sich grundsätzlich um einen reinigenden und ausgleichenden Vorgang handelt und jeder Mensch nur eine begrenzte Anzahl von Unreinheiten besitzt, die beseitigt werden müssen, ist der Prozeß in sich selbst begrenzt. Wir müssen nur daran denken, daß es sich um einen therapeutischen, nicht um einen pathologischen Prozeß handelt, bei dem potentiell pathologische Elemente eliminiert werden.

Das ist es, was Jesus meinte, als er sagte, daß wir neu geboren werden müssen, um das Königreich des Himmels zu erreichen. Die Kundalini ist eine unpersönliche, selbstbestimmte Kraft und ein Bestandteil der Evolution der gesamten menschlichen Rasse. Die Kundalini steigt spontan auf, wenn das Individuum in Einklang mit den vorwärtsdrängenden evolutionären Kräften der Menschheit kommt.[9]

Der Weg des Tuns

ASW-Talente sind nutzlos, wenn wir sie nicht in unser alltägliches Leben integrieren oder einsetzen können, um harmonische Beziehungen zu entfalten oder unser spirituelles Wachstum zu beschleunigen. Es muß möglich sein, sie dafür einzusetzen, die Fähigkeit und die Kraft zu entwickeln, selbst zu bestimmen, was wir auf der materiellen Ebene erleben möchten. Das heißt, wir sollten uns frei machen von Begrenzungen, die uns glauben lassen, daß wir nicht medial, nicht reich und körperlich nicht vollständig gesund sind.

Wenn Sie die Welt vom Standpunkt der Seele oder vom ICH-BIN-Bewußtsein aus betrachten, wird dies Ihre Vorstellungen von sich selbst und über Ihre Beziehungen zu dieser Wirklichkeitsebene verändern. Es wird die ganze Art und Weise verändern, wie Sie das Leben erfahren.

Sie sollten Ihre übersinnlichen Fähigkeiten unter Kontrolle haben. Sie sollten weder von ihnen beherrscht werden, noch sollten sie nur zufällige Erscheinungen in Ihrem Leben sein. Da es sie gibt, müssen sie auch gewissen universellen Gesetzmäßigkeiten folgen. Um diese Fähigkeiten kontrollieren zu können, müssen wir zunächst diese Gesetzmäßigkeiten kennenlernen und uns dann auf sie einstimmen bzw. unsere Handlungen Tag und Nacht, in jedem Augenblick unseres Lebens, nach ihnen richten.

Das folgende Kapitel enthält mein grundsätzliches Programm zur Entfaltung medialer Fähigkeiten. Ich nenne es den Weg des Tuns. Die hier aufgeführten sieben Schritte sind die Essenz jeder disziplinierten spirituellen Arbeit.

Das Wichtigste auf diesem Weg: Achtsamkeit

Der Weg des Tuns beginnt mit der bewußten Absicht, einfach bewußt zu sein und bei all unseren täglichen Aktivitäten auf die innere Stimme zu achten bzw. zu hören. Übersinnliche Energien erreichen uns aus dem ganzen Universum und stehen uns uneingeschränkt zur Verfügung. Nur unsere Gedanken und Motive legen die Grenzen fest, innerhalb deren wir diese Energien nur nutzen können. Übersinnliche Bewußtheit zu entwickeln bedeutet, uns vollständig darüber bewußt zu werden, wie wir diese Energien in jedem Augenblick unseres Lebens nutzen.

Unser grundsätzliches Ziel ist, ein harmonisches Leben zu führen.

Ein Leben, in dem Sie die Gedanken, Vorstellungen und Impulse unter Kontrolle haben, die aus den verschiedenen Bereichen des Gehirns und des Geistes stammen. Gleichzeitig wollen Sie aber auch voll bewußt am normalen Alltagsleben teilnehmen. Sie müssen essen, schlafen, leben und lieben, arbeiten und spielen, lachen und manchmal weinen und all die Dinge tun, die zu einem normalen, gesunden Leben dazugehören. Wenn es ein äußerliches Zeichen Ihres inneren Fortschritts gibt, dann sollte es die liebevolle Bewunderung Ihrer Familie und Freunde für die positive Veränderung in Ihnen sein, für die liebevolle, nachsichtige Gelassenheit, die Sie bereits am Anfang Ihrer spirituellen Reise entwickeln werden.

Sie werden ein *neuer* Mensch – voller Vertrauen, liebevoll, entspannt und in Frieden mit der Welt. Sie werden sich selbst akzeptieren für das, was Sie sind, und anderen erlauben, so zu sein, wie sie sind. Sie werden erkennen, daß alle Menschen auf ihrem eigenen »Trip« sind, auf ihrer eigenen Reise durch diese Daseinsebene.

Um die Verbindung zwischen dem Gehirn und dem Überbewußten herzustellen, müssen wir zunächst still sein und lauschen, zuhören und anschließend auswerten, was wir gehört haben. Wenn wir beginnen, unsere Zentren zu öffnen und empfänglich zu sein, werden wir zunächst einmal von unterbewußten Bildern und emotionalen Impulsen aus allen Richtungen bestürmt. Einfaches Fernsehen verwandelt sich zum Beispiel in ein regelrechtes emotionales Bombardement, nicht nur seitens der dargestellten dramatischen Szenen, sondern auch durch die Werbung, deren Ziel es ist, uns emotional anzusprechen.

Positiv gesehen, werden Sie aber auch in der Lage sein, die mentalen und emotionalen Botschaften anderer Menschen verstehen zu können. Ohne es zu wissen, benutzen wir bereits unser ganzes Leben lang Telepathie, um mit unseren Freunden und Verwandten zu kommunizieren. In dem Maße, wie sich unsere

111

Zentren jedoch öffnen, wächst auch unsere Fähigkeit, bewußt unsere Gedanken von den Gedanken anderer Menschen zu unterscheiden. Je mehr sich die Zentren öffnen, um so mehr könnten wir uns von all den emotionalen Anziehungskräften aus der Umgebung bedroht oder überwältigt fühlen, die tagtäglich unseren medialen Raum überfluten.

Wir müssen lernen, auf dem schmalen Grat zwischen Gefühl und Intellekt zu wandern und unsere inneren Schutzschilde zu stärken, die uns davor bewahren, von zu vielen übersinnlichen Eindrücken überwältigt zu werden. Das heißt, wir müssen uns zuerst für höhere Oktaven der Erkenntnis und der Wahrnehmung sensibilisieren und uns dann wieder desensibilisieren, so daß wir unsere Gedanken und Gefühle unter Kontrolle behalten. Mit anderen Worten: Wir lassen zu, daß zusätzliche Informationen in unser Bewußtsein gelangen, und übernehmen dann die Kontrolle wieder, statt uns von ihnen beherrschen zu lassen.

Es gibt eine ganze Reihe von Anleitungen zur Entfaltung medialer Fähigkeiten, und die meisten von ihnen sind gut. Der Tagesplan, den ich Ihnen jetzt vorstellen möchte, hat sich für viele Studenten aus meinen Gruppen als sehr nützlich erwiesen. Es handelt sich sowohl um ein Programm für das tägliche Leben als auch für das tägliche mediale Training. Sie werden dabei wirklich lernen, die latent in Ihnen schlummernden Talente anzuwenden.

1. Achten Sie auf Ihre Träume

Beginnen Sie Ihren Tag damit, Ihre Träume oder die Teile, an die Sie sich noch erinnern, aufzuschreiben. In der 7. Woche (7. Kapitel) werden wir uns ausschließlich mit Träumen und ihrer Interpretation beschäftigen, doch ist es gut, wenn Sie bereits jetzt damit beginnen, sich Ihrer Träume bewußt zu werden. Bewahren Sie stets einen Stift und Papier in der Nähe Ihres Bettes auf, und schreiben Sie morgens gleich als erstes alles auf, was Ihnen von Ihren Träumen noch in Erinnerung geblieben ist.

Da Träume mit dem Unterbewußtsein zu tun haben, sind sie sehr flüchtig, und es ist absolut notwendig, sie sofort aufzuschreiben, damit sie richtig interpretiert werden können. Je mehr Sie Ihre Kommunikation mit dem Überbewußtsein ausbauen, desto mehr werden Ihnen Ihre Träume direkte Lösungshinweise für die Situationen und Probleme in Ihrem Leben liefern. Der erste Schritt zur Erreichung dieses Ziels besteht darin, daß Sie sich Ihrer Träume bewußt werden und sie verstehen lernen.

Wenn Sie sich nicht an Ihre Träume erinnern, benutzen Sie, kurz bevor Sie einschlafen, die Alpha-Ebene, um Ihr Unterbewußtsein darum zu bitten, Ihnen dabei zu helfen, sich an Ihre Träume zu erinnern. Wenn Sie dann alle Bruchstücke aufschreiben, die Ihnen noch im Gedächtnis geblieben sind, werden Sie Ihr Unterbewußtsein mit der Zeit davon überzeugen, daß Sie es ernst meinen und wirklich von diesem Teil Ihrer intuitiven Fähigkeiten geführt werden möchten. In ein oder zwei Nächten, manchmal sogar schon in der gleichen Nacht, werden Sie anfangen, sich an Ihre Träume zu erinnern.

Außerdem werden Ihnen durch das Aufschreiben Ihrer Träume die Symbole bewußt, die Ihr Unterbewußtsein benutzt, um sich Ihnen mitzuteilen. Da jeder Mensch einzigartig ist, besitzt jedes Unterbewußtsein sozusagen seine eigenen Symbolkürzel, und Sie sollten lernen, *Ihre* zu verstehen. Wenn wir zu dem Kapitel kommen, in dem wir uns mit Trauminterpretation beschäftigen, werden Sie bereits viele Träume notiert haben, und Sie werden sich bereits Gedanken dazu gemacht haben, was Ihre Träume bedeuten.

2. Meditation: Lauschen Sie Ihrer Inneren Stimme

Verbringen Sie morgens und/oder am späten Nachmittag einige Minuten mit Meditation oder stillen beschaulichen Gedanken. Ich erwähnte bereits, daß eine Zeit der Stille für inneres Wachstum unentbehrlich ist.

Eine Morgenmeditation sollte im allgemeinen folgendes Ziel haben: Sie sollten überdenken, was Sie von diesem Tag erwarten, wobei Sie für Veränderungen offen sein sollten, die sich im Laufe des Tages ergeben können. Sie sollten sich kurz Zeit nehmen, Ihr Tagesziel oder Ihre langfristige Zielsetzung zu visualisieren, und Sie sollten mindestens 10 Minuten lang in Stille lauschen. Letzteres bedeutet, daß Sie sich einfach Ihrer Gedanken, Ideen und Vorstellungen bewußt sein sollten, ohne auf irgendeine Art und Weise zu versuchen, sie zu beeinflussen oder vorwegzunehmen, welche Bilder oder Gedanken aufkommen sollten. Sie werden in dieser Zeit viele Erkenntnisse über Ihre persönliche Lebenssituation, Ihre Beziehungen und Ziele gewinnen. (Eine gute Methode, um die Morgenmeditation zu beginnen, ist der Energiegenerator [siehe Seite 105 ff.]. Wenn sie das Gefühl haben, daß dabei zuviel Energie entsteht, um danach noch still zu meditieren, dann machen Sie den Energiegenerator anschließend.)

Nachmittags könnten Sie dann etwa 10 bis 20 Minuten lang mit einem Mantra Ihrer Wahl meditieren. OM ist für diesen Zweck sehr geeignet. Dadurch werden neue Energien in Ihrem Körper entstehen, Sie frischen Ihren Geist wieder auf und steigern ganz allgemein Ihre geistige und körperliche Gesundheit. (Vorsicht: Benutzen Sie nach 16.00 Uhr keine Mantras mehr in Ihrer Meditation. Mantras versorgen Ihr Gehirn mit Energie, wodurch es passieren kann, daß Sie viele schlaflose Stunden verbringen, bis die Energie wieder nachläßt.)

Abends oder vor dem Zubettgehen sollte Ihre Meditation nur ruhige Elemente erhalten. Es ist sinnvoll, den Tag noch einmal Revue passieren zu lassen. Allerdings sollten Sie dabei weder sich selbst noch andere anklagen oder beschuldigen und keine Gedanken an Streß, Termine oder Ängste in bezug auf Projekte oder Beziehungen aufkommen lassen. Denken Sie daran, daß die Aktivitäten des Tages hinter Ihnen liegen. Das Wichtigste, was Sie für sich und andere in dieser Zeit tun können, ist, sich auf eine erholsame Nacht vorzubereiten. Wenn Sie sich abends vor dem Zubettgehen noch irgendwelchen Sorgen hingeben, ist dies für Ihr körperliches und spirituelles Wohlergehen schädlich. Denken Sie, wenn nötig, daran, daß zur Zeit nichts mehr an irgendeiner negativen Situation getan werden kann und daß es zu dieser Tageszeit nutz- und sinnlos ist, emotionale und mentale Energien auf diese Probleme zu verschwenden.

Richten Sie Ihre Aufmerksamkeit in der abendlichen Meditation auf das Überbewußte und auf Ihre Seele. Verschmelzen Sie mit dem universalen Geist, und bitten Sie darum, bei Ihrer spirituellen Entwicklung geführt zu werden. Seien Sie dankbar für all das Gute in Ihrem Leben und für den Tag oder die Woche, die gerade zu Ende geht. Da Gedanken schöpferisch sind, wird das Verweilen bei den positiven Erlebnissen des Tages diese in Zukunft noch vermehren. Dankbarkeit vermehrt die Dinge, für die Sie dankbar sind.

Wenn solche Gedanken Sie begleiten, können Sie beruhigt einschlafen. Der Astralkörper befindet sich, während Sie schlafen, »auf Reisen« und wird in der Astralwelt auf die Ebene gezogen, auf der Ihre Gedanken beim Einschlafen waren. Sie werden entdecken, daß negative Gedanken zu dieser Zeit häufig der Grund für Alpträume sind, denn Alpträume sind nichts weiter als die astrale Verbindung zu den schreckenerregenden Gedankenformen der niederen astralen Ebenen. Achten Sie also besonders darauf, sich schöne und erbauende Gedanken zu machen, bevor Sie einschlafen. Das wird Sie schützen und Ihr spirituelles Wachstum fördern.

Vielleicht möchten Sie vor dem Zubettgehen noch inspirierende Texte, zum Beispiel die Bibel, lesen. Auf jeden Fall sollten Sie diese Zeit nicht damit verbringen, sich auf Prüfungen vorzubereiten, Horrorfilme im Fernsehen anschauen oder emotional stimulierende Romane zu lesen.

Auf Ihrem Weg, Ihre Sensibilität für innere Eindrücke zu schärfen, werden Sie feststellen, daß es für Ihr spirituelles und körperliches Wohlergehen genauso wichtig ist, sich gut auf die Zeit des Schlafens vorzubereiten, wie den kommenden Tag zu planen. Im Bewußtsein unserer Selbst als Seele zu leben bedeutet, dies in jede Stunde des Tages zu integrieren. Es ist eine Art zu leben, die morgens mit dem Aufstehen beginnt und uns 24 Stunden lang begleitet – auch nachts.

3. Achten Sie auf Ihre intuitive Wahrnehmung anderer Menschen

Sie werden durch Ihre tägliche mediale Praxis ein übersinnliches Verstehen anderer Menschen entwickeln, welches Ihr jetziges weit übersteigt. Sie werden wissen, ob Sie jemandem vertrauen können oder nicht, und Sie werden den psychologischen Zustand der Menschen, die Ihnen begegnen, sicher einschätzen können.

Der wichtigste Schritt zur Entwicklung Ihrer telepathischen Fähigkeiten wird das bewußte Hören auf Ihre innere Stimme sein, was andere Menschen betrifft. Sie werden sehr bald erkennen, daß viele Ihrer Gedanken gar nicht Ihre sind, sondern telepathische Eindrücke dessen, was andere Menschen denken. Diese Fähigkeit wird es Ihnen ermöglichen, mehr aufgrund der tatsächlichen Beschaffenheit einer Situation zu handeln anstatt nur aufgrund dessen, was Sie äußerlich von der Situation wahrnehmen.

Telepathische Fähigkeiten können nur dann bewußt entwickelt und beherrscht werden, wenn wir bestimmte Voraussetzungen erfüllen. Wenn wir diese Gaben selbstsüchtig oder manipulativ einsetzen, zerstören wir das empfindliche Gleichgewicht der Kräfte in uns, welches die Voraussetzung für diese Fähigkeiten ist, und trennen uns von den höheren Kräften in uns selbst. Außerdem kehrt alles, was wir aussenden, zu uns zurück (das schließt böse Absichten und manipulative Gedanken oder Handlungen mit ein).

Intuitive Wahrnehmung anderer Menschen funktioniert dann am besten, wenn wir ganz entspannt sind und die andere Person völlig annehmen. Das gilt auch für telepathische Wahrnehmungen. Mit anderen Worten: Auch wenn wir vielleicht erkennen, daß die andere Person auf einer anderen Wellenlänge ist, sollten wir keine Werturteile über die Handlungen und die Beziehungen dieses Menschen zur Welt fällen. Urteilen Sie nicht darüber, ob dieser Mensch »gut« oder »schlecht« ist, sondern akzeptieren Sie ihn einfach so, wie er ist.

Sie haben natürlich das Recht (und auch die Pflicht), zu entscheiden, ob diese »Wellenlänge« mit Ihrer eigenen vereinbar ist, doch auch wenn Sie zu dem Entschluß kommen, daß dies nicht der Fall ist, sollten Sie trotzdem Abstand davon nehmen, den Menschen für seine Handlungsweise zu verurteilen oder ihm Schuld zuzuschieben. Erkennen und akzeptieren Sie einfach, daß andere da, wo sie sind, ihre eigenen Lektionen zu lernen haben, und erlauben Sie ihnen, so zu sein, wie sie sich zu sein entschieden haben. Entscheiden Sie für sich, ob Sie sich ihnen nähern oder sich von ihnen entfernen wollen, je nachdem, was für Sie das beste zu sein scheint. Sie haben allerdings weder das Recht, sie zu etwas zu zwingen, zu nötigen oder sie auf irgendeine Art und Weise zu manipulieren – noch darüber zu urteilen, was in diesem Augenblick für sie gut wäre.

Durch diese Einstellung anderen Menschen gegenüber (auch gegenüber Familienmitgliedern und Freunden) befreien Sie sich selbst von dem Gefühl, für ihren spirituellen Weg verantwortlich zu sein, und lassen die Verantwortung dort, wo sie hingehört: in den Händen des jeweiligen Menschen.

Wenn Sie den Weg des Tuns gehen, werden Sie andere in vielerlei Hinsicht unterstützen. Dies schließt auch ein, daß Sie andere belehren, anleiten und in vielen Dingen ermutigen, doch sollten Sie niemals darauf bestehen, daß der andere Ihren Anweisungen Folge zu leisten hat. Gestehen Sie jedem Menschen die Freiheit zur Wahl zu, genau wie Sie auch für sich selbst die Freiheit beanspruchen, Ihren Weg selbst zu bestimmen. Durch das universelle Gesetz wird jeder das ernten, was er gesät hat.

Kinder obliegen natürlich unserer gesetzlichen und moralischen Verantwortung, bis sie achtzehn Jahre alt sind. In Indien sagt man von Kindern, sie seien »alte Seelen in kleinen Körpern«. Es ist unsere Verantwortung, ihnen dabei zu helfen, mit dem ungewohnten Gefährt – ihrem neuen Körper –, in den sie sich inkarniert haben, vertraut zu werden und den Umgang mit ihm zu lernen. Wir sollten ihnen zeigen, wie sie Führung von innen bekommen können, und ihnen beibringen, Verantwortung für ihre eigenen Entscheidungen zu übernehmen, damit sie sich harmonisch in die Gesellschaft eingliedern können, in die sie sich inkarniert haben. Esoterische Philosophen lehren, daß die Seele ab der Pubertät die Verantwortung für die Handlungen des Kindes übernimmt, daher muß der Großteil dieser Ausbildung bereits davor stattfinden.

Wenn Sie in sich die Einstellung kultivieren, andere so zu akzeptieren, wie sie sind, wird dies in Ihnen den Wunsch hervorrufen, sie zu unterstützen und ihnen so weit wie möglich zu helfen. Dadurch werden automatisch Ihre inneren Wahrnehmungs- und Kommunikationspforten geöffnet. Sie tragen Ihre innere Geisteshaltung zunächst hinaus in die Welt. Anschließend kehrt sie zu Ihnen zurück, wobei sie entsprechend intuitives, persönliches Verstehen mit sich bringt.

Über diese geöffneten Kommunikationskanäle wissen Sie auch mit Sicherheit, wann Ihnen jemand Schaden zufügen will, und Sie nehmen gleichzeitig instinktiv wahr, wie Sie die Situation handhaben können, falls sie bedrohlich wird. Ist Ihr erster Impuls in bezug auf andere: »Wie kann ich dir helfen?«, werden Ihnen nur noch sehr wenige Menschen begegnen, die schädliche Absichten haben, da Sie nichts getan haben, um solche Menschen anzuziehen. Wenn Sie dennoch so einem Menschen begegnen sollten, werden Sie genau die richtigen Worte und Verhaltensweisen parat haben, um sich zu schützen. Vielleicht werden Sie sogar dahin geführt, das innere Bedürfnis dieses Menschen, das ihn überhaupt erst dazu bewogen hat, sich so zu verhalten, zu entdecken und ihm dabei zu helfen, einen besseren Umgang damit zu finden. Danach werden Sie beide Ihrer Wege gehen und aus der Erfahrung spirituell gewachsen sein.

Menschen, die im Bereich der Gesetzesvollstreckung oder im sozialen Dienst arbeiten, könnten sich am Anfang mit diesen Ideen etwas schwer tun. Vielleicht gibt es in unserer gegenwärtigen Gesellschaft Situationen, in denen diese »Nichteinmischungsregel« nicht angewandt werden kann, zum Beispiel wenn es notwendig ist, einen Menschen davon abzuhalten, andere zu verletzen. Ich bin jedoch fest davon überzeugt, daß ein eingehenderes Studium der Gesetze des Karmas in Verbindung mit einer spirituellen Umerziehung und Rehabilitation über 90 Prozent derjenigen, die zur Zeit im Gefängnis oder in psychiatrischen Anstalten sitzen, wieder in produktive Mitglieder der Gesellschaft verwandeln könnte. (Dieses unangenehme Thema, mit dem sich die meisten von uns – Gott sei Dank – nicht auseinandersetzen müssen, bietet genug Material für ein ganzes Buch. Zum jetzigen Zeitpunkt möchte ich es daher nur kurz anschneiden und hoffe, daß diese Gedanken denjenigen Erkenntnisse bringen, deren Lebensaufgabe es ist, die entsprechenden Rollen in unserer Gesellschaft auszufüllen. Ich weiß, daß es möglich ist, und die augenblicklich einfließenden spirituellen Energien werden mit der Zeit sogar die abgehärtetsten Individuen erreichen.)

Ein Teil Ihrer intuitiven Wahrnehmungen besteht aus einer Erweiterung des Hellsehens: *claircognizance* hat Manly P. Hall diese Fähigkeit in seinem Buch *Die spirituellen Zentren des Menschen*[10] genannt. *Clairocognizance* bedeutet soviel wie »Hellwissen« und bezieht sich beispielsweise auf die besondere geistige Fähigkeit von Experten, in Ihrem Fachgebiet bisher »Unbekanntes zu wissen«. Häufig werden die daraus gewonnen Erkenntnisse einer »Inspiration« zugeschrieben.

Diese besondere Art mentaler Durchdringung einer Sache oder geistiger Erkenntnis erreicht uns auf einer rein intellektuellen Ebene und nicht als Erweiterung der uns bekannten Sinne. Wir erfassen im Geiste plötzlich etwas, was zuvor unbekannt war, zum Beispiel eine esoterische Wahrheit; oder wir haben philosophische Einblicke, die uns zuvor verschlossen waren. Dabei spielen die niederen Sinne keine Rolle. Die Information kommt meistens in Form von Worten oder Gedanken – allerdings nimmt der Geist dabei keine körperlich oder spirituell gesprochenen Worte wahr.

Wie die meisten medialen Fähigkeiten funktioniert das Hellwissen normalerweise nur auf der Basis einer inneren Notwendigkeit. Man muß es einfach herausfinden oder will es unbedingt wissen. Über die Jahre hatte ich schon viele Erkenntnisse dieser Art, ohne jedoch über einen Begriff für dieses Phänomen zu verfügen.

Es gab häufig Diskussionen in meinen Gruppen, in denen Studenten Fragen stellten, die ich bisher noch nicht bedacht hatte. Instinktiv hätte ich gesagt: »Das weiß ich nicht«, doch bevor ich diese Worte aussprechen konnte, entdeckte ich zu meiner Überraschung, daß ich es sehr wohl wußte! Aus irgendeinem gewaltigen Wissensspeicher, zu dem ich zuvor keinen Kontakt hatte, kam mir als Geistesblitz die Antwort!

Hall sagt: »Wenn ein spiritueller Lehrer wirklich mit den höheren Welten in Verbindung steht, wird er beim Weitergeben seines Wissens weitaus mehr lernen als seine Schüler. Der Grund liegt darin, daß die Fähigkeit des Hellwissens ihm spontan Dinge enthüllt, die er auf intellektuellem Wege in Monaten nicht hätte herausfinden können.«

Obwohl Manly Hall behauptet, daß diese Fähigkeit sozusagen eine besondere Belohnung für Lehrer sei, habe ich sie auch schon bei Menschen beobachten können, die nicht besonders esoterisch ausgerichtet waren. Bei einem kürzlichen Aufenthalt auf Hawaii bestand die Gefahr, daß unsere Lanai (Terrasse) während außergewöhnlich heftiger Regenfälle überflutet werden würde. Wir riefen die ansässigen samoanischen Handwerker, und sie wollten eine zusätzliche Schicht schützender Sandsäcke auf einige andere legen, die bereits während eines vorangegangenen Regengusses um die Terrasse gelegt worden waren. Ich wies darauf hin, daß dies sinnlos sei, da sich die ersten Sandsäcke schon vollgesogen hätten und das Wasser bereits auf den Fußboden durchsickerte.

»Dann weiß ich nicht, wie wir das Problem lösen sollen«, sagte der Mann. »Was Sie wirklich brauchen, ist ein Graben, der das Wasser abführt, aber der Regen hat noch nicht genug nachgelassen, um einen auszuheben.« Im nächsten Moment war er aber bereits dabei, die Sandsäcke parallel zur ersten Reihe hinzustellen, wodurch das Wasser letztendlich doch sehr effektiv abgehalten wurde. Ich erkannte das mir bereits vertraute »Einstimmen«, welches die richtige Antwort und das richtige Verhalten hervorbringt, obwohl der bewußte Geist zur gleichen Zeit »Ich weiß dafür keine Antwort« zurückmeldet.

Hellwissen scheint am besten in den Bereichen des Denkens und Handelns zu funktionieren, mit denen man am meisten vertraut ist. Sie müssen Ihre ganze Energie in die Lösung eines Problems, das Erlernen einer Fertigkeit oder in eine kreative Handlung investieren. Wenn Sie dann loslassen oder aufhören, sich anzustrengen, was Sie innerlich oft unbewußt mit »Ich weiß es einfach nicht« zum Ausdruck bringen, wird diese höhere Wahrnehmungsfähigkeit aktiviert, und Sie wissen es auf einmal doch. Sie kennen auf einmal die Lösung des Problems, oder Sie wissen schlagartig, was Ihr nächster Schritt sein muß, oder in genau diesem Moment ist das, was Sie gerade auf kreative Weise herstellen, plötzlich fertig!

In diesem Buch nenne ich die Fähigkeit »innere Führung«. Diese

Art des Denkens ist es, die letztendlich sogar die härtesten sozialen Probleme lösen wird. Die Lehrer an den Schulen, die sich mit widerspenstigen Schülern in den Klassenräumen und auf den Schulhöfen herumplagen, die Polizisten, die durch veraltete, nicht durchsetzbare Gesetze und überfüllte Besserungsanstalten behindert werden, die Sozialarbeiter, die angesichts der Entwürdigung und der Hoffnungslosigkeit der Menschen niedergeschlagen sind – sie alle werden das innere Licht finden, diese plötzliche Inspiration haben, die neue Herangehensweisen, Reformen, Methoden und Erfindungen (was auch immer erforderlich sein mag) hervorbringt, um das unmittelbare Problem oder sogar das Schicksal der Menschheit zu lösen. Alle medialen Gaben einschließlich des Hellwissens werden in der Regel in dem Bereich aktiviert, dem Sie den größten Teil Ihrer Aufmerksamkeit geschenkt haben. Dies gilt sowohl für den alltäglichen Überlebenskampf als auch für Ideen und Pläne, die so überragend sind, daß sie den Horizont der meisten Menschen übersteigen.

4. Führen Sie ein spirituelles Tagebuch

Kaufen Sie sich ein leeres Buch oder ein Ringbuch, welches Sie mit »Mein spirituelles Tagebuch« beschriften. Dieses Buch gehört Ihnen ganz allein und sollte für niemand anders zugänglich sein.

Schreiben Sie alles in Ihr spirituelles Tagebuch, was sich auf Ihre persönliche mediale Entfaltung bezieht, als sei es ein normales Tagebuch. Notieren Sie alle Erkenntnisse und Inspirationen, die Sie während der Meditation haben. Benutzen Sie es, um Ihre Träume aufzuschreiben und um die Ergebnisse von ASW-Tests zu notieren. Wenn Sie Ihre Aktivitäten oder die Ergebnisse Ihrer Aktivitäten aufschreiben, überzeugen Sie Ihren Geist damit, daß Sie es wirklich ernst meinen, was wiederum dazu führt, daß Sie verstärkt Antworten sowohl aus Ihrem Unterbewußtsein als auch von der überbewußten Ebene erhalten werden.

Die effektivste Art und Weise, Ihr spirituelles Tagebuch einzusetzen, ist die, alles darin zu notieren, was Ihnen als Folge Ihres Wunsches nach übersinnlicher Meisterschaft passiert. Wenn Sie eine Vorahnung oder eine Intuition haben, die sich als richtig herausstellt, schreiben Sie sie auf. Wenn Sie ein zukünftiges Ereignis richtig vorhersehen, schreiben Sie es auf. Wenn Sie eine geistige Heilung für sich selbst oder andere bewirkt haben, schreiben Sie es auf.

Benutzen Sie Ihr spirituelles Tagebuch ebenso dafür, Ihre Ziele für die Zukunft zu notieren, und auch, um darin festzuhalten, wann und wie Sie diese Ziele erreicht haben. Wenn es Ihnen gelungen ist, mit Hilfe Ihrer inneren Führung eine Reihe von herausfordernden Ereignissen erfolgreich und harmonisch zu meistern, sollten Sie das gleichfalls in Ihr Tagebuch schreiben. Notieren Sie es als freudiges Ereignis, wenn Sie einen persönlichen Charakterzug überwunden haben, der Sie vorher an der Entwicklung der Qualitäten, die Sie sich wünschten, gehindert hatte.

In den nächsten Wochen (Kapiteln) werden Sie auf immer mehr Verwendungsmöglichkeiten für Ihr Tagebuch stoßen. Sie bestätigen sich darin selbst für gute Ergebnisse, und das wird positivere Auswirkungen auf Ihr Leben haben, als wenn Ihnen eine ganze Reihe anderer Menschen sagte, wie wunderbar Sie doch sind.

Wir wollen den objektiven Beobachter in unserem Leben ausfindig machen und uns mit ihm identifizieren, denn wenn wir ihn mit der Lenkung unseres Lebens betrauen, wird er sowohl unsere mentale als auch unsere emotionale Natur dazu benutzen, um uns auszubalancieren und in Harmonie zu bringen. Er wird Sie immer an den richtigen Platz bringen und Sie veranlassen, das Richtige zu tun.

Die folgende Affirmation können sie auf die erste Seite Ihres Tagebuches schreiben. Wenn Sie sich diese Affirmation einprägen, wird sie Ihnen ein Leitstern sein, um die inneren Kräfte noch mehr zu aktivieren; Sie werden auf diese Weise automatisch beginnen, das Richtige zu tun:

Was auch immer ich wissen muß – ich weiß es.
Was auch immer ich tun muß – ich tue es.
Was auch immer ich sein muß – ich bin es.

5. Wie Sie sich schützen können

Das gesprochene Wort ist schöpferische Energie. (»Im Anfang war das Wort, und das Wort war bei Gott, und Gott war das Wort ...« [Johannes 1,1]). Wir wurden so geschaffen, wie Gott sich uns vorgestellt hat (»Gott schuf den Menschen zu seinem Bilde, zum Bilde Gottes schuf er ihn ...« [Mose 1,27]). Und das von uns gesprochene Wort ist unsere kreative Kraft.

Die ersten Worte, die gesprochen wurden, waren: »Es werde Licht!« (1. Mose 1,3). Daher ist Licht die Ursubstanz, aus der das Universum besteht. Die Wissenschaftler sagen heutzutage, daß jedes Atom und jede Zelle einen Kern aus Licht besitzt. »Ihr seid das Licht der Welt«, sagte Jesus (Matthäus 5,14). Das bedeutet, daß in den Zellen des Körpers die kreative Substanz enthalten ist. Dieses Licht benutzen wir, um einen Schutzkreis aus weißem Licht um uns herum zu erschaffen oder um es als Grundsubstanz für alles zu nehmen, was wir erschaffen wollen.

Es ist enorm, was man alles aus Lichtenergie entstehen lassen kann. Wir können sie beispielsweise dazu verwenden, einen Schutzschild um uns herum zu errichten, der uns hundertprozentig vor negativen Gedankenformen schützt, die nicht zu uns gehören, das heißt, deren Ursache nicht in uns liegt bzw. für die wir keine Reaktionsmechanismen besitzen.

Ich konnte, während ich selbst mit dem Schutzschild arbeitete, täglich seine Verläßlichkeit verifizieren. Ich kann (und konnte) unbeschadet durch viele potentiell gefährliche Situationen gehen. Manchmal war ich mir noch nicht einmal der Gefahr bewußt, sondern wurde erst später durch jemanden darauf hingewiesen, der aufmerksamer war als ich.

Sicherlich spielt der Glaube an die Unverletzbarkeit des Schildes eine Rolle, doch ist dieser Glaube für den Schutz, den der Schild bietet, nicht allein verantwortlich. Ich bin in Situationen gewesen, in denen mir sogar Raub und Vergewaltigung drohten, und mein innerer Glaube an meinen Schutzschild war so stark, daß ich noch nicht einmal mit Angst reagierte. Die Gefahr löste sich daraufhin in das Nichts auf, dem sie entsprang: der Phantasie der anderen Person.

Bevor ich Ihnen aber von meinen Abenteuern erzähle, möchte ich Ihnen zeigen, wie Sie Ihren eigenen Schutzschild aus Licht erschaffen können.

Die folgende Visualisation ist sehr leicht durchzuführen: Sehen Sie (oder fühlen Sie) einfach, daß Sie von einem Feld aus weißem Licht umgeben sind. Lassen Sie es so hell wie möglich leuchten. Wenn Sie wissenschaftlich orientiert sind, stellen Sie sich vor, daß jede Zelle in Ihrem Körper leuchtet, und intensivieren Sie dieses Licht, bis es den ganzen Raum um Sie herum ausfüllt. (Obwohl dies nicht ganz die gleiche Art von Lichtenergie ist wie die aus unserer Meditationsübung, ist sie ihr doch insofern ähnlich, als sie sich von Ihrer Absicht lenken läßt.)

Wenn Sie eher religiös orientiert sind, stellen Sie sich das Licht als das Christus-Licht vor, als das Christus-Bewußtsein, zu dem alle Menschen hinstreben. Fühlen Sie, daß dieses Licht Sie wie eine schützende Decke umgibt. Sie könnten dieses Licht als die Gegenwart Christi betrachten.

Ein tibetanischer Lehrer namens D. K. sagt: »Das, was der Wissenschaftler Energie nennt, nennt der religiöse Mensch Gott, und doch sind beide ein und dasselbe. Sie sind die auf der physischen Ebene manifestierte Absicht des Einen, jenseits aller Systeme.«

Es ist völlig egal, ob Sie es Energie, Licht, Gott oder Christus-Geist nennen – das Ergebnis ist dasselbe, nämlich Schutz.

Sie könnten das Gefühl haben, noch etwas mehr Schutz zu brauchen. Stellen Sie sich in diesem Fall innerlich vor, daß außerdem noch eine klare, harte, undurchdringliche Plastikschicht Ihre Lichtaura umgibt. Sie lenken dabei Energie durch Ihre Gedanken, und das, was Sie vor Ihrem inneren geistigen Auge sehen, manifestiert sich als Realität.

Sie können Ihren Schutzschild auch durch eine Visualisation testen. Stellen Sie sich vor, daß etwas auf Sie zufliegt, und beobachten Sie, wie es von der harten Plastikschale, die Ihren schützenden Lichtschild umgibt, zurückprallt. Wenn Sie das fertigbringen, wenn es wirklich zurückprallt, sind Sie geschützt. Sie können nun in das Leben hinausgehen und brauchen sich vor nichts mehr zu fürchten. (Wenn Sie zu denjenigen gehören, die nicht gut visualisieren können, müssen Sie statt dessen einfach nur denken, der Schild seit aktiviert, damit es auch so ist. Ein Schild, der auf diese Art und Weise erschaffen wurde, ist genauso effektiv wie ein Schild, der visualisiert wurde.)

Lobsang Rampa[11] berichtete einmal, daß es Lamas in Tibet gibt, deren Schilde oder Energiefelder in der Lage sind, Gewehrkugeln abzuwehren. Jedesmal wenn Sie diese Technik benutzen, wird Ihr Schutzschild stärker und dichter, und bald werden Hellsichtige ihn sogar sehen können.

Erschaffen Sie ab jetzt jeden Morgen und jeden Abend und vor und nach jeder Meditation Ihren Schutzschild aufs neue. Es sollte das erste sein, was Sie tun, wenn Sie morgens aufstehen, und das letzte, bevor Sie schlafen gehen. Erneuern Sie ihn auch, wenn Sie fast einen Unfall hatten oder aus irgendeinem Grunde Angst hatten, so daß ein Teil seiner Energie durch Aufregung oder Schock verlorengegangen sein könnte. Betrachten Sie dies als einen essentiellen Überlebensmechanismus.

Mein Schutzschild hat sich bereits hundertfach bewährt. Ich hatte eines Tages einen Freund besucht. Als ich in mein Auto stieg, um nach Hause zu fahren, kam mir intuitiv die Idee, daß ich einen

Unfall haben könnte. Ich nahm die Warnung als das hin, was sie war – die Offenbarung der Folgen meiner momentanen Handlungsweise –, und ich machte mich daran, diese Handlungsweise zu ändern.

Mein Auto war nicht gerade im besten Zustand: Die Reifen hatten kaum noch Profil, und die Bremsen mußten neu eingestellt werden. Außerdem hatte es gerade angefangen zu regnen, wodurch sich auf den Straßen ein Schmierfilm bildete. Ich legte einen Schutzschild um mich und mein Auto und visualisierte, wie ich mit dem Auto unversehrt zu Hause ankam. Dann fuhr ich mit erhöhter Wachsamkeit los.

Gerade in dem Augenblick, als ich mich in die Linksabbiegerspur einreihte, rollte eine Frau mit ihrem Wagen aus einer Tankstelle heraus, überquerte die Straße und fuhr so in meine Spur, daß ich sie auch dann nicht hätte verfehlen können, wenn ich gute Reifen und gute Bremsen gehabt hätte.

Wie wohl jeder andere es in dieser Notsituation getan hätte, trat ich auf die Bremsen, mein Auto fing jedoch auf dem nassen Asphalt an zu rutschen. Es war fünf Uhr nachmittags, und die beiden Spuren rechts neben mir waren im Berufsverkehr überfüllt. Als das Heck meines Autos nach rechts rutschte, fühlte ich einen »Aufprall«. Als ich mich dann durch eine ganz kleine Lücke zwischen den Autos hindurchdrängelte, fühlte ich auf der linken Seite einen »Aufprall«.

Ich kam durch. An keinem der beiden Autos war irgend etwas zu sehen. Es gab keinen Blechschaden. Ich bin mir völlig sicher, daß es mein Schutzschild war, welchen ich jeweils als »Aufprall« wahrgenommen hatte, als ich weiterfuhr. Das wichtigste war, daß ich keinen Unfall hatte, obwohl er unvermeidlich schien. Mein Schutzschild hatte mich gerettet. Natürlich hatte mich die Situation mitgenommen. Ich stieß ein Dankesgebet aus, lud meinen Schutzschild energetisch wieder auf, und der weitere Weg nach Hause verlief ohne Zwischenfälle.

Ein anderes Mal fuhren wir zu viert – alles esoterische Schüler – auf einer Landstraße, die gerade im Bau war. Eine Menge Kies lag auf der Straße, und der Lastwagen, der vor uns fuhr, schleuderte mit seinen Hinterreifen Kieselsteine auf die Windschutzscheibe und die Stoßstange unseres Autos. Alle vier legten fast gleichzeitig einen Schutzschild um das Auto. Dieser Schutzschild war durch unsere gemeinsame mentale Kraft so stark, daß die Kieselsteine, die auf die Windschutzscheibe zuflogen, nach oben und über das Dach des Autos abgelenkt wurden, ohne die Windschutzscheibe zu berühren. Es schien so, als ob sie von einem unsichtbaren Energiefeld abgehalten wurden – was ja in der Tat auch der Fall war.

Sie können diesen Schutzschild aus weißem Licht auch dazu benutzen, um Ihre Familie und Freunde zu schützen. Denken Sie jedoch daran, daß wir nichts für andere tun können, was sie für sich nicht auch tun würden. Die geistige Energie, die sich wie eine schützende Kraft um Ihre Freunde legt, ist Energie, die sie in der Zukunft in Notfällen benutzen können. Vielleicht ist es genau das bißchen Extraenergie, die ihnen hilft, sich aus einer gefährlichen Situation zu befreien oder zumindest deren Auswirkungen zu reduzieren.

Die einzige Art und Weise, in der Ihr Schutzschild sich negativ auf Sie auswirken kann, ist, daß Ihr eigener Unwille, Ihr Ärger, Ihre Ängste und feindseligen Gefühle auf Sie zurückgeworfen werden. Bleiben Sie daher positiv, und denken Sie in Lösungen, nicht in Problemen. Seien Sie sich bewußt, daß alle Teile des Ganzen zusammenarbeiten, um letztendlich Gutes hervorzubringen. Wenn es negative Situationen in Ihrem Leben gibt, suchen Sie nach dem Positiven, das daraus erwächst. Leben Sie in der Gegenwart, und beschäftigen Sie sich mit den positiven Seiten des Lebens.

Wenn Sie bewußt mit Ihrem Schutzschild umgehen, werden Ihre Ängste nachlassen, was zur Folge hat, daß Ihre positiven Eigenschaften wie Anziehungskraft, Mut, Entscheidungsfähigkeit, Energie, Liebe, strahlende Gesundheit, Achtung, Selbstvertrauen und Kraft deutlicher hervortreten. All diese Eigenschaften entstehen durch die dynamische und ausgesprochen mächtige positive Verstärkung des Energiefeldes Ihrer Seele. Während Sie Ihren alltäglichen Pflichten nachkommen, werden Sie diese Energie ausstrahlen. Sie werden täglich mehr Freude, Liebe und spirituelle Stärke empfinden, und Sie wissen ja: Was auch immer Sie ausstrahlen, wird zu Ihnen zurückkehren!

6. Schärfen Sie Ihre Sinne

Die Sinne zu schärfen und zu verfeinern liefert uns eine Basis, auf der wir den Umgang und die Kontrolle über die inneren Sinne erlernen können. Wenn die Wahrnehmung der äußeren Umgebung verzerrt, verschwommen oder unvollständig ist, wird die Bewertung der Ereignisse im Leben entsprechend fehlerhaft sein, da man von fehlerhaften Informationen ausgeht.

Vielleicht erscheint es Ihnen paradox, wenn ich Ihnen sage, daß Sie sich auf Ihrer Reise in die innere Welt zunächst der äußeren Welt voll bewußt werden sollen, doch ist es sehr wichtig, die Fähigkeit der klaren Beobachtung zu trainieren. Je feiner und schärfer Ihre Wahrnehmung der äußeren Welt ist, desto zutreffender werden auch Ihre außersinnlichen Wahrnehmungen sein. Gautama Buddha empfahl diese Methode ebenfalls als ersten Schritt, um den Geist zu trainieren. Er ging oft während seiner Unterweisungen unter seinen Schülern umher, blieb dann plötzlich stehen und fragte: »Wo stand ich, als ich das Wort Liebe sagte?« Manchmal unterbrach er auch seine Anweisungen und fragte: »Welche Bewegungen habe ich mit meinen Händen gemacht, als ich von Harmonie sprach?« Auf diese Weise schulte er die Beobachtungsgabe seiner Schüler, während er Achtsamkeit lehrte. Sie müssen Ihre täglichen Arbeiten nicht unterbrechen, um sich Ihrer Sinneswahrnehmungen bewußter zu werden. Im Gegenteil. Ein solches Training wird sich positiv auf Ihre Leistungen im Alltag auswirken.

Ihr Unterbewußtsein zeichnet ganz detailliert alles auf, was um Sie herum passiert. Alles, was Sie sehen, hören, fühlen, schmekken und riechen, wird auf der Theta-Ebene des Gehirns aufgezeichnet. Die meisten Menschen fällen spontane, unbewußte Urteile darüber, was sie für wichtig erachten oder was ihnen zumindest im Augenblick als relevant erscheint. Aufgrund dieser Urteile wird vieles von dem, was die Sinne aufzeichnen, auf der bewußten Beta-Ebene gar nicht wahrgenommen.

Wenn Thomas M. an einem Kaufhaus vorbeigeht, kann er sich dessen, was im Schaufenster zu sehen ist, nur zum Teil oder gar nicht bewußt sein. Wenn man ihn später auffordern würde, zu beschreiben, was er gesehen hat, hätte er extreme Schwierigkeiten, sich an alles zu erinnern, was dort zu sehen war. Untersuchungen haben jedoch gezeigt, daß er in der Lage ist, sich so gut wie jedes kleine Detail der Gegenstände im Schaufenster ins Gedächtnis zurückzurufen, wenn man ihn in eine tiefe Hypnose versetzt.

Unter Hypnose ist es möglich, sich an Kindheitserfahrungen so detailliert zu erinnern, daß die Gerüche, die Geräusche, das Geschehene und die empfundenen Gefühle wieder so lebendig werden, als würde die Person das Erlebnis jetzt durchleben. Wir versuchen nicht, unsere Sinne zu etwas zu bewegen, was sie nicht bereits tun. Wir lernen nur, auf der Beta-Ebene wachsamer zu sein. In den frühen Morgenstunden sind die Sinne klar und noch nicht durch zu viele Aktivitäten getrübt, was zu einer späteren Tageszeit durchaus der Fall sein kann. Wir strecken uns oft morgens, um die Muskeln nach ihrer nächtlichen Untätigkeit wieder zu erwecken. Da liegt die Idee doch nicht fern, unsere Sinne auf eine ähnliche Weise zu »strecken«. Versuchen Sie, einen Sinn nach dem anderen zu schärfen: Sehen, Hören, Riechen, Fühlen und Schmecken.

Beim Frühstück und überhaupt bei jeder Mahlzeit sollten Sie jeden Bissen vollständig auskosten, langsam kauen und sich an den einzelnen Geschmacksnuancen Ihrer Nahrung erfreuen. Wenn Sie langsamer kauen und jeden Bissen länger genießen, werden Sie weniger essen und eher satt sein.

Die meisten von uns essen viel zuviel und bewegen sich nicht genug, um die Kalorien, die sie zu sich nehmen, auch wieder abzuarbeiten. Wenn Sie zu den Menschen gehören, deren Stoffwechsel die Energie so schnell verbrennt, daß Sie ständig unter Untergewicht leiden, mag Ihnen dies unwichtig erscheinen. Aber auch Sie werden Ihre Mahlzeiten mehr genießen können, wenn Sie ihnen Ihre volle Aufmerksamkeit widmen.

Eine in Ruhe eingenommene, angenehme Mahlzeit wird Ihnen helfen, der ewigen Hetze zu entkommen, die eine der Ursachen für ständige Anspannung ist. Wenn Sie sich 5 bis 10 Minuten länger Zeit lassen, um Ihre Mahlzeit wirklich zu genießen, werden Sie nichts verpassen. Ihre persönliche Welt wird dadurch keinen Schaden nehmen – im Gegenteil: Sie wird sich vorteilhaft verändern.

Benutzen Sie für Ihre Sinne Affirmationen wie: »Ich höre heute ausgesprochen gut. Ich sehe heute sehr klar. Ich schmecke und rieche heute alles sehr intensiv.« Wenn Sie solche Aussagen häufig wiederholen, wird sich Ihr Wunsch, besser zu sehen, zu fühlen, zu riechen, zu schmecken und zu hören als bisher, in Ihr Unterbewußtsein einprägen.

Hören Sie auf Geräusche, die Sie sonst nicht wahrgenommen hätten. Wenn Sie die Sirene eines Feuerwehrautos oder eines Krankenwagens hören, versuchen Sie vorherzusagen, wo er hinfährt. Sehen Sie innerlich, wo das Feuer oder der Unfall ist. Sie können Ihre Wahrnehmungen später in einer Tageszeitung überprüfen, und Sie werden erstaunt sein, wie zutreffend Ihre Wahrnehmung sein kann. In diesem Fall haben Sie einfach Ihren Gehörsinn sozusagen »in die Zukunft hinein« erweitert.

Üben Sie sich abends, wenn Sie sich ins Bett gelegt haben, darin, ganz bewußt zu hören. Hören Sie genau auf die einzelnen Geräusche, beispielsweise nächtliche Rufe von Vögeln, Grillen, die zirpen, oder lokalisieren Sie das Haus, in dem ein Hund bellt. Hören Sie auf Geräusche, die Sie normalerweise ignorieren würden, etwa den Kühlschrank, die Lüftung oder nächtliche Geräusche von Kindern oder Haustieren.

Schärfen Sie Ihre anderen Sinne auf ähnliche Art und Weise. Achten Sie mehr auf das, was Sie sehen, riechen und fühlen. Erfreuen Sie sich an Ihren Sinnen. Behandeln Sie jede Erfahrung so, als ob Sie sie zum erstenmal machten. Erleben Sie sie so intensiv wie möglich. Nehmen Sie sich einen Moment Zeit, um sich noch ein bißchen an dem Duft des Parfums der Frau, die gerade an Ihnen vorbeigegangen ist, zu erfreuen. Intensivieren Sie Ihren Tastsinn, indem Sie sehr aufmerksam die Sinneswahrnehmungen Ihrer Fingerspitzen aufnehmen, zum Beispiel von Stoffen, Holz, Metallen oder anderen Materialien. Sind sie weich oder rauh? Hat die Oberfläche eine Struktur? – Und so weiter.

Beginnen Sie anschließend, Ihre Sinne miteinander zu verbinden, wobei Sie jeden auf eine für ihn ungewöhnliche Weise benutzen. Versuchen Sie im wahrsten Sinne des Wortes, mit Ihren Augen zu hören oder mit Ihrem Tastsinn zu sehen etc. Blinde erleben oft, daß Ihre anderen vier Sinne erweitert sind, um den Mangel im Bereich des Sehens auszugleichen. Man hat festgestellt, daß blinde Menschen in der Lage sind, mit verschiedenen Teilen des Körpers zu sehen, beispielsweise mit dem Ellbogen, Teilen der Hand oder den Fingerspitzen. Sie können mit Hilfe dieser Körperteile hell und dunkel unterscheiden. Eine russische Frau, Rosa Kuleshova, kann mit Ihren Zehen und Ellbogen tatsächlich Farben, Worte, Formen und Materialien erkennen.[12] Man nennt dieses Phänomen Dermaoptik oder Hautsehen. Wichtig daran ist, daß, wenn so etwas überhaupt passieren kann, dieses Phänomen einem universellen Gesetz folgt und Forscher daher auch herausfinden können, wie es funktioniert.

Probieren Sie folgendes einmal aus: Nehmen Sie einen Pfennig in Ihre rechte Hand (wenn Sie Linkshänder sind, in die linke). Machen Sie eine Faust, und richten Sie Ihre ganze Aufmerksamkeit auf den Pfennig. Befühlen Sie ihn, und reiben Sie ihn zwischen den Fingern Ihrer Hand (benutzen Sie die andere Hand nicht dazu). Sehen Sie den Pfennig vor Ihrem inneren geistigen Auge, und werden Sie sich sehr bewußt über die Beschaffenheit dieses Pfennigs. Und dann schmecken Sie den Pfennig – ohne ihn aus der geschlossenen Hand zu nehmen! Sie werden plötzlich einen starken kupferartigen Geschmack auf der Zunge haben, obwohl sich der Pfennig nicht in der Nähe Ihres Mundes befindet. Sie benutzen all Ihre Sinne, um diesen Pfennig zu erfahren.

Lassen Sie jetzt Ihre Augen in dem Zimmer, in dem Sie sich befinden, umherschweifen. Schauen Sie sich verschiedene Dinge dabei genau an, und versuchen Sie sich währenddessen vorzustellen, wie sie sich anfühlen, wie sie riechen oder schmecken würden. Erinnern Sie sich an die Geräusche der Wanduhr oder eines anderen Gegenstandes, der in Intervallen Geräusche macht, wenn es so etwas in Ihrem Zimmer gibt. Tun Sie dies im Geiste. Sie benutzen dabei Ihre Augen, um zu sehen, zu schmecken, zu fühlen und zu hören. Natürlich rufen Sie sich den Großteil dieser Wahrnehmungen ins Gedächtnis zurück, und doch ist da noch etwas anderes im Spiel. Noch eine weitere Fähigkeit Ihres Geistes wird erweckt, während Sie sich darin üben, Ihre Sinne zu schärfen und zu verfeinern.

Erweitern Sie dann Ihre Sinne dadurch, daß Sie versuchen, sich etwas, was Sie gestern, letzte Woche oder letztes Jahr erlebt haben, detailliert zurückzurufen. »Sehen« Sie das Ereignis nicht nur vor Ihrem geistigen Auge, sondern benutzen Sie auch die anderen Sinne, um die Situation – wie damals – zu hören, zu riechen, zu fühlen und zu schmecken. Rufen Sie sich das Ereignis mit allen Sinneswahrnehmungen zurück.

Seien Sie sich, während sie diese Übungen machen, bewußt, wer in Ihnen diese Dinge tut, wer diese Gedanken denkt, wer die Sinneswahrnehmungen empfängt. Seien Sie sich bewußt, daß dieser »Bewußtseinspunkt«, den wir das ICH-BIN-Bewußtsein genannt haben, nicht identisch mit den Gedanken ist, nicht mit den Gefühlen und auch nicht dem physischen Körper, der sich aufgrund der Anweisungen des ICH-BIN-Bewußtseins gehorsam fortbewegt. Dieser losgelöste »Bewußtseinspunkt« ist die wirkliche Ursache hinter all dem. Von diesem losgelösten Gesichtspunkt aus haben Sie Kontrolle über Ihr Tun, Ihr Denken, Ihre Gefühle und überhaupt Ihr ganzes Leben.

7. Gestalten Sie Ihre Zukunft

Diese letzte Übung in unserem täglichen Programm zur Entfaltung unserer medialen Fähigkeiten macht am meisten Spaß und bringt unmittelbaren Nutzen. Wir verwenden dabei unsere erweiterten Sinne, um die Zukunft zu »sehen«: um zu wissen, was am nächsten Geburtstag passieren wird, für welche Arbeitsstelle wir uns bewerben sollten, ob die geplante Reise harmonisch, langweilig oder voller Schwierigkeiten und Probleme sein wird oder was auch immer Sie an der Zukunft interessiert.

Zum einen können Sie dadurch in Kontakt mit Situationen kommen, von denen Sie zur Zeit nicht einmal wissen, daß sie auf Sie zukommen, zum anderen benutzen Sie Ihre Fähigkeit, die Zukunft zu beeinflussen, so daß die Ereignisse, Situationen und Menschen, die Sie sich in Ihrem Leben wünschen, angezogen werden.

Wir werden uns mit diesem Punkt in den nächsten zwei Kapiteln (Wochen) eingehender befassen, so daß Ihre momentane Aufgabe darin besteht, die ersten sechs Punkte des Weges des Tuns zu üben. Mehr darüber, wie Sie Ihre Zukunft gestalten können, erfahren Sie in Kapitel (Woche) 3 und 4.

Praktische Übungen, Teil 2
Erschließen Sie sich die Welt der erweiterten Wahrnehmungen

Sie sollten unter keinen Umständen diese oder andere Übungen in diesem Buch als »Tests« für Ihre Fähigkeiten betrachten. Ihre augenblicklichen Fähigkeiten sind – unabhängig davon, wie bemerkenswert Sie schon sein mögen – noch immer nicht voll entfaltet und können auf jeden Fall noch sehr viel weiter entwickelt werden. Sie sollten die Übungen, die Sie mit anderen gemeinsam durchführen, auch niemals mit dem Gedanken der Konkurrenz angehen, das heißt mit dem Wunsch, besser zu sein als andere, oder mit dem Gefühl, versagt zu haben, wenn andere besser sind als Sie.

Wir versuchen nicht herauszufinden, wer besser ist. All diese Übungen sind nur Wegweiser, die dafür gedacht sind, Ihnen einen Zugang zu Ihrem Geist zu eröffnen und Ihrem Unterbewußtsein anzudeuten, daß ihm eine großartige Zukunft bevorsteht, wenn es einfach nur aufwachte und davon Kenntnis nähme. Sie sollten sich unabhängig von Ihren unmittelbaren Ergebnissen – seien sie gut oder schlecht – darüber im klaren sein, daß Sie gerade eben die Oberfläche berührt haben und daß ein weitaus größeres Potential noch ungenutzt tief in Ihrem Geist schlummert.

Seien Sie also nicht zu stolz oder niedergeschlagen über die Resultate Ihrer Versuche. Seien Sie ein losgelöster Beobachter dessen, was während der Übungen in Ihnen vorgeht. Analysieren Sie ganz objektiv Ihre Gefühle und das, was in Ihrem Geiste und Ihrem Herzen vor sich geht, während Sie die Übungen machen. Durch diese objektive Betrachtung und Auswertung werden Sie am schnellsten Fortschritte bei der Erforschung Ihres eigenen Potentials machen. Ihr Interesse sollte einzig und allein Ihnen selbst gelten.

Übung 1: Was fühlen Sie?

Kleben Sie bunte Abbildungen, auf denen intensive Emotionen wie beispielsweise Wut, Ekstase, Angst, Schmerz, Liebe, Freude oder Panik zu sehen sind, auf DIN-A4-Bögen aus Karton oder festem Papier. Stecken Sie jeden Bogen in einen separaten Umschlag, und numerieren Sie die Umschläge fortlaufend.

Halten sie einen der Umschläge entweder vor Ihren Solarplexus (das emotionale Zentrum) oder in Ihrer rechten Hand (wenn Sie Linkshänder sind, in der linken). Versuchen Sie zu fühlen, welche Emotion auf dem Bild in dem Umschlag abgebildet ist. Schreiben Sie die Zahl des Umschlags zusammen mit der Emotion, die Sie fühlen, auf ein Blatt Papier.

Wenn Sie mit allen Umschlägen fertig sind, öffnen Sie sie und vergleichen ihren Inhalt mit den Emotionen, die Sie wahrgenommen haben. Es sind verschiedene Reaktionen auf die einzelnen Bilder möglich. Die Wahrnehmungen können von dem persönlichen Hintergrund des Menschen und/oder von seinen persönlichen Gefühlen in bezug auf die dargestellte Situation eingefärbt sein. Bei dieser Übung gibt es keine »richtige« oder »falsche« Reaktion. Jeder Versuch wird Ihnen etwas darüber verraten, wie Sie auf emotionale Reize in Ihrer Umgebung ansprechen, und Ihnen dadurch helfen, mit Ihren eigenen übersinnlichen Reaktionen in Berührung zu kommen.

Übung 2: Erweiterte zwischenmenschliche Begegnung

Dies ist ein gutes Partyspiel. Suchen Sie sich einen Partner aus, wenn möglich jemanden, den Sie nicht so gut kennen. Setzen Sie sich ihm gegenüber, und legen Sie Ihre Handflächen an seine. Versuchen Sie, etwas »wahrzunehmen«, was der Person in jüngster Vergangenheit, entweder heute oder in der letzten Woche, passiert ist.

Lassen Sie dazu zunächst Ihren Geist zur Ruhe kommen. Lassen Sie dann zu, daß Gedanken, Bilder, Farben und Gefühle in Ihnen auftauchen. Sehen Sie Ihr Gegenüber innerlich bei einer Handlung oder einer Tätigkeit oder in Verbindung mit einer anderen Person oder einem Haustier. Er wird Ihnen sagen, ob Ihre Wahrnehmung zutreffend ist, und Ihnen wahrscheinlich sogar die ganze Geschichte erzählen, die mit Ihrem einfachen Bild zusammenhängt. Sie werden über die Genauigkeit Ihrer Wahrnehmung erstaunt sein. Wechseln Sie sich mehrmals ab, und erzählen Sie sich, was Sie sehen, fühlen oder wahrnehmen. Wenn Sie fertig sind, suchen Sie sich einen neuen Partner aus und wiederholen die Übung.

Übung 3: Sie und die Welt sind eins!
Tragen Sie ein paar artverwandte Metalle zusammen, zum Beispiel Stahl, Nickel, Blei und Silber oder Gold, Messing, Kupfer und Bronze. Erforschen Sie diese Metalle mit all Ihren Sinnen. Schließen Sie dann Ihre Augen, und versuchen Sie, sie mit den Sinnen Ihres Geistes zu erforschen. Versuchen Sie sich vorzustellen, wie das Innere dieser Metalle beschaffen sein könnte.
Erforschen Sie geistig die Zusammensetzung der Elemente. Stellen Sie sich vor, Sie sind mikroskopisch klein, so winzig, daß Sie in ein Atom des Metalls hineinpassen. Oder stellen Sie sich vor, die Atome werden so groß, daß Sie hineingehen können. Betrachten Sie die Form der Teilchen. Sehen Sie, wie das Sonnenlicht durch die Abstände hindurchscheint, und riechen Sie das Innere des Metalls.
Edelsteine können auf die gleiche Art und Weise untersucht werden. Eine Kristallkugel, wie sie von Hellsehern manchmal benutzt wird, kann aus Acryl, aus Glas oder aus echtem Bleikristall sein. Wenn Sie Kugeln aus verschiedenen Materialien untersuchen, können Sie dabei viele Erkenntnisse gewinnen. Für das Auge sehen sie alle »gleich« aus, und für den Hellseher erfüllen Sie den gleichen Zweck, dennoch »fühlen« sie sich völlig unterschiedlich an.

Übung 3 a: Füllen Sie ähnliche Substanzen wie zum Beispiel Salz, Sand und Zucker oder Milch, Wasser und Saft in kleine Plastiktütchen oder Schalen. Lassen Sie Ihre Finger mit geschlossenen Augen durch die Flüssigkeiten gleiten. Nehmen Sie Informationen über Ihren Tastsinn auf, und bestimmen Sie allein durch Ihr Gefühl, um welche Substanz es sich handelt.

Übung 3 b: Füllen Sie handwarmes Wasser in eine Schale oder einen Eimer. Tauchen Sie Ihre Finger mit geschlossenen Augen in das Wasser. Am Anfang werden Sie vielleicht Schwierigkeiten haben festzustellen, wann Ihre Finger die Wasseroberfläche berühren. Mit etwas Übung werden Ihre Fingerspitzen jedoch immer sensibler.

Übung 4: Dermaoptik

Bevy Jaegers, eine Pionierin in der medialen Forschung aus St. Louis, Missouri, hat die folgenden Übungen entwickelt.[13]
Sie fand heraus, daß die eine Hand gewisse Energien aus der Umwelt empfängt oder wahrnimmt, während die andere Hand unsere Energien in die Umgebung ausstrahlt. Bei Rechtshändern ist die linke Hand die empfangende, bei Linkshändern die rechte. Lassen Sie uns das für die Zeit der folgenden Experimente als Tatsache hinnehmen. Wenn Sie Rechtshänder sind, benutzen Sie Ihre linke Hand, um erweiterte Sinneswahrnehmungen zu empfangen, wenn Sie Linkshänder sind, benutzen Sie die rechte.
Besorgen Sie sich Proben von Ölfarben: Rot, Blau, Gelb und Grün, leuchtende, lebendige Elementarfarben, aus einem Fachgeschäft für Malbedarf. Kleben Sie die Proben in die Mitte von einfachen weißen Karteikarten. Beginnen Sie mit drei bis vier Stück, und fügen Sie im Laufe der Zeit, sowie Sie routinierter werden, weitere hinzu.
Legen Sie die Karten so hin, daß die Farben nicht zu sehen sind, und nehmen Sie eine Karte auf. Halten Sie die Karte in Ihrer

empfangenden Hand, und sensibilisieren Sie sich für die Farbe. Lassen Sie etwas Luft zwischen Ihrer Haut und der Karte, denn je fester Sie die Karte halten, um so weniger Reaktion wird es geben. Schließen Sie die Augen, und versuchen Sie die Farbe vor Ihrem inneren geistigen Auge zu sehen oder zu fühlen, welche Temperatur die Farbe ausstrahlt. Gehen Sie mit Ihren Fingerspitzen über die Farbe, und fühlen Sie den Widerstand, den die Farbe Ihrer Haut bietet. Gehen Sie mit allen Fingerspitzen über die Farben, und versuchen Sie sie zu unterscheiden. Einige werden sich rauh, einige glatt, andere klebrig, einige kühl und einige heiß anfühlen, während Sie mit Ihren Fingerspitzen über die Oberfläche streichen.

Legen Sie die Karten auf einen Tisch, so daß die Farben nicht zu sehen sind, und mischen Sie sie. Nehmen Sie eine Karte, und versuchen Sie herauszufinden, welche Farbe es ist. Welches geistige Bild bekommen Sie zu dieser Karte, welchen Temperaturunterschied fühlen Sie, ober welche Beschaffenheit können Sie mit den Fingerspitzen auf der Unterseite der Karte wahrnehmen? Entscheiden Sie, um welche Farbe es sich handelt, und schreiben Sie sie auf. Nehmen Sie dann die nächste Karte. Werten Sie zum Schluß Ihre Ergebnisse aus. Seien Sie durch eine niedrige Trefferquote nicht entmutigt. Durch Übung können Sie die Anzahl der Treffer erhöhen.

Übung 4 a: Legen Sie die Karten mit der Farbseite nach unten auf den Tisch. Versuchen Sie, die rote Karte ausfindig zu machen, indem Sie Ihre empfangende Hand zirka 1 bis 2 Zentimeter über die Karten halten und langsam von einer Karte zur anderen bewegen. Versuchen Sie, unterschiedliche Eindrücke in bezug auf Temperatur oder Schwingung wahrzunehmen, oder vielleicht macht etwas in Ihnen klick, wodurch Sie wissen: »Das ist sie!«

Übung 4 b: Lassen Sie jemand anderen die Farben eine nach der anderen anschauen. Schließen Sie Ihre Augen, und versuchen Sie die Farbe zu visualisieren, an die Ihr Partner gerade denkt. Dies ist auch eine Hellseh- bzw. Telepathieübung.

Übung 4 c: Wenn Sie mit den Farben schon etwas vertrauter sind, füllen Sie einfarbige Murmeln, Spielfiguren, Gummibärchen oder Plastikchips, die es in verschiedenen Farben gibt, in eine Tüte. Suchen Sie sich eine Farbe aus, und verfahren Sie genauso wie mit den Farbkarten. Wenn Sie die Farben erst mit geschlossenen und dann mit offenen Augen wahrgenommen haben, nehmen Sie einen Gegenstand aus der Tüte, ohne ihn anzuschauen. Halten Sie ihn in Ihrer empfangenden Hand, und fühlen Sie seine Farbe. Schreiben Sie die Farbe auf, und nehmen Sie den nächsten. Rechnen Sie Ihre Punkte zusammen, und werten Sie das Ergebnis aus.

Übung 4 d: Probieren Sie die Übung 4c auch mit Garn oder Bändern in leuchtenden Farben aus. Schneiden Sie dazu gleich lange Stücke ab. Nehmen Sie jeweils nur ein Material in verschiedenen Farben, zum Beispiel Viskose, Wolle oder Baumwolle.

Übung 4 e: Nehmen Sie zu dieser Übung die Achter, Neuner und Zehner aus einem normalen Kartenspiel. Diese Kartenwerte enthalten die meiste Farbe. Nehmen Sie vier rote und eine schwarze Karte, mischen Sie sie, und legen Sie sie anschließend verdeckt auf den Tisch. Finden Sie heraus, welches die schwarze Karte ist. Drehen Sie die Farbverteilung um, und versuchen Sie eine rote Karte unter vier schwarzen zu finden. Probieren Sie es als nächstes mit zwei roten Karten und vier schwarzen. Fügen Sie weitere Karten hinzu, bis Sie in der Lage sind, die fünf roten oder fünf schwarzen Karten in einem Satz aus fünf roten und fünf schwarzen Karten zu identifizieren.
Versuchen Sie als letztes, das ganze Kartenspiel verdeckt in schwarze und rote Karten aufzuteilen.

Meditationspraxis

Meditation ist nie passiv. Sie ist die dynamische Bewußtheit des ICH BIN und die Fähigkeit des ICH BIN, sich selbst als losgelöst von Gedanken und Emotionen wahrzunehmen.

Seien Sie sich in dieser Woche während Ihrer Meditationszeit ausschließlich Ihrer körperlichen Empfindungen bewußt. Richten Sie Ihre Aufmerksamkeit, nachdem Sie die Alpha-Ebene (siehe Tabelle 1) erreicht haben, darauf, was in Ihrem Körper vor sich geht. Denken Sie an Ihren Herzschlag, Ihre Verdauung und an den Atemfluß durch Ihre Lungen.

Seien Sie sich der Energiemuster bewußt, die durch den Einfluß von Sinnesreizen in Ihrem Körper entstehen: Welche ziehen das Interesse oder die Aufmerksamkeit der Seele auf sich? Solche Reize sind etwa die Wärme oder die Kühle der Luft, jaulende Katzen, das laute Spielen von Kindern oder der Lärm des Verkehrs vor dem Haus. Wenn es zum Beispiel juckt, so ist das ein Energiemuster. Erleben Sie, was es heißt, diese Energiemuster wahrzunehmen, ohne etwas gegen sie zu tun.

Der Zweck dieser Übung liegt darin, Ihrem Körper nicht zu erlauben, Sie während der Zeit Ihrer Meditation abzulenken. Tun Sie einfach nichts, wenn es irgendwo juckt, Sie einen Schmerz oder irgendeine andere unangenehme Empfindung fühlen. Seien Sie sich der Empfindung einfach bewußt, aber lassen Sie sich nicht dazu bewegen, entsprechend zu handeln. Dadurch, daß Sie diese Empfindungen als Energiemuster wahrnehmen, entwickeln Sie die Freiheit zu beobachten, wie sie sich auflösen und umwandeln, während Sie das Bewußtsein Ihrer selbst als losgelöst vom Geschehen in Ihrem Körper aufrechterhalten.

Wenn das Jucken oder die unangenehme Empfindung so stark wird, daß Sie sie nicht mehr kontrollieren oder geistig auflösen können und Sie den meditativen Zustand verlassen müssen, um sich zu bewegen oder zu kratzen, dann beenden Sie für dieses Mal

Ihre Meditation. Lassen Sie es Ihre Entscheidung sein. Fangen Sie nicht noch einmal von vorn an zu meditieren. Sie müssen den Körper psychologisch unter Kontrolle halten, und wenn Sie sich entscheiden, mit der Meditation aufzuhören, dann hat der Körper seinen Kampf um Ihre Aufmerksamkeit nicht gewonnen.

Es ist vorteilhaft, die Meditationen damit einzuleiten und zu beenden, daß Sie reinigendes, klärendes und schützendes weißes Licht hereinströmen lassen. Im Anschluß an eine Meditation können Sie diese Zeit dazu nutzen, zur Beta-Ebene zurückzukehren. Wechseln Sie behutsam die Ebenen Ihres Geistes, um die empfindliche Umstellung des Nervensystems nicht zu stören.

Wo sind Sie in Raum und Zeit?

Zeit existiert gar nicht! So erstaunlich Ihnen diese Idee auch erscheinen mag, entspricht sie dennoch der Wahrheit. Es gibt weder Vergangenheit noch Zukunft, es gibt nur die ewige GEGEN-WART. Zeit ist ein Instrument, das wir entwickelt haben, um die Veränderung des Lebens in der GEGENWART aufzeichnen zu können.

Wir beziehen die Ereignisse im Leben auf den jeweiligen Sonnenstand im Verhältnis zur Erde und haben damit eine Möglichkeit, Ereignisse in ihrer chronologischen Reihenfolge aufzuzeichnen. Nur dafür ist Zeit wichtig. Allerdings läßt sich diese Meßmethode nur auf der körperlichen Ebene dieses Planeten anwenden. Auf den feineren oder dichteren materiellen Ebenen der Erde (oder irgendeines anderen Planeten oder Körpers im Raum) existiert Zeit in diesem Sinne nicht. Vielleicht gibt es auf diesen Ebenen noch andere Methoden, um die Abfolge der Ereignisse festzuhalten, die dem suchenden Geist nicht so einfach zugänglich sind, doch soll uns das jetzt nicht beschäftigen.

Wie können wir die künstlichen Gesetze der Zeit, die unseren Körper, unseren Geist und unser Schicksal beeinflussen, transzendieren? Um das Zeit-Raum-Syndrom zu überwinden, müssen wir zum ICH-BIN-Bewußtsein zurückkehren, zu dem Punkt in uns, wo wir uns unserer selbst als ICH bewußt sind, als der Denkende und der Beobachter. Dieses ICH in uns hat nichts mit Zeit oder der Abfolge von Ereignissen zu tun, ja, es wird von äußeren Ereignissen noch nicht einmal berührt.

Das ICH-BIN-Bewußtsein ist gelassen, objektiv und friedlich. Es beobachtet und wertet seine Beobachtungen aus, wobei es die turbulenten Manifestationen um uns herum weder annimmt noch zurückweist. Dieser Teil in uns ist es, der über das Denken nachdenken kann und der sich bewußt ist, der Denkende und nicht der Gedanke zu sein. Es ist der »objektive Beobachter«, die Seele. Dieser Beobachter befindet sich immer in der GEGENWART und bleibt stets unberührt von den zahlreichen Illusionen, die durch Raum und Zeit entstehen.

Leben Sie in der GEGENWART

Die GEGENWART, das heißt dieser Augenblick, ist die Ewigkeit. Die GEGENWART geht nie vorbei. Gestern gab es nie, und ein Morgen wird es nie geben. Die GEGENWART ist die einzige Zeit in der Ewigkeit, in der Sie etwas tun können. Sie können das Vergangene, außer in Form einer Erinnerung oder einer Aufzeichnung über das vergangene Ereignis, nicht noch einmal erleben. Auch wenn ich spreche, gehören im nächsten Augenblick sowohl das Sprechen selbst als auch die Worte, die ich gerade gesprochen habe, bereits der Vergangenheit an. Sowie ich die Worte geäußert habe, sind sie vergangen und können nicht mehr verändert werden.

Auch können Sie Ihren nächsten Atemzug nicht in der GEGENWART nehmen. Jede Einatmung findet stets in der GEGENWART statt. Egal, wie sehr Sie es versuchen, Sie können niemals in der Zukunft leben, auch wenn Sie durch Ihre gegenwärtige Planung zukünftige Ereignisse in die GEGENWART holen können. Sie können Ihr Verhalten in der Vergangenheit nicht mehr ändern. Wie Sie sich in der Zukunft verhalten werden, ist bis zu dem Moment, in dem die Zukunft zur GEGENWART wird, genauso unwichtig. Die Art und Weise, wie Sie auf die GEGENWART reagieren, ist der Schlüssel zur Transzendierung von Raum und Zeit.

Wie gehen Sie mit der GEGENWART um? Halten Sie an Groll, Ärger oder anderen negativen Gefühlen aus der Vergangenheit fest? Die Vergangenheit existiert in der GEGENWART nicht und kann daher auch nicht verändert werden. Geistige Energie, die Sie in Schuldgefühle oder in negative Bewertungen vergangener Ereignisse stecken, ist vergeudete Energie, und durch diesen Mißbrauch der Energie erzeugen Sie widersprüchliche Glaubenssätze in bezug auf sich selbst. Diese Glaubenssätze werden sich in der GEGENWART entweder als psychosomatische Krankheiten in Ihrem Körper manifestieren oder als Handlungen, die zu Unfällen und anderen Formen der Selbstbestrafung führen.

Beängstigt oder beunruhigt Sie die Zukunft? Die meisten Dinge, um die wir uns in der Zukunft Sorgen machen, treten nie ein. Die geistige Energie, die man in sinnlose Sorgen und Ängste investiert, ist ebenfalls vergeudet, da wir auf diese Weise auch keine positiven Veränderungen herbeiführen. Jede Art geistiger Energie, die wir in negative emotionale Reaktionen auf die Vergangenheit oder die Zukunft stecken, wird in der GEGENWART verbraucht, prägt unsere GEGENWART und verhindert in der GEGENWART, daß wir guter Dinge sind und ein erfülltes Leben leben!

Das ICH reagiert nur auf die Emotionen oder Reaktionen, die wir in der GEGENWART aussenden – es reagiert weder auf vergangene noch auf zukünftige Ereignisse. Von einem psychologischen Standpunkt aus betrachtet, könnte man sagen, daß die gegenwärtigen Reaktionen häufig unbewußt von vergangenen Ereignissen beeinflußt werden, doch auch dann ist die gegenwärtige Reaktion alles, was wir verändern können. Und als die Meister, die wir sind, können wir das auch!

Wir können immer nur mit dem gegenwärtigen Moment arbeiten. Während die GEGENWART unveränderlich ist, befinden sich Raum und Zeit ständig im Wandel. Die Art und Weise, die Sie in der GEGENWART denken und handeln, verändert Raum und Zeit. Diese Erkenntnis kann Sie von einer großen Menge an Angst, Reue und Frustration befreien. Wenn es Ihnen gelingt, die negativen Emotionen, die Sie mit sich schleppen, loszulassen, werden sich Ihre übersinnlichen Wahrnehmungsfähigkeiten natürlich und harmonisch entfalten.

Energie folgt Gedanken, bzw. Gedanken lenken Energie. Jeder zielgerichtete Gedanke kehrt wie ein Bumerang zu seinem Schöpfer zurück. Negative Impulse, die wir aussenden, verbinden sich mit ähnlichen Energien ähnlicher Wesen und kehren tausendfach verstärkt in unser Leben, unseren Körper und unsere Lebensumstände zurück. Wenn wir diese negativen Gedanken und Gefühle loslassen, die uns negativ auf Dinge reagieren lassen, öffnen wir uns damit den natürlichen, normalen Impulsen der Liebe, der Freude und der Harmonie. Sie fließen dann wie ein starker Strom positiver Energie durch unser ganzes Sein, und dieser Strom kehrt aufgrund des gleichen Bumerangeffekts ebenso tausendfach verstärkt wieder zurück. Die GEGENWART ist alles, was zählt. Tun Sie alles menschenmögliche, um in der GEGENWART glücklich und entspannt zu sein. Ihre gegenwärtigen Reaktionen kreieren Ihre Zukunft. Seien Sie ganz entspannt im Hier und JETZT, und lassen Sie Ihre negativen Reaktionen los. Auf diese Weise werden Sie Raum und Zeit transzendieren.

Wie Sie Raum und Zeit meistern können

Von einem Gesichtspunkt aus gesehen, passiert alles gleichzeitig. Alles, was ist, war und sein wird, existiert in der GEGENWART. Das bedeutet nicht, daß unser Leben vorbestimmt ist oder daß unser Schicksal uns Grenzen setzt. Es bedeutet, daß alle Dinge, die sein können, potentiell schon existieren, daß sie bereits waren und daß zahllose Seelen sie in der Ewigkeit noch erleben werden.

Durch unseren freien Willen entscheiden wir, welche Ereignisse wir in der GEGENWART und welche wir in der Zukunft erleben werden. Wir können uns entscheiden, in welcher Reihenfolge wir sie erleben möchten, und wir können uns auch entscheiden, sie gar nicht zu erleben.

Wir können uns die Zeit als ein Fließband vorstellen. Je nachdem, welche Vorstellungen wir in der GEGENWART entwerfen, liefert es uns entsprechend Menschen, Situationen und Ereignisse. Das charakteristische an einem Fließband ist, daß es Dinge durch unser Leben hindurch und nicht in unser Leben hinein befördert. Jede Situation, die gegenwärtig mein Leben dominiert, ist rückblickend dafür da, um meine Kenntnisse und Reaktionen festzuhalten. Sie soll meine geistige Energie in eine Form bringen, aus der zukünftige Ereignisse wiederum erschaffen werden können. Menschen, Situationen und Ereignisse gehen vorüber, verschwinden sozusagen in die Vergangenheit, und die Erfahrung, die Sie aus alledem ziehen, bildet die Basis für Handlungen in der GEGENWART. Diese beeinflussen wiederum mögliche zukünftige Ereignisse, die der Zeitstrom Ihnen bringen könnte.

Ihre emotionale Reaktion auf gegenwärtige Umstände formt entsprechend zukünftige Geschehnisse und Umstände. Die gegenwärtigen Situationen Ihres Lebens bleiben nur so lange auf dem Fließband der Zeit, wie Sie diese Situationen energetisch nähren. Nichts in Raum und Zeit ist wirklich von Dauer, auch Beziehungen nicht. Alle Arten von Beziehungen (zum Ehepartner, zu Kindern, Vorgesetzten oder Freunden) lösen sich mit der Zeit durch Trennung oder Tod auf. Unabhängig davon, ob die Beziehung harmonisch oder disharmonisch ist, bewirken Sie durch die Aufmerksamkeit und die Energie, die Sie der Beziehung schenken, daß sie in Raum und Zeit bestehen bleibt, damit Sie weiterhin diese Erfahrung machen können. Wenn Sie Ihre Aufmerksamkeit woandershin lenken, wird sie sich auflösen. Dies ist das Geheimnis der Meisterschaft.

Leben Sie im GEGENWARTS-Raum

Mit Raum verhält es sich genauso wie mit der Zeit. Raum könnte man als »verdichtete Zeit« bezeichnen. Wir erschaffen ständig unsere Welt durch unsere Reaktionen auf die GEGENWART. Die vergegenständlichte GEGENWARTS-Welt unserer Sinne ist das Ereignis vergangener Gedanken und Entscheidungen. Die Zeit bringt scheinbar feste Umstände und Dinge in die äußere Manifestation, damit wir sie erfahren können.

Auch im Raum ist die GEGENWART der einzige Ort, der für Sie existiert. Wenn Sie in München leben, dann gibt es hinsichtlich Ihrer gegenwärtigen Erfahrung so etwas wie Köln gar nicht. Warum leben Sie in München? Sie leben dort, weil Ihre vergangenen Entscheidungen Sie dorthin gebracht haben oder noch dort halten.

Wenn Sie sich entschieden hätten, nach Köln zu ziehen, hätte Ihr Zeitstrom einen Raum, der als Köln bekannt ist, für sie manifestiert. Ihr Seelenbewußtsein wäre bezüglich der Erfahrung dieses Raumes genauso objektiv gewesen wie in bezug auf die Erfahrung der Zeit. Nur die GEGENWART existiert für das innere Selbstbewußtsein. Ihre bewußten und unbewußten Reaktionen auf die gegenwärtige Erfahrung erschaffen weitere Erfahrungen in Raum und Zeit.

Blenden Sie alles aus Ihrem Bewußtsein aus bis auf die GEGENWART und den GEGENWARTS-Raum, und Sie werden die Raum-Zeit-Schranke automatisch überwinden. Sie sind dann nicht länger an diese beiden nichtexistenten Vorstellungen gebunden. Lassen Sie alle Vergangenheit und Zukunft betreffenden Ängste los, und Sie werden in der Lage sein, alle vergangenen und zukünftigen Ereignisse wahrzunehmen. Sie sind dann nicht länger im physischen Körper gefangen, da Sie eins mit dem universellen Geist geworden sind. Sie stehen mit dem All-Wissen in Verbindung und haben darauf Zugriff.

Das Bewußtsein darüber, mit dem All-Wissen in Verbindung zu stehen oder in ihm zu sein, ermöglicht Ihnen, Informationen zu empfangen, die scheinbar keiner empirischen Quelle entspringen. Die Technik ist so einfach, daß sie schon wieder schwierig ist. Wir müssen immer wieder üben, um unsere Beziehung zum Seelenbewußtsein wieder in den angestrebten Zustand zu bringen, um das zu tun, was normalerweise ganz von selbst passieren würde.

Ich habe bereits das Prinzip dargelegt, daß durch die Erforschung der äußeren Sinne die inneren Wahrnehmungen wiederum geschärft werden. Die gleiche Technik wenden wir nun an, um Raum und Zeit zu verstehen. Wenn es Ihnen gelingt, Ihre Aufmerksamkeit wirklich auf den gegenwärtigen Augenblick zu fokussieren, und Sie die Idee, die dahinter steht, wirklich verstehen, ist eine Erweiterung oder Ausdehnung in zeit- und raumlose Ebenen sowohl subjektiv als auch objektiv möglich.

Der Raum befindet sich wie die Zeit in einem fließenden Zustand. Das, was wir heute als fest wahrnehmen, wird in hundert Jahren (oder schon morgen) nicht mehr bestehen. Sowohl Zeit als auch Raum unterstehen den Gesetzen (oder dem Einfluß) des Geistes. Bewußtsein ist der einzige Schlüssel, Objektivität der andere. Sie müssen sich einfach beim Gebrauch Ihrer sechs Sinne dessen bewußt sein, daß diese Quelle des Wissens existiert. Wir haben uns dem Wissen durch negative Gefühle, Anhaftungen und Angst verschlossen und müssen erst wieder lernen, dem Leben entspannt und objektiv entgegenzutreten.

Es geht Ihnen dabei wie vielen anderen, ob Ihnen das bewußt ist oder nicht. Alle Menschen schaffen sich ihre eigene Realität entsprechend ihrer Glaubenssätze über sich selbst, ihren Gedanken und Reaktionen auf die GEGENWART und den GEGENWARTS-Raum.

Wenn die Welt eines anderen Menschen mit Ihrer zusammentrifft, dann deshalb, weil sie über ein ähnlich kreatives Bewußtsein verfügen. Es gibt etwas, was an Ihnen und an Ihren Reaktionen auf das Leben »gleich« ist. Sie können mit einem anderen Menschen in derselben Stadt wohnen oder sogar jahrelang Nachbarn sein und sich nie begegnen, wenn die einzige bewußtseinsmäßige Übereinstimmung daraus besteht, wo Ihre physischen Körper leben.

»Übereinstimmung« im Bewußtsein kann eine harmonische, eine disharmonische oder auch eine gleichgültige Beziehung hervorrufen. Nichts kann zu uns zurückkehren, was wir nicht ausgesandt haben, so schwer dies auch zu akzeptieren sein mag. Wenn Sie Ihre negative Reaktion auf eine gegenwärtige Beziehung verändern, wird dies entweder dazu führen, daß sie harmonischer wird oder daß sie sich auflöst. Unähnliche Bewußtseinsstrukturen kommen nicht zusammen.

An unserem speziellen Platz in Raum und Zeit, das heißt auf der körperlichen Ebene auf dem Planeten Erde im 20. Jahrhundert, unterstehen wir bestimmten körperlichen, mentalen und emotionalen Gesetzen, die in diesem Bereich von Gottes unermeßlicher Schöpfung die gegebenen kreativen Gesetze sind. Wir haben die Wahl getroffen, diese Ebene der Schöpfung zu erfahren, um die Gesetze auf dieser Ebene der Schöpfung zu verstehen und meistern zu lernen.

Sobald wir dieses Ziel erreicht haben, werden wir auf ähnliche Art und Weise andere Bewußtseinsebenen auf unserer langen Reise durch die Ewigkeit erfahren. »In meines Vaters Hause sind viele Wohnungen«, sagte Jesus (Johannes 14,2). Unser gegenwärtiges Ziel ist, die Ebene (die Wohnung), auf der wir uns befinden, zu verstehen und zu beherrschen.

Prophetie: Die Zukunft voraussagen

Meine Definition von Prophezeiung ist das Vorhersehen oder die Enthüllung der möglichen Folgen einer momentanen Handlungsweise. Wenn man seine Handlungsweise verändert, verändert man dementsprechend die Prophezeiung. Wenn Sie gelernt haben, Zeit zu transzendieren, und in der Lage sind, wahrzunehmen, wie sich zukünftige Geschehnisse herauskristallisieren, wird Ihnen Ihr Verständnis des Zeitflusses helfen, die Ursachen des jeweiligen Ereignisses zurückzuverfolgen.

Unsere GEGENWÄRTIGE Einstellung in bezug auf GEGENWÄRTIGE Ereignisse verursacht zukünftige Handlungen, die wiederum zu GEGENWÄRTIGEN Erfahrungen führen. Durch die Veränderung unserer GEGENWÄRTIGEN Einstellung modifizieren wir zukünftige Ereignisse. Solche Veränderungen können wir leicht auf der Alpha-Ebene bewirken, indem wir disharmonische Gedanken durch liebevolle und befreiende ersetzen. Eine gegenwärtige liebevolle und harmonische Einstellung hinsichtlich einer Situation wird diese in eine liebevolle und harmonische verwandeln, oder aber sie wird dadurch aufgelöst und von einer anderen ersetzt, die unserer Vorstellung entspricht.

Eine Technik, um in die Zukunft zu schauen

Diese Übung ermöglicht Ihnen, die Zukunft in der GEGENWART anzuvisieren, damit Ihr bewußter Verstand bessere Berechnungen anstellen kann bzw. sich auf das vorbereiten kann, was in der Zukunft auf ihn zukommt.

Entspannen Sie sich, und halten Sie Ihre Wirbelsäule gerade. Fokussieren Sie Ihre Aufmerksamkeit in Ihrem ICH-BIN-Bewußtsein. Wenn Sie sich völlig entspannt fühlen, richten Sie Ihre Aufmerksamkeit auf den gewählten Zeitpunkt in der Zukunft.

Gehen Sie in Gedanken noch einmal durch, was Sie über diesen Tag wissen oder was Sie von diesem Tag erwarten. Seien sie offen für alle Gedanken oder Bilder, die Ihnen in bezug auf diesen Zeitpunkt in den Sinn kommen. Schreiben Sie in Ihrem Tagebuch alles auf, was Sie »sehen«, »fühlen« oder »wahrnehmen«. Durch entsprechende Übung werden Sie immer bessere Ergebnisse erzielen.

Machen Sie diese Übung morgens, bevor Sie aufstehen, und zwar um kurz den Tag durchzugehen. Der frühe Morgen ist für diese Art Übungen eine sehr gute Zeit, da Ihr Gehirn vom Schlaf noch ausgeruht ist und Sie sich noch im Alpha-Zustand befinden. Sie sind dann offener und empfänglicher und können wichtige Einblicke bekommen, die Hinweise für die erfolgreiche Bewältigung des Arbeitstages enthalten. Sie können auch die ganze Woche oder den Monat auf diese Art und Weise durchgehen, wobei Sie einen Tag nach dem andern betrachten, bis Sie den gewünschten Zeitraum abgedeckt haben.

Sie können diese Technik auch dazu verwenden, eine Reise im voraus »durchzusehen«. Die Informationen, die Sie bekommen, werden Sie wissen lassen, ob die geplante Reise erholsam und ohne Zwischenfälle verlaufen wird oder ob ein Problem auftauchen könnte, auf welches Sie vorbereitet sein sollten. Sie können auch einfach Ihre Gedanken umherwandern lassen, um herauszufinden, was irgendwo anders vor sich zu gehen scheint. Notieren Sie immer das, was sie wahrgenommen haben. Wenn Sie Ihre Eindrücke aufschreiben, legen Sie dadurch dem Unterbewußtsein nahe, daß Sie es mit Ihrem Wunsch, diese Dinge zu wissen, ernst meinen.

Doch Vorsicht: Erwarten Sie keine Probleme, Gefahren oder Katastrophen. Ihre Erwartungshaltung ist eine sich selbst erfüllende Prophezeiung. Schauen Sie einfach in die Zukunft, um die Folgen Ihrer gegenwärtigen Handlungsweise wahrzunehmen. Wenn es so aussieht, als steuerten Sie mit Ihrer Vorgehensweise auf Schwierigkeiten zu, dann können Sie – als Herr der Lage – die entsprechenden Schritte einleiten, um die Situation zu verändern oder die Gefahr zu mindern.

Gehen Sie mit der gleichen Einstellung auf diese mentalen Reisen, mit der Sie auch nach dem Wetter draußen schauen würden. Wenn die Sonne scheint, kleiden Sie sich entsprechend. Wenn es stürmisch ist, werden Sie sich nicht sommerlich anziehen. Sie würden, wenn Sie nach dem Wetter schauen, weder Sonne noch Sturm erwarten, sondern einfach das akzeptieren, was Sie wahrnehmen.

Jemand, der mediale Lesungen durchführt, muß die Verantwortung übernehmen und sich Gedanken darüber machen, wie er seine Wahrnehmungen seinem Klienten mitteilt. Ein Medium sah einmal in der Aura einer Klientin in der unmittelbaren Zukunft einen Unfall. Es hätte sagen können: »Ich sehe, daß sich bald ein Unfall ereignen wird.« Dadurch hätte es den Anschein gehabt, als sei dieses Ereignis vorherbestimmt, und die Klientin wäre besorgt und ängstlich gewesen. Ihre Ängste hätten sich mit der Wahrnehmung des Mediums verbunden. Vielleicht hätten seine Worte den Ausschlag gegeben, um die Substanz so weit zu vernichten, daß der Unfall tatsächlich unvermeidlich geworden wäre. Das Medium sagte statt dessen: »Wenn Sie nach Hause fahren, achten Sie auf einen Autofahrer, der vielleicht nicht auf Sie achtet.«

Als die Klientin zu Hause ankam, rief sie umgehend an, um zu berichten, was ihr soeben passiert war. Gerade als sie in die Autobahn einbog, wechselte ein heranfahrendes Auto unerwartet die Spur. Wenn das Medium sie nicht gewarnt hätte, hätte es tatsächlich einen Unfall gegeben. Da sie aber gewarnt war, änderte sie ihre Handlungsweise und verhinderte eine Tragödie.

Eine Technik, um Barrieren des Raums zu überwinden

Sie können eine ähnliche Methode anwenden, um ohne empirische Daten zu wissen, was an irgendeinem anderen Ort im Universum vor sich geht. Da Sie eins mit dem universellen Geist sind, können Sie sich in Gedanken überallhin begeben, wo sich der universelle Geist befindet, solange Ihr Bedürfnis oder die Notwendigkeit, etwas zu wissen, nicht die Privatsphäre eines anderen verletzt. Sie können in die Privatsphäre eines anderen eindringen, wenn Sie es stark genug wollen, doch wird dies auf Sie zurückfallen, und das könnte negative Reaktionen in Ihnen auslösen (denken Sie an den Bumerangeffekt!).

Entspannen Sie Ihren Körper, und halten Sie die Wirbelsäule gerade. Zentrieren Sie sich im ICH-BIN-Bewußtsein. Wenn Sie völlig entspannt sind, richten Sie Ihre Aufmerksamkeit auf eine andere Person oder einen anderen Ort. Suchen Sie sich am Anfang nur Menschen aus, die Sie gut kennen. Im Laufe der Zeit werden Sie vielleicht auch bei weniger bekannten Menschen oder Plätzen zutreffende Wahrnehmungen erhalten.

Seien Sie ganz entspannt, und gestatten Sie der Umgebung der Person oder dem Ort, an den Sie denken, sich vor Ihrem geistigen Auge zu manifestieren. Merken Sie sich, was Sie sehen: Handlungen, Farben, Ereignisse, Eindrücke, Gedanken – was auch immer Sie wahrnehmen. Schreiben Sie anschließend Ihre Beobachtungen auf. Mit einiger Übung können Sie mit jedem Menschen, der Ihnen lieb ist, unabhängig davon, wo er sich befindet, »im Geiste eins sein«.

Sie können auch üben, »um die Ecke zu schauen«. Wenn das Telefon klingelt oder es an der Tür läutet, versuchen Sie herauszufinden, wer es ist, bevor Sie hingehen. Wenn sich jemand nähert, den Sie nicht kennen, versuchen Sie herauszufinden, was für ein Mensch er ist. Benutzen Sie Ihre erweiterten Sinne bei jeder Gelegenheit. Sie können bekannte Gerüche, Geräusche oder

Bewegungen benutzen, um die Aufnahmefähigkeit Ihrer Sinne zu erweitern.

Diese Übungen werden Ihnen helfen, Ihre hellseherischen Fähigkeiten zu entwickeln. Außerdem werden sie Ihnen Spaß machen. Freuen Sie sich über Ihre neuentdeckten Sinne, und das schließt die Kontrolle über die Werkzeuge mit ein, mit deren Hilfe Sie das Leben genießen. Nehmen Sie freudig an der physischen Welt teil, um Ihr inneres Gleichgewicht zu bewahren, damit Körper, Geist und Seele sich in einem ausgewogenen Verhältnis weiterentwickeln. Denken Sie jedoch immer daran, daß das ICH-BIN-Bewußtsein die zentrale und herrschende Instanz ist.

Folgen Sie Ihren Eingebungen

In dem Maße, wie unser Bewußtsein lernt, Zeit und Raum zu transzendieren, werden wir uns allmählich eines umfassenderen Wissens gewahr, welches sich in Einsichten, Intuitionen, Eingebungen, Träumen oder sogar Visionen äußert. Am Anfang ist dieses umfassendere Wissen nebulös, nur eine Ahnung oder ein flüchtiger Eindruck. Wenn wir nicht wachsam sind, könnten wir über den flüchtigen Eindruck hinweggehen und ihn nicht als echtes Gewahrsein begreifen, bis es zu spät ist, um zu handeln. Nach und nach lernen wir jedoch, auf die Gedanken zu achten, die uns durch den Sinn gehen. Allmählich kommen wir an einen Punkt, wo wir beginnen, uns nach diesen flüchtigen Eindrücken zu richten, und dann werden sie stärker, sicherer und verläßlicher.

Manchmal scheint gar nichts zu passieren, wenn wir uns nach einer solchen Eingebung richten. Vielleicht haben Sie jedoch dadurch etwas abgewendet, was passiert wäre, wenn Sie Ihrer Eingebung nicht gefolgt wären. Ich kann zum Beispiel zwei verschiedene Wege nehmen, um aus einem nahegelegenen Ein-

155

kaufszentrum nach Hause zu fahren. Normalerweise fahre ich Strecke A. An einem Tage hatte ich jedoch eine starke Eingebung, Strecke B zu fahren, ignorierte sie aber und fuhr wie gewöhnlich. Es stellte sich bald heraus, daß es auf diesem Weg einen extrem langen Stau gab, in den ich nicht gekommen wäre, wenn ich meiner Eingebung gefolgt wäre. Allerdings hätte ich dann auch nie erfahren, was es mit der Eingebung auf sich hatte.

Sie könnten sehr überraschende Ergebnisse erzielen. Einmal folgte ich der Eingebung, an einer anderen Tankstelle als sonst zu tanken. Der Geschäftsführer der Tankstelle gab gerade die Tankstelle auf und schenkte mir ein komplettes Tafelservice, um seinen Vorrat loszuwerden. Normalerweise bekam man von ihm jedesmal, wenn man tankte, nur einen Teil des Service als Werbegeschenk. (Dieses Ereignis spielte sich natürlich vor der Energiekrise ab, als die Tankstellen noch versuchten, mit Prämien Kunden zu werben.)

Sie können Ihr Unterbewußtsein darauf trainieren und davon überzeugen, daß Sie wirklich von Ihren erweiterten Sinneswahrnehmungen geführt werden wollen, indem Sie einfach jeder Eingebung folgen. Sie sollten auch damit fortfahren, wenn scheinbar nichts passiert. Immer wenn Sie einer Ahnung nachgehen (unabhängig davon, ob es sichtbare Folgen hat), stärken Sie den Rückkopplungsmechanismus auf der Theta-Ebene des Gehirns, wodurch Sie immer öfter verläßliche Daten erhalten.

Symbolismus und bewußter Kontakt

Einige esoterische Schulen lehren, daß man bei der Erweiterung des geistigen Gewahrseins nach Symbolen Ausschau halten soll, die ähnlich wie Träume aus dem Unterbewußtsein aufsteigen. Anschließend müssen Sie dann lernen, diese Symbole zu interpretieren. (Beispielsweise könnte ein Baum im Unterbewußtsein einer Person immer stellvertretend für Geld auftauchen, oder ein Auto könnte eine Reise symbolisieren!)

Ich glaube, das ist eine zusätzliche Komplikation. Vielleicht nehmen Sie zu Beginn Symbole wahr. Bei mir war es so, doch ich glaube, das kam daher, daß mein Lehrer in mir die entsprechende Erwartungshaltung hervorgerufen hatte. Die Folge war, daß ich viele Jahre hart daran arbeiten mußte, um das »Symbolsyndrom« zu überwinden. Es besteht immer die Möglichkeit, Symbole falsch zu interpretieren und dadurch auf unrichtige Anweisungen zu schließen oder falsche Auskünfte weiterzugeben.

Daher sage ich meinen Schülern, daß sie von ihrem Überbewußtsein klare und deutliche Antworten und Weisungen verlangen sollen. Sie sollten in Form von klaren Bildern, deutlich hörbaren Worten oder Ideen kommen, also so beschaffen sein, daß man sich darauf beziehen kann – keine Symbole. Wenn Sie Symbole als Antwort erhalten, sollten Sie umgehend um eine Interpretation bitten und sich nicht ohne zufriedengeben. Wenn Sie keine erhalten, weisen Sie das Symbol als unwichtig zurück. Die Interpretation stammt ja schließlich aus derselben Quelle wie das Symbol. Warum sollten sie dann nicht direkt die Interpretation bekommen und das Symbol umgehen? Sie können und sollten deutliche Botschaften sowohl aus dem Unter- als auch dem Überbewußtsein bekommen.

Man könnte einwenden, daß auch Worte »Symbole« dessen sind, wofür sie stehen. Wenn wir diese Idee noch weiterführen, stellen wir fest, daß sogar Menschen, Ereignisse und Umstände »Symbole« für den kreativen Prozeß sind, der im Inneren des Geistes vor sich geht.

Man könnte endlos über das philosophische Konzept eines Symbols und dessen Wert diskutieren. Der Punkt, auf den es mir dabei ankommt, ist der, daß die geistige Übersetzung innerer Botschaften augenblicklich vor sich gehen sollte, so daß die Botschaft unmittelbar verständlich ist. Es sollte nicht nötig sein, sich erst darüber klarwerden zu müssen. Trotz alledem werden immer noch genügend Informationen durchkommen, über die Sie lange, lange nachdenken können, weil sie mehrdeutig sind oder auf unterschiedliche Art und Weise interpretiert werden können.

Scheuen Sie nicht davor zurück, alte Konzepte kritisch zu überprüfen oder offen und empfänglich für neue zu sein. Alte Glaubenssätze bezüglich der eigenen Person oder der Umgebung erschaffen die gegenwärtigen Umstände. Neue Affirmationen, die dem, was Sie sich in Ihrem Leben wünschen, mehr entsprechen, können Ihre Aufmerksamkeit auf alte, dem widersprechende Erinnerungen, Gedanken und Glaubenssätze lenken, die jetzt neu ausgewertet werden müssen.

Es ist falsch, einen unerwünschten Gedanken zu unterdrücken. Untersuchen Sie ihn statt dessen. Finden Sie heraus, wo er herkam und wo er hinführt. Was hat dieser Gedanke für Sie getan? Was hat er Ihnen getan? Ist es Ihr Gedanke, oder hat jemand anders Ihnen diesen Gedanken aufgezwungen, was Sie bis zu diesem Augenblick fraglos akzeptiert haben? Die meisten Glaubenssätze, die wir hegen und pflegen, sind die Glaubenssätze unserer Eltern, der Lehrer, denen wir vertraut haben, oder anderer Autoritätsfiguren. Jetzt müssen wir herausfinden, ob sie mit unseren neuen, erweiterten Ideen über das Leben Schritt halten können.

Erst nachdem Sie einen alten Glaubenssatz gründlich untersucht haben, können sie mit Sicherheit sagen: »Du hast in meinem Leben keine Gültigkeit mehr, da ich die Rolle, zu der du gehörst, nicht mehr spiele.« Dann können Sie diesen Gedanken samt seinen Auswirkungen auf Ihr Leben fallenlassen oder ihn auflösen. Wenn Sie eine negative Einstellung unterdrücken oder ignorieren, vergraben Sie sie nur noch tiefer in Ihrem Unterbewußtsein, wo sie noch immer eine aktive, kreative Kraft bleibt.

Lockern Sie gegenwärtige, starre Ideen auf, auch solche, von denen Sie den Eindruck haben, daß sie positiv und nützlich sind.

Auch wenn sie von Ihrem Guru, Ihrem Professor oder einem Wissenschaftler stammen, entsprechen sie nicht notwendigerweise der letzten Wahrheit. Die sich offenbarende Wahrheit befindet sich ständig im Wandel. Sie erweitert und entwickelt sich und wächst. Was man gestern noch als Wahrheit betrachtete, mag sich morgen in einem ganz anderen Licht zeigen. Erwarten Sie das Neue, das Unerwartete.

Denken Sie daran, daß Sie einzigartig sind. Sie sind anders als jeder andere Ausdruck des Lebens in der Tiefe des Weltalls. Was für einen anderen Menschen wahr ist, ist nicht notwendigerweise auch für Sie wahr. Was für Sie wahr ist, mag für einen anderen nicht der Wahrheit entsprechen.

Wir arbeiten alle im Leben unsere eigene Bestimmung aus und müssen uns dabei auf unsere Seele einstimmen, die unseren persönlichen Plan zum Ausdruck Gottes auf unserem eigenen, einzigartigen Weg kennt. Wenn Sie dies verstehen, schenken Sie Ihren Freunden und Ihrer Familie die Freiheit, ihr eigenes höheres Sein zu finden und annehmen zu können. Sie schenken sich dann auch selbst genügend Freiheit, um aufregende, neue Erlebnisse zuzulassen, die als Folge mit Ihrem Zeitstrom durch Ihr Leben fließen werden.

Der universelle Geist

Alles, was manifestiert oder unmanifestiert ist, ist in sich selbst begrenzt. Dies kommt im Gesetz der Wiederkehr zum Ausdruck. Alles, was hinausgeht, muß zu seinem Ursprung zurückkehren. Das gilt auch für die Jahreszeiten, für den Kreislauf, für den Rhythmus des Ein- und Ausatmens, für das Sonnensystem und für Aktion und Reaktion in jedem Teil des Makro- und Mikrokosmos. Sogar unsere Lebensrhythmen enthalten Ebbe und Flut. Die Seele verläßt auf ihrer Reise durch die Ewigkeit ihren Ursprungspunkt in Gott und beginnt ihre lange *In*volution in die Materie. Nach Äonen, während deren sie Erfahrungen macht und mit allen Dingen auf allen Ebenen der Schöpfung experimentiert, beginnt sie langsam ihre lange *E*volution zurück in die Einheit mit Gott. Sie bringt alle individuellen Erfahrungen zurück, die sie durchlebt hat, die in ihr eine Reaktion ausgelöst haben und die sie beeinflußt haben. Das zyklische Gesetz von Ursache und Wirkung fungiert dabei als Nabelschnur, durch die wir stets mit unserem Schöpfer in Verbindung stehen, so wie das gleiche Gesetz auch unsere eigenen Schöpfungen wieder zu uns zurückbringt.

Durch unseren freien Willen können wir die kreative Kraft auf jede beliebige Art und Weise verwenden. Unsere persönlichen Erfahrungen sind unsere Versuche, diesen freien Willen zu gebrauchen, denn alles, was wir geistig auf der kreativen Ebene aussenden, gestaltet unsere Umgebung – einschließlich der Menschen, Situationen und Ereignisse, die unser Leben wesentlich beeinflussen.

Unsere Gedanken sind unsere Werkzeuge. Das, was wir aussenden, kommt in den Zyklen des Lebens zu uns zurück. Wenn wir Haß aussenden oder verletzende Gedanken über jemand anders, bekommen wir das gleiche zurück, vielleicht zu einem Zeitpunkt, an dem wir unseren ursprünglichen Gedanken schon längst vergessen haben.

Wenn wir Liebe ausstrahlen, kann dann Haß zu uns zurückkehren? Bestimmt nicht, denn Haß kommt nur zu Ihnen zurück, wenn Sie Haß ausgestrahlt haben. Ihnen kann zwar Haß entgegengebracht werden, doch wird er nicht in Ihre Welt eindringen können, wenn es dort nicht einen entsprechenden Gedanken gibt, der ihm Einlaß gewährt.

Menschen, die nicht verstehen, was Sie tun, die neidisch sind oder sich von Ihren Reaktionen auf Ihre Welt bedroht fühlen, können Sie für das hassen, was Sie ihrer Meinung nach tun. Das ist ihr

160

Problem, was sie in ihrer eigenen Welt lösen müssen. Es wird Sie weder bestürzen noch Ihnen schaden, wenn es keinen den Haß erwidernden Gedanken in Ihrem eigenen kreativen Geist gibt.

Jeder unserer Gedanken ist ein Gebet. In Wirklichkeit bitten wir Gott, uns alle Gefühle und Gedanken, die wir hegen, zurückzusenden, und genau das passiert auch. Die Gedankenform und/oder die emotionale Reaktion, die in der GEGENWART unseren Geist in Anspruch nimmt, erschafft zukünftige Ereignisse, die wesenhaft mit diesem Gedanken oder dem Gefühl übereinstimmen. Wenn wir das Unterbewußtsein davon überzeugt haben, daß wir uns wirklich von unseren inneren Wahrnehmungen führen lassen wollen, beginnen wir ganz automatisch so zu handeln, daß wir zum richtigen Zeitpunkt am richtigen Ort sind.

Leonard D. hatte einen sehr seltenen und schmerzhaften Fußpilz. Er hatte die besten Ärzte und Kliniken besucht, die es in Amerika gibt, und niemand hatte ihn bisher heilen können. Er verstand das Konzept des universellen Geistes und sagte sich daher: »Es gibt kein Problem ohne die entsprechende Lösung, daher kann der universelle Geist die Lösung für mich finden.« Er bat die universelle Quelle um Hilfe und legte die Lösung völlig in Gottes Hände, in dem Wissen, daß der oder die richtigen Menschen in sein Leben treten würden, um ihm die vollständige Heilung zu bringen, um die er gebeten hatte.

Sechs Monate vergingen, ohne daß sich der Zustand seiner Krankheit veränderte. Die Ärzte hatten lediglich ein Mittel entdeckt, mit dem sie die weitere Ausbreitung des Pilzes verhindern konnten. Eines Tages besuchte Leonard ein kleines Café, um eine Mahlzeit zu sich zu nehmen, und setzte sich an der Bar neben einen anderen Gast. Er begann sich freundschaftlich mit dem Fremden zu unterhalten, und es dauerte nicht lange, da erzählte er dem Fremden von seinem Problem, obwohl er seit Monaten nicht mehr darüber gesprochen hatte.

Es traf sich, daß der Fremde gerade von einem mehrjährigen

Aufenthalt in Afrika zurückkam, wo diese Krankheit allgemein bekannt war, und er wußte auch, wie man sie heilen konnte! War dies nun ein Zufall? Mit Sicherheit nicht! Unser Freund brauchte mehr als sechs Monate, um die Lösung zu finden, da der Mann, der die Lösung kannte, sich auf der anderen Seite der Erde befand. Daher hatte es eine Weile gedauert, bis er in Leonards Raum-Zeit-Gefüge gebracht werden konnte. Doch als er sich in der Nähe befand, lenkte Leonards Überbewußtsein die Bewegungen der beiden Männer so, daß ein Treffen zwischen ihnen stattfinden konnte. Oberflächlich gesehen, könnte man meinen, es sein Zufall gewesen. In so einer Situation kann jedoch jeder, der bewußt mit dem universellen Geist arbeitet, genau die Schritte zurückverfolgen, die zu der entsprechenden äußeren Manifestation geführt haben.

Die Alpha- und Theta-Ebenen des Geistes und des Gehirns können dadurch erreicht werden, daß man den Prozeß des Denkens diszipliniert. Um sich jedoch willentlich mit dem Überbewußten in Verbindung zu setzen, müssen wir unsere mentalen und emotionalen Ideen über das Leben und das Verstehen ändern. In manchen Fällen müssen wir sogar die religiösen und philosophischen Konzepte erweitern, nach denen wir uns im Leben richten. Im Brief des Paulus an die Römer steht: »Die Rache ist mein; ich will vergelten, spricht der Herr« (Römer 12,19). Trotzdem versuchen wir nur allzuoft, diese Verantwortung selbst zu übernehmen, obwohl wir ermahnt werden: »Laß dich nicht vom Bösen überwinden, sondern überwinde das Böse mit Gutem« (Römer 12,21). Das ursprüngliche hebräische Wort, welches mit »Herr« übersetzt worden ist, hat auch die Bedeutung »Gesetz«. Lassen Sie uns jetzt einmal mit dem Gedanken im Sinn, daß alles, was wir aussenden, in vollem Ausmaß zu uns zurückkehrt, diese Passage nochmals anschauen, wobei wir das Wort »Herr« mit »Gesetz« austauschen. Ergibt das nicht ein ganz anderes Bild? Der Herr (das Gesetz) wird es Ihrem Feind oder jedem anderen Menschen, der Sie ungerecht behandelt, aus seinem eigenen Sein heraus zurückzahlen. Sie müssen sich überhaupt nicht darum kümmern. Wir könnten auch andere Passagen aus der Bibel lesen und dabei das Wort »Herr« gegen »Gesetz« austauschen. Auf diese Weise eröffnen sich uns viele verschiedene und erweiterte Konzepte von alten Wahrheiten, die Jesus und die Propheten lehrten. Lassen Sie sich dadurch zum Nachdenken anregen.

Das Gesetz der Wiederkehr

Das Gesetz der Wiederkehr steht mit dem Gesetz des Karmas bzw. von Ursache und Wirkung in Zusammenhang. »Denn was der Mensch sät, das wird er ernten« (Galater 6,7). Kümmern Sie sich nicht um das mangelnde Verständnis Ihres Nachbarn. Es wird sich durch seine eigenen Erfahrungen auf seiner Reise durch die Ewigkeit verändern. Wir sollten uns nur um unser eigenes Verständnis und unseren eigenen Fortschritt kümmern.

Erwidern Sie Böses mit Gutem, und strahlen Sie Liebe aus anstatt Haß. Und denken Sie dabei, nicht triumphierend: »Der wird schon genau das bekommen, was er verdient hat!« Dadurch benutzen Sie noch immer das Gesetz der Wiederkehr auf die falsche Art und Weise, und auch dies wird zu Ihnen zurückkehren.

Die einfachste Möglichkeit, mit einer negativen Situation umzugehen, die durch Handlungen eines anderen Menschen verursacht wurde, ist, diesen Menschen den Folgen seiner Handlungen zu überlassen. Lassen Sie ihn sein, so wie er ist. Seine Reaktionen, Frustrationen und Schöpfungen – innerlich und äußerlich – sind sein Problem, nicht Ihres oder meines. Der einzige Teil der Situation, mit der wir uns beschäftigen sollten, ist unsere Reaktion auf sie. Darüber hinaus tragen wir keine spirituelle Verantwortung.

163

Unsere Reaktionen können positiv oder negativ, freudvoll oder traurig, mitfühlend oder abweisend, verständnisvoll oder mißtrauisch sein – das ist ganz egal. Wir, und nur wir, müssen mit den Auswirkungen unserer Reaktionen klarkommen.

Eine Ursache erschafft eine Wirkung, welche wiederum zur Ursache für neue Wirkungen wird, die wiederum zur Ursache werden – und so weiter bis in alle Ewigkeit. Der einzige Weg, die Kette von Ursache und Wirkung zu durchbrechen, ist der, die Ursachen, die von uns ausgehen, zu beherrschen. Dadurch verhindern wir die reaktiven Wirkungen in uns selbst. Wenn Sie sich weigern, gegen jemanden zu kämpfen, kann der Kampf nicht länger fortbestehen. Die Kette ist durchbrochen worden. Wenn der andere Mensch noch immer kämpfen will, muß er sich einen anderen suchen, der mit seiner Absicht übereinstimmt.

Diese Einstellung wird Sie aus den negativen emotionalen Verwicklungen mit anderen Menschen und deren Kleinlichkeit befreien. Niemand hat etwas davon, wenn ein negativer Zyklus weiter aufrechterhalten wird. Herrschaft über unsere persönliche Welt ist unser Geburtsrecht, doch kein Herrscher kann regieren, ohne das Zepter in die Hand zu nehmen, das heißt die Disziplin und die Verantwortung, die damit einhergehen müssen.

Verfolgen wir jetzt einmal, was aus einer negativen Gedankenform wird, wenn sie in die Welt, die wir geschaffen haben, hinausgeht und ihre Manifestation zu uns zurückbringt.

Stellen Sie sich drei Menschen vor, die alle ein Teil der universellen geistigen Substanz sind und durch eine gemeinsame Ebene in ihrer Evolution miteinander verbunden sind. Nennen wir sie John, Al und Betsy.

John wachte eines Morgens auf und fühlte sich uneins mit der Welt. Die Zeitung war noch nicht da, die Milch für sein Müsli war sauer, seine Frau hatte schlechte Laune und war mit sich selbst beschäftigt, die Kinder waren viel zu laut, und ganz allgemein gesehen lief einfach nichts so, wie es sollte.

Johns Reaktion auf die Situation war Frustration und Ärger. Er verließ das Haus in einer verbitterten, ärgerlichen Stimmung. Warum sollte er überhaupt zur Arbeit gehen? Vielleicht sollte er einfach nicht mehr zu diesem Haufen undankbarer Gestalten zurückkehren? Sie würden ihn wahrscheinlich noch nicht einmal vermissen. Niemand schenkte ihm Anerkennung, und auch sein Chef war ein Menschenschinder.

Zu diesem Zeitpunkt war John dabei, in einer erregten Art und Weise negative Gedankenformen in seine Umgebung auszustrahlen. Diese Gedankenformen, die negativ geladene »Gebete« sind, ziehen geradezu Unglück an. Auf einer unbewußten Ebene hat John das Gefühl, daß ihm jetzt jeder recht wäre, um seinen Ärger abzureagieren, wenn ihm nur jemand den Gefallen täte.

An der Tankstelle trifft John Al und erwidert Als fröhliches »Guten Morgen!« lediglich mit einem Murren.

Al ist jetzt auf Johns Gedankenformen gestoßen und hat die Wahl: Er kann sich von Johns schlechter Laune den ganzen Tag verderben lassen, indem er verletzt oder ärgerlich auf Johns Schroffheit reagiert. Wenn er es tut, nimmt er es mit ihm auf und wird ein Teil von Johns Problem. Oder er kann Johns dunkle Gedankenformen abschütteln und ihnen keinen Raum in sich geben, so daß sie sich nicht auf sein Leben übertragen können.

Al entscheidet sich, Johns Negativität zu ignorieren, und geht seines Weges, wobei er nur fröhlichen, positiven Gedanken erlaubt, seinen Tag zu bestimmen. Nichts, was John getan, gesagt oder gedacht hat, wird irgendeinen Einfluß auf Als Leben haben, da er sich entschieden hat, Johns zweifelhafte mediale Gaben zurückzuweisen.

Jetzt kommt Betsy mit ins Spiel. Weder John noch Al haben Betsy jemals vorher getroffen. Johns negative, emotional geladene Gedanken wandern hinaus in den universellen Geist, suchen und verbinden sich mit ähnlichen Gedanken, damit sie an Substanz gewinnen und eine Verwirklichung stattfinden kann. Die Person, die letztendlich die Manifestation der Gedankenform herbeiführt, kann sowohl bekannt als auch unbekannt sein.

Betsy ist auch mit dem linken Fuß zuerst aufgestanden, versucht aber irgendwie, dem Tag noch etwas Positives abzugewinnen. Sie hat sich nach dem heftigen Streit in der letzten Woche noch immer nicht wieder mit ihrem Freund Jim vertragen, und sie glaubt inzwischen, daß es wahrscheinlich auch nichts mehr wird. Es gibt ja noch genug andere schöne Männer, denkt sie sich. Trotzdem fühlt sie sich einsam, verletzt und zurückgewiesen.

Sie hatte keine gute Woche, und heute hat sie das Gefühl, daß sie sich wohl mit der Situation abfinden muß, obwohl sie sich innerlich noch immer nicht im Griff hat. Sie verläßt ihre Wohnung, um zur Arbeit zu fahren, und ein paar Häuser weiter trifft sie auf John: Die beiden Autos haben einen Frontalzusammenstoß.

Es ist völlig egal, wen das Gesetz bei diesem Unfall für schuldig erklärt. Keiner von beiden wäre zu diesem Zeitpunkt an diesem Ort gewesen, wenn es nicht sich entsprechende Gedankenformen des Ärgers, des Grolls und der Frustration gegeben hätte, die die beiden angezogen hätten. Jeder von ihnen hätte den Unfall vermeiden können, wenn er oder sie wachsamer und weniger mit verletzten ärgerlichen Gefühlen beschäftigt gewesen wäre.

Diese Darstellung ist natürlich sehr allgemein. Viele der kleinen Tragödien des Lebens sind weitaus weniger offensichtlich. Manchmal müssen wir wirklich in unserem Herzen und unserem Geist suchen, bis wir die Ursache gefunden haben, aber wenn wir aufrichtigen Willens sind und es uns wirklich wünschen, können wir sie immer finden.

Wir nehmen jetzt einmal an, die gleichen Personen befänden sich in einer anderen Situation. Die Umstände sind zwar erfreulicher, doch gibt es immer noch Probleme. Allerdings ist John geistig auf der Suche nach einer Lösung.

Seine Frau Pat hat ihm gerade erzählt, daß sich ihr Sohn Fred zum Geburtstag ein Fahrrad wünscht. Johns Einkommen ist nicht sehr hoch, und er kann sich nicht viele Extras erlauben. Doch wie viele andere liebende Väter möchte er gerne seinen Kindern das geben können, was sie sich wünschen. In dieser Situation versteht John seine Verbindung zum universellen Geist besser, und folglich schickt er ein Gebet los, welches ihm helfen soll, ein Fahrrad für Fred zu bekommen. Er bittet um Hilfe und überläßt das Weitere vertrauensvoll seinem überbewußten Geist.

In dieser kleinen Geschichte ist Betsy die Freundin eines Arbeitskollegen, dem John sein Problem anvertraut. Sein Kollege weiß, daß Betsys Sohn sich vor einigen Monaten ein Motorrad gekauft hat, und er weiß, daß es sein könnte, daß das alte Fahrrad noch da ist. Betsy schaut nach – und tatsächlich, es steht noch in der Garage und sammelt Staub an. Sie ist bereit, es zu einem günstigen Preis zu verkaufen, um es loszuwerden. Als John und Betsy diesmal zusammentreffen, ist die Begegnung freundlicher, und beide profitieren davon.

Es ist das gleiche Gesetz, welches in beiden Geschichten wirkt. Das Gesetz funktioniert wie ein gigantischer, effizienter Computer, der Personen mit sich entsprechenden Gedankenformen heraussucht und zusammenbringt, damit sich im Äußeren zeigen kann, welchen Gebrauch die Menschen von ihm gemacht haben.

Nehmen Sie mit dem Überbewußtsein Kontakt auf

Die universelle gegenseitige Durchdringung allen Lebens ermöglicht uns, unsere eigene Welt im Griff zu haben und unsere eigene Schöpfung zu beherrschen. Der überbewußte Geist, der von einigen Lehrern auch als »Christus-Selbst« bezeichnet wird, ist unser Zugang zu diesem Ineinandergreifen der Gedankenformen. Dadurch haben wir die Möglichkeit, unsere übersinnliche Bewußtheit durch die Gaben des Hellsehens, der Vorhersehung, der Psychometrie[14] und anderer medialer Talente zu erweitern.

Daher betone ich auch immer wieder, daß Sie sich selbst in Einklang mit dem Überbewußtsein bringen müssen. Das ist das letztendliche Ziel, auf welches wir alle zustreben. Wenn dieser Einklang hergestellt ist, kommen all die Phänomene, die Sie jetzt noch als übernatürlich oder überdurchschnittlich betrachten, auf ganz natürliche Weise zum Tragen, als Fähigkeiten, die Sie in einem weitaus größeren Maße als jetzt kontrollieren können.

Sogenannte magische Fähigkeiten, die ich übersinnliche Bewußtheit nenne, sind keine Ziele an sich. Diese Fähigkeiten erwachsen aus bewußten Versuchen, die vorhandenen Anlagen restlos auszuschöpfen. Alles, was Sie jetzt mit Ihrem Gehirn anstellen, zum Beispiel laufen, sprechen, sehen, zuhören, denken – wie abstrakt es auch immer sein mag –, ist erlernt. Es sind göttliche Gaben, doch keine von ihnen war am Anfang dieser Inkarnation bereits voll entwickelt. Sie als Individuum mußten Ihre Fähigkeit zu lernen anwenden, und alles, was Sie sagen und tun, ist das Ergebnis Ihrer diesbezüglichen Anstrengungen.

Jede magische oder mediale »Kraft«, die Sie entwickeln, ist eine natürliche Fähigkeit Ihres Gehirns und Ihres Körpers. Übung, Verstehen und bewußtes Anwenden sind die Werkzeuge, die Sie einsetzen müssen, um diese Kräfte zu entwickeln, genauso wie Sie jede andere Fähigkeit Ihres Geistes und Körpers entwickeln würden. Ein Baby, das gerade laufen lernt, könnte keinen neuen Weltrekord im Weitsprung aufstellen. Dennoch ist das Potential in seinem Körper vorhanden, und mit Übung, Absicht und dem Heranwachsen kann es entwickelt werden.

In dem Maße, wie sich Ihr Verstehen und Ihr Unterscheidungsvermögen entwickeln, werden Sie entdecken, daß hinter jener »Kraft« noch etwas anderes steht. Dieses Etwas ist die Seele: die Quelle der Kraft, das Ziel, worauf wir hinarbeiten, der überbewußte Geist. Ob wir unseren Weg bei der Entwicklung übersinnlicher Bewußtheit abkürzen können, hängt davon ab, wie gut wir unsere Gedanken auf das Erreichen des endgültigen Ziels ausrichten können: dem Einklang mit unserer eigenen Seele. Nur ihre Führung wird uns niemals in die falsche Richtung gehen lassen. Einige Lehrer weisen ihre Schüler an, sich von Geisthelfern, Oui-ja-Brettern[15] oder von anderen »äußeren Kräften« Anleitung geben zu lassen. Ich könnte mindestens ein ganzes Buch mit den Fehlinformationen füllen, die in meinem Beisein aus diesen Kanälen gekommen sind. Ich werde von einigen Fällen im Kapitel über die Evolution des Geistes (6. Woche) berichten.

Man kann den Kontakten mit sogenannten aufgestiegenen Meistern nicht unbedingt vertrauen. Wenn man einen kurzen Blick auf die esoterische »Szene« richtet, wird man eine ganze Menge von Organisationen bemerken, die von solchen Meistern geleitet werden. Das Oberhaupt von einer dieser Organisationen behauptet von sich, er sei der reinkarnierte Jesus Christus, mehrere andere behaupten, die Messias der Welt zu sein, und zwei sind mir bekannt, die behaupten, der gleiche inkarnierte Schüler zu sein. Offensichtlich können sie nicht beide recht haben!

Jesus sagte: »An ihren Früchten sollt ihr sie erkennen« (Matthäus 7,20), und überall dort, wo die Orientierung dieser Leute in Richtung Selbstverherrlichung und das Ansammeln von »Schülern« geht, können Sie darauf vertrauen, noch weitere Fehlinformationen vorzufinden. Wo die Lehrer größer und wichtiger als ihre Lehren werden, sollten Sie sich vor Täuschungen und Phantasieprodukten in den Lehren in acht nehmen.

Sogar Jesus fühlte, daß das, was er lehrte, größer war als er selbst: »Der Vater aber, der in mir wohnt, der tut seine Werke …« (Johannes 14,10), sagte er. Er lebte in einfacher und bescheidener Weise, auch wenn er allen Zugang zu Wohlstand und Ansehen hatte, den er sich nur wünschen konnte.

Das Channeling von »Meistern« oder Geisthelfern ist unter esoterischen Schülern sehr modern geworden. Ich glaube allerdings, Sie sollten wissen, daß eine große Anzahl von »Channels« mit der Zeit ein sehr gestörtes oder irrationales Verhalten entwickeln und daß einige von ihnen im Laufe der Zeit in psychiatrischen Anstalten landen. Die Energien von nichtinkarnierten Wesen unterscheiden sich sehr von den Energien des physischen Körpers, und viele physische und mentale Körper ertragen den Wechsel zwischen den Ebenen nicht über längere Zeit.

Es ist allerdings auch wahr, daß sehr viele Informationen, die dringend benötigt werden, über diese Kommunikationskanäle hereinkommen. Jene, die ihren Körper und Geist diesen Wesenheiten »ausleihen«, könnte man als sehr aufopfernde Seelen betrachten, die ihre eigenen Rechte für das Wohl des größeren Ganzen opfern. Wenn Sie sich allerdings nicht hundertprozentig sicher sind, daß Sie so eine aufopfernde Seele sind, sollten Sie lieber kein unbewußter Kanal werden.

Versuchen Sie statt dessen, sich der leisen, bescheidenen Stimme im Inneren bewußt zu werden, und lassen Sie sich von Ihrer eigenen Seele führen. Folgen Sie Ihren eigenen Eingebungen, Geistesblitzen und inneren Offenbarungen. Sie werden die Kontrolle über Ihr eigenes Bewußtsein aufrechterhalten, und die leise, bescheidene Stimme wird bald ihr persönlicher Begleiter im Leben sein und Sie auf die richtige Art und Weise durch das Labyrinth der Propaganda, der falschen Vorstellungen und Informationen führen, die der Zeitstrom durch Ihre Welt hindurchbefördert. Vielleicht gehen Sie neben unerleuchteten Unheilstiftern, doch werden diese Sie in keiner Weise berühren oder Ihnen Schaden zufügen. Sie werden den Weizen von der Spreu zu trennen wissen, und jene, die ungute oder ungangbare Wege anbieten, werden Sie als solche erkennen können.

Praktische Übungen, Teil 3
Hellsehen und Präkognition – Wahrnehmungen jenseits von Raum und Zeit

Übungen, die Ihnen helfen, hellsichtige oder prophetische Talente zu entdecken und auszubauen, sind ausgezeichnete Methoden, um Ihre latenten Fähigkeiten zu entfalten, Raum und Zeit zu transzendieren. Im folgenden finden Sie ein paar einfache und ziemlich bekannte Übungen, die Sie ausprobieren können. Vielleicht fallen Ihnen selbst auch noch welche ein. Einige lassen sich gut in Gruppen verwenden, einige eignen sich als Partyspiele, und andere üben Sie am besten für sich allein.

Haben sie keine Angst davor, Fehler zu machen. Sie sollten nicht hauptsächlich Ihre Ergebnisse im Auge haben, obwohl sie auch wichtig sind. Wonach Sie eigentlich suchen, sind die inneren Signale, aus denen Sie Ihre Schlußfolgerungen ableiten. Manchmal ist eine falsche Antwort nur die Fehlinterpretation eines solchen Signals. Zu lernen, warum Sie falsch liegen, ist mindestens ebenso wichtig wie die richtige Interpretation eines Signals, auch wenn letzteres zu einem besseren »Ergebnis« führt.

Für all diese Übungen ist eine emotionsfreie Objektivität essentiell. Es ist nicht wichtig, ob Sie gewinnen oder verlieren. Es ist nicht wichtig, ob jemand anderes mehr oder weniger Punkte erzielt. Sie lernen gerade, Ihre geistigen Fähigkeiten einzusetzen, und Konkurrenzgefühle, Kritik, Angst vor Fehlern oder auch das Streben nach Lohn oder Anerkennung werden sich schädlich und verzerrend auf die innere Sensibilität auswirken. Sie sind einmalig und entwickeln sich in Ihrer eigenen Geschwindigkeit, auf Ihre eigene Art und Weise. Sie sind ein Pionier und erforschen Neuland. Beobachten Sie, wie Sie sich fühlen und was in Ihrem Geist vor sich geht, während Sie die Übungen machen. Nur dazu sind sie da.

Übung 1: Was ist in der Schachtel?

Hier ist ein Beispiel einer Übung, die hellsichtige Fähigkeiten trainiert. Bevy Jaegers benutzt sie häufig in öffentlichen Vorträgen und Seminaren.[16]

Veranlassen Sie, daß eine kleine Pappschachtel mit mehreren verschiedenartigen kleinen Gegenständen in verschiedenen Größen, Formen und Farben gefüllt wird. Die Gegenstände sollten aus möglichst unterschiedlichen Materialien sein, zum Beispiel Gummi, Plastik, Metall, Papier und Stoff. Sie sollten sich auch von der Form her unterscheiden und rund, lang und flach etc. sein. Schließen Sie die Schachtel mit Tesafilm oder einem Gummiband.

Wenn Sie soweit sind, schließen Sie Ihre Augen und atmen ein paarmal tief ein und aus. Lassen Sie Ihren Geist zur Ruhe kommen und sich auf die Alpha-Ebene einschwingen. Stellen Sie sich einen leeren Bildschirm vor (Sie können ihn visualisieren oder einfach nur denken), der sich irgendwo in der vorderen Hälfte Ihres Kopfes oder vor Ihren Augen befindet. Stellen Sie sich dann die Frage, welche Gegenstände in der Schachtel sind. Lassen Sie sinnliche Eindrücke auftauchen. Versuchen Sie die Farbe, die Größe, die Beschaffenheit und die Form wahrzunehmen, und stellen Sie sich vor, wie sich die Gegenstände anfühlen. Normalerweise ist der erste Eindruck der beste, auch wenn er vielleicht kaum wahrnehmbar ist.

Am Anfang sollten Sie noch nicht versuchen, die Gegenstände tatsächlich zu identifizieren. Das kommt später. Versuchen Sie auch nicht, mit Logik an die Sache heranzugehen oder anhand dessen, was Sie über die Person wissen, die die Schachtel gefüllt hat oder anhand dessen, was Sie denken, was vielleicht gerade zur Hand war, zu »erraten«, was in der Schachtel ist.

Schreiben Sie jeden Eindruck auf, der sich auf Ihre fünf Sinne beziehen könnte. Wenn Sie ausprobieren möchten, wie die Gegenstände riechen oder schmecken könnten, können Sie das auch gerne tun. Wenn sich nach einiger Übung Ihre Treffsicherheit, was sinnliche Eindrücke anbelangt, verbessert hat, sollten Sie versuchen, die Gegenstände zu identifizieren. Sie können während der Übung die Schachtel auch in Ihrer empfänglichen Hand halten.

Übung 2: Ein bekanntes Kinderspiel

Benutzen Sie entweder drei Münzen oder andere kleine Gegenstände, zum Beispiel Murmeln oder Plastikchips und zwölf Plastik- oder Pappbecher. Stellen Sie die Pappbecher in drei Reihen zu je vier Bechern umgedreht auf. Lassen Sie jemanden in jeder Reihe einen Gegenstand unter einem Becher verstecken. Verwenden Sie Ihre erweiterten Sinne, um herauszufinden, unter welchem Becher sich der Gegenstand befindet. Sie haben einen Versuch pro Reihe offen. Wiederholen Sie die Übungen, sooft Sie möchten. Jede richtige Antwort zählt einen Punkt. (Dies ist auch ein wunderbares Partyspiel für kleine Kinder.)

Übung 3: Finden Sie die Zahl heraus!

Benutzen Sie für diese Übung fünfzig Papierstreifen mit den Zahlen 1 bis 50 oder fünfzig Scrabble-Steine (wobei Sie dann Buchstaben statt Zahlen verwenden). Legen Sie die Papierstreifen oder Steinchen in eine große Dose oder in einen anderen Behälter.
Schreiben Sie die Ziffern 1 bis 15 untereinander auf ein leeres Blatt Papier. Bitten Sie jemanden, fünfzehn Zahlen oder Buchstaben per Zufall aus der Dose zu ziehen. Sie werden im voraus versuchen, wahrzunehmen, welche fünfzehn Zahlen es sein werden. Lassen sie Ihren Geist so weit wie möglich zur Ruhe kommen, drücken Sie innerlich den Wunsch aus, zu wissen, welche es sein werden, und schreiben Sie dann jede Zahl auf, die Ihnen in den Sinn kommt. Überprüfen Sie Ihre Treffer, während die Zahlen gezogen und vorgelesen werden.

Übung 4: ESP Cards

ASW-Testkarten (ESP Cards) wurden erstmals im parapsychologischen Labor der Duke-Universität in Durham, North Carolina, entwickelt. Dr. J. B. Rhine entwickelte einen speziellen Satz mit 25 ASW-Karten, auf denen geometrische Muster in verschiedenen Formen abgebildet sind. Es gibt fünf Kreise, fünf Quadrate, fünf Kreuze (oder Pluszeichen), fünf Karten mit Wellenlinien (je drei Linien) und fünf Sterne. Diese Karten sind in manchen esoterischen Buchläden erhältlich, aber Sie können auch Ihre eigenen herstellen, indem Sie kleine Karten mit einem Filzstift beschriften. Stellen Sie sicher, daß das Material der Karten dick genug ist, um zu verhindern, daß auf der Rückseite die Farbe durchschimmert. Da die Farben in den Filzstiften dazu neigen, vom Material sehr aufgesogen zu werden, können Sie auch verschiedenfarbige Wachsmalstifte, Kohlestifte oder Ölfarben dafür verwenden.

(Die Stiftung für die Erforschung der Natur des Menschen [Foundation for Research on the Nature of Man], die gegenwärtig das Copyright dieser Karten besitzt, verweigerte mir das Recht, diese Karten in meinem Buch abzubilden. Ihre Begründung war: »Es gibt keinen begründeten Nachweis darüber, daß es möglich ist, übersinnliche Fähigkeiten zu erlernen, und daher erachten wir den Text des Buches für irreführend.« Da ich selbst durch bewußtes Training viele meiner eigenen übersinnlichen Fähigkeiten erst erkannt und dadurch gelernt habe, sie viel besser zu kontrollieren, halte ich persönlich diese Aussage für sehr zweifelhaft.)

ASW-Karten können benutzt werden, um potentielle Hellsicht, Präkognition und telepathische Fähigkeiten zu entfalten. Lassen Sie sich von jemandem ein mentales Bild »schicken«, oder ziehen Sie selbst Karten, nachdem Sie geistig im voraus versucht haben, wahrzunehmen, welche Karte es sein wird.

Zeichnen Sie das erste Bild auf, welches Ihnen in den Sinn kommt, und schreiben Sie dann dahinter, was eigentlich auf der

Karte war. Auf diese Art und Weise können Sie feststellen, ob Sie eine große Anzahl von Bildern schon frühzeitig erhalten. Es könnte zum Beispiel sein, daß Sie geistig bereits die übernächste Karte wahrnehmen. Das ist ein gutes Anzeichen für prophetische Fähigkeiten.

Fünf Treffer aus 25 Karten entsprechen noch der normalen Wahrscheinlichkeit. Wenn Sie zwischen acht und zwölf Treffern haben, weist dies auf eine überdurchschnittliche Begabung im Hellsehen hin, die leicht ausgebaut werden kann.

Talentierte Medien können normalerweise fünfzehn und mehr Karten richtig vorhersehen. Wenn Sie in diese Kategorie fallen, verfügen Sie bereits über starke hellsichtige Gaben. Den Eindrücken, die Sie bisher nur für vorüberziehende Gedanken hielten, sollten Sie in Zukunft mehr Aufmerksamkeit schenken. Sie könnten auch zu fortgeschritteneren Selbstversuchen übergehen. Möglichkeiten sind beispielsweise das Vorhersagen von Ergebnissen aus Ballspielen (Fußball, Tennis etc.), bevor das Spiel beginnt, oder das Vorhersagen des genauen Zeitpunktes eines zukünftigen Ereignisses und was sich daraus ergeben wird.

Bevy Jaegers berichtete von Schwierigkeiten, die ihre Schüler beim Gebrauch der Rhine-Karten hatten, da sie sich von dem rechten Winkel beim Kreuz und Quadrat verwirren ließen. Daher entwickelte sie ihre eigenen Karten. Auf Bevys Karten sind ein Gabelbein (Wunschknochen), ein sechszackiger Stern, ein Oval, ein Quadrat und eine gezackte Linie zu sehen.

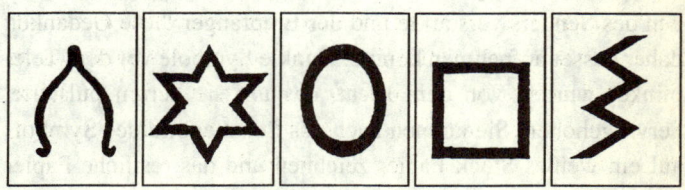

Abbildung 8: ASW-Karten von Bevy Jaegers

175

Sheila Ostrander und Lynn Schroeder haben eine ganze Serie verschiedener Kombinationen von Symbolen ausprobiert. In ihrem Handbuch der PSI-Entdeckungen[17] beschreiben sie vier sogenannte »Tele-Sets«, das heißt Kombinationen von fünf Symbolen, die aus ihrer Erfahrung heraus die Gefahr medialer Verwirrung minimieren:

Tele-Set 1: Benutzen Sie die Zahlen 4, 5, 6, 7, 8.

Tele-Set 2: Benutzen Sie die Buchstaben B, A, Z, O, W.

Tele-Set 3: Benutzen Sie die Farben Rot, Gelb, Blau, Grün und Lila.

Tele-Set 4: Benutzen Sie die Symbole Regen, Kleeblatt, Fisch, Baum und einen abnehmenden Mond.

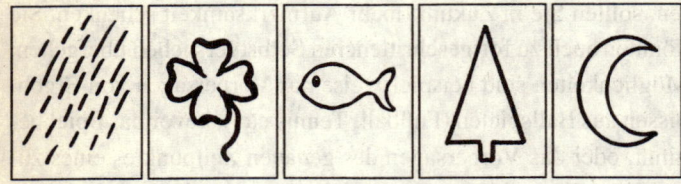

Abbildung 9: ASW-Karten von Sheila Ostrander und Lynn Schroeder

Sheila Ostlander und Lynn Schroeder haben die Symbole aus schwarzem Zeichenpapier ausgeschnitten und dann vor einem »Teleblinker« angebracht. Dieses Gerät besteht aus einer einfachen Kiste, in der immer wieder ein Licht aufblitzt. Sie fanden heraus, daß der Rhythmus des aufblitzenden Lichtes die Gedanken des Senders verstärkte und der Empfänger diese Gedanken daher besser aufnehmen konnte. Dunkle Symbole vor dem Teleblinker wurden von dem Licht, das um sie herum pulsierte, hervorgehoben. Sie können auch das Schattenbild des Symbols auf ein weißes Stück Papier zeichnen und das restliche Papier schwarz anmalen, so daß ein helles Symbol auf dunklem Hintergrund zu sehen ist.

176

Übung 5: Das As in der »Klemme«

Dr. Rhine benutzte Spielkarten, um außersinnliche Wahrnehmungsfähigkeiten zu testen. Bevy Jaegers[18] entwickelte aus seinen gedanklichen Ansätzen Ideen, wie man ASW trainieren und
ausbauen kann. Zu einer Zeit, als noch wenige Menschen daran
glaubten, daß außersinnliche Wahrnehmungen existieren, ge-
schweige denn, daß man sie entwickeln kann, war Bevy eifrig
dabei, sich selbst und andere darin zu schulen, die eigenen natürlichen Fähigkeiten zu erkennen und weiterzuentwickeln. Sie besitzt einen scharfen analytischen Verstand und die Fähigkeit,
unkonventionelle Konzepte leichtverständlich darzulegen. Ich
habe mit ihrer Erlaubnis viele der Übungen, die sie entwickelt hat
und von denen ich einige ganz besonders eindrucksvoll finde, in
meinen »Praktischen Übungen« integriert.

Mischen Sie ein Kartenspiel, und legen Sie es verdeckt vor sich
hin. Teilen Sie den Haufen in zwei etwa gleich große Stapel.
Denken Sie jetzt an eine ganz bestimmte Karte, und versuchen
Sie wahrzunehmen, in welchem Haufen sie sich befindet. Das As
bietet sich an, weil es so klar und einfach in seiner Symbolik ist.
Schauen Sie sich dann die Karten in dem Stapel an, in dem das
As Ihrer Meinung nach nicht ist. Wenn das As sich nicht in dem
Stapel befindet, nehmen Sie den anderen Stapel und teilen ihn
erneut. Entscheiden Sie sich, in welchem Stapel sich das As jetzt
befindet. Kontrollieren Sie wieder den Haufen, von dem Sie
glauben, daß das As nicht in ihm ist. Wenn sich das As nicht darin
befindet, teilen Sie den Haufen, in dem das As sein muß, erneut
auf. Entscheiden Sie wieder, in welchem Stapel das As sich
befindet, und fahren Sie auf diese Art und Weise fort, bis Sie nur
noch zwei Karten übrig haben, von denen eine das As sein muß.
Wenn Sie jetzt die richtige Karte herausfinden, haben Sie fehler-
frei und hellseherisch die ganze Zeit über immer jeweils den
richtigen Stapel ausgesucht, in dem sich das As befand. Wenn Sie
irgendwann einmal den falschen Stapel aussuchen, fangen Sie

einfach von vorn an. Diese Übung stärkt Ihre hellseherischen
Fähigkeiten.

Übung 6: Legen Sie die Farben zusammen

Nehmen Sie die vier Asse aus dem Kartenspiel, und legen Sie sie
sichtbar vor sich auf eine flache Unterlage. Sie sollten zirka 15
Zentimeter auseinander liegen. Mischen Sie die übrigen Karten,
und legen Sie eine nach der anderen verdeckt auf den Tisch vor
das As, zu dem sie der Spielfarbe nach gehört. Wenn Sie alle
Karten hingelegt haben, drehen Sie die Karten um und notieren
die Anzahl der Treffer.

Übung 7: Schauen Sie in die Zukunft!

Wenn Sie in einer unbekannten Praxis sitzen und warten müssen,
zum Beispiel bei einem Arzt oder einem Rechtsanwalt, versuchen
Sie sich hellsichtig vorzustellen, wie das Büro des Arztes oder
des Rechtsanwalts aussehen wird. Überprüfen Sie Ihre Wahrnehmungen, wenn Sie hineingehen. Nutzen Sie jeden Augenblick des
Wartens, um Ihre geistigen Fähigkeiten zu trainieren.

Übung 8: Trainieren Sie Ihre Fähigkeit, sich Dinge zurück-
zurufen

Um Ihre geistigen Fähigkeiten zu steigern, üben Sie sich in jeder
freien Minute und in jeder untätigen Phase im Laufe des Tages
darin, sich Dinge zurückzurufen. Erinnern Sie sich im Geiste so
klar wie möglich an Geschmacks- und Geruchswahrnehmungen
oder -eindrücke, zum Beispiel von Blumen, Parfums, Pfeffer-
minzbonbons, Essig, Ammoniak, süße oder saure Geschmacks-
eindrücke oder Backdüfte.

Erinnern Sie sich auch an Wahrnehmungen des Gehörs, etwa
Musik, die Wanduhr, zirpende Grillen, das Miauen oder Bellen
Ihres Haustiers, die Stimme Ihres Partners. Üben Sie, wann und
wo es Ihnen auch immer möglich ist.

Meditationspraxis

Meditation ist die Kunst, sich von dem objektiven ICH-BIN-Bewußtsein aus intensiv seiner selbst bewußt zu sein. Dabei sind Gedanken und Gefühle von diesem Gewahrsein getrennt bzw. werden als losgelöst davon betrachtet.

Beginnen Sie Ihre Meditation damit, daß Sie weißes Licht hereinströmen lassen, was Klarheit und Reinigung bewirkt. Denken sie bei allen Meditationsübungen daran, Ihre Wirbelsäule geradezuhalten. Lassen Sie Ihren Geist entspannen, und schwingen Sie sich auf die Alpha-Ebene (siehe Tabelle 1) ein. Beobachten Sie in der folgenden Woche während Ihrer Meditationszeit nur Ihre Gedanken, und achten Sie auf das, was mental vor sich geht. Beobachten Sie, wie Gefühle als Reaktionen auf bestimmte Gedanken aufkommen.

Betrachten Sie gelassen Ihre Gedanken und Gefühle. Trennen Sie die beiden beim Beobachten voneinander, und erlauben Sie dann sowohl den Gedanken als auch den Gefühlen, wieder zu vergehen, ohne mental auf sie zu reagieren. Seien Sie objektiv, und lassen Sie sich nicht von Ihren Gedanken in Anspruch nehmen.

Seien Sie sich dessen bewußt, daß in dieser Zeit, in der Ihre Gedanken frei und leicht fließen, neue Ideen aufkommen werden, zum Beispiel in bezug darauf, wie Sie sich in einer bestimmten Situation oder gegenüber einer bestimmten Person verhalten könnten oder sollten. Und Sie werden auch neue Lösungen für alte Probleme finden. Sie werden emotional den Drang verspüren, loszugehen und Ihre neuen Einsichten in die Tat umzusetzen.

Der Zweck dieser Meditation ist, alle mentalen, körperlichen und emotionalen Aktivitäten zu disziplinieren, so daß Sie sich 15 bis 20 Minuten lang völlig darauf konzentrieren können, Ihre mentalen Vorgänge zu beobachten. Das ist etwa so, als ob sich ein Geschäftsführer die Zeit nimmt, einmal nachzusehen, wie die Angestellten arbeiten. Diese Betrachtung wird Ihnen einen

Schlüssel in die Hand geben, um Probleme in der Meditation zu lösen.

Kehren Sie langsam wieder auf die Beta-Ebene zurück. Beenden Sie die Meditation, indem Sie schützendes weißes Licht hereinströmen lassen, und nehmen Sie anschließend Ihre physischen Aktivitäten wieder auf.

4. Woche

Lernen Sie, Ihr Leben selbst zu gestalten!

Das Ziel des Esoterikers ist, Raum und Zeit zu transzendieren und Kontrolle über die Ereignisse zu erlangen, statt von ihnen kontrolliert zu werden. Mit der Erreichung dieses Ziels haben wir die materielle Ebene, in der wir leben, wirklich gemeistert. Um die Ereignisse kontrollieren zu können, benötigen wir ein klares Verständnis der Ursachen, die hinter den Situationen, Menschen und materiellen Manifestationen stehen.

Unser Ziel ist, uns mit der unsichtbaren, ursprünglichen SUBSTANZ hinter all den Manifestationen zu beschäftigen, denen wir im Leben begegnen.

Unsere Welt, unser Raum-Zeit-Gefüge ist eine Illusion. Sie besteht aus einer Anhäufung von Atomen, welche sich aufgrund unserer eigenen offenen oder versteckten Wünsche, die wir entweder bewußt programmieren oder aus tief verborgenen Motivationen heraus energetisch nähren, zu verschiedenen manifesten Formen verdichten.

Unsere persönliche Welt

Unsere Welt (unser GEGENWARTS-Raum) besteht aus dem Teil der Schöpfung, den wir durch unsere sechs Sinne wahrnehmen. Auf der intellektuellen Ebene wissen wir, daß noch andere Aspekte dieser Welt existieren. Wir wissen, daß andere verkörperte Wesenheiten wie wir in ihrem eigenen individuellen Raum-

181

Zeit-Gefüge ähnliche und auch ganz andere Aspekte manifestierter SUBSTANZ erschaffen, wiedererschaffen, formen, manipulieren und auf diese Aspekte reagieren.

Wir wissen davon, weil andere Menschen uns ihre Erfahrungen aus ihrer Welt schildern. Obwohl wir uns auf ihre Erlebnisse beziehen können, da sie unseren ähneln, können wir nicht wirklich ihre Erfahrungen machen. Wir können weder ihren Schmerz noch ihre persönlichen Freuden fühlen.

Wir können ihnen zuhören, während sie ihre Erlebnisse erzählen, und unsere eigenen Reaktionen auf das erleben, was uns erzählt wird. Aber jeder Mensch macht andere Erfahrungen. Unsere Erfahrungen sind einzigartig, und kein anderer kann sie fühlen oder erleben.

Auch wenn zwei oder mehr Menschen im gleichen Haus leben und zur gleichen Familie gehören, sind ihre Welten bzw. Erfahrungen unterschiedlich, einzigartig und persönlich.

Wenn wir nicht über einen der sechs Sinne – Schmecken, Fühlen, Sehen, Hören, Riechen, Telepathie – in Berührung mit der Erfahrung des anderen kommen, existiert sie in unserem Raum-Zeit-Gefüge nicht. Daher besteht unsere individuelle Welt der Erfahrung einzig und allein aus dem, was wir über den einen oder anderen Sinneskanal in Form von einfließenden Informationen wahrnehmen können.

Gäben wir uns mit diesen Informationen über die Realität zufrieden, hätten wir keinen Anreiz, das Vertraute, Bekannte zu verlassen, um andere, neue Erfahrungen zu suchen. Doch die menschliche Seele ist sich von Natur aus der Tatsache bewußt, daß zusätzliches Wissen, andere Wahrnehmungen, andere Erfahrungen gerade jenseits ihrer augenblicklichen begrenzten Wahrnehmungen liegen, und sie versucht ständig, ihr Wahrnehmungsspektrum zu erweitern.

Das ist der Schlüssel: Der Wunsch nach Entwicklung bringt Entwicklung hervor. Bevor Sie von Ihrem Stuhl aufstehen, oder

Ihren Fuß vor die Tür setzen können, müssen Sie den Wunsch haben, dies zu tun. Die sich ständig entfaltende schöpferische Aktivität des Geistes ist die leitende Kraft, die all die verschiedenen Erfahrungen hervorbringt, die Ihre Welt ausmachen. Der Geist trifft die Entscheidung, den Körper mit seinen Wahrnehmungsorganen zu einem neuen Schauplatz mit eigenen Aktions-Reaktions-Koordinaten zu bewegen, und im Handumdrehen ist eine neue Welt der Erfahrung entstanden!

Im Bereich der Beta-Gehirnwellen ist die Aufmerksamkeit des Menschen auf die von außen einströmenden Informationen konzentriert, so daß er sich nur selten der Kette von Ereignissen und Entscheidungen bewußt ist, die einer von ihm ausgeführten Handlung vorangehen. Menschen, deren Bewußtsein sich nur auf das konzentriert, was sie sehen, hören und fühlen können, neigen in hohem Maße dazu, Umständen, Menschen und Ereignissen die Schuld zu geben für das, was ihnen im Leben passiert. Sie sind sich nicht darüber bewußt, daß ein gestaltend-lenkender Anteil ihres Selbst einen jeden Umstand einfach nur der eigenen Erfahrung halber geschaffen hat, unabhängig davon, ob das Resultat nun angenehm oder unangenehm ist.

Das Gesetz der Manifestation

Alles, was in der äußeren, verkörperten Welt existiert – sei es eine Beziehung, ein Ereignis, ein Gegenstand, eine Aktivität oder eine Situation –, ist ein »Endprodukt«. Es ist ein abgeschlossenes, vollendetes Produkt der Aktivität des Geistes. Als »Endprodukt« ist es bereits auf dem Wege, Ihre Welt zu verlassen, und es wird nur so lange im Bereich Ihrer Erfahrung bleiben, wie Sie es füttern, nähren und es dadurch erhalten, daß Sie ihm Ihre Aufmerksamkeit schenken.

Es wird durch Ihren Geist energetisch genährt, von Ihrem Geist an Ort und Stelle gehalten, und es wird so lange zu Ihrem Erfahrungsbereich gehören, wie Ihr Geist sich darauf konzentriert oder darüber nachdenkt. Sobald Sie ihm Ihre Aufmerksamkeit entziehen und ihm gedanklich keine Energie mehr zukommen lassen, wird es sterben oder in Ihrem »Raum in der Zeit« mangels Energie verblassen.

Sie können dieses Gesetz auf jede Aktivität in Ihrem Leben anwenden. Nehmen wir an, Sie entscheiden sich, von Köln nach München zu ziehen. Ihr Geist würde sich dann auf die Möglichkeiten konzentrieren, Ihren Körper mit seinen Wahrnehmungsorganen zu einem Raum-Zeit-Gefüge zu bewegen, das »München« genannt wird, und wenn Sie Ihre Aufmerksamkeit auf den Gedanken des Umzugs gerichtet hielten, würden Sie schließlich in München ankommen.

Es könnte auch sein, daß Sie eine Reihe von Ereignissen in Gang gebracht haben, welche den Umzug scheinbar gegen Ihren Willen herbeiführen. In diesem Fall müßten Sie in Ihrem Bewußtsein weiter zurückgehen, um die motivierende Kraft zu finden, welche die Ereignisse ausgelöst hat. In beiden Fällen werden Sie entdecken, daß der ursprüngliche Antrieb Ihr eigener Wille war. Er hat das »Endprodukt«, München, in Ihrer gegenwärtigen Erfahrung hervorgebracht.

Köln ist in der Gegenwart kein Bestandteil Ihrer Erfahrungswelt mehr, außer vielleicht in Form von emotionalen Bindungen an Menschen oder Freunde oder in Form von Erinnerungen oder Gedanken an vergangene Ereignisse. Köln existiert in der GEGENWART nicht mehr für Sie. Wohl aber München. Und München wird so lange weiter für Sie existieren, wie Sie daran interessiert sind, die Erfahrungen zu machen, die man an diesem Ort machen kann. Wenn kein weiteres Interesse mehr an München oder größeres Interesse an einem anderen Ort besteht, werden Sie Ihren Körper zu einem neuen Ort bewegen.

Das Wort »Interesse« schließt natürlich sowohl die negativen als auch die positiven Formen von Interesse mit ein. Frustration, Schmerz und Ungeduld in bezug auf Ihr eigenes Raum-Zeit-Gefüge sind negative Formen von Interesse, durch die Ihre Aufmerksamkeit fixiert wird. Liebe, freudige Erregung oder Begeisterung, die für eine Person, einen Ort oder ein Ereignis empfunden werden, sind positive Formen von Interesse. Beide Formen werden Ihre Aufmerksamkeit auf das manifestierte »Endprodukt« gerichtet halten.

Beziehungen und Situationen in Ihrem Leben sind ebenfalls »Endprodukte«, und sie werden nur so lange in Ihrer Welt weiterexistieren, wie Sie Interesse und Aufmerksamkeit auf die Person oder Situation richten. Wenn Sie den Brennpunkt Ihrer Aufmerksamkeit verlagern, wird sich die Person oder der Zustand ebenfalls verändern.

Sie können eine Situation oder Beziehung verlassen, indem Sie sich ihr körperlich entziehen. Sie können die Beziehung oder die Situation aber auch dadurch verändern, daß Sie Ihre mentale und emotionale Reaktion auf sie verändern. Wenn Sie verstehen, wie Ihre Seele Erfahrungen für Sie kreiert, stehen Ihnen beide Möglichkeiten offen. In der Tat ist die Veränderung Ihrer eignen emotionalen Reaktion auf eine bestimmte Situation eine Möglichkeit, eine neue Art von Erfahrung entstehen zu lassen. Ihre neue emotionale Reaktion ist eine neue Erfahrung, welche neue Wahrnehmungen ermöglicht, und entsprechend verändert sich auch die äußere Manifestation.

Jeder Mensch kommt auf Ihren Wunsch und zu Ihrem Nutzen in Ihr Leben. Natürlich gilt das gleiche Gesetz auch für die andere Person, das heißt, Sie sind auch zum Nutzen der anderen Person in ihrem Leben. Der universelle Geist brachte Sie zu Ihrem gegenseitigen Nutzen und zur gegenseitigen Erfahrung zusammen, da Sie sich ergänzen. Ihr Zusammensein kann harmonisch oder disharmonisch sein, auf jeden Fall aber werden Sie sich so lange gegenseitig beeinflussen, wie Sie beide Ihre Aufmerksamkeit in einem gewissen Rahmen auf die gleichen Dinge, Umstände und ähnliches gerichtet haben.

Sie sollen von jedem Menschen in Ihrem Leben etwas lernen, etwas von ihm bekommen oder ihm etwas geben. Wenn dieser Austausch oder der Lernprozeß stattgefunden hat, verlagert sich Ihre Aufmerksamkeit, und dieser Mensch verläßt Ihren Erfahrungsbereich.

Das Gesetz der SUBSTANZ

Um das Gesetz der Manifestation zu verstehen, müssen wir verstehen, was SUBSTANZ ist. Das Wort »Substanz« kommt vom lateinischen *substare,* was »darunterstehen, darin vorhanden sein« bedeutet. SUBSTANZ ist in dem hier besprochenen Zusammenhang nicht die materielle Manifestation, sondern sie steht hinter der Ansammlung von Atomen, die die Manifestation bilden.

Manifestationen reichen vom Unsichtbaren, beispielsweise gewissen Gasen, Äther, Luft, Farben und hörbaren Schwingungen, bis hin zum dichtesten metallischen oder mineralischen Element. Manifestationen können natürlich (gottgeschaffen) oder künstlich (vom Menschen erschaffen) sein, doch sind beides »Endprodukte«. Sie sind nicht die zugrundeliegende Ursache.

Alle Manifestationen sind ständig im Fluß, sie verändern sich ständig, lösen sich auf, verschwinden und bilden je nach Stärke der Kraft, die von verschiedenen ursächlichen Elementen auf sie gerichtet wird, wieder neue Formen.

SUBSTANZ wird von den emotionalen und mentalen Schwingungen des Individuums beeinflußt. Die SUBSTANZ ist die Idee hinter der Manifestation. Die Idee ist eine Art Prototyp, der in Ihrer Erfahrung eine unendliche Anzahl von konkreten Manifestationen hervorbringen kann.

Betrachten wir beispielsweise einen Stuhl. Welche Art von SUBSTANZ verbirgt sich hinter einem Stuhl? Innerhalb des universellen Geistes existiert ein Prototyp von etwas, was wir vielleicht »Stuhlheit« nennen könnten, welcher eine unendliche Anzahl verschiedener Stühle zur Folge haben kann.

Um herauszufinden, welche Art von SUBSTANZ Stühle hervorbringt, müssen wir zunächst die Idee hinter dem Stuhl untersuchen. Wofür wird er benutzt? Was wird mit ihm bezweckt, und was ist sein letztendliches Schicksal? Man könnte sagen, daß die grundlegende Idee der »Stuhlheit« einen Zweck erfüllen soll. Ein Stuhl soll der Bequemlichkeit dienen und ist zum Gebrauch da. »Stuhlheit« beschreibt etwas, worauf man sitzen und was man auch künstlerisch gestalten kann.

Es gibt jedoch große Stühle, kleine Stühle, hohe Stühle, tiefe Stühle, Stühle aus Holz, Stühle aus Metall, zusammenklappbare Stühle, Sessel, Schaukelstühle, Drehstühle, Sitzbänke, Schemel und Throne. In der Tat gibt es viele unterschiedliche Stühle. Eine unendliche Vielfalt vom Materialien kann benutzt oder kombiniert werden, um einen funktionalen Gegenstand, zum Beispiel einen Stuhl, aus der universellen SUBSTANZ herzustellen.

Das endgültig manifestierte Produkt, der Stuhl, hat bereits vielen Geistern gedient. Der ursprüngliche Schöpfer oder Erfinder benutzte SUBSTANZ, um die Bauweise jenes speziellen Stuhls zu erträumen. Der Hersteller benutzte SUBSTANZ, um die richtige Art von Materialien zu finden und um die Person oder die Personen zu finden, die ihn verkaufen würden. Der Lieferant der Materialien und der Verkäufer des Stuhls benutzten SUBSTANZ, um einen Käufer für ihre Produkte zu finden. Sie als Käufer des Stuhls benutzten SUBSTANZ, um genau den richtigen Stuhl für Ihre Bedürfnisse zu finden und zu kaufen.

Die Idee des Stuhl ist ein Bestandteil im Strom des universellen Geistes, und sie bewegt sich von Geist zu Geist, um alle zu beeinflussen und allen nützlich zu sein, die mit ihr in Berührung kommen. Solange die Atome des Stuhl in dieser Form bleiben, wird der Stuhl all jenen dienen, die ihn benutzen, unabhängig davon, wie viele »Besitzer« er auch immer haben mag.

Atome, die einmal in eine feste Form wie die des Stuhls gebracht worden sind, lassen sich nur selten in größerem Ausmaß umgestalten. Solche Gegenstände können in geringem Maße abgewandelt, dekoriert und manchmal etwas anders gestaltet werden, doch die feste Form scheint für eine Weile statisch zu bleiben.

Der Schein trügt jedoch. Tatsächlich beginnen sich die Atome bereits in dem Augenblick, in dem sie verbunden werden, wieder aufzulösen. Es mag so erscheinen, als ob ein Metallstuhl für ein Dutzend oder vielleicht sogar mehr Jahre bestehen bleibt. Doch verursachen Rost, Gebrauch und Mißbrauch letztendlich, daß die Atome sich wieder auflösen, um in die SUBSTANZ zurückzukehren, aus der sie stammen, so daß mit der Zeit keine Spur mehr von der ursprünglichen Form erhalten bleibt.

Ist Ihnen aufgefallen, daß ein unbewohntes Haus in sehr kurzer Zeit dem Verfall anheimfällt, während ein bewohntes Haus seine Bewohnbarkeit viele, viele Jahre länger behält, auch wenn seiner Instandhaltung nicht sehr viel Aufmerksamkeit gewidmet wird? Dieses Phänomen kommt daher, daß die energetisierende Aufmerksamkeit derer, die glauben und sich vorstellen, daß dies ihr Zuhause ist, den Fluß der SUBSTANZ in diese Struktur aufrechterhält. So bleiben die Atome an Ort und Stelle, wodurch für die Bewohner die Erfahrung eines Heims möglich wird.

Und so ist es mit allen Manifestationen auf dieser Ebene des Daseins. Sogar Berge werden mit der Zeit zu Ebenen abgetragen. Es ist wichtig, daß wir das verstehen, damit wir den richtigen Gesichtspunkt in bezug auf die festen Gegenstände um uns herum einnehmen können.

Unser Seelenaspekt, der diese Dinge objektiv wahrnimmt, weiß, daß kein fester Gegenstand Bestand hat. Jeder Gegenstand sollte nur so lange in unserem Leben bleiben, wie er nützlich ist. Wenn er unser Leben verläßt, sei es durch einen Zerfallsprozeß (Abnutzung) oder dadurch, daß er im physikalischen Sinne entfernt wird, sollte er zu dem Zeitpunkt ohne Bedauern losgelassen werden. Die SUBSTANZ kann eine unbegrenzte Anzahl anderer Gegenstände zu unserem Komfort und unserem Nutzen erschaffen. Wir müssen nur wissen, wie wir SUBSTANZ benutzen können, um entweder einen verlorenen Gegenstand zu ersetzen oder einen neuen oder andersartigen in unseren Erfahrungsbereich zu bringen.

Situationen oder Beziehungen werden auch aus SUBSTANZ erschaffen. Die SUBSTANZ einer Beziehung kann dadurch bestimmt werden, daß man nach der Idee sucht, die hinter ihr steht. Wie wirkt sich diese Beziehung auf Sie aus? Was haben Sie zu lernen, zu geben oder zu nehmen? Welche emotionalen Verhaftungen, seien sie negativ oder positiv, gibt es in dieser Erfahrung? Was würden Sie gerne verändern? Welche neue Erfahrung würden Sie statt dessen gerne machen?

SUBSTANZ ist im Fluß. Sie wird kraft Ihrer Aufmerksamkeit an Ort und Stelle gehalten, bis Sie eine oder solange sie keine neue Manifestation erschaffen. Ihre Gedanken sind die Vorlagen, in die die SUBSTANZ physikalische oder emotionale Atome hineingießt, um einen festen Gegenstand oder eine Beziehung zu kreieren. Wenn Sie Ihre Gedanken weiterhin auf ein Problem richten, zum Beispiel darauf, daß das Auto kurz vor dem Zusammenbruch steht, Sie kein Geld haben oder Ihre Beziehung unglücklich ist, führen Sie dem Problem, über das Sie nachdenken, kraft Ihrer Aufmerksamkeit weiterhin SUBSTANZ zu.

Die Illusion der äußeren Welt

Die alten Mysterienreligionen lehren, daß die äußere Welt eine Illusion ist und daß wir durch die Aufmerksamkeit, die wir auf sie richten, in dieser Illusion gefangen sind. Als durchschnittliche

Menschen können wir nicht »über unsere Nasenspitze hinaus-schauen«! Wir sind durch das hypnotisiert, was um uns herum passiert, wir glauben, daß wir ein Opfer der Umstände sind, und halten einen kleinen Ausschnitt aus der »Realität« schon für die ganze Wahrheit.

Da wir jedoch bemüht sind, Herrschaft über die Dinge zu erlangen, und erkennen, daß alle Manifestationen »Endprodukte« sind, müssen wir unsere mentale und emotionale Aufmerksamkeit nun von dem abwenden, was »abgeschlossen« ist, und mit Herz und Verstand beginnen, etwas Neues aus der SUBSTANZ zu erschaffen. SUBSTANZ ist im Überfluß vorhanden, um all unsere Wünsche zu erfüllen!

Die Idee hinter einem Gegenstand, einer Situation oder einer Beziehung entspricht unserer persönlichen Erfahrung damit. Vielleicht können wir die konkrete äußere Manifestation nur begrenzt unter Kontrolle bekommen. Doch ist es möglich, die Qualität unserer Erfahrung und zum größten Teil sogar die Art von Erlebnissen zu bestimmen, die wir machen.

Nicht-Anhaftung ist der Schlüssel. Entziehen Sie einem Konflikt die emotionale Energiezufuhr, und der Konflikt kann nicht mehr fortbestehen. Bedanken Sie sich für all die guten Dinge in Ihrem Leben, und benutzen Sie die Kraft Ihrer Aufmerksamkeit, um die Dinge in Ihrem Leben, die Sie glücklich machen, über alle Erwartungen hinaus zu vermehren!

Freude bringt weitere Freude hervor, Trauer und Probleme erzeugen weitere Probleme. Machen Sie aus Ihrem Leben, was Sie wollen, indem Sie bereits jetzt so sind, wie Sie es möchten. Die SUBSTANZ wird dann genau die Manifestation hervorbringen, die Sie sich gewünscht haben!

Betrachten Sie Ihr »Problem« doch als »Gelegenheit«!

Sie sollten all Ihre »Probleme« als »Gelegenheiten« betrachten, um Ihr neu erworbenes Wissen anzuwenden, wie Sie Ihr Leben gestalten können. Je mehr Aufmerksamkeit Sie dem Problem selbst schenken, um so problematischer wird es. Daher sollten Sie sich beim Meditieren und in Ihren Gedanken auf die Lösung und nicht auf das Problem konzentrieren.

Jedesmal wenn Sie eine Lösung finden und diese umsetzen, fördert das Ihr Wachstum, und Sie gewinnen mehr Selbstvertrauen. Jede negative Kraft in Ihrem Leben kann in etwas Positives verwandelt werden, wenn Sie das Gesetz der SUBSTANZ anwenden. Das Wissen darum, daß alle Dinge vergänglich sind, wird Ihnen helfen, Ihre Aufmerksamkeit auf das gerichtet zu halten, was Sie sich wünschen. »Auch dies geht vorbei« ist ein gutes Mantra, wenn Sie mit schwierigen Situationen und Menschen zu tun haben.

Das ICH-BIN-Bewußtsein des »unbeteiligten Beobachters« ist überaus nützlich, wenn Sie mit disharmonischen Umständen im Leben konfrontiert werden. Erstens verhindert eine solche losgelöste Betrachtungsweise eine zu emotionale Reaktion auf das Ereignis, wodurch es nur energetisch genährt werden würde. Zweitens ist es Ihnen durch die losgelöste Einstellung eher möglich zu erkennen, wo Sie in der Gegenwart stehen und was Sie für die Zukunft verändern möchten. Negative Emotionen oder Einstellungen schaffen nur Unklarheit und hindern uns daran, positiven, konstruktiven Gebrauch von der »Gelegenheit« zu machen, unser eigenes Sein zu meistern.

Denken Sie auch daran, daß die anderen Menschen zu Ihrem Nutzen in Ihrem Leben sind. Sie eröffnen Ihnen »Gelegenheiten«, Beherrschung und Loslassen zu üben, selbstlos zu werden, lieben zu lernen und Vorurteile und andere negative Gedankenformen unter Kontrolle zu bekommen. Vielleicht gelingt es uns, einen bestimmten Menschen, der negative Reaktionen in uns auslöst, mit Gewalt aus unserem Leben zu vertreiben. Doch unsere Seele wird so lange immer wieder Menschen anziehen, mit denen wir ähnliche Situationen erleben, bis wir unsere disharmonischen Reaktionen auf diese Menschen gemeistert haben.

Eheberater haben herausgefunden, daß eine Scheidung in den seltensten Fällen die Lösung für eine unglückliche Ehe ist. Anhand von Statistiken läßt sich zeigen, daß man sich in neun von zehn Fällen wieder einen Partner sucht, mit dem man die gleichen Probleme hat. Solange wir unsere Reaktion auf diese Probleme nicht ändern, wird uns die »Gelegenheit« dazu immer wieder geboten. Der Wert negativer Erfahrungen liegt darin, daß sie uns auf Bereiche in unserem Leben aufmerksam machen, in denen es unserem Verhalten an geistiger und emotionaler Disziplin und Ausgewogenheit mangelt.

Es gibt im Angelsächsischen ein altes Sprichwort, das übersetzt lautet: »Niemand ist dein Feind, niemand ist dein Freund, jeder ist dein Lehrer.« Fragen Sie sich, was Sie und die andere Person aus der disharmonischen Erfahrung lernen können, in der Sie beide stecken. Denken Sie daran, daß Sie auch zum Nutzen des anderen Menschen in seinem Leben sind. Die Seele dieses Menschen hat Sie mit Hilfe der SUBSTANZ magisch angezogen. Sie sollten mit Ihren speziellen Qualitäten in der anderen Seele bestimmte Wirkungen auslösen, um ihr spezielle emotionale Reaktionen vor Augen zu führen. Manchmal können wir unsere eigene Reaktion in den Griff bekommen, indem wir erkennen, daß das, was den anderen stört, *sein* »Problem« ist. Und häufig können wir dem anderen durch diese Erkenntnis helfen, sein Problem zu verstehen, und die ganze Situation löst sich auf.

Eine der schwierigsten und kompliziertesten emotionalen Reaktionen in meinem Leben war meine Reaktion auf Kritik. Bei keinem anderen Reaktionsmechanismus mußte ich soviel Energie und Aufmerksamkeit aufwenden, um ihn in den Griff zu bekommen, aber ich habe auch aus den damit verbundenen Erfahrungen vieles gelernt. Da ich selbst so heftig auf Kritik reagierte, lernte ich taktvolles Verhalten anderen gegenüber, wenn ich es für angebracht hielt, sie zu kritisieren. Ich lernte auch, daß es in vielen Fällen gar nicht notwendig war, den anderen Menschen zu kritisieren, wenn ich die Situation richtig verstand – das Problem löste sich dann von selbst. Ich lernte, den »zu Unrecht Angegriffenen« zu verteidigen, um herauszufinden, warum er sich so verhielt. Und ich lernte, andere auf diese veränderte Herangehensweise hinzuweisen, wenn ihre Kritik eine emotionale Reaktion zu sein schien und keiner vernünftigen Überlegung entsprang.

Schließlich kristallisierte sich durch viele ähnliche Erfahrungen die Erkenntnis heraus, daß ein anderer Mensch, der mich kritisiert, damit eigentlich ein persönliches Problem zum Ausdruck bringt. Er benutzt mich dabei nur als Hilfsmittel, um im Rahmen seiner Erfahrung eine bestimmte Reaktion auf seine Umgebung zum Ausdruck zu bringen. Wenn mir das klar wird und ich nicht darauf reagiere, löst sich die Situation mangels Energie auf.

Werden Sie ein Meister im Umgang mit SUBSTANZ

Visualisation, das heißt die Verwendung einer Gedankenform, durch die die Energie fließt, ist nur eines der Werkzeuge, die wir zur Erlangung der Meisterschaft im Umgang mit SUBSTANZ benötigen. Noch wichtiger vielleicht ist die Wahl der richtigen Visualisation. Der Satz »Sei vorsichtig mit dem, was du dir wünscht – du könntest es bekommen!« ist mehr als nur ein Scherz. Er enthält viel Wahres. Sie können alles bekommen, was Sie sich wünschen – häufig zu Ihrem eigenen Leidwesen –, wenn Sie sich Ihren Wunsch nicht sorgfältig genug überlegt haben. Denken Sie daher gründlich darüber nach, was sie wirklich wollen.

Eines Tages rief mich eine Frau an und sagte: »Ich möchte, daß Sie mir eine Zauberformel verraten, mit der ich Joe dazu bringen kann, mich zu heiraten!«

Verblüfft antwortete ich: »Auch wenn ich eine Zauberformel wüßte, mit der Sie Joe dazu bewegen könnten, Sie zu heiraten, würde ich sie weder verwenden noch Ihnen verraten.«

»Warum nicht?« fragte sie. »Ich liebe ihn sehr. Ich wäre ihm eine gute Frau, und ich möchte ihn wirklich heiraten. Warum wollen Sie mir nicht helfen?«

»Weil es nicht Joe ist, den Sie heiraten wollen«, antwortete ich. »Sie gehen in der falschen Reihenfolge vor. Wenn Sie SUBSTANZ benutzen wollen, müssen Sie herausfinden, welche Idee ursprünglich hinter Ihrem Wunsch stand. Eigentlich wollen Sie doch im Grunde einen Partner, den Sie lieben können und der auch Sie liebt. Einen Menschen, mit dem Sie gemeinsam durchs Leben gehen, mit dem Sie Freundschaft und gefühlsmäßige Nähe verbindet, nicht wahr?«

»Natürlich«, antwortete sie.

»Ob Joe in dieses Bild hineinpaßt, ist eine andere Frage. Nur Ihre Seele kann dies wirklich beurteilen. Wenn Sie entschlossen genug sind, können Sie Joe vielleicht dazu bringen, Sie zu heiraten. Wenn es sich jedoch herausstellt, daß er Ihnen nicht das geben kann, was Sie von einem Mann *wirklich* wollen, werden Sie sehr enttäuscht sein – genauso wie er, denn Sie hätten ihn dann dazu gebracht, eine Ehe einzugehen, die er gar nicht wollte.«

»Was soll ich denn dann tun?« fragte sie.

»Überlegen Sie sich zunächst, wie Ihr Lebenspartner sein soll. Machen Sie eine Liste all der Eigenschaften, die Ihr Traumpartner haben sollte, wie seine körperliche Erscheinung sein soll, welche Charaktereigenschaften und welche Lebensziele er haben sollte. Erschaffen Sie eine freudige und glückliche Vorstellung all der schönen Zeiten, die Sie gemeinsam durchleben werden. Denken Sie daran, daß die Liebe, die Sie füreinander empfinden, über die

Jahre hinweg viel tiefer und schöner werden kann, als Sie es sich jetzt vorstellen können.

Wenn Sie das getan haben, und wirklich erst dann, nehmen Sie sich jeden Tag im Alpha-Zustand in Ihrer Meditation sechzig Sekunden Zeit (eine Minute reicht völlig aus), um sich vollständig und umfassend auf die Visualisation Ihrer idealen Partnerschaft zu konzentrieren. Halten Sie das Bild eine Minute lang, ohne abzuschweifen, in Ihrem Geiste aufrecht, und Ihre Vision wird mit Sicherheit in Erfüllung gehen.

Wenn Joe wirklich der richtige Mann für Sie ist und wenn er Ihre Träume und Sie seine Träume erfüllen können, dann wird er Sie fragen, ob Sie ihn heiraten wollen, und Sie werden beide sehr glücklich sein. Wenn er es nicht ist, wird er aus Ihrem Leben verschwinden, und Sie werden jemand anderen kennenlernen, der all das sein wird, was Sie sich wünschen.

Aber Vorsicht: Bauen Sie Joe nicht in Ihr Bild ein. Versuchen Sie nicht, etwas aus ihm zu machen, was er vielleicht gar nicht ist. Erlauben sie ihm, in Ihr Leben zu treten oder aus Ihrem Leben zu gehen, genauso wie es dem höheren Plan Ihres Lebens entspricht. Seien Sie wirklich bereit, ihn gehen zu lassen, wobei Sie sich vor Augen führen sollten, daß, falls er wirklich geht, jemand viel besseres an seine Stelle treten wird.«

Sie tat genau das, was ich ihr vorgeschlagen hatte. Innerhalb einer Woche verließ Joe die Stadt, und sie lernte dreißig Tage später einen Mann kennen, den sie noch im gleichen Jahr heiratete. Sie ergänzten sich in vollkommener Weise. Als ich sie etwa zwei Jahre später wiedertraf, dankte sie mir dafür, daß ich sie dazu bewegt hatte, auf den richtigen Mann zu warten.

»Ich habe dieses Wunder nicht vollbracht«, antwortete ich. »Dadurch, daß Sie die SUBSTANZ auf die richtige Art und Weise eingesetzt haben, hat sich Ihr Wunsch auf die für Sie beste Art und Weise verwirklicht.«

Wie Sie SUBSTANZ einsetzen können, um einen neuen Arbeitsplatz zu finden

Wenn Sie SUBSTANZ verwenden, um Ihre Wünsche wahr werden zu lassen, seien Sie auf außergewöhnliche Ereignisse und Lösungen gefaßt, und öffnen Sie sich ihnen. Halten Sie nicht an alten Gedankenformen und emotionalen Mustern fest. Freuen Sie sich jetzt schon auf neue Dinge, neue Wege, die Sie gehen werden, auf neue Aufenthaltsorte und neue Begegnungen.

Eine Frau bat mich einmal um Hilfe, weil ihr Mann seinen Arbeitsplatz unbefriedigend fand. Das Leben der beiden war zu einer eingefahrenen Routine geworden, und ich sollte ihnen einen Weg zeigen, daraus zu entkommen. Ihr erster Impuls war, die universelle SUBSTANZ um einen Arbeitsplatz in einem örtlichen Kaufhaus für ihren Mann zu bitten, durch den er als Werbeleiter mehr Geld verdienen und insbesondere auch mehr Ansehen genießen würde. Sie glaubte an ihren Mann, und sie wußte auch, daß er die notwendigen Qualifikationen besaß. Dennoch waren alle Bemühungen, die Stelle zu bekommen, umsonst, obwohl sie beide über ein Jahr lang mit Visualisationen und einem systematischen Gebet arbeiteten.

»Immer wenn sich etwas nicht leicht verwirklicht«, sagte ich ihr, »sollte man sich noch einmal genau ansehen, worum man bittet. Vielleicht ist es für Sie gar nicht das richtige. Betrachten Sie nochmals die Idee hinter dem, was Sie sich scheinbar wünschen, und machen Sie sich Ihre Situation klar. Veranlassen Sie Ihren Mann dazu, genau aufzuschreiben, was er wirklich von seinem Beruf will. Prestige und Gehalt sind nur ein Teil davon. Die Arbeit muß auch erfüllend und lohnend sein. Er muß dabei das Gefühl haben, daß er anderen einen Dienst erweist. Die Arbeit muß sein Selbstwertgefühl steigern, und er muß das Gefühl haben, einen Beitrag zur Gesellschaft zu leisten. Und was am allerwichtigsten ist: Er muß aufrichtig gegenüber sich selbst sein und die Ziele auf seinem Lebensweg anstreben, die vom Standpunkt seiner Seele aus für ihn die richtigen sind.

Wenn er alles aufgeschrieben hat, was er sich von einer Arbeitsstelle wünscht, lassen Sie ihn als nächstes aufschreiben, was er zu geben hat. Dabei soll er alle Qualifikationen und Talente notieren und auch solche persönlichen Eigenschaften mit einbeziehen, die er zur Zeit nicht nutzt. Zum Beispiel könnte er von Beruf Schriftsteller sein, aber auch sehr gut Klavier spielen, obwohl er von dieser Fähigkeit in seinem augenblicklichen Beruf keinen Gebrauch macht. Diese Fähigkeit könnte ihm weitere Möglichkeiten eröffnen.

Wenn Sie wirklich genau untersucht haben, was Sie sich von einem Arbeitsplatz erhoffen und was Sie als Gegenleistung erbringen können, sollten Sie sich jeden Tag in Ihrer Meditation im Alpha-Zustand vorstellen, daß es irgendwo einen Arbeitsplatz gibt, bei dem Ihr Mann – bei entsprechend guter Bezahlung – seine Talente maximal zum Einsatz bringen kann. Diese Arbeit wird für Sie beide erfüllend und lohnend sein und Ihnen sofort angeboten werden.«

Die Frau folgte meinen Anweisungen und kam nach sechs Wochen in Tränen aufgelöst wieder zu mir. Während ihres zweiwöchigen Jahresurlaubs hatten sie einen Cousin in einem anderen Bundesland besucht. Dort war ihrem Mann eine Stelle angeboten worden, die ihm einen enormen Gehaltszuwachs brachte, wo er als Werbeleiter einer großen Musikfirma genau das zu tun hatte, was er gerne tun wollte. »Aber ich möchte meine Heimatstadt nicht verlassen«, jammerte sie. »Meine ganzen Freunde und meine Familie wohnen hier. Wie könnte ich irgendwo anders glücklich sein? Es war nicht meine Absicht, daß uns die universelle SUBSTANZ von dieser Stadt wegführt. Warum hätte er nicht hier eine Arbeit finden können?«

Ich machte ihr klar, daß ihr göttlicher Lebensplan offensichtlich eine wichtige Erfahrung für sie beide bereithielt und daß sie sich auf die neuen Erfahrungen freuen sollte. Sie war eine gute Schülerin. Sie erkannte schnell, daß sie die einzige war, die die Verwirklichung ihrer Träume noch verhindern konnte und daß die verschlossene Tür des ansässigen Kaufhauses ein deutliches Zeichen dafür war, daß etwas Besseres irgendwo anders auf sie wartete.

Wie Sie SUBSTANZ benutzen können, um Beziehungen zu verändern

Die SUBSTANZ kann auf eine sehr ähnliche Weise dazu benutzt werden, um Beziehungen wieder ins Lot zu bringen. Wenn zwei oder mehr Menschen sich in einer disharmonischen Situation befinden, sind alle oder zumindest einer von ihnen offensichtlich am falschen Platz. Wenn sich alle am richtigen Platz befänden, wäre es zwischen ihnen harmonisch, und sie wären glücklich.

Wie gehen Sie nun am besten mit einem Menschen um, der sich am falschen Platz befindet? Vom Gesetz der Wiederkehr aus betrachtet, können Sie ihm wohl nichts Schlechtes oder Böses wünschen, egal, wie sehr dieser Mensch Sie verärgert, da Sie ja genau das zurückbekommen, was sie aussenden. Sie können auch nicht bis in alle Ewigkeit damit fortfahren, die andere Wange hinzuhalten oder sich taub zu stellen, da mit der Zeit auch der stärkste Panzer seine Wirkung verliert, wenn er unter beständigem Beschuß steht.

Die meisten Unstimmigkeiten in unserem Leben sind nur unbedeutende Störungen, die uns kurz innehalten lassen und uns veranlassen, unseren spirituellen Fortschritt aufs neue zu überprüfen. Wir sollten uns klarmachen, daß jede Situation, auf die wir emotional reagieren, ein Zeichen dafür ist, daß wir unsere eigenen Reaktionen nicht unter Kontrolle haben. Einige Beziehungen, in die wir uns verstricken, können jedoch so extrem werden, daß womöglich unser Arbeitsplatz, unsere geistige Gesundheit und sogar unser Leben in Gefahr sind. Die folgende Technik funktioniert – unabhängig davon, ob es sich um eine eher unbedeutende oder eine sehr problematische Situation handelt.

Anstatt Ihren Gegenspielern zu wünschen, daß sie hinfallen und sich ein Bein brechen, schubsen Sie sie doch einfach die Stufen hinauf! Sie haben ganz richtig verstanden: Wünschen Sie ihnen all das, was diese Menschen sich selbst wünschen, und tun Sie dies mit aller Aufrichtigkeit, die Sie aufbringen können; denn wenn diese Menschen all das hätten, was sie sich wünschen, würden sie ihre Frustrationen nicht an Ihnen ausleben.

Ist eine berufliche Beförderung das, was sich Ihr Gegenspieler am meisten wünscht? Dann nehmen Sie diesen Wunsch mit in Ihre Meditation, und verstärken Sie ihn kraft Ihrer Gedanken! Ist seine Ehe unglücklich? Stellen Sie sich vor, wie er glücklich wird – mit oder ohne seinen gegenwärtigen Partner. Es ist nicht Ihre Aufgabe zu entscheiden, ob er mit dem richtigen Partner verheiratet ist. Sie wollen lediglich, daß dieser Mensch glücklich wird. Überlassen Sie es seiner oder ihrer Seele, sich darum zu kümmern, wie dieses Ziel erreicht werden kann.

Aufgrund des Gesetzes der Wiederkehr wird all das, was Sie diesem Menschen wünschen, auf Sie zurückkehren. Vielleicht werden Sie auch befördert oder wunschgemäß woandershin versetzt. Das Ergebnis wäre dasselbe: Sie beide reiben sich nicht mehr aneinander – und das war ja auch Ihre ursprüngliche Absicht!

Es könnte sogar passieren, daß die liebevolle Energie, die Sie in die Situation hineinlenken, aus dem ehemaligen Feind einen Freund macht. In diesem Fall wäre die Situation transformiert und ins Lot gebracht worden. Sie beide wären dann am richtigen Platz und würden sich harmonisch aufeinander zubewegen.

Wie Sie SUBSTANZ einsetzen können, um mit materiellen Verlusten umzugehen

Inzwischen ist es Ihnen bestimmt schon klarer geworden, wie man mit SUBSTANZ umgehen muß. Im Umgang mit kreativen Ideen sollten Sie daran denken, daß die Qualitäten, Eigentümlichkeiten und alles, was für Ihre persönliche Erfahrung eine Rolle spielt, wichtiger als die spezifischen physikalischen Eigenschaften eines materiellen Gegenstandes sind.

Nehmen wir einmal an, daß Sie ein unbezahlbares Erbstück besitzen, das seit Generationen in Familienbesitz ist und an dessen Besitz Sie sich sehr erfreuen. Stellen Sie sich nun vor, daß dieses Erbstück durch einen Brand, durch eine Flut oder durch Diebstahl verlorengeht. Kein noch so großer Geldbetrag könnte Ihnen diesen geliebten Gegenstand ersetzen, aber es könnte Ihnen auch nichts in der Welt die Freude nehmen, die Sie in den Jahren empfanden, als dieser Gegenstand Ihnen gehörte.

Stellen Sie sich nun vor, der Verlust dieses Gegenstandes sei durch die Fahrlässigkeit eines anderen Menschen verursacht oder gestohlen worden. Wären Sie nachtragend? Würden Sie unter allen Umständen wollen, daß derjenige seine »gerechte Strafe« erhält? Würden Sie ständig daran denken, daß der Dieb vor Gericht gebracht werden sollte?

Bevor Sie solche Gedanken weiterspinnen, halten Sie einen Augenblick inne, und fragen Sie sich, was dadurch aus der Welt der SUBSTANZ in *Ihre* Erfahrungswelt gezogen wird. Denken Sie daran: Das *Gesetz* kümmert sich um die Seinen. Keiner kommt mit irgend etwas davon, auch wenn es oberflächlich gesehen so aussehen mag. Alles, was ein Individuum aussendet, kommt früher oder später zu ihm zurück. Dieses Gesetz gilt für Sie genauso wie für den Dieb, und wenn Sie in der GEGENWART nachtragend sind, werden Sie in der Zukunft durch einen anderen Menschen genau damit konfrontiert werden.

Alles, was Sie an materiellen Gegenständen in diesem Leben angesammelt haben, ist durch Ihre Wünsche aus SUBSTANZ erschaffen und in Ihren Erfahrungsbereich gebracht worden. Und alles, was Sie bisher für sich selbst anhäufen konnten, können Sie auch wiedererschaffen – und zukünftig sogar noch viel mehr, da Sie das Geheimnis des Umgangs mit SUBSTANZ kennen.

Alle materiellen Dinge sind von Natur aus vergänglich. Sie wechseln den Besitzer und bewegen sich von ihrer Erschaffung an dem Zustand der Auflösung entgegen. Sie können viele emotionale Wunden vermeiden, wenn Sie nicht zulassen, daß Ihr Besitz Sie beherrscht. Wenn die Dinge, die Ihnen gehören, sich weiterbewegen, das heißt aus Ihrem Leben gehen, sollten Sie sie einfach loslassen und vertrauensvoll erwarten, daß etwas Neues und Besseres an ihre Stelle tritt.

Nun folgen zwei mentale Techniken, durch die Sie Gegenstände zurückbringen können, die Sie verloren oder verlegt haben. Sie funktionieren sogar bei gestohlenen Gegenständen. Die schnellsten Ergebnisse erzielen Sie, wenn Sie möglichst wenig von dem emotionalen Streß aufkommen lassen, der häufig so einen Verlust begleitet. Sie sollten wissen, daß, wenn Ihnen wirklich etwas gehört, niemand es Ihnen vorenthalten kann.

Das silberne Lasso

Visualisieren Sie ein glitzerndes silbernes oder goldenes Lasso, und werfen Sie es im Geiste aus, so daß seine Schlinge sich um den verlorenen Gegenstand herum zusammenzieht. Sehen Sie, wie das Lasso den verlorenen Gegenstand zu Ihnen zurückbringt, und stellen Sie sich dann vor, daß Sie den Gegenstand in der Hand halten. Freuen Sie sich darüber, daß Sie den Gegenstand wiederhaben. Wenn sich der Gegenstand in Ihrer Nähe befindet, werden Sie in Kürze einfach darauf stoßen und sich wundern, daß Sie ihn nicht schon früher bemerkt haben. Wenn er weiter weg ist, könnte es etwas länger dauern, bis Sie ihn wiederhaben.

Fragen sie sich: »Wo wäre ich?«

Einmal erzählte mir ein Freund, daß seine Kinder, als sie noch klein waren, eine kleine Schildkröte hatten, die häufig davonkrabbelte und nicht mehr aufzufinden war. Wenn die Kinder zu ihm kamen und bettelten, er möge sie finden, sagte mein Freund stets: »Nun, wo wäre ich, wenn ich eine Schildkröte wäre?« Dann pflegte er zu einem Laubhaufen zu gehen, etwas Laub beiseite zu schieben und die Schildkröte zu finden.

Den Kindern gegenüber sollte das ein Spaß sein, er selbst wunderte sich jedoch über die unheimliche Sicherheit, mit der er die Schildkröte immer fand.

Ich erkannte ein universelles Gesetz in dieser Geschichte. Wir sind eins mit allem, eins mit der universellen SUBSTANZ. Mein Freund hatte einfach sein Bewußtsein mit dem Aspekt der Schöpfung verschmolzen, den die Schildkröte repräsentierte, und durch diese Verschmelzung konnte er sie wiederfinden.

Ich fand die Idee großartig und frage mich seither selbst immer: »Wo wäre ich, wenn ich ...«, sobald ich etwas in meinem Haushalt verlegt oder verloren habe: »Wo wäre ich, wenn ich ein Ring ... die Autoschlüssel ... die Fäustlinge eines Kindes wäre?« Und jedesmal gehe ich dann innerhalb der nächsten Minuten genau dahin, wo sich der Gegenstand befindet.

Wie man SUBSTANZ zum Heilen verwenden kann

Auch hierbei gibt die Idee hinter der Bitte um Heilung den Ausschlag, wenn Sie sich selbst oder einen anderen Menschen heilen wollen.

Denken Sie daran, daß kein besonders großer Unterschied zwischen einem gebrochenen Knochen und einem »gebrochenen Herzen« besteht. Sehr häufig ist ein körperliches Leiden nur das Symptom für etwas, was viel tiefer liegt und nicht so sichtbar ist, zum Beispiel ein emotionales Leiden, welches oft vom Kranken noch nicht einmal als solches erkannt wird.

Versicherungsstatistiken zeigen, daß in 80 Prozent aller Unfälle 20 Prozent aller Menschen verwickelt sind. Psychologen und Ärzte beginnen immer mehr zu verstehen, daß Unfälle und Krankheiten in ihrem Ursprung psychosomatisch und häufig Anzeichen für ein seelisches Leiden sind.

Sie können jede Technik oder Gebetsformel benutzen, die Ihnen zusagt. Sie können Gott um Hilfe bitten, einen medialen oder spirituellen Heiler aufsuchen, Ihre eigenen Affirmationen für Gesundheit benutzen oder sich mit einem systematischen Gebet auf die universelle Heilkraft einstimmen. All diese Techniken werden für denjenigen Wunder vollbringen, der versteht, daß – unabhängig von der verwendeten Ausdrucksweise und den jeweiligen mentalen Aktivitäten, die für den einzelnen am besten funktionieren – hinter allen Bitten die Idee der vollständigen oder vollkommenen Heilung des Patienten steht.

Vollständige Heilung umfaßt sowohl die Ursachen als auch die Symptome der Krankheit. Wenn Tante Harriot glaubt, daß sich niemand mehr wirklich für sie interessiert, und ihre einzige Möglichkeit, Aufmerksamkeit zu bekommen, darin besteht, krank zu sein, dann werden alle Gebete der Welt keine Heilung bewirken. Sie braucht ihre Krankheit zu sehr für ihr emotionales Wohlergehen.

Wenn Bruder Charles nicht mit den Anforderungen des Berufslebens zurechtkommt und ein »wohlverdienter« Nervenzusammenbruch die einzige Möglichkeit ist, um zu verhindern, daß die Welt erfährt, daß er versagt hat, dann wird er einen Nervenzusammenbruch haben – und er wird ihn gründlich genießen. Dann kann ihm nicht nur niemand mehr vorwerfen, im Berufsleben versagt zu haben, sondern sein Zusammenbruch wird sogar ein großer Erfolg sein!

Man kann nie erfolgreich ein Symptom kurieren. Ich kannte

einmal einen Alkoholiker, der fast drei Jahre lang »erfolgreich« abstinent war. Er nahm an allen Treffen der Anonymen Alkoholiker teil, investierte seine Zeit und seine Bemühungen in die Unterstützung anderer Alkoholiker. Eines Tages wurde er tot aufgefunden. Er war an einer Überdosis einer Droge gestorben, die er in den letzten drei Jahren regelmäßig genommen hatte, um »high« zu sein, was er sich so sehr wünschte.

War er vom Alkohol kuriert? Ich glaube nicht. Er hatte einfach ein Paar Krücken gegen ein anderes Paar ausgetauscht und dabei den Grund außer acht gelassen, weswegen er dieses »Highsein« überhaupt brauchte.

Wenn Sie SUBSTANZ einsetzen, um sich selbst oder andere zu heilen, sollten Sie daran denken, daß die emotionalen Ursachen der Krankheit auch geheilt werden müssen. Sonst wird sich der Unfall oder die Krankheit einfach wiederholen – wenn auch vielleicht in anderer Form.

Visualisieren Sie das ganze Wesen mit allen sieben Körpern, und stellen Sie sich vor, daß es ein vitales und produktives Leben voller Freude und Begeisterung führt. Sie müssen nicht wissen, was die emotionale Gesundheit dieses Menschen beeinträchtigt. Das geht nur den betreffenden Menschen und seine Seele etwas an. Sie müssen noch nicht einmal wissen, was das physische Symptom ist. Wenn es Ihnen jedoch gesagt wird, sollten Sie das Symptom als ein »Endprodukt« betrachten, welches bereits auf dem Weg ist, sich aufzulösen und für immer aus dem Leben dieses Menschen zu verschwinden.

Stellen Sie sich vor, daß Licht, Liebe und vollkommene Gesundheit das ganze Wissen dieses Menschen durchdringen. Das schließt die mentale, körperliche und spirituelle Ebene mit ein. Sehen Sie, wie die Energie Gesundheit in jede neue Zelle bringt, die im Körper entsteht, und diese Zellen dazu anregt, zu vitalen, gesunden Zellen heranzuwachsen. Sehen Sie, wie diese Zellen ihre Aufgaben auf eine vitale und gesunde Weise erledigen.

Denken Sie daran, daß Sie das »Endprodukt« vollständige und vollkommene Gesundheit anstreben. Lassen Sie die SUBSTANZ ihren eigenen Weg finden, um das visualisierte »Endprodukt« herbeizuführen. Denken Sie daran, daß Ärzte und Psychologen auch Kanäle Gottes sind, die Heilung herbeiführen. Vielleicht wird auch ein spezieller Arzt mit bestimmten Fähigkeiten benötigt, um eine vollkommene Genesung herbeizuführen. Wenn das der Fall sein sollte, wird die SUBSTANZ einen Weg finden, um den speziellen Arzt in das Leben des Patienten zu bringen, und auf diese Weise die vollkommene Genesung, die Sie visualisiert haben, zuwege bringen. Egal, was passiert und wie es passiert, die SUBSTANZ arbeitet daran, das Bild, das Sie entworfen haben, zu erfüllen.

Spirituelle Heilung und Vergebung

Eine spirituelle Offenbarung ist das Ergebnis eines Aufeinandertreffens zweier verwandter Gedanken, die das Bewußtsein so erweitern, daß eine ganz neue – bislang unbekannte – Idee entsteht. Plötzlich wird das Unmögliche möglich. Ich möchte Ihnen gerne beschreiben, wie ich zweimal auf bemerkenswerte Art und Weise geheilt wurde und wie es dazu kam, daß mir neue Aspekte von dem Vorgang spontaner spiritueller Heilung offenbart wurden.

Einmal hatte ich mir vorgenommen, ein Wochenende um den 4. Juli herum mit Freunden aus Kansas City zu verbringen. Wir wollten uns in einer Stadt im Süden von Missouri treffen, die zirka 240 Kilometer von Little Rock, Arkansas, entfernt lag, wo ich wohnte. Es war in diesen Tagen heiß und schwül, so wie die Julitage im Süden oft sind. Ich machte mich am Freitag nachmittag nach der Arbeit auf den Weg und hielt gegen 22.30 Uhr an einem Zeltplatz an, um dort die Nacht in der erfrischenden Kühle unter den Sternen zu verbringen.

Am nächsten Morgen duschte ich im Badehaus des Zeltplatzes. Als ich mich angezogen hatte und das Badehaus wieder verlassen wollte, rutschte ich auf einer Bademätte aus und landete mit meinem Steißbein auf dem harten Zement. Der Schmerz war kaum auszuhalten. Die Röntgenaufnahme des Arztes bestätigte, daß ein Knochen angebrochen war. Der Arzt gab mir Schmerzmittel und legte mir nahe, lieber wieder nach Hause zu fahren, als das Wochenende wie geplant zu verbringen.

Da ich einiges von geistigen Vorgängen verstehe, wußte ich, daß Selbstmitleid das Schlimmste war, das ich mir antun konnte. Ich wußte auch, daß ich, obwohl meine Handlungsfähigkeit eingeschränkt war, das Wochenende mit meinen Freunden wahrscheinlich besser überstehen würde, als wenn ich in meine heiße und stickige Wohnung zurückkehrte.

Ich verließ mich stark auf die Schmerzmittel und genoß es gründlich, von meinen Freunden umsorgt und umhegt zu werden, die mir all das liebevolle Mitgefühl entgegenbrachten, das ich mir nur wünschen konnte. Da wir uns alle mit Esoterik beschäftigen, verbrachten wir viel Zeit damit, herauszufinden, wodurch ich mir die Verletzung zugezogen hatte. Das Wochenende war großartig, weil ich die ganze Zeit im Mittelpunkt stand! Wenn mein Unterbewußtsein die Verletzung herbeigeführt hatte, damit ich die Aufmerksamkeit bekommen konnte, die ich so dringend brauchte, dann war das Ergebnis ein voller Erfolg!

Am Montag fuhr ich sehr vorsichtig wieder nach Hause und stieg dabei häufig aus dem Auto, damit ich nicht von dem langen Sitzen steif wurde. Spätnachts kam ich zu Hause an. Die Schmerzmittel hatten mich sicher durch den dreitägigen Urlaub und die lange Heimfahrt gebracht. Am Dienstag morgen stieg in mir jedoch eine ganz andere Erkenntnis auf. Ich sollte an diesem Abend eine ASW-Gruppe leiten, und mir wurde plötzlich in erschreckender Weise klar, daß meine Verbindung zum höheren Geist, auf die ich dabei angewiesen war, nicht zustande kommen würde, wenn ich mich in einem solchen, meinen Geist trübenden Drogennebel befand. Ich konnte mich nicht gleichzeitig eines angebrochenen Steißbeines »erfreuen« und die Gruppe leiten. Ich hatte die Wahl – beides gleichzeitig ging nicht!

Ich setzte mich in einen bequemen Sessel und meditierte, um in Kontakt mit meinem Seelenbewußtsein zu treten und mich führen zu lassen. In dem »Gespräch« zwischen mir und meiner Seele machte ich deutlich, daß, wenn wir die Arbeit erledigen wollten, die wir uns vorgenommen hatten, eine Heilung stattfinden mußte. Ich verbrachte die Zeit damit, mir vorzustellen, wie heilende Energien vom höheren Bewußtsein in den Körper flossen, und visualisierte das Ergebnis: vollkommene Gesundheit und wiederhergestellte Bewegungsfreiheit. Als ich mich wieder aus dem Sessel erhob, war mein Geist wieder klar und mein Körper völlig frei von Schmerzen. Ich nahm von dem Augenblick an keine Tabletten mehr und hatte auch keine weiteren Schmerzen. Ich hatte mich entscheiden. Es war mir wichtiger, meine Gruppe zu unterrichten, als ein angebrochenes Steißbein zu haben. Als ich mich entschieden hatte, fand augenblicklich die Heilung statt.

Ein paar Jahre später befand ich mich in einem ähnlichen Dilemma. Ich war zwischenzeitlich spirituell gewachsen und ständig bestrebt, die Übereinstimmung mit meiner Seele zu vertiefen und dieses Seelenbewußtsein in meinem täglichen Leben zu verwirklichen. Ich war Doktor der Philosophie geworden, war von Arkansas nach Kalifornien gezogen und im allgemeinen mit meinem Leben sehr zufrieden. Nur eines trübte mein Bewußtsein: Vor meiner esoterischen Karriere hatte ich eine schmerzhafte Liebesbeziehung, die eine tiefe emotionale Narbe hinterlassen hatte. Über die Jahre hinweg tauchte dieser Mann immer wieder in gewissen Abständen in meinen Träumen auf und bestand darauf, daß es notwendig war, ihm zu verzeihen. Ich hielt jedoch trotzig an dem Schmerz fest und weigerte mich, mich der Liebe wieder zu öffnen.

Ich entdeckte Rebirthing, eine Methode, bei der der Atem benutzt wird, um tiefsitzende emotionale und körperliche Traumata zu lösen. Eines Tages, als ich gerade mit der Rebirthing-Sitzung begann, sagte meine Rebirthing-Therapeutin: »Du kannst in dieser Sitzung alles bekommen, was du willst.« Meine Seele antwortete innerlich: »Wie wäre es mit Erleuchtung?« Ich war völlig begeistert! Innerlich erwiderte ich: »Ja! Ja! Das will ich mehr als alles andere auf der Welt!« Aufgeregt begann ich mit dem rhythmischen Atmen, um dem Licht zu gestatten, mein Bewußtsein zu durchdringen.

Obwohl ich meine ganze Aufmerksamkeit auf die Sitzung richtete, schien es, als ob die Energien meines Körpers nur bis zum Hals hochstiegen und dort festsaßen. Ich fragte mich, ob ich »hartnäckig« oder stur in bezug auf irgend etwas war. In dem Augenblick vernahm ich die Stimme meiner Rebirthing-Therapeutin, die ich die ganze Zeit über nicht wahrgenommen hatte. Ich hörte nur ein Wort: »vergeben«. Ich weiß nicht, was sie sonst noch gesagt hat. Ich hörte nur dieses eine Wort, und das genügte. Ich wußte, daß ich meinem früheren Geliebten verzeihen mußte, sonst würde ich mein Ziel nie erreichen. Verzweifelt dachte ich: »In diesem Zustand sollte es doch einfach sein, jemandem zu vergeben«, und plötzlich wurde die Vergangenheit belanglos! Nach zwanzig Jahren, in denen ich diese emotionale Verletzung mit mir herumgetragen hatte, wurde sie nun endlich in einem einzigen Augenblick geheilt! Zum zweiten Male machte ich die Erfahrung, daß die Heilung von Körper, Geist oder Seele dann stattfindet, wenn man sich etwas anderes noch viel mehr wünscht, als an dem alten Schmerz festzuhalten.

Diese Offenbarung war so grundlegend, daß ich das Gefühl habe, keine Lehre ist ohne sie vollkommen. Möchten Sie auf der Stelle geheilt werden? Dann wünschen Sie sich etwas anderes mehr als das Alte. Wünschen Sie sich völlige Gesundheit und ein schmerzfreies Dasein mehr als die Aufmerksamkeit und die Befreiung von Verantwortung, die mit Krankheit und Unfällen einhergehen. Möchten Sie erleuchtet werden? Dann wünschen Sie sich das mehr als die emotionalen Traumata, die zwischen Ihnen und der Erleuchtung stehen.

Wenn Sie den Eindruck bekommen, daß Sie sich eine Erkältung oder eine Grippe geholt haben könnten und sich gerade auf eine ganze Woche voller interessanter Arbeit eingelassen haben, sollten Sie entschieden sagen: »Ich habe keine Zeit dafür, krank zu sein« und trotzdem all Ihren täglichen Aktivitäten nachgehen. Die Erkältung oder die Grippe wird nachlassen oder ganz und gar verschwinden, weil Sie gar nicht die Zeit haben, sich dem Gedanken an Krankheit hinzugeben.

Es könnte Ihnen auch passieren, daß Sie gerade von einem anstrengenden Arbeitstag nach Hause kommen und nur noch daran denken, in bequemen Kleidern und Hausschuhen vor dem Fernseher zu faulenzen. In diesem Augenblick macht jemand den Vorschlag, noch einen aufregenden Bummel durch das Nachtleben zu machen. Plötzlich sind Sie gar nicht mehr müde! Die Vorstellung dessen, was Sie gleich tun werden, erfüllt Sie ganz und gar, und Sie werden erneut von Interesse und Kreativität erfaßt.

Sie bestimmen Ihr Leben selbst. Sie werden das bekommen, was Sie sich wirklich wünschen. Ich hörte einmal jemanden sagen: »Einige Menschen müssen Traumata, Krankheiten und Unfälle haben, damit sie sich wirklich lebendig fühlen.« Denken Sie einmal darüber nach. Niemand kann Ihr Leben für Sie beurteilen. Sind Sie insgeheim mit dem zufrieden, was in Ihrem Leben passiert? Auch Unzufriedenheit kann Sie in Anspruch nehmen und wird Ihre geistigen Energien auf noch mehr Unzufriedenheit lenken. Suchen Sie sich eine Alternative zu dem, was Ihre geistigen Energien im Augenblick verschlingt, und konzentrieren Sie Ihre Aufmerksamkeit auf die Vorstellung, daß Ihr gegenwärtiger Standpunkt in Raum und Zeit nicht gleichzeitig mit Ihrem neuen

Ideal bestehen kann. Das ist das Geheimnis augenblicklicher
Veränderung.

Sie sind Macht!

Dies ist eine ausgezeichnete Übung, um in Ihrem Geist die
Funktionen der Seele und der Persönlichkeit zu trennen: Sagen
Sie zu sich: »ICH bin MACHT. ICH bin MACHT. ICH bin MACHT …«
Wiederholen Sie diese Aussage immer wieder, bis sie sich in eine
Erkenntnis verwandelt und keine Affirmation mehr ist. Während
Sie diese Übung machen, versuchen Sie nicht einfach Ihr Unter-
bewußtsein neu zu programmieren, sondern es gibt zu dieser
Aussage eine entsprechende Erkenntnis.
Sagen oder denken Sie aber nicht: »Ich habe Macht.« Sie sind
Macht. Macht ist nicht nur ein Werkzeug, welches man aufneh-
men und wieder ablegen kann.
Sagen oder denken Sie auch nicht: »Ich bin mächtig.« Diese
Aussage bzw. dieser Gedanke verstärkt nur Ihr niederes Selbst,
Ihr Ego, und das ist nicht das, was wir erreichen wollen.
Sagen Sie nur: »ICH bin MACHT.« Sie sagen damit die Wahrheit.
Alle Dinge, angefangen beim physischen Körper über persönli-
che Gegenstände bis hin zu Beziehungen, sind manifestierte
Energie. Und man muß die Macht haben, diese Energie bewegen
zu können. Sie sind diese Macht, ob Ihnen das bewußt ist oder
nicht und ob Sie das wollen oder nicht. Sie bewegen tagtäglich
Energie, um die Welt, in der Sie leben, zu erschaffen. Wenn Sie
den Satz wiederholen: »ICH bin MACHT«, sollten Sie sich vorstellen, daß Sie tatsächlich die Macht sind, die Ihr Leben erschafft,
mit allen Beziehungen, Gegenständen, die Sie besitzen, und allen
Situationen und Ereignissen, die Ihr Leben ausmachen.
Sie werden bald erkennen, daß Sie wirklich die Umstände, in
denen Sie leben, beherrschen und nicht ein Spielball der Umstän-

de sind. Dann werden Sie in der Lage sein, Kontrolle über die Ereignisse und Situationen in Ihrem Leben auszuüben. Sie werden dies auf eine harmonische Art und Weise tun, so daß Sie anderen nicht schaden, die wiederum aus ihrer Macht heraus ihre eigenen Erfahrungen bewirken – Erfahrungen, die Sie allerdings weder auf irgendeine Weise beeinflussen noch zu Ihrem Nachteil sein müssen.

Lassen Sie beim Wiederholen dieser Aussage keine Gedanken oder Gefühle der Selbstverherrlichung aufkommen. Jeder ist manifestierte Macht. Keiner hat mehr oder weniger Macht. Die Menschen haben lediglich mehr oder weniger Verstehen des inneren Kraftgenerators. Die Macht ist die gleiche. Denken Sie daran, daß es nicht darum geht, zu zeigen oder sich selbst zu beweisen, daß Sie besser oder schlechter sind als jemand anders. Jedes Individuum ist einzigartig. Sie versuchen sich lediglich für die Erkenntnis der riesigen Kräfte zu öffnen, die Ihrer Seele zur Verfügung stehen. Diese Kräfte können vom nach außen gerichteten Bewußtsein der Persönlichkeit erschlossen werden, um die eigene Einzigartigkeit zu verwirklichen.

Wie Sie SUBSTANZ benutzen können, um materielle Gegenstände zu erwerben

Die meisten Visualisations-Techniken, die man in den einschlägigen Büchern finden kann, funktionieren. Es geht normalerweise eher darum, die Methode zu finden, die für einen selbst am besten funktioniert. Wenn die Seele unser Leben lenkt, mangelt es uns selten an den Dingen, die wir brauchen. Dinge, die zu den Grundbedürfnissen gehören, zum Beispiel Nahrung, Kleidung, Unterkunft und Liebe, fließen in der westlichen Zivilisation meist leicht, natürlich und ohne viel Anstrengung in unser Leben, solange wir auf unsere innere Stimme hören, die uns lenkt und führt.

Manchmal »wollen« wir jedoch mehr, als wir »brauchen«. Dann können wir unsere Meisterschaft über SUBSTANZ zum Ausdruck bringen und uns diese »Extras« in unser Leben holen. Denken Sie daran, daß die Idee hinter der Erfüllung Ihres Wunsches das wichtigste ist. Sie wollen nicht den Gegenstand, sondern das, was Ihnen dieser Gegenstand an Erfahrungswerten bringt.

Ein Beispiel: Sie sind der Meinung, daß Sie ein neues Auto brauchen. Ein Auto ist nicht lebensnotwendig, sondern ein Luxus. Es gibt viele Alternativen dazu, selbst ein Auto zu besitzen. Es gibt Busse, Gemeinschaftsautos, Flugzeuge, Züge, Motorräder, Fahrräder, und Sie können auch laufen. Jede dieser Alternativen könnte unter gewissen Umständen klare Vorteile gegenüber dem Fahren im eigenen Auto aufweisen.

Die grundsätzliche Idee, die hinter einem Auto steht, ist die eines »Beförderungsmittels«, doch jede der gerade erwähnten Alternativen fällt ebenfalls in diese Kategorie. Wenn wir lediglich nach einem guten Beförderungsmittel fragten, gäbe uns jemand anders vielleicht einen Fahrschein für die S-Bahn, und unserer Bitte wäre dadurch umfassend und angemessen entsprochen. Daher muß die Frage lauten: Warum möchten Sie ausgerechnet ein Auto haben? Wenn Sie Ihren Wunsch gründlich untersuchen, werden Sie vielleicht auf Eigenschaften wie Bequemlichkeit, leichte Zugänglichkeit, Wirtschaftlichkeit, Prestige, Unabhängigkeit und andere qualitative Erfahrungswerte stoßen, die der wirkliche Grund sind, warum Sie in Verbindung mit der Idee des Beförderungsmittels ein eigenes Auto haben möchten. Jetzt haben wir eindeutige Qualitäten, mit denen wir arbeiten können.

(Die Energieprobleme der Welt haben ein neues Licht auf das Thema »Auto« geworfen. Autos, wie wir sie kennen, werden zweifellos den turbulenten Veränderungen zum Opfer fallen, die gegenwärtig unseren Planeten heimsuchen. Die Idee des Beförderungsmittels wird jedoch beim Vormarsch der Zivilisation immer eine vorherrschende Rolle spielen. Daher werden die

Konzepte, die ich hier darlege, unabhängig davon, welche materielle Form die Idee in Zukunft annehmen wird, immer noch gelten.)

Emotionale Qualitäten bewirken, daß SUBSTANZ kreativ wird. Sie werden genau das bekommen, was Sie sich wünschen, wenn Sie sich selbst ausreichend verstehen und genau analysieren, was der Gegenstand für Sie bedeutet und warum Sie diese spezielle Manifestation erfahren wollen.

Noch ein Beispiel: Nehmen wir einmal an, daß Sie sich bestimmte Möbel für Ihre Wohnung wünschen. Die Möbel, die Sie im Auge haben, kosten etwas 3000 DM. Sie sollten nun nicht das Geld visualisieren, von dem Sie die Möbel kaufen könnten, sondern die Möbel bzw. das, was die Möbel für Sie an Erfahrung darstellen.

Seltsamerweise funktioniert es oft nicht, wenn wir aus SUBSTANZ Geld erschaffen wollen. Die grundlegende Idee hinter Geld ist nämlich die des »Tauschmittels«. Einen Hundertmarkschein beispielsweise können Sie weder essen noch anziehen. Sie könnten ihn einrahmen und ihn aus bestimmten ästhetischen Betrachtungen heraus an die Wand hängen, aber für sich genommen hat er keinen Wert. Er ist lediglich ein Stück Papier, das wir als Tauschmittel benutzen. Ich habe im Wert von 100 DM für Sie gearbeitet, und jetzt möchte ich dieses Papier eintauschen gegen die Arbeit oder die Dienste eines anderen im gleichen Wert.

Im Bereich der SUBSTANZ gibt es keinen Maßstab dafür, wie wertvoll die Arbeit eines Menschen ist, und wenn Sie um Geld bitten, ohne daß Sie die entsprechende Leistung oder einen Gegenwert liefern, dann steht dies im Widerspruch zum Zweck des Geldes als Tauschmittel. Die Bitte endet daher in einer Nichtmanifestation, da Sie die Idee hinter dem Geld aufgehoben haben.

Vielleicht gelingt es Ihnen dadurch, daß Sie SUBSTANZ benutzen, ein Finanzimperium aufzubauen. Doch müssen Sie dazu die Arbeit, die das Geld bewerkstelligen muß, und die Verantwortung, die mit seinem Gebrauch einhergeht, verstehen, anstatt sich nur auf das Geld zu konzentrieren. Sie können Fabriken, Kirchen und Schulen bauen, Arbeitsplätze für andere Menschen schaffen, Philosophien verbreiten oder das Volk ausbilden, doch hinter all diesen Dingen steht immer die Idee der Erfahrung dieser Aktivitäten. Geld ist dann das Mittel, um Ihren Wunsch zur Erfüllung der Wünsche anderer Menschen zu verwirklichen, doch auch in diesem Fall entsteht durch SUBSTANZ nur das »Endprodukt«.

Wenn Sie sich auf das Geld konzentrieren, können Sie dadurch eventuell für sich andere Kanäle verschließen, durch die Ihr Wunsch sich vielleicht erfüllen könnte. Vielleicht gewinnen Sie ein neues Auto oder die Möbel, die Sie sich wünschen, oder Ihre Wünsche gehen auf eine andere Art und Weise in Erfüllung. Vielleicht bekommen Sie ja auch das Geld dafür, doch erlauben Sie der SUBSTANZ, die Methode, die Mittel und den Kanal frei zu wählen, während Sie sich auf das »Endprodukt« konzentrieren, auf die Erfahrung, die Sie machen wollen.

Wenn Sie Rechnungen bezahlen müssen, brauchen Sie dazu normalerweise Geld, über das Sie verfügen können – doch nicht immer. Begrenzen Sie nicht die Fähigkeiten des Universums, zu geben oder schöpferisch zu sein. Visualisieren Sie die bezahlten Rechnungen – das »Endprodukt«. Sehen Sie, wie Sie die Quittungen entgegennehmen, und fühlen Sie die Erleichterung, Ihren Verpflichtungen nachgekommen zu sein.

Ich benötigte einmal dringend 300 Dollar, um ein paar überfällige Rechnungen zu bezahlen. Zu der Zeit schien es völlig unmöglich, diese Menge an Geld aufzutreiben – dachte ich zumindest. Eines Abends hatte ich einen wichtigen Brief geschrieben, der noch am gleichen Tag weggeschickt werden mußte. Als ich aber zu dem kleinen Postamt kam, war es bereits geschlossen, und es gab keinen Briefmarkenautomaten. Ich stand da und wußte nicht, was ich tun sollte, als eine Frau vorbeikam. Ich hatte die Eingebung, sie zu fragen, ob sie eine Briefmarke in ihrer Handtasche hätte, und sie hatte tatsächlich eine. Ich kaufte sie ihr ab und steckte meinen Brief in den Briefkasten.

Auf dem Weg nach Hause war ich in gehobener Stimmung. Ich erkannte plötzlich, daß, wenn Gott mir zu so etwas kleinem wie einer Briefmarke verhelfen konnte, er dann auch sicherlich die 300 Dollar herbeischaffen konnte, die ich benötigte, denn beides war nur durch ein Wunder möglich. Ich entspannte mich, visualisierte die bezahlten Rechnungen und wartete zuversichtlich darauf, daß sich die entsprechenden Kanäle öffneten. Und tatsächlich – innerhalb der nächsten Woche tätigte ich einige unerwartete Verkäufe, und das Geld, mit dem ich die Rechnungen bezahlen konnte, kam herein.

Während Sie zuversichtlich auf die Erfüllung Ihres Wunsches warten, sollten Sie auf Kleinigkeiten achten, die vielleicht ein »Hinweis« auf den nächsten Schritt zur Erreichung Ihres Ziels sind. Gott serviert uns die Erfüllung unserer Wünsche normalerweise nicht auf einem silbernen Tablett. Unsere »Arbeit« schließt mit ein, daß wir auf die Führung durch unsere Seele hören und ihr folgen.

Wir können nicht bestimmen, wie unser Wunsch in Erfüllung geht. Statt dessen arbeiten wir ganz bewußt mit den Möglichkeiten, die sich uns bieten. Der Weg kann uns durch eine »Eingebung« gezeigt werden (diesem starken Gefühl, daß wir etwas ganz Bestimmtes tun sollten), oder ein anderer Mensch erzählt uns von einer günstigen Gelegenheit, die uns unserem Ziel näherbringen könnte. Vielleicht erfahren wir aber auch durch ein Buch mehr über unser eigenes Ideal – das heißt über den wirklichen Grund, warum wir dieses Ziel in unserem Erfahrungsbereich verwirklichen wollen.

Auf diese Weise kann die Gelegenheit nicht ungenutzt an uns vorüberziehen, da wir nicht nur müßig herumsitzen und von den wundervollen Dingen träumen, die wir uns wünschen. Die Frau, von der ich die Briefmarke bekam, war für mich ein Fingerzeig zu einem tieferen Vertrauen. Ohne Unterlaß zu beten bedeutet, daß man sich ständig darüber bewußt ist, daß die nächste Person, die einem begegnet, der Kanal sein könnte, durch den die eigenen Wünsche wahr werden. Seien Sie daher aufmerksam, und gehen Sie davon aus, daß solche Begegnungen stattfinden werden, auch wenn sie nur in kleinen Schritten vorwärtskommen. Machen Sie den kleinen Schritt, und warten Sie dann vertrauensvoll auf den nächsten. Sie werden den nächsten Hinweis bekommen. Sie sollten auf Ihrem Weg zum Wohlstand niemals etwas abweisen, was Ihnen liebevoll angeboten wird – sei es auch noch so groß oder klein, neu oder gebraucht, materiell oder immateriell. Auch dann nicht, wenn Sie glauben, im Augenblick keine Verwendung dafür zu haben. Der vollständige Kreislauf von Wohlstand und Versorgung besteht aus Geben und Nehmen.

Jesus sprach viel und oft über Wohlstand und wie man ihn erreichen kann: »Alles, was der Vater hat, das ist mein«, (Johannes 16,15). »... es ist eures Vaters Wohlgefallen, euch das Reich zu geben« (Lukas 12,32). »Trachtet als erstes nach dem Reich Gottes [das Reich des inneren Selbst] und nach seiner Gerechtigkeit [dazu mehr in Kapitel/Woche 5], so wird euch solches [materielle Güter] alles zufallen« (Matthäus 6,33). Dies sind einige der Aussagen, die er gemacht hat und die Sie mit in Ihre Meditation nehmen sollten, wenn Sie mit SUBSTANZ arbeiten wollen, um für sich materielle Dinge zu erschaffen.

In der Apostelgeschichte (20,35) steht das Sprichwort »Geben ist seliger als nehmen«, doch ist diese Idee unvollständig. Wie sollen wir denn geben, wenn wir nicht zuerst etwas bekommen haben? Wenn wir nichts zu geben haben, da wir nichts bekommen haben, wie steht es dann um unseren Kanal göttlicher Segnungen? Das Sprichwort läßt bei vielen auch den Eindruck entstehen, daß »nehmen« etwas Unehrenhaftes sei, deshalb verschließen sie sich den Quellen des Nehmens. Aber wir verhelfen dem anderen, wenn wir etwas bekommen, nach diesem Sprichwort doch auch zu seinem Glück. Das wichtigste ist aber, daß wir durch die Dankbarkeit, mit der wir etwas annehmen, weitere Kanäle öffnen, durch die die materiellen Dinge, die wir uns wünschen, zu uns kommen können. Indem wir das Geschenk annehmen, geben wir zu verstehen, daß wir offen und empfänglich für das Reich der SUBSTANZ sind, wo grenzenlose »Vorräte« vorhanden sind, und daß wir alle Dinge haben können, die wir uns wünschen oder brauchen.

Wenn Sie aus irgendeinem Grunde keine Verwendung für das haben, was Ihnen angeboten wird, sollten Sie es trotzdem annehmen. Schauen Sie, ob jemand anders in Ihrer Umgebung es gebrauchen kann. Dadurch werden Sie ein Kanal für gute Dinge, die anderen Menschen passieren. Wenn Sie etwas zurückweisen, was Ihnen angeboten wird, blockieren Sie damit sowohl die gebenden Kanäle eines anderen als auch Ihre eigenen empfangenden Kanäle. Geben und nehmen Sie – mit Liebe und mit Güte.

Unser Verlangen und spiritueller Fortschritt

Buddha sagte, das Verlangen an sich sei der Feind jedes spirituellen Fortschritts. Solange es noch Wünsche und Begierden gebe – egal, ob nach materiellen Objekten, Liebe, Anerkennung oder sogar nach spiritueller Verwirklichung –, werde man durch diese Begierden an das Rad der Wiedergeburten gefesselt, um das erreichen zu können, was man sich wünscht.

Völlig wunschlos zu werden bedeutet jedoch, nicht mehr am Lebenskampf teilzunehmen, obwohl wir doch gerade hergekommen sind, um diese Erfahrung zu machen. Ein Autor, dessen Name mir nicht mehr gegenwärtig ist, dessen Gedanken mein Verstehen jedoch unheimlich erweitert haben, schrieb sinngemäß: Das Verlangen ist Gottes Wille, der vorwärts drängt, um das Sein zu erforschen, zu werden und zu erfahren.

Verlangen ist die motivierende Kraft, die immer auf das nächste Ziel hinstrebt. Der Wunsch, das Ziel – das »Endprodukt« – zu erreichen oder zu erfahren, ist die Methode, die unsere Seele benutzt, um uns Werte zu vermitteln. Auf diese Weise erwirbt die Seele den Weitblick, der mit abgeschlossenen Erfahrungen einhergeht.

Jede abgeschlossene Erfahrung geht in den dauerhaften Besitz der Seele über. Etwas zu wollen und es zu erreichen bedeutet, an Kraft, Liebe und Hingabe zu wachsen. Die Seele erwirbt auf diese Weise unentbehrliche Weisheit und Klarheit.

Das geistige Wesen des Menschen, der ursprüngliche Gottesfunke, ist nur ein Prototyp, ein Entwurf oder, wenn man so möchte, eine noch nicht ausgereifte Idee des Schöpfers, die noch mit Erfahrungen gefüllt (erfüllt) werden muß, die das ganze Wesen – Geist, Körper und Seele – macht. Es ist nicht ausschlaggebend, ob diese Erfahrungen angenehm oder unangenehm, harmonisch oder disharmonisch sind. Jede gemachte Erfahrung bringt Verstehen mit sich, und jede Erfahrung lehrt uns, welche Konsequenzen der gute oder schlechte Umgang mit den kosmischen Gesetzmäßigkeiten mit sich bringt. Diese »Erfahrungswerte« sind die Kriterien, an denen die Seele Situationen und Beziehungen mißt. Um eine Situation zu verändern, das heißt, sie zu meistern, sollten wir nach dem Guten Ausschau halten, welches durch sie erwachsen kann: nach dem Wert dieser Erfahrung für die Seele.

Oft wird nicht beachtet, daß die Ziele an sich eine sekundäre Bedeutung haben bei der Notwendigkeit, Erfahrungen zu machen. Sie sind für die Seele nicht so wichtig wie vielmehr der Weg dahin, das Ziel zu verwirklichen. Es ist der Prozeß – die Art und Weise, wie wir mit unseren intellektuellen und emotionalen Reaktionen auf Erfahrungen umgehen –, der uns das lehrt, was wir lernen müssen, und uns hilft, einen Sinn für Werte zu entwickeln. Unsere Abenteuer auf dem Wege liefern uns die grundsätzlichen Zutaten, die die Entwicklung der Seele fördern.

Es kommt ganz darauf an, wie man die Dinge betrachtet: Der losgelöste, unpersönliche Gesichtspunkt des ICH-BIN-Bewußtseins erlaubt Ihnen, die Früchte Ihres Schaffens vollständig zu genießen, während Sie sich auf der anderen Seite die Fähigkeit bewahren, sich, wenn nötig, emotional und intellektuell von ihnen zurückzuziehen.

Durch diesen objektiven Standpunkt wissen Sie auch, wann es an der Zeit ist, Ihre Aufmerksamkeit von etwas zu lösen, wenn dies für Ihr und/oder das Wohl anderer notwendig ist. Solange Sie Ihren Wunsch aufrechterhalten, etwas Bestimmtes zu erreichen, bleiben Sie durch Ihre darauf gerichtete Aufmerksamkeit an die endgültige Vollendung Ihres Ziels gebunden.

Die Fähigkeit, sich zu lösen, wenn es nötig wird, ist der Schlüssel, um jede Situation zu meistern. Das Wissen darum, wie man sich lösen kann, entwickelt sich erst dann, wenn die Seele genügend Informationen in vorangegangenen Situationen gesammelt hat, um die persönliche Verantwortung für das bewußte Lenken ihres eigenen Willens zu übernehmen.

Phantasien, Illusionen und andere Gefahren

Bis jetzt habe ich die günstigeren Aspekte medialer Entwicklung in den Vordergrund gestellt und zugunsten einer positiveren Herangehensweise einige der Fallen und Gefahren auf dem Wege außer acht gelassen. Jetzt ist es an der Zeit, kurz einige der Illusionen aufzuzeigen, die den unachtsam Reisenden befallen können, und zu beschreiben, wie man sie erkennen und vermeiden kann.

1. Der Wunsch, andere zu kontrollieren oder zu beherrschen

Dieses Bedürfnis des Egos kann sehr subtil sein, und man muß auf der Hut sein, es auszumerzen, wenn man darauf stößt. Im

Bereich der übersinnlichen Kräfte manifestiert sich dieser Wunsch als der Versuch, die Energien und Gefühle anderer Menschen psychologisch zu manipulieren. Deutlich wird dieser Wunsch zum Beispiel in den medialen Lesungen derer, die ein persönliches Vergnügen daraus ziehen, Dinge zu sagen, die schockierend oder schmerzlich sind, oder die auf Effekthascherei ausgerichtet sind.

Das geläuterte Selbst hat nur den Wunsch zu helfen. Es weiß, wann es gut ist, etwas zu sagen, und wann es wichtig ist, Informationen zurückzuhalten, für die die andere Seele vielleicht noch nicht bereit ist. Das wichtigste Ziel ist, den suchenden Gefährten auf dem Wege in aufbauender Weise aufzuklären.

2. Geistige Starrheit

»Gerettet, heilig gesprochen und versteinert«, sagte die Frau eines Priesters einmal zu mir. Sie meinte damit gewisse Mitglieder ihrer Gemeinde, die das Gefühl hatten, für ihre Rettung sei alles getan worden und es gebe nichts mehr, was sie noch lernen, suchen oder erreichen könnten oder sollten. Die Wahrheit in allen Dingen wächst jedoch, entwickelt und erweitert sich, genauso wie der Geist sich erweitert und sich der grenzenlosen Natur des Wissens und der kosmischen Prinzipien bewußt wird.

Individuen, die sich nur auf eine Lehrmeinung versteifen, das heißt auf eine Interpretation kosmischer Prinzipien unter Ausschluß anderer, behindern dadurch selbst ihren spirituellen Fortschritt. Egal, wie hochgesteckt die Ideale, die Lehren oder wie erleuchtend eine Ideologie sein mag – es gibt immer noch mehr zu lernen. Kein menschlicher Kanal, durch den spirituellen Lehren fließen, kann in einem Leben all das zum Ausdruck bringen, was von dem endlos ausströmenden Wissen gelernt werden kann. Die englische Mystikerin Alice Ann Bailey (1880–1949) beispielsweise hat mit der erstaunlichen Menge von dreißig Büchern sicher ihr Bestes getan. Sie empfing diese Werke durch die telepathischen Übermittlungen ihres tibetischen Lehrers. Aber auch diese Bücher können endlosen Interpretationen und Deutungen unterzogen werden.

Sie sollten sich vor Medien in acht nehmen, die das Vertrauen, die Taten oder den Glauben eines Menschen auf die leichte Schulter nehmen oder abwerten. Die Navajo-Indianer sagen: »Kritisiere niemanden, bevor du nicht eine Meile in seinen Mokassins gelaufen bist.« Seien Sie flexibel und tolerant, und versuchen Sie kontinuierlich Ihr eigenes Verstehen und Ihre medialen Erkenntnisse zu erweitern. In puncto Weltanschauungen gibt es so etwas wie das letzte Wort nicht.

Respektieren Sie bescheiden das Licht des Verstehens – egal, in welcher Form es zu Ihnen kommt –, auch wenn es Ihren augenblicklichen Ideen entgegengesetzt zu sein scheint. Eine wirkliche Erleuchtung wird Sie niemals binden oder behindern, sondern Ihnen helfen, Ihr eigenes Verstehen zu erweitern und zu vergrößeren und mit ihm Ihr Tätigkeitsfeld und Ihren persönlichen Magnetismus.

3. Die Versuchungen des niederen Selbst

Wenn sich unsere mentalen Fähigkeiten entwickeln, wird unser Geist klarer, durchdringender und empfindsamer für die Gedanken und Gefühle anderer. Diese Fähigkeiten entwickeln sich in der Regel langsam und werden ebenso langsam in die Strukturen der Persönlichkeit integriert. Die Langwierigkeit dieses Vorgangs ist die größte Falle auf dem Weg.

Manche Schüler, die immer noch an den Aktivitäten der materiellen Welt teilnehmen, benutzen ihre wachsenden mentalen und medialen Fähigkeiten für selbstsüchtige Tätigkeiten, die die Bedürfnisse der Persönlichkeit und des sozialen Lebens erfüllen. Sie gehen Aktivitäten nach, die dem Ehrgeiz Nahrung geben und die Stolz und Eitelkeit fördern. Das innere Selbst wird von diesen Empfindungen abhängig und verliert das Interesse daran, die

Energien weiter auf das Verlangen zu richten, emporzusteigen, um ein Diener der Menschheit oder auch »nur« der Familie zu werden.

Medien, die ihre Selbstbezogenheit mit auf ihren esoterischen Weg nehmen, benutzen ihre Fähigkeiten, um diese Eitelkeiten zu befriedigen. Sie bauen sich oft groß auf, wobei sie eine manipulierende Sprache benutzen, um ihre Fähigkeiten und Talente zu beschreiben. All das führt zu Handlungen, die weiterhin den eigenen Stolz nähren.

Solche Medien würden einem anderen Menschen bei einem Reading[19] eher etwas vormachen, als zuzugeben, daß durch ihre verstopften Kanäle nichts hindurchkommt. Ihre Readings werden voller Aussagen und Ideen sein, die dazu dienen, ihr persönliches Image aufzupolieren. Statt dessen sollten sie lieber die reine und klare Wahrheit suchen, um den Klienten in aufbauender Weise zu belehren, denn ein Medium sollte jedem Klienten auf liebevolle und selbstlose Art und Weise dienen.

Der spirituelle Schüler sollte vor diesen Anzeichen von Egoismus auf der Hut sein, da sie oft sehr subtil sind und Menschen manchmal ihrem eigenen Selbstinteresse gegenüber blind sind, wenn sie mit anderen arbeiten. Man macht schneller Fortschritte auf dem Weg, wenn man die eigene spirituelle Entfaltung durch Selbstvergessenheit fördert, bemüht ist, niemandem zu schaden, und aus reiner Freude daran, anderen zu dienen, handelt.

4. Die Gefahren meditativer Trance

Es ist nicht das Ziel der Meditation, den Geist in einen schläfrigen oder tranceähnlichen Zustand zu versetzen. Wir versuchen einen disziplinierten, sensiblen und gutorganisierten Geist aufzubauen, damit die Qualitäten des Emporstrebens, der Hingabe und der Unterscheidungsfähigkeit sich in verbindende, analytische Energien verwandeln. Der Geist wird nicht dadurch diszipliniert, daß man seine Aktivitäten einschränkt, sondern durch die Umwandlung und Transformation der in ihm entstehenden Energien und Gedankenmuster und durch die ständige Bemühung, hochwertigere Einstellungen auf der mentalen und seelischen Ebene zu etablieren, die größeren Absichten und Zielen dienen.

Wenn man den Geist zwingt, leer oder inaktiv zu sein, und nicht zuläßt, daß Gedanken aufkommen, kann das dazu führen, daß die zirkulierenden gedanklichen Schwingungen im mentalen Feld gehemmt werden und dadurch wiederum der vitalisierende kreative Fluß und die Zufuhr von Lebensenergie zum Gehirn abgeschnitten wird. Und nicht nur das: Böswillige und schädliche Wesenheiten aus der astralen Ebene haben ihre Freude an dem offenen Feld, das ihnen so ein leeres, nichtenergetisiertes Gehirn bietet. Sie rufen Bilder, Farben und Empfindungen hervor und machen emotionale Kunststücke, die den arglosen medialen Schüler erfreuen oder beängstigen können.

Verwechseln Sie meine Beschreibung eines inaktiven Geistes nicht mit der Stille einer tiefen Meditation. Die effektivste Methode, um den Verstand zur Ruhe zu bringen, besteht darin, die Schwingungen des Geistes durch das eigene höchste Bestreben auf eine so hohe Ebene zu heben, daß es niederen mentalen Strömungen oder emotionalen und körperlichen Eindrücken nicht mehr möglich ist, ihn zu beeinflussen. Von der höheren mentalen Ebene aus werden nur sehr hochwertige Ideen, Eindrücke, Erkenntnisse und Gedankenformen wahrgenommen.

Unechte »Meister« und andere Wesenheiten aus dem astralen Bereich nutzen den Trancezustand des inaktiven Geistes in Trancemedien und spiritistischen Sitzungen aus. Man kann sie daran erkennen, daß sie versuchen, ihre Zuhörer in ihre Gewalt zu bekommen, indem sie ihnen Angst einjagen, sie beschimpfen, manipulieren, beherrschen, nötigen, einschüchtern oder ihnen sogar schmeicheln. Man sollte jeden Versuch eines Wesens, Kontrolle durch Angst oder subtile emotionale Manipulation auszuüben, mit allen zur Verfügung stehenden Kräften zurückweisen.

Wahre Erleuchtung und wirkliche esoterische Prinzipien wirken erhebend und rufen ein Gefühl tiefen Glücks und großer Freiheit in dem, der sie erfährt, hervor. Auch wenn bestimmte Züge der Persönlichkeit, die für die Entwicklung der Seele nachteilig sind, durch ein Reading enthüllt werden, ist man weder traurig noch enttäuscht, wenn diese Botschaft wirklich aus der höheren spirituellen Ebene kommt. Statt dessen wird durch das Offenbarwerden dieser Eigenschaften eine innere Sehnsucht wachgerufen, die den Zuhörer dazu bewegt, das Alte loszulassen, damit er das Neue greifen kann. Auf diese Weise wird er angeleitet, bessere und lohnenswertere Dinge zu tun.

5. Stimmen, Gesichter, Farben und Erscheinungen

Optische Störungen, hörbare Stimmen und das Gefühl zu schweben sind häufige körperliche Begleiterscheinungen, wenn man die Bewußtseinsebene wechselt. Anfänger auf dem mystischen Pfad sind normalerweise noch ihren eigenen emotionalen Energien ausgeliefert. Ihre ersten Versuche, Visualisation und Imagination einzusetzen, führen sie mitten durch die emotionalen Schwingungen der astralen Ebene samt ihren irreführenden Illusionen.

Die Dimension, in der wir leben, atmen und Erfahrungen machen, wird durch unsere aktive Vorstellung erschaffen – durch genau die Visualisation, die so wichtig für jedes magische Unterfangen ist. Die Schüler müssen bereits zu Beginn ihre Vorstellungskraft einsetzen, da sie nur durch den Gebrauch ihrer Vorstellungskraft ihren Geist dazu bringen können, den Weg zu medialer Entwicklung freizugeben.

Im Verlaufe ihrer Entwicklung müssen sie sich jedoch all ihrer Gedanken, Gefühle und Eindrücke in hohem Grade bewußt werden. Sie müssen lernen, jeden Gedanken, der ihnen in den Sinn kommt, einzuordnen und zu analysieren. Man kann nicht einfach nur die Augen schließen und darauf warten, übersinnliche Fähigkeiten zu bekommen. Normalerweise ist über eine ganze Zeit hinweg ein sorgfältiges Training notwendig, genau wie bei jedem beliebigen erlernten Beruf.

Die meisten Informationen aus anderen Dimensionen scheinen uns über den Scheitel des Kopfes zu erreichen, und wenn sie nicht unmittelbar in den inneren Schichten der Theta-Ebene des Geistes aufgezeichnet werden, vergessen wir sie schnell und können sie uns auch nicht mehr zurückrufen. Gedanken, die den eigenen Vorstellungen entspringen, kommen in der Regel aus tiefen Schichten des Gehirns und scheinen zum Scheitel des Kopfes aufzusteigen, wo sie uns bewußt werden. Ideale und Ideen aus dem höheren abstrakten Geist kommen scheinbar voll ausgereift mitten im Kopf an, zusammen mit einer entsprechenden Energie, die uns dazu drängt, sie umzusetzen.

Visualisation findet im vorderen Teil des Gehirns statt, in der Nähe der Zirbeldrüse, und auch sie hat eine »Quelle«, die sich deutlich von anderen Gehirnaktivitäten unterscheidet. Die Schüler müssen selbst herausfinden, wo sich diese Quellen in ihnen befinden, um zwischen ihren niederen und höheren Geistesaktivitäten unterscheiden zu können und diese wiederum von Gedanken trennen zu können, die aus einer anderen Dimension oder von anderen Menschen stammen.

Imagination ist die Kraft, die die Räder der Schöpfung in Bewegung hält. Die niedere astrale Welt ist jedoch voller Trugbilder, die von Individuen durch den unweisen Einsatz von SUBSTANZ geschaffen worden sind und durch den unbewußten Umgang mit Imagination am Leben erhalten werden. Diese verzerrten Phantasien werden leicht von angehenden Medien aufgenommen, die begierig »mediale« Erfahrungen suchen.

Es ist eine äußerst betrübliche Erfahrung für einen Lehrer, beobachten zu müssen, wie ein werdendes Medium in eine Phantasiewelt entgleitet, die von dem Bedürfnis des Egos geschaffen wird, in einer zu frühen Entwicklungsphase bereits alles zu wissen, zu sein und sagen zu können. Um den weisen Umgang mit medialen Kräften zu lernen, ist es unbedingt notwendig, die verschiedenen Stufen der eigenen spirituellen Entwicklung voneinander unterscheiden zu können.

Die gefährlichste Zeit für angehende Medien ist die, in der sich die niederen Körper in den ersten Stufen der Läuterung befinden, sie selbst aber noch für Stolz, Eitelkeit, egoistische Motive und emotionale Aufregung über die zum Vorschein kommenden Talente des Geistes anfällig sind. In dieser Zeit sind sie am anfälligsten für die faszinierenden Visionen, Erscheinungen, Gesichter und Stimmen von der astralen Ebene, die häufig während der Meditation oder in den Vorstadien des Schlafes auftauchen, aber auch zu jeder anderen Zeit auftreten können.

Die Stimmen können sogar irreführende Ratschläge geben, die emotionale Verwirrung zur Folge haben. Einige Schüler, die ihre objektiven, kritischen Anlagen noch nicht weiterentwickelt haben, glauben, daß die Stimmen, die sie hören, die wirkliche innere Stimme sind, und sie gehorchen ihr blindlings bis zu einem Punkt, an dem sie erkennen, daß es zu spät ist, zu entkommen. Wenn ihr emotionaler Zustand nicht stabil genug ist, kann die Erkenntnis, daß sie sich getäuscht haben, sie nervlich sehr belasten und traurigerweise auch ihr Vertrauen und ihren Glauben sehr erschüttern oder gar zerstören.

Um zwischen solchen irreführenden und der wahren inneren Stimme zu unterscheiden, muß man reine Vernunft anwenden. Man muß wissen, daß die wirkliche innere Stimme der Seele niemals Forderungen stellt, niemandem schmeichelt, niemals Zwang ausübt und niemals etwas sagt, was den Menschen in der Illusion, besonders wichtig zu sein, bestärkt. Außerdem flößt uns die innere Stimme niemals Angst, Negativität oder Trennung ein. Sie treibt uns zur Verantwortung in der Gruppe, zu Fürsorge,

Aktivität, Pflichterfüllung, Hingabe und Solidarität an. Die innere Stimme schenkt uns Mut, Energie, Freude und den Willen, Gutes zu tun.

Visionen sind oft holographisch, das heißt dreidimensional, und ziemlich realistisch. Sie scheinen eine materielle Form wie feste Gegenstände oder Menschen zu haben, obwohl sie auch manchmal flüchtig und geisterhaft sind. Sie können beängstigend, charmant oder verführerisch sein. Unabhängig davon, welche Form sie angenommen haben, ist es wichtig, daran zu denken, daß sie normalerweise nicht real sind. Zum größten Teil handelt es sich hierbei lediglich um geistige Bilder, deren sich das Gehirn entledigt, während es sich an die veränderten chemischen Bedingungen anpaßt, die durch das Zusammentreffen höherer und niederer Energien hervorgerufen werden.

Jemand hat einmal gesagt, daß sie »Ausscheidungen des Gehirns« seien – eine passende Bezeichnung. Man sollte diese Erscheinungen objektiv betrachten und ihnen keine besondere Wichtigkeit beimessen. Mit der Zeit werden sie allmählich nachlassen und später unter Umständen durch die Fähigkeit des astralen Sehens ersetzt werden. Das wiederum ist die Fähigkeit, Erscheinungen und Wesenheiten auf der astralen Ebene wahrzunehmen, und zwar so, wie sie – objektiv und emotionslos betrachtet – wirklich sind.

Man muß sich, während man durch dieses Stadium geht, den Sinn für Humor bewahren. Ich amüsierte mich in dieser Phase damit, laut zu den Gesichtern und Erscheinungen zu sprechen, die vor meinen Augen entstanden. Manchmal sahen sie so echt aus, als ob ein verkörpertes Wesen dastand oder an der Decke hing. Sie antworteten mir nie, ihr leerer Gesichtsausdruck blieb, und die Erscheinungen veränderten sich nicht. Während ich sie betrachtete, lösten sie sich einfach langsam auf.

Tatsächliches astrales Sehen ist keine Gabe, die unwissende Menschen normalerweise haben. Man muß sich diese Fähigkeit erwerben. Man erlangt sie nur dann, wenn die eigenen emotionalen Energien unter Kontrolle sind und man sich nicht länger von der astralen Ebene »verzaubern« läßt. Medien, die die Fähigkeit des astralen Sehens wirklich besitzen und sie verstehen, benutzen sie nicht, um Wissen, Informationen oder Weisheit zu erlangen. Auch bitten sie die Wesenheiten der astralen Ebene nicht um Führung oder Offenbarungen. Sie wissen, daß ihr eigener höherer Geist der Kanal für diese Dinge ist. Ihre Begegnungen mit der astralen Ebene haben nur den Zweck, Mitreisenden auf dem Pfad zu helfen, die im Netz ihrer eigenen emotionalen Probleme gefangen sind.

6. Die zwei Aspekte des Lebens

Das spirituelle Leben hat zwei Aspekte. Am erfolgreichsten sind die Schüler, die zwischen diesen beiden Aspekten ein Gleichgewicht aufrechterhalten können. Der eine Aspekt ist der des spirituellen Strebens, der Schönheit, der Ideale und Visionen. Der andere ist der Bereich unserer täglichen Aufgaben, Verpflichtungen und Verantwortlichkeiten. Der erfolgreiche Schüler läßt sich nie so sehr von seiner persönlichen Suche absorbieren, daß er seine Grundbedürfnisse und die Bedürfnisse derer vergißt, die karmisch mit ihm verbunden sind.

Um am wirkungsvollsten zu sein, muß die Mystik in unser tägliches Leben integriert werden. Mystik ist kein Ziel an sich, sondern ein wesentlicher Faktor, der all unsere Unternehmungen beeinflußt. Jeder kann in jeder Position seine Arbeit besser erledigen und harmonischere Beziehungen führen, wenn er sich der Führung, der Liebe und der Energie der Seele öffnet.

Man muß auch ein Gleichgewicht zwischen den in der Meditation einfließenden Energien und den spirituellen Bestrebungen auf der einen Seite und den Möglichkeiten, diese Energien durch weiterführende Dienste wieder abfließen zu lassen, auf der anderen Seite herstellen. Die medialen Zentren werden zu sehr stimuliert, wenn Energien im Überfluß einströmen, ohne daß es adäquate Möglichkeiten gibt, sie sinnvoll einzusetzen. Dieser Überschuß an Energie könnte jedes der Chakren stimulieren und dadurch sowohl psychologische als auch körperliche Probleme hervorrufen. Die ganzen emotionalen, kreativen und zeugenden Energien, die vom sexuellen Zentrum und vom Solarplexus hervorgebracht werden, sollten zum Beispiel in Aktivitäten gelenkt werden, die kreativ sind und Gutes auch für andere bewirken. Es können schwerwiegende Probleme in zwischenmenschlichen Beziehungen auftreten wenn diese Zentren überstimuliert werden, ohne daß es eine entsprechende Einsatzmöglichkeit für diese Energien gibt.

Religiöse und weltanschauliche Verwirrungen können auftreten, wenn im Herz- und Hals-Zentrum zu viel Energie vorhanden ist und keine Möglichkeit besteht, diese Energie für die Belehrung und Aufklärung anderer einzusetzen.

Wenn die Kopf-Zentren überstimuliert werden und ihre Energien sich stauen, wird der Schüler von psychosomatischen und mentalen Problemen geplagt. Gesundheitsprobleme verschiedenster Art können sich aus der Überstimulation jedes Chakras ergeben. Die richtige Motivation für die mystische und mediale Entfaltung ist der Wunsch, anderen dienen oder helfen zu können, denn nur so können wir Gott dienen. Wir müssen dafür drei große Tugenden entwickeln: Kooperation, Dankbarkeit und Bescheidenheit:

- Kooperation wird in dem Schüler eine Art von Gruppenbewußtsein, ein Gefühl der Einheit und Einsicht in die Notwendigkeit, für das größte Wohl aller zu arbeiten, hervorrufen. Es wird Ihnen helfen, Gefühle der Einsamkeit und des Getrenntseins aufzulösen und von der ständigen Beschäftigung mit sich selbst loszulassen.

- Dankbarkeit wird Ihre Aufmerksamkeit auf die höheren Aspekte aller Bereiche des Lebens richten, wodurch Sie die Aktivität des höheren Geistes verstärken.

– Bescheidenheit wird Sie davor bewahren, »die Tore des Himmels gewaltsam zu stürmen«. Sie werden dadurch langsam, aber stetig und sicher vorwärtskommen und durch die mentalen und emotionalen Traumata hindurchgelangen, die häufig ein Zeichen dafür sind, daß gewohnte Verhaltensmuster umgeworfen werden. Wenn Selbstgenügsamkeit zu einem Problem werden sollte, ist es gut, daran zu denken, daß Sie nur ein Arbeiter im Garten Gottes sind. Egal, wie groß Ihre Talente und Fähigkeiten sein mögen, es gibt immer Menschen, deren Talente, Fertigkeiten und Fähigkeiten Ihre bei weitem in den Schatten stellen, genauso wie die Leuchtkraft der Sonne den Mond in den Schatten stellt. Sie sollten das, was Sie jetzt sind, als Ausgangspunkt für die Zukunft nehmen, in der Sie immer weiterschreiten, zu immer größerer Vollendung.

Ein wichtiger Gedanke

Sie sollten unter keinen Umständen jemals Ihre neu erworbene Meisterschaft dafür einsetzen, Menschen zu manipulieren. Das wäre schwarze Magie. Denken Sie an das Gesetz der Wiederkehr: Was auch immer ein anderer durch Sie erfährt, wird eines Tages zu Ihnen zurückkehren.

Um Ihrer eigenen Freiheit willen, Erfahrungen zu machen und spirituell zu wachsen, sollten Sie anderen die gleiche Freiheit lassen. Bestehen Sie nie darauf, daß andere Ihren Ratschlägen folgen, sich Ihre Lehren anhören, bestimmte Dinge tun, oder gar darauf, daß sie geheilt werden oder sich verändern, weil Sie der Meinung sind, daß es gut für sie wäre. Das, was sie sind und was sie tun, ist ihre Erfahrung auf dem Pfad der Evolution.

Das bedeutet nicht, daß man angesichts der Misere eines anderen Menschen kalt oder teilnahmslos sein sollte. Wenn Sie sehen, daß sich jemand in Gefahr befindet, können Sie sich nicht einfach umdrehen und sagen: »Nun, das ist die Erfahrung dieses Menschen, und ich darf mich nicht in sein Karma einmischen.« Woher wissen Sie, wessen Karma es ist, das Sie gerade sehen? Vielleicht ist es Ihr eigenes. Vielleicht müssen Sie jemanden retten, um »wiedergutzumachen«, daß Sie jemand anderes in Gefahr gebracht haben.

Der Schüler auf dem spirituellen Pfad sollte auf jeden Hilferuf reagieren. Sie müssen all Ihre Fähigkeiten einsetzen, wenn jemand um Unterstützung bittet. Wir helfen uns selbst, wenn wir anderen helfen, und jeder positive Gebrauch der kosmischen Energie trägt dazu bei, das Bewußtsein der ganzen menschlichen Rasse zu heben.

Sie dürfen sich jedoch nie in den freien Willen eines anderen Menschen einmischen. Sie dürfen andere beraten, belehren, aufrichten und inspirieren, aber erlauben Sie ihnen auch, die Energien, die Sie ihnen zur Verfügung stellen, so zu benutzen, wie sie es möchten. Spirituelle Gesetze arbeiten peinlich genau und sind unbeirrbar. Wenn Sie Ihre Fähigkeiten auf eine Art und Weise gebrauchen, die andere veranlaßt, gegen ihren Willen zu handeln – besonders in Fällen, in denen es zu Ihrem Vorteil und zu deren Nachteil ist –, werden die Hindernisse, die Sie anderen auf diese Weise in den Weg legen, hundertfach auf Sie zurückfallen. Wenn nicht in diesem Leben, dann in einem oder mehreren Ihrer zukünftigen Existenzen.

Wenn Sie wirklich verstehen, wie man mit SUBSTANZ umgeht, haben Sie es gar nicht nötig, andere zu manipulieren. Sie können dann Orte, Situationen oder Ereignisse nach Lust und Laune verändern (denken Sie daran, daß Gott jedes Gebet durch das Zusammenwirken seiner und Ihrer Aktivitäten beantwortet) und die richtigen Menschen treffen, das heißt diejenigen, die auch von Ihren Wünschen profitieren können, damit die Umstände geschaffen werden, die Sie sich wünschen.

Sie müssen nicht festlegen, wer diese Menschen sein werden. Es gibt unzählige Menschen, die gerne und zu ihrem eigenen großen Vorteil an Ihren Erfahrungen teilnehmen können und werden.

Dieses Verständnis wird besonders im Verkauf benötigt, da man dort das Manipulieren von Menschen als Mittel zum Zweck lehrt. Der Verkäufer wird darin geschult, alles menschenmögliche zu tun, um den potentiellen Käufer wie gewünscht zu beeinflussen. Es wäre viel besser, wenn der Verkäufer SUBSTANZ statt Willenskraft einsetzt! Visualisieren Sie in Ihrer Meditation auf der Alpha-Ebene, wie die richtigen Menschen, also diejenigen, die von Ihrem Produkt oder von Ihren Dienstleistungen profitieren können, von Ihnen angezogen werden, oder daß Sie zu Ihnen geführt werden. Stellen Sie sich eine riesige Menschenmenge vor, mehr als alle Menschen, die jemals etwas von Ihnen gekauft haben. Sehen Sie, daß sie glücklich und erfolgreich sind, da sie Ihr Produkt endlich gefunden haben. Und sehen Sie sich selbst erfolgreich und glücklich, weil Sie so vielen Menschen geholfen haben.

Diese Visualisation unterscheidet sich nicht so sehr von denen, die man in Verkaufshandbüchern finden kann. Sie stellt lediglich die Idee des Dienens statt der des Verkaufens in den Vordergrund. Sicherlich können Sie kraft Ihres Willens an jeden verkaufen, der sich zum Kauf manipulieren läßt, ganz unabhängig davon, ob er Ihr spezielles Produkt oder Ihre Dienstleistung braucht. Wenn Sie jedoch SUBSTANZ einsetzen, kann es sein, daß Sie gar niemanden mehr treffen, der Ihre Dienstleistung nicht braucht, und die Verkäufe werden sich ganz von selbst ergeben. Nur diejenigen, die Ihr Produkt brauchen, die es nutzbringend einsetzen und es sich leisten können, werden Ihnen über den Weg laufen, und beide Seiten werden davon profitieren. Alle anderen gehen vorüber und finden ihr Glück woanders.

Praktische Übungen, Teil 4
Psychokinese oder Wie man Materie manipuliert

Mentale Kontrolle über Gegenstände wird entweder als »Psychokinese« oder »Telekinese« bezeichnet. Die Terminologie mag unterschiedlich sein, gemeint ist jedoch das gleiche: Kontrolle über Gegenstände durch Willenskraft.

Der Geist kann SUBSTANZ relativ einfach handhaben. Über die Willenskraft läßt sich Materie gleichermaßen beherrschen, auch wenn es nicht ganz so einfach geht. Während Sie versuchen, durch verschiedene Experimente zu lernen, Gegenstände zu kontrollieren, indem Sie Ihre Willenskraft lenken und konzentrieren, werden Sie allmählich verstehen, wie der Geist auf den Körper einwirkt, um ihn zu heilen, und warum die materiellen Gegenstände um Sie herum Ihren Wünschen dienen müssen.

Wie bei anderen Übungen ist es auch bei diesen so, daß jeder Erfolg Ihr Vertrauen steigert. Je mehr Sie üben, um so erfolgreicher werden Sie sein.

Übung 1: Ein mediales Würfelspiel

Das Ziel dieser Übung ist, geistig zu kontrollieren, wie zwei Würfel fallen.

Ihre Absicht bei den ersten sechs Würfen ist, so viele Einsen wie möglich zu würfeln. Bei den zweiten sechs Würfen sollten Sie so viele Zweien wie möglich würfeln und so weiter, bis Sie alle sechs Zahlen sechsmal gewürfelt haben.

Teilen Sie ein Blatt so auf, daß Sie sechs Spalten und sechs Zeilen haben, wobei Sie die erste Reihe mit 1 numerieren, die zweite mit 2 etc. Dies ist Ihr Punktezettel.

Notieren Sie Ihre ersten sechs Würfe in der ersten Zeile, wobei Sie die jeweilige Zahlenkombination eintragen. Wenn Sie zum

Beispiel eine Vier und eine Sechs würfeln, schreiben Sie 4-6 auf. Wenn Sie zwei Einer würfeln, tragen Sie 1-1 ein usw. Wenn Sie sechsmal gewürfelt haben, kreisen Sie jede Eins in dieser Zeile ein.

Wiederholen Sie diesen Vorgang für die Zweier, Dreier, Vierer, usw. und kreisen Sie die jeweils richtigen Zahlen ein, das heißt die, die Sie auch würfeln wollten.

Vielleicht möchten Sie zunächst mit der Hand würfeln und später, wenn Sie bereits erfolgreicher sind, einen Würfelbecher benutzen.

Die Wahrscheinlichkeit steht eins zu sechs. Wenn Sie 36mal mit zwei Würfeln würfeln, haben Sie 72 Chancen, die Zahl zu bekommen, die Sie geistig projizieren. Daher liegen Sie über der Wahrscheinlichkeit, wenn Sie mehr als zwölf richtige Würfelergebnisse haben.

Sie werden durch Absicht, Zielstrebigkeit, Wunsch und Willen die Feinheiten der Würfelkontrolle lernen. Einige Schüler halten die Visualisation und den Willen aufrecht, während die Würfel fallen, und erzielen so die gewünschten Ergebnisse.

Eine Schülerin fand heraus, daß sie besser abschnitt, wenn sie sich die gewünschte Zahl vorstellte und ihre Aufmerksamkeit, kurz bevor sie würfelte, von ihrem Wunsch nahm und nicht mehr an das dachte, was sie erreichen wollte, während die Würfel in Bewegung waren. Sie schaute dazu einfach woandershin. Indem sie ihre Augen auf etwas anderes richtete, konnte sie wirksam ihren Geist auf diesen Gegenstand lenken, und die Würfel fielen, während ihre Aufmerksamkeit woanders war.

Dies entspricht einem esoterischen Konzept, das von vielen Schriftstellern beschrieben wird: »Laß los und überlasse es Gott.« Nachdem Sie darum gebeten haben, daß sich Ihr Wunsch erfüllt, und Ihren Teil dazu in der Meditation beigetragen haben, sollten Sie den Gedanken einfach loslassen und der SUBSTANZ erlauben, Ihnen den Wunsch zum richtigen Zeitpunkt zu erfüllen.

Übung 2: Kopf oder Zahl?

Ihre Aufgabe ist es, durch Ihre Willenskraft drei Münzen so zu manipulieren, daß sie in einem vorherbestimmten Muster aus Kopf und Zahl fallen. Vier Kombinationen sind möglich: dreimal Kopf, dreimal Zahl, zweimal Kopf und einmal Zahl, zweimal Zahl und einmal Kopf.

Ihr Punktezettel sollte in vier Spalten und sechs Zeilen aufgeteilt sein. Die erste Spalte sollte die Überschrift »dreimal Kopf« tragen, die zweite »dreimal Zahl« usw. Gehen Sie genauso vor wie bei dem Würfelspiel, und werfen Sie die Münzen sechsmal für jede Kombination.

Schütteln Sie die Münzen in Ihrer Hand, und stellen Sie sich dabei die spezielle Kombination vor, die Sie werfen möchten. Lassen Sie die Münzen fallen, und schreiben Sie sich das tatsächliche Ergebnis auf. Werfen Sie die Münzen erneut, bis Sie sie 24mal geworfen haben.

Jede Münze, die mit dem Muster, welches sie werfen wollten, übereinstimmt, zählt einen Punkt. Wenn Sie beispielsweise beim ersten Wurf dreimal Zahl werfen wollten und Zahl nur einmal kam, dann haben Sie einen Punkt. Wenn alle Münzen so fallen, wie Sie es beabsichtigten, haben Sie drei Punkte.

Übung 3: Das Pendel bewegt sich!

Hängen sie ein Pendel oder einen kleinen Gegenstand an einer Schnur oder einer Kette an einem Nagel auf, so daß es frei schwingen kann. Sorgen Sie dafür, daß es im Raum nicht zieht, damit Ihr Experiment nicht zunichte gemacht wird. Befehlen Sie dem Pendel nun kraft Ihres Willens hin und her zu schwingen.

Stellen Sie sich vor, daß das Pendel hin und her schwingt. Vielleicht müssen Sie es mehrere Male probieren, aber machen Sie so lange weiter, bis das Pendel sich bewegt. Geben Sie nicht gleich auf. Ihre Bemühungen werden sich auszahlen. Sie werden nicht nur Ihre Fähigkeiten unter Beweis stellen, sondern auch beim Üben sehr viel über Ihren Geist lernen.

Übung 4: Der Bleistift rollt!

Legen Sie einen runden Bleistift oder Kugelschreiber auf eine völlig ebene Oberfläche, zum Beispiel auf den Fußboden oder einen Tisch. Befehlen Sie dem Kugelschreiber, kraft Ihres Willens zu rollen. Wenn sich der Stift auf einem Tisch befindet, setzen Sie sich das Ziel, daß er von der Tischkante hinunterfällt.

Übung 5: Machen Sie Wellen!

Stellen Sie eine flache Schale mit Wasser auf eine ebene Fläche. Befehlen Sie dem Wasser, sich zu kräuseln. Sprechen Sie den Befehl laut und mit Nachdruck aus.

Behandeln Sie das Pendel, den Bleistift oder das Wasser genau so, wie Sie auch ein Haustier trainieren würden. Seien Sie beharrlich, und halten Sie die Erwartung aufrecht, daß sie gehorchen werden.

Übung 6: Die Nadel bewegt sich!

Füllen Sie ein Glas bis zum Rand mit Wasser. Legen sie einen kleinen Gegenstand, etwa einen Zahnstocher oder eine Nadel, auf die Wasseroberfläche. Verursachen Sie durch Ihre Willenskraft, daß sich der Gegenstand auf der Wasseroberfläche bewegt: vom Rand zur Mitte, von einer Seite zur anderen, von der Mitte zum Rand etc.

Halten Sie Ihre Hand etwa 3 Zentimeter über dem Gegenstand, und verursachen Sie, daß sich der Gegenstand aufgrund der Entladung magnetischer Energie Ihrer Hand in die gleiche Richtung wie Ihre Hand bewegt. (Bei einer Nadel funktioniert es besser als mit einem Zahnstocher, aber beide werden sich bewegen.)

Übung 7: Das Segelboot

Schneiden Sie aus einem wasserdichten Material, zum Beispiel Folie oder Wachspapier, einen zirka 1 mal 2 Zentimeter langen Streifen aus, und knicken sie das eine Ende des Streifens senkrecht nach oben. Legen Sie den Streifen auf die Wasseroberfläche in einer flachen Schale, die auf einer ebenen Fläche steht. Zeigen Sie mit Ihrem Zeigefinger aus geringer Entfernung auf den hochstehenden Teil des Streifens, aber berühren Sie ihn nicht.

Seien Sie vorsichtig, und bewegen Sie ihn nicht durch Ihren Atem. Wenn Sie möchten, können Sie sogar eine Maske tragen, damit Ihr Atem keine Luftströmungen um das kleine Segel herum erzeugt. Wenn Sie sich konzentrieren, werden Sie entdecken, daß Sie durch bloße Willenskraft in der Lage sind, das Segel abzustoßen oder anzuziehen.

Übung 8: Das Pyramidenzelt

Machen Sie sich einen kleinen Sockel aus Kork, Schwamm oder ähnlichem Material, und stecken Sie dann von unten eine Nadel hindurch. Schneiden Sie ein quadratisches Stück Papier aus (zirka 3 mal 3 Zentimeter), und falzen Sie die Ecken so zusammen, daß das Papier die Form einer Pyramide annimmt. Legen Sie die Mitte der Pyramide dann auf die Nadelspitze, so daß das Ganze aussieht wie ein Zelt. Das gefaltete Papier muß frei schwingen können und darf nicht mit einer Ecke oder einer Seite den Tisch berühren.

Legen Sie Ihre Handflächen im Abstand von 3 Zentimetern oder mehr um das Papier herum. Befehlen Sie dem Papier kraft Ihres Willens, sich auf der Nadelspitze nach links zu drehen. Befehlen Sie ihm anzuhalten. Lassen Sie das Papier dann in die andere Richtung drehen – rechtsherum.

Bei dieser Übung setzen Sie sowohl den magnetischen Energiefluß Ihrer Hände als auch geistige Energie ein. Wahrscheinlich wird Ihnen diese Übung von allen am leichtesten fallen.

Übung 9: Drehen Sie die Flasche

In einer Gruppe von fünf bis zehn Personen, kann man diese Übung als Experiment für Gruppengeistkontrolle durchführen. Setzen Sie sich mit den anderen in einem Kreis auf den Boden oder um einen Tisch. Die Fläche sollte glatt sein; das heißt, es sollte keine Tischdecke auf dem Tisch liegen. Auch ein Teppich ist weniger geeignet. Nehmen Sie eine große Sprudel- oder Weinflasche oder einen anderen Gegenstand, der eine ähnliche Form hat. Legen Sie die Flasche auf den Boden oder den Tisch, wobei der Hals auf jemanden zeigen sollte, der als »Zielscheibe« ausgewählt wurde.

Während jemand die Flasche dreht, sollten sich alle Gruppenmitglieder gedanklich darauf konzentrieren, daß die Flasche so zum Stillstand kommt, daß der Flaschenhals auf die Person zeigt, die als »Zielscheibe« auserwählt wurde.

Jeder aus der Gruppe kommt der Reihe nach dran und hat fünf Versuche, um einen Treffer zu landen. Wer dran ist, darf sich eine neue Zielperson aussuchen. Jedesmal wenn die Flasche so zum Stillstand kommt, daß der Flaschenhals auf die Zielperson zeigt, ist das ein Treffer. Wenn er auf den Zwischenraum zwischen zwei Personen zeigt, ist das kein Treffer, und es muß noch einmal gedreht werden.

Wenn die Gruppe aus zehn Personen besteht, wäre es noch im Bereich der Wahrscheinlichkeit, wenn bei fünfzig Versuchen fünf Treffer erzielt würden. Wenn die Anzahl der Treffer die Zufallswahrscheinlichkeit übersteigt, besteht durchaus die Möglichkeit, daß es sich um Gruppengeistkontrolle handelt.

Übung 10: Die Papierfeder

In dieser Übung werden alle Möglichkeiten ausgeschlossen, daß der Gegenstand durch irgend etwas anderes als Geistkontrolle beeinflußt wird. Schneiden Sie ein 1 mal 1 Zentimeter großes quadratisches Stück Seidenpapier aus. Befestigen Sie an einer

Ecke mit einem winzigen Tropfen Klebstoff einen dünnen Faden. Benutzen Sie einen spitzen Gegenstand, um ein kleines Loch in den Deckel oder den Korken einer durchsichtigen Glasflasche zu stechen. Ziehen Sie das lose Ende des Fadens von der Unterseite durch das Loch im Deckel, so daß das Seidenpapier etwa 10 Zentimeter unterhalb des Deckels hängt. Schließen Sie das Loch mit Klebstoff oder mit geschmolzenem Wachs.

Wenn der Klebstoff oder das Wachs trocken ist, schneiden Sie den Rest des dünnen Fadens oberhalb des Deckels ab. Lassen Sie das quadratische Stück Seidenpapier in die Flasche hinab, drehen sie den Deckel zu, und warten Sie, bis das Seidenpapier in der Flasche zur Ruhe gekommen ist.

Setzen Sie sich hin, und schauen Sie intensiv auf das Seidenpapier. Stellen Sie sich dabei vor, daß ein starker Wind gegen eine Ecke des Seidenpapiers bläst, und versuchen Sie das Papier so zu bewegen. Versuchen Sie es mindestens 15 Minuten lang, bevor Sie aufgeben, und versuchen Sie es ein bißchen später noch einmal. Das Papier wird sich früher oder später bewegen!

Übung 11: Helfen Sie einem Freund

Benutzen Sie Ihr neues Wissen dazu, einem Freund zu helfen, etwas zu manifestieren, was er oder sie sich wünscht. Machen Sie das natürlich nur mit seiner Erlaubnis, und bitten Sie ihren Freund, bei der Visualisierung mitzumachen. Sorgen Sie dafür, daß Sie beide genau wissen, welche emotionale Erfahrung das eigentliche Ziel hinter dem Wunsch ist.

Wenn es sich dabei um eine Situation handelt, die schon sehr lange besteht und die verändert oder harmonisiert werden muß, sollten Sie etwas Zeit dafür aufwenden, sich vorzustellen, wie all die Stolpersteine und Hindernisse aufgelöst werden und die SUBSTANZ umgeformt wird, damit eine neue Situation entstehen kann.

Es geht nicht um Schuld oder wer was falsch gemacht hat – auch nicht bei Ihnen selbst. Erkennen Sie, daß die momentanen Umstände ein Teil des gesamten Erfahrungsmusters der betreffenden Personen sind und daß alles Hand in Hand arbeitet, um Gutes hervorzubringen. Doch müssen Sie bereit sein, nach dem Guten Ausschau zu halten, das die Situation bereithält.

Meditationspraxis: Magische Meditationstechnik

Sie sollten inzwischen schon etwas Kontrolle über Ihre Gedanken, Gefühle und körperlichen Empfindungen während Ihrer Meditation haben. Machen Sie sich keine Sorgen darum, wenn Sie nicht die Fortschritte gemacht haben, die Sie gemacht haben zu müssen meinen. Denken Sie daran, daß sich jeder Mensch in seiner eigenen Geschwindigkeit entwickelt und daß Ihre Geschwindigkeit für Sie genau richtig ist. Vielleicht kommen durch Ihre Meditationen Informationen aus vielen früheren Leben an die Oberfläche, in denen Sie sich spirituell entwickelt haben, und Sie machen daher bereits am Anfang rasch Fortschritte. Oder Sie richten zum erstenmal Ihre Aufmerksamkeit auf spirituelle Dinge, und die neuen Energien und Gedanken müssen sich erst noch Bahnen schaffen, in denen sie wirksam werden können. In diesem Fall fällt Ihnen das Vorankommen vielleicht etwas schwerer. Beurteilen Sie sich nicht nach der Geschwindigkeit Ihrer Fortschritte, sondern nach den Veränderungen, die in Ihrem Leben stattfinden. Diese Veränderungen werden einzigartig sein, da jeder ganz individuelle Veränderungen erlebt.

Setzen Sie sich ein kurzfristiges Ziel, etwas, von dem Sie möchten, daß es in dieser Woche passiert. Benutzen Sie die folgende magische Meditation, um es herbeizuführen. In dieser Meditation stehen sowohl die mentalen als auch die emotionalen Energien unter der Kontrolle des »objektiven Beobachters«. Sie beobachten einerseits vom Standpunkt des ICH-BIN-Bewußtseins aus, was in der Meditation passiert, andererseits verursachen Sie diese Dinge aber auch. Sie sind sowohl der Beobachter als auch der Verursacher.

Eine magische Meditationstechnik

Setzen Sie sich bequem hin, und halten Sie Ihre Wirbelsäule gerade. Reinigen Sie Ihren Körper von Kopf bis Fuß mit weißem Licht.

Lassen Sie den physischen Körper völlig zur Ruhe kommen. Gehen Sie direkt auf die Alpha-Ebene (siehe Tabelle 1).

Beruhigen Sie jetzt das emotionale Zentrum. Beobachten Sie dazu irgendwo zwischen Ihrem Zwerchfell und Ihrem Herzen den rotierenden Energiewirbel, der sich dort befindet. Das ist Ihr Solarplexus-Zentrum, der Sitz Ihrer Gefühle.

Sprechen Sie zu diesem Zentrum, und bitten Sie es, zur Ruhe zu kommen. Richten Sie Ihre Aufmerksamkeit auf eine ruhige, friedliche Szene irgendwo bei einem Bach oder einem See oder auf Ihre eigene kleine Zuflucht, wo auch immer das sein mag.

Wenn sowohl die Gefühle als auch der Körper zur Ruhe gekommen sind, denken Sie an Ihr Ziel für diese Woche. Erschaffen Sie im Zentrum des Dritten Auges eine Vorstellung Ihres Wunsches. Stellen Sie sich dieses Bild in allen Einzelheiten vor. Sie können das Bild entweder einfach so oder auf eine Leinwand projiziert, etwas hinter Ihrer Stirn und oberhalb der Augen plazieren.

Wenn das Bild vollständig ist, senden Sie einen Strahl weißen Lichts aus Ihrem Kronen-Chakra aus, der hoch in die Luft schießt und wie ein gigantisches Netz herunterfällt und die ganze Welt umfaßt. Anschließend sammelt sich das Licht wieder zu Ihren Füßen. Denken Sie dabei daran, daß dieser Energiepfeil in die Welt hinausgeht, um dort alle Menschen zu berühren, zu deren Vorteil es sein kann, Ihre Vorstellung Wirklichkeit werden zu lassen. Er wird sie berühren, egal, wo sie sich im Augenblick befinden, und sie in Ihr Leben bringen.

Sammeln Sie sich jetzt wieder im Dritten Auge, und halten Sie das Bild, das Sie erschaffen haben, 60 Sekunden lang aufrecht, ohne daß es flackert. Die Übungen, die Sie bereits gemacht haben, um Ihre Aufmerksamkeit auf eine Sache gerichtet zu halten, werden sich hier auszahlen.

Lassen sie das Bild am Ende dieser Minute zurück ins Herz-Zentrum fallen. Erlauben Sie dort, daß emotionales Verlangen nach dieser Erfahrung aus dem Solarplexus aufsteigt und das Bild umspült, als ob ein Same, der im Boden eingepflanzt worden ist, nun von Feuchtigkeit und Regen bewässert wird.

Lassen Sie dann das Bild völlig los. Gehen Sie davon aus, daß sich Ihre Vorstellung verwirklichen wird, und achten Sie auf Gelegenheiten, die dazu beitragen können, Ihren Wunsch Wirklichkeit werden zu lassen. Wenn Ihnen ein ängstlicher Gedanke ungebeten in den Sinn kommt, entlassen Sie ihn in dem Wissen wieder, daß alle Kräfte, die nötig sind, um Ihren Wunsch zu erfüllen, bereits aktiviert worden sind und daß er zur richtigen Zeit erfüllt wird. Erlauben Sie auf gar keinen Fall, daß Sorgen oder Zweifel Ihre Arbeit zunichte machen. Machen Sie sich die Einstellung zu eigen, daß alles, was passiert, genau richtig sein wird, da Ihre eigene Seele den Prozeß unter Kontrolle hat und genau weiß, wie sie es anstellen muß, damit alles zum größten Wohl aller zusammenarbeitet.

Beenden Sie Ihre Meditation damit, sich weißes Licht vorzustellen, welches Sie schützt, während Sie langsam zur Beta-Ebene zurückkehren.

Die »Geheimlehren« – Kosmische Gesetzmäßigkeiten

Da wir versuchen, unsere kosmische und spirituelle Verbindung zu dem Universum, in dem wir leben und uns bewegen, zu verstehen, ist es nur natürlich, daß wir Prinzipien in Worte fassen, die scheinbar in all unseren Beziehungen wirksam sind.

Diese Prinzipien sind »Geheimlehren« oder kosmische Gesetze genannt worden. Es muß von unseren Wissenschaftlern und Psychologen noch im Detail aufgedeckt werden, wie und warum diese Prinzipien in dieser Form existieren und funktionieren. Wenn sie das geschafft haben, bin ich mir sicher, daß ihre Sprache und die Terminologie anders sein werden. Dennoch werden die zugrundeliegenden Wahrheiten die gleichen sein.

Der Esoteriker spricht über Schwingungen, universale Rhythmen und kosmische Gesetze. Der Naturwissenschaftler benutzt Ausdrücke wie Strahlung, elektromagnetische Felder und die Umwandlung von Energie in Materie. Der Psychologe wiederum spricht über das Es, das Ego und das kollektive Unbewußte. Für den urteilsfähigen Verstand sind die Worte, durch die die Ideen ausgedrückt werden, austauschbar.

Wenn Sie persönlich akzeptieren, daß es gewisse Grundgedanken des Daseins gibt, die wahr sind und mit denen Sie arbeiten können, wird dies Ihr Wachstum als wissendes spirituelles Wesen fördern. Unabhängig davon, ob diese Gedanken bislang wissenschaftlich formuliert wurden oder nicht, werden sie Ihnen als Ausgangsbasis dienen, um realistisch und von einem spirituellen

Standpunkt aus Ihre Lebenserfahrungen analysieren zu können. Die erweiterten Wahrnehmungen Ihrer Sinne sind ein Teil dieses erweiterten Konzepts des Daseins.

Man nimmt an, daß diese Gedanken in alten Zeiten dem Volk zugänglicher waren. Aufgrund politischer Intrigen und persönlicher Unstimmigkeiten unter den Priestern in bezug auf die Interpretation der Lehren kam es zu Kriegen, Gewalt und der Zerstörung von Tempeln, Schulen und Schriften. Im Laufe der Zeit wurden die Geheimlehren »geheim« und waren schließlich nur noch den Priestern der alten Religionen bekannt.

Dann gründete man Mysterienschulen, in denen die Geheimnisse eifrig gehütet wurden. Sie wurden den Initianden erst offenbart, nachdem sie gründlich ausgewählt und intensiv ausgebildet worden waren. Die bekanntesten dieser Schulen oder Orden sind die Rosenkreuzer, der Golden-Dawn-Orden, die Freimaurer sowie die Hindu- und Sufimystiker. Der Eid der Geheimhaltung ist unter ihnen auch heute noch weit verbreitet, und noch immer gibt es viele Gedanken, die der Allgemeinheit nicht zugänglich sind.

Der Schleier der Geheimhaltung besteht schon so lange, daß inzwischen aus der ursprünglichen Notwendigkeit eine Tradition geworden ist. Ein Großteil des Leids in der heutigen Welt stammt von der persönlichen Unwissenheit über die eigene Göttlichkeit. Die Priester und Gurus warteten darauf, nach ihrem Wissen gefragt zu werden, bevor sie es weitergaben, doch wer sollte danach fragen, wenn es nur wenige Menschen auf der Welt gab, die überhaupt wußten, daß es existiert?

Es ist jedoch auch wahr, daß die Geheimlehren die Grundlage der Lehren von Jesus, Buddha, Zarathustra und allen großen Avataren[20] der Welt sind. Alle kosmischen Gesetze und spirituellen Wahrheiten, die ich hier beschreibe, können in der Bibel wiedergefunden werden, und ich werde Ihnen einige Hinweise auf die betreffenden Textstellen geben. Sie sind leicht zu finden, wenn man meditiert und den aufrichtigen Wunsch danach hat.

Heutzutage ist die Wissenschaft dabei, mit großer Geschwindigkeit den Schleier des Geheimnisses und die religiösen Mythen zu zerstören, die die Menschen so lange versklavt hielten. In der Sprache der Wissenschaft gibt es jedoch noch keinen Begriff für die eine motivierende Kraft, die erste Ursache, die höchste Intelligenz, die sowohl die emotionalen, intellektuellen als auch die physischen Aspekte der unendlichen Schöpfung durchdringt. Daher werden viele der alten Geheimlehren jetzt veröffentlicht und damit für den Durchschnittsbürger zugänglich gemacht, um ein Gleichgewicht herzustellen. Ich bin fest davon überzeugt, daß Religion und Wissenschaft eines Tages Hand in Hand gehen werden, um die Elemente der Harmonie und der Erfüllung in der Evolution des Menschen wiederherzustellen.

Wenn wir die Theorie der Reinkarnation als Voraussetzung für die spirituelle Entwicklung und die Bewußtwerdung des Menschen akzeptieren, dann sind die meisten von uns, die sich jetzt für mystische Lehren interessieren, wahrscheinlich schon irgendwann einmal in der Vergangenheit Mitglied einer Mysterienschule oder einer ähnlichen Gemeinschaft gewesen. All das, was wir damals gelernt haben, ist noch immer im überbewußten Geist gespeichert und sickert von Zeit zu Zeit in unser Bewußtsein, wenn wir in einer Situation dieses Wissen benötigen. Es erreicht uns in Form von Intuitionen, Einsichten und Inspirationen.

Die Beta-Ebene des Gehirns kann diese Informationen jedoch nicht bewußt einsetzen, bis wir sie wieder verbal zum Ausdruck gebracht haben und uns über optische oder akustische Sinneseindrücke wieder zu Bewußtsein gebracht haben. Dann werden sie Bestandteil unserer Erinnerungen aus diesem Leben und können nach Belieben eingesetzt werden.

Einer alten esoterischen Auffassung gemäß steht die Erde kurz vor Abschluß einer etwa 2000jährigen Evolutionsphase: Das Fische-Zeitalter geht zu Ende. Das neue Wassermann-Zeitalter, welches etwa um das Jahr 2000 beginnt, wird völlig neue Schwingungen und ein völlig verändertes Kraftfeld mit sich bringen, in dem wir leben und Erfahrungen machen werden.

In der letzten Evolutionsphase haben wir unsre emotionale Natur entwickelt und vervollkommnet. In der nächsten Stufe unserer Evolution geht es darum, den mentalen Körper zu entwickeln und zu vervollkommnen. Wir müssen lernen, diszipliniert zu denken und unsere intellektuellen Kräfte konstruktiv einzusetzen.

Diese letzten Tage des Fische-Zeitalters und die ersten Tage des Wassermann-Zeitalters haben eine reinigende Funktion. Das ganze alte Karma, das noch immer den Emotionalkörpern der Menschen anhaftet, muß ausgeglichen werden; das heißt, daß alte Schulden bezahlt und Beziehungen harmonisiert werden müssen. Alle traditionellen Institutionen der Gesellschaft, zum Beispiel die Regierung, die Ehe oder das Erziehungswesen, werden intensiven und radikalen Veränderungen unterworfen sein.

Die alten Strukturen, die dem emotionalen Wachstum der Menschheit gedient haben, müssen jetzt dem prüfenden Blick des Intellekts unterzogen werden, und neue Strukturen werden naturgemäß daraus erwachsen. Da Veränderungen häufig von Verwirrung begleitet werden, ist zu erwarten, daß viele der umwälzenden Prophezeiungen aus der Offenbarung, von Nostradamus und anderen Propheten in dieser Zeit vor sich gehen.

Das muß uns nicht beunruhigen. Wenn wir im Seelenbewußtsein zentriert bleiben, werden wir stets zur richtigen Zeit am richtigen Ort sein und das tun, was im jeweiligen Augenblick notwendig und förderlich ist. Erinnern Sie sich daran, daß sich alle Dinge für diejenigen zum Besten wenden werden, die Gott bzw. das »Gesetz« lieben (Römer 8,28), und diese Reinigungsperiode macht dabei keine Ausnahme. Egal, welcher Verwirrung wir uns auch gegenübergestellt haben, es kann für uns nur Gutes daraus erwachsen, wenn wir nach dem Positiven darin Ausschau halten und erwarten, daß es zu unserem Nutzen sein wird. Das Gesetz besagt, daß wir das erhalten, was wir erwarten.

Dreizehn Weisheiten aus den Geheimlehren

Die alten Geheimlehren werden wieder verstärkt in der Welt verbreitet, um uns in unserem emotionalen Kampf in den uns bevorstehenden Jahren zu helfen. Sie sollen uns eine Basis geben, auf der das zu erwartende mentale Wachstum stattfinden kann. Sogar die orthodoxen Kirchen, die sich bislang geweigert haben, esoterische Ideen in ihre Lehren aufzunehmen, beginnen jetzt damit, diese Ideen anzunehmen und sie in ihren Gottesdiensten unter dem Mantel psychologischer oder wissenschaftlicher Erklärungen weiterzugeben.

Diese Geheimlehren sind nicht das gleiche wie die esoterischen Gesetzmäßigkeiten, die wir bis jetzt besprochen haben. Esoterische Gesetzmäßigkeiten haben mit Dingen zu tun, die Sie tun können, um das Leben zu verbessern. Sie beschäftigen sich mit dem Einsatz geistiger Kräfte zur Veränderung der Umgebung und gehören zu dem Bereich der »Denke-nach-und-werde-reich«-Philosophie. Der modernere Ausdruck für Geheimlehren ist »kosmische Gesetze«. Sie haben damit zu tun, wie Sie *sein* können, mit Einstellungen und dem Verstehen kosmischer Kräfte, die existieren und funktionieren, ob wir sie nun wahrnehmen und kennen oder nicht.

Die Gesetze, die ich hier beschreibe, haben ausschließlich mit dem Wachstum und der Entwicklung eines erweiterten Bewußtseins zu tun und dienen dazu, die überbewußten Aspekte des Geistes sichtbar werden zu lassen. Ihr Zweck ist es, den Schüler auf den Pfad der Selbst-Erkenntnis zu führen, der inneren Erleuchtung der Seele.

Im folgenden beschreibe ich die Essenz von dreizehn dieser kosmischen Gesetze, die ich zum Beispiel aus den Schriften der Rosenkreuzer, der Theosophen, verschiedener anderer Autoren und der Kabbala entnommen habe. Die Interpretationen sind um meine eigenen hellsichtigen Eindrücke, die ich beim Studium dieser Werke hatte, bereichert. Ich habe bis zum jetzigen Zeitpunkt noch kein Buch gefunden, welches all diese Gesetze in sich versammelt, auch wenn so ein Buch vielleicht existieren mag. Man könnte auch mehr als diese dreizehn Gesetzmäßigkeiten anführen, doch überlasse ich es gerne Ihrem Forschergeist, sie zu ergründen. Die sogenannten größeren Mysterien der planetarischen und hierarchischen Evolution führen über das Ziel dieses Buches hinaus und sind daher nicht erwähnt.

Die ersten sechs Gesetze beziehen sich auf weltliche Dinge und befassen sich mit der Qualität und der Manifestation von Ereignissen auf der materiellen Ebene. Das siebte Gesetz nenne ich das »Zünglein an der Waage«, da Ihr Verstehen und Ihr Gebrauch dieses Gesetzes bestimmt, ob Sie bei Ihrer Entwicklung den rechtshändigen oder linkshändigen Pfad einschlagen. Die letzten sechs sind transzendentale oder spirituelle Gesetze, die sich mit der Qualität oder der Manifestation des Seins oder des Geistes beschäftigen.

1. Energie folgt Gedanken, Gedanken formen Substanz

Dies ist das erste universelle Gesetz, und wir haben uns in den ersten vier Kapiteln bzw. Wochen schon hinreichend damit auseinandergesetzt. Ann Herbstreich hat es einmal so ausgedrückt: »Ihre Energie fließt in die Richtung, in die Sie Ihre Aufmerksamkeit lenken.«[21] Das Geheimnis ist einfach, daß Gott die kreative Energie des Universums ist. Oder anders gesagt: Die kreative Energie, die im ganzen Universum vorhanden ist – die das Universum erschafft und aufrechterhält –, ist Gott. Die beiden Formulierungen sind bedeutungsgleich. Kreative Energie ist eine andere Bezeichnung für Gott.

Wenn Sie Ihr Verstehen dieses Gesetzes noch vertiefen möchten, können Sie über die folgenden Worte des Johannes meditieren:

»Im Anfang war das Wort, und das Wort war bei Gott, und Gott war das Wort« (Johannes 1,1).

Eins mit Gott zu werden bedeutet, mit der kreativen Energie eins zu werden. Jesus sagte: »… aber bei Gott [der kreativen Energie] sind alle Dinge möglich« (Matthäus 19,26). Durch die Erkenntnis dieser Gesetzmäßigkeit haben wir die Möglichkeit, die kreative Energie zu nutzen und sie in unsere eigenen kreativen Unternehmungen hineinfließen zu lassen. Das ist die Bedeutung der Aussage Gottes: »… und prüft mich hiermit … ob ich euch dann nicht des Himmels Fenster auftun werde und Segen herabschütten die Fülle« (Maleachi 3,10).

Durch unsere Gedanken nehmen wir mit dieser Energie Kontakt auf. Wenn den Gedanken das gesprochene Wort folgt und sie vom eigenen Willen gelenkt werden, dann wird diese Energie als unsere eigene persönliche Welt sichtbar. In Wirklichkeit ist es sogar so, daß wir tatsächlich ständig unbewußt in Kontakt mit dieser Energie sind. Wie ein Mensch denkt, so ist er, und so sind die Manifestationen der Energie und der SUBSTANZ in der Umgebung des jeweiligen Menschen. Der Schlüssel zur Meisterschaft ist die willentliche und gerichtete Anwendung der kreativen Energie durch Gedanken und das gesprochene Wort.

2. Wie oben, so unten

Weisheitssuchende waren stets von der Legende der Smaragdtafeln des Hermes Trismegistos gefesselt. Man sagte, daß es sich dabei um eine Smaragdtafel gehandelt habe, auf der phönizische Buchstaben eingraviert waren. In einer esoterischen Tradition wird gesagt, daß die kostbare Tafel von Sarah, der Frau von Abraham, gefunden wurde. Sie soll sich in einer Höhle befunden haben, die von der Leiche des Hermes Trismegistos bewacht wurde, von dem es in der Legende heißt, daß er der Enkel von Adam und der Erbauer der Pyramiden gewesen sei.

In einer anderen Tradition wird behauptet, daß Alexander der Große diese Tafel gefunden habe. Eine dritte wiederum berichtet, Hermes Trismegistos alias Thot, der ägyptische Weisheitsgott, habe die Tafel einer Alchemistin, Maria Prophetissa, überreicht. Einige sagen, daß dies Miriam, die Tochter von Moses, gewesen sei. In einer anderen Tradition heißt es wiederum, daß sie von Isarim, einem Eingeweihten, in Hedron auf dem toten Körper von Hermes gefunden wurde.

Nach einer lateinischen Übersetzung steht auf der Tafel selbst: »Das, was oben ist, ist so wie das, was unten ist, und das, was unten ist, ist so wie das, was oben ist, um das Wunder des Einen zu vollbringen.«

Das bedeutet, daß eine Lehre, wenn sie für sich beanspruchen will, ein kosmisches Gesetz zu sein, auf allen Ebenen des Universums auf die gleiche Art und Weise funktionieren muß: im Sichtbaren wie im Unsichtbaren und auf der spirituellen, astralen und körperlichen Ebene.

Ein Atom ist im wesentlichen genauso aufgebaut wie ein Sonnensystem. Der Aufbau und die Eigenschaften eines Sonnensystems spiegeln sich auch in einem größeren Ganzen wider: in der Galaxie. Und so geht es weiter bis hin zu den äußersten makrokosmischen Räumen.

Die Figur eines Menschen wird manchmal auf dem Baum des Lebens abgebildet, der in der Kabbala als Symbol benutzt wird, um zu zeigen, daß der Mikrokosmos des Menschen ein exaktes Abbild des Makrokosmos ist. In den Lehren der Kabbala wird zum Ausdruck gebracht, daß wir dadurch, daß wir uns selbst besser kennenlernen, auch die Funktionsweise der Natur besser verstehen können. Darauf aufbauend können wir dann Gott und den göttlichen Plan besser verstehen. Eins beeinflußt das andere, da jede Ebene den gleichen Gesetzen unterworfen ist.

Meßgeräte haben gezeigt, daß es Farb- und Tonschwingungen gibt, die zwar den Gesetzen der Materie unterworfen sind, die aber über den Bereich hinausgehen, den unsere körperlichen Sinne wahrnehmen können. Wir wissen auch, daß es intelligente, lebende Wesen gibt, die auf anderen Daseinsebenen als wir existieren. Diese Tatsachen sollen uns als Ausgangspunkt für weitere Überlegungen dienen.

Wir können nach dem Analogieprinzip vom Bekannten weiter zum Unbekannten hin folgern, vom Sichtbaren zum Unsichtbaren, vom Menschlichen zum Göttlichen. Wenn Gott alle Dinge aus seiner eigenen SUBSTANZ erschaffen hat, dann benutzen wir die gleiche SUBSTANZ, um in unserem eigenen Universum etwas zu erschaffen, denn es gibt keine andere SUBSTANZ. Daraus können wir schließen, daß es die gleiche Lebenskraft ist, die durch alle Dinge fließt und alles erhält: Tiere, Pflanzen, Menschen, Wesen in anderen Dimensionen und sogar scheinbar unbeseelte Gegenstände.

Die esoterische Weltanschauung kennt sieben Ebenen des Daseins: die mineralische, pflanzliche, tierische, menschliche, astrale, die Ebene der Engel oder Teufel und die monadische (spirituelle), wobei die Ebenen in dieser Reihenfolge immer feinstofflicher werden. Auf allen Seinsebenen findet man – unabhängig davon, wie dicht oder fein sie sind – drei Dinge:

1. Stoff bzw. Materie
2. Bewegung oder aktive Energie und
3. Bewußtsein oder Bewußtheit.

Betrachten wir einmal den ersten Punkt. Wir können leicht erkennen, daß Steine, Tiere, Pflanzen und Menschen Körper haben, da wir sie mit unseren physischen Augen sehen können. Den Körper eines feinstofflichen Wesens können wir jedoch nicht anhand von solchen Sinneseindrücken wahrnehmen. Wir können nur schlußfolgern, daß es einen hat. Menschen, die Astralwanderungen

251

machen, berichten, daß sich der Körper, in dem sie sich dabei befinden, für sie fest anfühlt genau wie die anderen Dinge auf dieser Daseinsebene. Medien berichten, daß sie »Lichtwesen« wahrnehmen, die die feinstofflicheren Ebenen bewohnen. Es erscheint vernünftig, davon auszugehen, daß diese Lehre der Wahrheit entspricht: Alle Geschöpfe auf allen Daseinsebenen sind stofflich oder haben einen Körper, unabhängig davon, wie feinstofflich sie auch sein mögen.

Das zweite Prinzip besagt, daß Bewegung oder aktive Energie auf allen Daseinsebenen vorhanden ist. Während es relativ leicht ist, die Bewegung von Energie durch den Raum zu verstehen, war doch die Erfindung des Mikroskops nötig, um zu zeigen, daß sich sogar die Atome des dichtesten Materials in einem ständigen Bewegungszustand befinden. Je langsamer sie sich bewegen, desto dichter ist das Material. Doch könnte gerade diese ständige Bewegung der Atome der wesentliche Grund dafür sein, daß jeder erschaffene Gegenstand letztendlich zerfällt, da die Atome, aus denen er besteht, darum kämpfen, ihre Freiheit wiederzuerlangen und in die ursprüngliche SUBSTANZ zurückzukehren, der sie entstammen.

»Wie oben, so unten« – wenn sogar die Atome in einem Stein darum kämpfen, in die SUBSTANZ zurückzukehren, aus der sie stammen, muß man doch daraus folgern, daß die Menschheit genauso beständig darum kämpft, zu ihrer eigenen Quelle, dem Geist des Schöpfers, zurückzukehren. Und ist es nicht logisch anzunehmen, daß die anderen elementaren und spirituellen Wesenheiten genauso danach streben – vom momentanen Punkt ihrer Evolutionsstufe aus –, die Eigenschaften zu vervollkommnen und zu entwickeln, die ihnen mitgegeben wurden?

Die dritte Komponente, die man auf allen Ebenen findet, ist Bewußtsein oder Bewußtheit. Wir neigen dazu, zu denken, daß Bewußtsein eine Eigenschaft des Geistes ist, und glauben, daß die niedere Sphäre der uns bekannten Welt im wesentlichen keinen

Geist besitzt. Logischerweise müssen wir aber davon ausgehen, daß, wenn sich die Atome einer mineralischen Form in einem Zustand ständiger Bewegung befinden, es auch eine Art elementaren Bewußtseins geben muß, welches stark genug ist, sie für die Lebensdauer dieser Form zusammenzuhalten. Man könnte sagen, daß auch sie sich in einem evolutionären Prozeß befindet, da beispielsweise einige mineralische Formen zum Wohle des pflanzlichen Lebens zu Erdreich zerfallen, andere sich zu kostbaren Edelsteinen oder lebenden radioaktiven Kristallen entwickeln. Man muß sich nur bestimmte Arten von Steinen unter ultraviolettem Licht anschauen, um ihre energetische Ausstrahlung in den wunderbarsten Farben erkennen zu können.

Jeder Chemiker weiß um die Affinität zwischen gewissen Chemikalien, das heißt, daß sich einige Chemikalien anziehen und andere wiederum abstoßen. Mechaniker wissen, daß eine Maschine, die rund um die Uhr ohne Pause in Betrieb ist, eher zusammenbrechen wird als eine, die in regelmäßigen Abständen angehalten wird, um ihr eine Ruhepause zu gönnen. Beide Beispiele sprechen für eine Art von Bewußtsein auf der mineralischen Ebene.

Experimente, die mit Pflanzen durchgeführt wurden, haben gezeigt, daß sie eine elementare emotionale Reaktion auf Kräfte erkennen lassen, die ihr Leben bedrohen: Samen, die man in Blumentöpfe voll Erde steckt, die gleichermaßen gegossen werden und die gleiche Pflege erhalten, zeigen eindeutig unterschiedliche Reaktionen je nach dem Maß von Liebe und Zurückweisung. Samen, denen Liebe und Aufmerksamkeit entgegengebracht wird, wachsen sehr gut, während jene, die beschimpft und emotional vernachlässigt werden, eingehen, genau wie ein menschliches Baby sterben wird, wenn es von niemandem Liebe bekommt.

Vor einigen Jahren wurde ein Experiment mit weitreichenden Folgen von Cleve Backster in New York in seiner Schule für polygraphische Untersuchungen durchgeführt. Er befestigte die Elektroden eines hochempfindlichen Galvanometers an gewöhnlichen Zimmerpflanzen. Dieses Verfahren ähnelt dem Einsatz eines Enzephalographen oder eines Lügendetektors. Auf seinen Meßinstrumenten war zu erkennen, daß die Pflanzen immer dann starke Reaktionen zeigten, wenn er lebende Salzwassergarnelen in kochendes Wasser kippte, gerade so, als ob die Pflanzen den Tod der kleinen Tierchen spürten. Eines Tages sprach er allerdings in einer Erweiterung des Experiments mit den Garnelen und sagte ihnen, daß er sie in 15 Minuten in das kochende Wasser kippen würde. Zu der entsprechenden Zeit waren alle Garnelen bewegungslos, und es war keine Reaktion der Pflanzen auf den Meßinstrumenten zu sehen.

Die amerikanischen Indianer beteten zum Großen Geist, daß er ihnen bei der Jagd beistehen möge. Sie entschuldigten sich dann bei dem Geist des Tieres, dem sie das Leben nehmen wollten, baten im voraus um Vergebung und dankten dem Tier dafür, daß es sich opferte.

Nicht nur Vegetarier mißbilligen die unmenschlichen Methoden beim Schlachten von Rindern und behaupten, daß die Panik des Tieres, die dem Schlachten vorangeht, das Fleisch mit Giftstoffen verunreinigt, die wiederum den Körper des Verbrauchers vergiften. Möglicherweise hätte es eine positive Auswirkung auf die Tiere, wenn man ihren Streß vor dem Schlachten beispielsweise dadurch zu mindern suchte, daß man beruhigend auf sie einredet. Der Brauch, sich für eine Mahlzeit zu bedanken, könnte auch positivere Auswirkungen auf unsere körperliche Gesundheit haben, als wir uns das vorstellen.

Ein Geist reagiert auf den anderen. Der Vorgang des Segnens schafft sowohl in unbelebten als auch in belebten Dingen positive Schwingungen, während Wut und Ärger Disharmonie zwischen allen Beteiligten entstehen läßt. Jesus verfluchte den Feigenbaum, und er welkte und starb. Weiter wird in der Bibel über dieses Ereignis nichts gesagt, doch da wir wissen, daß er seine Jünger die alten Geheimlehren lehrte, können wir davon ausgehen, daß es eine Demonstration der Einwirkung eines Geistes auf den anderen war.

Peter und Eileen Caddy haben an der Mündung des Findhorn River im Nordosten Schottlands aufgrund von meditativ erlangten Weisungen in unwirtlicher Gegend einen Garten angelegt. Dort nennt man die Lebenskraft, die einer Pflanze oder einem Baum innewohnt, Deva, man würdigt sie und spricht mit ihr, als ob sie ein intelligentes Bewußtsein hätte.[22] Das Ergebnis ist, daß die Pflanzen mehr Blüten und Früchte tragen als irgendwo anders in Schottland und daß Menschen aus aller Welt anreisen, um dieses Phänomen zu erforschen und zu bewundern. Man berichtet, daß einmal, als ein Baum aus dem Weg geschafft werden mußte, man der innewohnenden Deva erzählte, daß der Baum im nächsten Jahr gefällt werden würde. Innerhalb von sechs Monaten hatte die Lebenskraft den Baum vollständig verlassen. Er war tot.

3. Das Gesetz des Ganzen und seiner Teile

Obwohl das Ganze die Summe seiner Teile ist, ist das Ganze noch mehr als das, da die Summe der einzelnen Teile das Ganze nicht erfassen kann. Wir können als Teile des Ganzen jedoch unser Verstehen des Ganzen erweitern und auf größere Ausschnitte des Lebens ausdehnen.

Alle Aspekte der Schöpfung sind – unabhängig davon, ob es sich um materielle Formen oder um Formen aus bestimmten Schwingungen handelt –, Teil der gesamten Schöpfung und haben daher auch Anteil an dem Bewußtsein, welches sie erschaffen hat. Vorstellungen, Gedanken und Schwingungen fließen von einem Geist zum anderen und können von jedem Geist verstanden und interpretiert werden, der sich auf das größere Ganze einstimmt. Dieses Gesetz besagt, daß der Geist auf andere Geister reagiert und daß er von seinen vielen Teilen beeinflußt wird.

Der amerikanische Philosoph und Psychologe William James sagte einmal, daß die Wellen, die dadurch ausgelöst würden, daß ein Kieselstein in einen Teich geworfen werde, noch den entferntesten Stern beeinflußten. So eine Aussage mag sich übertrieben anhören, und man kann viel darüber streiten, ob die Aktivitäten, die hier auf der Erde stattfinden, wirklich über die Sphäre der Erde hinausreichen und solch entfernte Daseinsbereiche beeinflussen, und doch dient diese Aussage dazu, ein sehr wichtiges Gesetz zu illustrieren. Wir haben mit Sicherheit einen physikalischen, intellektuellen und emotionalen Einfluß auf diesen Planeten und bis zu einem gewissen Ausmaß auch auf unser Sonnensystem. Wir werden auf der anderen Seite auch von den Aktionen und Reaktionen anderer Teile der Schöpfung beeinflußt.

Wenn wir von einzelnen Teilen der Schöpfung sprechen, denken wir normalerweise zuerst an Menschen, doch auch eine Erzader ist ein gesonderter Teil der Schöpfung genau wie ein Baum, ein Goldfisch oder eine Kuh. Jeder Teil hat eine ihm eigene Schwingung die von Meßinstrumenten und/oder Ihren Sinnen gemessen bzw. wahrgenommen werden kann. All diese Teile wirken aufeinander ein: Sie, die Erzader, der Baum, der Goldfisch und die Kuh.

Mit Magie und Alchemie haben die Menschen durch die Jahrhunderte hindurch versucht, ihre Umgebung zu beeinflussen und zu beherrschen. Allzuhäufig war das Ergebnis lediglich, daß sie von den Kräften bekämpft wurden, die sie in den Griff zu bekommen versuchten.

Einige Magier versuchen, elementare Geister von parallelen Evolutionslinien anzurufen und sie ihrem Willen zu unterwerfen. Selbstverständlich ist dies sehr gefährlich. Die Evolution macht auf allen Ebenen nur insoweit Fortschritte, als wir lernen, einander zu dienen. Doch ist Hilfsbereitschaft nicht das gleiche wie Sklaverei. Ein anderes Wesen zum eigenen Vorteil zu versklaven heißt, Vergeltung entsprechend dem karmischen Gesetz einzuladen – Sie bekommen das, was Sie anderen antun.

Herrschaft oder Meisterschaft wird durch Nichtanhaftung, Wahrnehmungsfähigkeit und Unterscheidungsfähigkeit erreicht. Nur wenn wir uns mental und emotional von unserem eigenen Tun hinreichend loslösen, können wir wahrnehmen, was die zukünftigen möglichen Auswirkungen und/oder Reaktionen von diesem Teil des Geistes, den wir mit unserem Tun berühren, sein können. Dann verfügen wir über genügend Urteilsfähigkeit, um niemals einem anderen Wesen zu schaden. Das ist wahre Meisterschaft.

Eine bessere Methode ist die der Kooperation mit anderen zum höchsten Wohl aller, so daß wir keinem Teil der Evolution Leid zufügen oder ihn behindern. Die niederen Bereiche dienen den höheren gerne, doch je weiter wir selbst entwickelt sind, desto größer ist die Verantwortung, die wir für die niederen Bereiche tragen.

Die Natur funktioniert durch eine alles umfassende Ökologie, wodurch sie das Überleben aller sicherstellt. Die Hierarchie der fortgeschritteneren Wesen arbeitet daran, das Bewußtsein der Menschheit zu heben. Unsere Aufgabe wiederum ist es, Verantwortung für die Erweiterung und die Entwicklung des Bewußtseins auf den Ebenen zu übernehmen, die sich unter unserer befinden. Das neue Wassermann-Zeitalter ist ein Zeitalter der Brüderlichkeit, und mit der Zeit wird geistige Übereinstimmung an die Stelle von emotionalem Austausch und egoistischer Ausnutzung treten.

Alchimistische Meisterschaft wird durch Transmutation, Transzendenz und Initiation erreicht, die die evolutionär weniger fortgeschrittenen Teile der Schöpfung auf eine höhere Ebene der Erfahrung heben.

Auf medialer Ebene können wir unser Bewußtsein um die

Schwingungen anderer existierender Teile des Ganzen erweitern und den Austausch mit diesen Teilen durch Erweiterung unserer Wahrnehmung und/oder Hilfsmittel verstärken. Ein einfaches Pendel oder eine Wünschelrute kann uns helfen, unterirdische Wasserläufe oder Seen, verlorene Gegenstände, Erzadern oder sogar vermißte Personen zu finden.

Bei einer medialen Gabe, der Psychometrie, wird vom Gesetz des Ganzen und seiner Teile besonders intensiv Gebrauch gemacht. Psychometrie ist die Fähigkeit, einen Gegenstand in die Hand zu nehmen und dann dadurch, daß man sich mental auf diesen Gegenstand einschwingt, etwas über den Menschen zu wissen, dem der Gegenstand gehört. Psychometrie gehört zu den medialen Talenten, die leichter zu entwickeln sind, und sie ist in vielen Lebensbereichen nützlich. In einigen Städten ist es schon vorgekommen, daß Menschen, die eine psychometrische Begabung hatten, der Polizei geholfen haben, Verbrechen aufzuklären. Sie nahmen einen Gegenstand, der dem Opfer gehörte, in die Hand und lieferten durch ihre medialen Einsichten bis dahin unbekannte Hinweise. Als diese zu den bereits bekannten Informationen hinzukamen, konnten die Täter überführt werden.

Einige Menschen haben die Gabe des »Wasser-Zaubers« oder des Rutengehens. Als Rute verwendet man einen gegabelten Zweig von einem Haselbusch, einer Weide, einem Weiß- oder Rotdorn, einem Kirschbaum oder einem Hornstrauch. Der Zweig sollte zirka 1,5 Zentimeter Durchmesser haben und etwas 25 Zentimeter lang sein. Die beiden langen Enden der Gabelung werden in die Hände genommen und beide Seiten gleichermaßen »unter Spannung« gesetzt.

Die Handflächen zeigen dabei nach oben, und man hält den Zweig fest in den beiden geschlossenen Fäusten. Das einzelne Endes des Zweiges, das etwa 5 Zentimeter lang ist, zeigt entweder nach oben oder parallel zum Boden. In dieser Haltung werden die beiden Enden des Zweiges nach außen gebogen, wobei eine

Abbildung 10: Wünschelrutengehen mit einem gegabelten Ast einer Weide

Spannung entsteht, die der einer starken Feder ähnelt. Der Rutengeher geht den zu untersuchenden Boden ab und konzentriert sich dabei auf die Idee »Wasser«. Wenn sich der Rutengänger über Wasser befindet, wird das Y plötzlich nach unten klappen.

Einige Rutengänger können sogar Aussagen darüber machen, wie tief unter der Erde das Wasser liegt, indem sie der Rute erlauben, sich auf und ab zu bewegen. Die Anzahl der Bewegungen entspricht dabei der Anzahl der Meter, die man graben müßte, um auf das Wasser zu stoßen. Bei solch einer Tiefenbestimmung liegt der Rutengänger höchstens ein bis zwei Meter »daneben«, und meistens hat er die exakte Tiefe des Wassers ermittelt.

Es gibt auch schon fortschrittlichere Wünschelruten, die aus verschiedenen Metallen hergestellt worden sind. Diese werden von medialen Forschern benutzt, um Erzadern, unterirdische Pipelines, Kabel, Tunnel, Minenfelder und andere Arten unterirdischer Lager zu finden. Es gibt sogar spezielle Wünschelruten, die extra dafür entworfen wurden, um die menschliche Aura zu vermessen. Der Vormarsch dieser Wissenschaft wird im heutigen Sprachgebrauch »Radiästhesie« genannt.

Die älteste, uns bekannte Bildreferenz auf das Rutengehen wurde in mesopotamischen Ruinen entdeckt und stammt etwa aus der Zeit 1300 v. Chr. Man nimmt an, daß eine der alten Aufzeichnungen, die in Stein graviert wurde, einen Priester darstellt, der eine Wünschelrute benutzt. Es ist auch sehr wahrscheinlich, daß Moses eine Art Wünschelrute verwendet hat, als er in der Wüste den Stein schlug, der dann das Wasser hervorbrachte, mit dem der Durst seiner Mitreisenden gestillt wurde.

Es gibt zahlreiche Berichte von Fällen, in denen Rutengänger Wasser an Plätzen gefunden haben, nachdem geologische Untersuchungen fehlgeschlagen hatten. Diese Fähigkeit läßt sich sogar auf Entfernung anwenden. Der Radiästhesist Henry Gross lokalisierte einmal Wasser in Bermuda, Irland und in Nigeria, ohne sein Haus in Maine jemals zu verlassen. Er hielt einfach sein Pendel über eine Landkarte! Einige Rutengänger haben nicht nur über eine Entfernung hinweg Wasser aufgespürt, sondern waren auch hier noch in der Lage, die Tiefe zu bestimmen, in der sich das Wasser befand. Sie ließen eine kleine Wünschelrute über der Landkarte auf und ab hüpfen.

Forscher benutzen heutzutage Pendel und Wünschelruten unter anderem zur experimentellen medizinischen Diagnose, um die Verträglichkeit verschiedener Nahrungsmittel zu bestimmen und um zu prüfen, welche Art von Allergie vorliegt. Sie verwenden dabei Begriffe wie Ausstrahlung, Schwingungen, Radiowellen, elektromagnetische Felder usw. Der interessanteste Aspekt dieser Arbeit ist, daß das gleiche Instrument – das Pendel oder die Wünschelrute – für die verschiedensten Zwecke eingesetzt werden kann. Man kann damit unterirdische Quellen, Ölfelder, Mineralienvorkommen oder verlorene Kinder aufspüren oder sogar das Geschlecht eines ungeborenen Kindes oder Kükens bestimmen.

Obwohl das Instrument zweifellos auf die entsprechenden magnetischen Energien in jeder dieser Situation anspricht, ist die treibende oder unterscheidende Kraft der Geist des Rutengängers.

Wenn der Rutengänger es so will, findet die Wünschelrute Mineralien anstatt Wasser. Wenn der Rutengänger sich anders entscheidet, wird sie genauso bereitwillig Wasser aufspüren.

4. Alles Seiende folgt bestimmten Rhythmen

Der Rhythmus des Universums ist unverkennbar: angefangen mit dem $365^1/_2$-Tageszyklus, in dem sich die Erde um die Sonne dreht, bis hin zu der Bewegung des ganzen Sonnensystems in seinem majestätischen Glanz welches in einem 25 000-Jahres-Rhythmus um irgendeinen entfernten Mittelpunkt kreist. Es gibt die beständige, voraussagbare Bewegung von Ebbe und Flut und den Verlauf menschlicher evolutionärer Entwicklung von Zivilisation zu Zivilisation. Die unablässige Entwicklung des Lebens in zeitlosen Rhythmen von Tod und Wiedergeburt findet auf allen Ebenen – von der dichtesten bis hin zur ätherischsten – statt. Man nennt dieses Gesetz auch manchmal das »Gesetz der Wiederkehr« oder das »Gesetz der Periodizität«.

Im ersten Buch Moses oder in der Genesis wird das Gesetz wie folgt zum Ausdruck gebracht: »Solange die Erde steht, soll nicht aufhören Saat und Ernte, Frost und Hitze, Sommer und Winter, Tag und Nacht« (1. Mose 8,22).

Ein Sohn von David, der als der Prediger bekannt war, folgerte aus seinen Studien auf der Suche nach Weisheit: »Ein jegliches hat seine Zeit, und alles Vorhaben unter dem Himmel hat seine Stunde; geboren werden hat seine Zeit, sterben hat seine Zeit; pflanzen hat seine Zeit, ausreißen, was gepflanzt ist, hat seine Zeit; töten hat seine Zeit, heilen hat seine Zeit; abbrechen hat seine Zeit, bauen hat seine Zeit; weinen hat seine Zeit, lachen hat seine Zeit; klagen hat seine Zeit, tanzen hat seine Zeit; Steine werfen hat seine Zeit, Steine sammeln hat seine Zeit; Streit hat seine Zeit, Friede hat seine Zeit ...« (Prediger 3,1–8).

Es gibt eine Zeit für alle Dinge. Eine Zeit für Aktivitäten und eine für Meditation. Wir kennen alle Zeiten, in denen wir ein so großes Bedürfnis nach spirituellen Unterweisungen haben, daß es den Anschein hat, es könne gar nicht befriedigt werden. In anderen Zeiten scheint es so, als ob wir einen Punkt der Sättigung oder eine Art von Plateau erreicht hätten. Wir brauchen dann Zeit, um das, was wir gelernt haben, zu verdauen, während wir uns wieder unseren weltlichen Aktivitäten zuwenden.

Die Natur auf dem Planeten Erde folgt dem 24-Stunden-Rhythmus des Tages. Alle Kreaturen, von der Ameise bis hin zum Zebra, halten sich an ein tägliches Muster aus Arbeits- und Ruhephasen, Schlaf- und Aktivitätsphasen. Es stimmt, daß einige Geschöpfe (da macht der Mensch keine Ausnahme) sich mehr wie Eulen verhalten, die nachts arbeiten und am Tage schlafen. Andere ähneln eher den Feldlerchen: »früh auf und früh zu Bett«. Dennoch scheinen wir alle in 24-Stunden-Abschnitten zu leben.

Als Reaktion auf die unendlichen Rhythmen des Universums hat unser Leben auch Ebbe- und Flutperioden. Unsere körperlichen, emotionalen und intellektuellen Energien folgen bestimmten, voraussagbaren Rhythmen. Die Rosenkreuzer behaupten, daß es sieben 52-Tages-Perioden in einem Jahr (von Geburtstag zu Geburtstag betrachtet) gibt, in welchen zu bestimmten Zeiten Aktivitäten von mehr Erfolg begleitet sind als zu anderen.

Es gibt auch Siebenjahreszyklen im menschlichen Leben, die vorhersagbar sind. Die ersten sieben Jahre sind dafür da, zu lernen, mit dem physischen Körper umzugehen. Man lernt zu laufen, zu sprechen und die Muskeln zu koordinieren. Während dieser Zeit nimmt das Kind unterschiedslos die Gefühle und Einstellungen anderer auf.

Sowohl der mentale als auch der emotionale Körper sind bei der Geburt nur rudimentär mit dem Individuum verbunden. Ein Teil der spirituellen Schulung jeder Inkarnation besteht daraus, zu lernen, wie man die Informationen von der Seele bekommen kann, die nötig sind, um erfolgreich den gewählten Weg bis zum Ende gehen zu können. In diesem Sinne sind die zweiten sieben Jahre der Anfang der Entwicklung des mentalen Körpers. Das Kind wird eingeschult und beginnt mit den Gedächtnis- und logischen Kapazitäten des Gehirns zu arbeiten.

In der dritten Phase von sieben Jahren beginnt die Entwicklung des emotionalen Körpers. Gleichzeitig setzt eine Suche nach der persönlichen Identität ein, die mit der Rebellion gegen Autoritäten und etablierte Anschauungen verbunden ist. Das Kind kommt in die Pubertät, und biologische Funktionen bringen die Anziehung zum anderen Geschlecht hervor. Während dieser Zeit ist der Mensch körperlich am attraktivsten. Selbst das einfachste Mädchen und der schlichteste Junge entfalten aus dem Inneren ein Glühen, welches die reine Schönheit des Geistes widerspiegelt. In den okkulten Traditionen sagt man, daß die Seele im Alter von vierzehn oder bei Einsetzen der Pubertät beginnt, die Verantwortung für die Handlungen der Persönlichkeit zu übernehmen. Dadurch kommt sowohl die Schönheit als auch die Unruhe in dem sich entwickelnden Kind zustande.

Im vierten Siebenjahreszyklus beginnt das Individuum, zu lernen, alle drei Energieformen – die physische, die emotionale und die mentale – miteinander zu koordinieren. Dies ist eine Zeit des sozialen Lernens. Der Mensch strebt nach Reife und versucht herauszufinden, wie er als unabhängige Einheit innerhalb der gesellschaftlichen Strukturen funktionieren kann.

Astrologie kommt auch mit ins Spiel – mit den Planetenrhythmen und ihren voraussagbaren Einflüssen auf das menschliche Wesen. Der Planet Saturn, der von den Astrologen »der Lehrmeister« oder »Herrscher über das Karma« genannt wird, wandert in 28 bis 29 Jahren einmal durch das ganze Horoskop. »Der Lehrmeister« löst Ereignisse aus, die zuvor auf der mentalen und emotionalen Ebene erschaffen wurden, und sorgt für die entsprechenden positiven (oder negativen) Vergeltungen in Form von äußeren

Wirkungen. Sowohl Gebete als auch Ängste können in zeitlicher Abstimmung mit Saturn Wirkungen hervorbringen.

Früher dachten Astrologen, daß Saturn die Qualität darstelle, von der das Wort »Satan« abgeleitet sei. Wie bei dem Gesetz der Wiederkehr bestand auch in diesem Bereich die Neigung, sich eher an die schlechten Dinge zu erinnern, die man zurückbekommen hatte, als an die guten. Da Saturn Ereignisse auslöst, die sowohl positive als auch negative Vergeltungen mit sich bringen, haben Astrologen heutzutage dem Einfluß des Saturns gegenüber eine positivere Einstellung.

Das Ende des 28. Lebensjahres, das auch das Ende des vierten Siebenjahreszyklus ist, bezeichnen Astrologen als »die Wiederkehr des Saturn«. Das bedeutet, daß sich der Saturn nunmehr an der gleichen Stelle im Horoskop befindet wie zur Zeit der Geburt. In der Zeit, in der der fünfte Siebenjahreszyklus einsetzt, erlebt der Mensch häufig große Umwälzungen in seinem physischen und emotionalen Dasein. Große Veränderungen finden statt. Es kann zu einer Scheidung oder zu einem Berufswechsel kommen. Häufig wird der Wohnort gewechselt. Mit ziemlich großer Wahrscheinlichkeit ändert ein Mensch in dieser Zeit seinen Lebensstil. Im Verlauf des fünften Siebenjahreszyklus erweitert sich die Weltanschauung, und Veränderungen treten dadurch ein, daß das Individuum seine Einstellung zum Leben, zu seinen Mitmenschen und in bezug auf ethische und moralische Werte überprüft und gegebenenfalls revidiert.

Der sechste Siebenjahreszyklus, der etwa mit dem 35. Lebensjahr beginnt, steht häufig im Zeichen einer bemerkenswerten spirituellen Transformation. Es kommt zu spirituellen Einsichten und nicht selten zu tiefgreifenden Veränderungen der religiösen Grundlagen. Viele Pioniere unserer heutigen esoterischen Bewegung begaben sich nach Offenbarungen auf ihren Weg, die ihnen während dieser Zeit zuteil wurden.

Die Jahre zwischen dem 42. und dem 49. Lebensjahr sind von der

Fähigkeit gekennzeichnet, bewußt Energie zu lenken. Die Verantwortlichkeiten der vorangegangenen Jahre verändern sich entweder von ihrer Natur her, oder sie fallen völlig weg. Es gibt mehr Freiheit im Bereich des Denkens und Handelns, die in dieser Form in den Jahren zuvor nicht möglich gewesen war.

Die Zeit zwischen dem 49. und dem 56. Lebensjahr ist eine Zeit, in der man Inventur macht. Das Individuum sucht nach dem tieferen philosophischen und spirituellen Sinn des Lebens, macht eine Bestandsaufnahme der eigenen Talente und Erfolge und schätzt Werte und Prioritäten neu ein. Die mentalen und emotionalen Energien werden darauf ausgerichtet, die Grundlagen für den Rest des Lebens zu bestimmen und zu legen.

Mit dieser Phase endet auch der zweite 28-Jahres-Zyklus. Es kommt zur zweiten Wiederkehr des Saturn. Und wieder muß der Mensch sein Wertsystem prüfen und sich auf eine neue – häufig ganz andere – Zukunft vorbereiten. Am Ende des ersten Saturn-Zyklus war er scheinbar willenlos bestimmten Veränderungen ausgesetzt, die er nicht kontrollieren konnte. Am Ende des zweiten Saturn-Zyklus wird die Verantwortung für die Veränderungen und die notwendigen Anpassungen ganz in seine Hände gelegt, und er kann sie kraft seines freien Willens durchführen. Wird diese Gelegenheit zu Veränderung und zur erneuten Einschätzung des Lebens nicht ergriffen, beginnt der Mensch Lebendigkeit, Kraft und Lebensenergie zu verlieren. Entkräftigung, Trägheit und Impotenz setzen ein, und das Lebensende ist oft bald in Sicht.

Diejenigen, die sich die Grundlagen, die sie in der Jugend geschaffen haben, zunutze machen, um bewußt ihre Lebensenergien in neue Richtungen zu lenken, werden die verbleibenden Siebenjahreszyklen nach und nach zu immer tieferen philosophischen, spirituellen, intellektuellen und ethischen Einsichten führen. Die verbleibenden Jahre können wirklich »goldene Jahre« sein, die bedeutendsten und lohnenswertesten des Lebens, in denen man von all der Weisheit, die man durch Erfahrung gewonnen hat, zehrt. Wenn man in diesem zyklischen Programm durch mentale oder emotionale Blockaden, eigene Unreife oder Konditionierungen aus der Kindheit bezüglich der Zeitplanung aus der Bahn geworfen wird, ergeben sich dadurch in der Psyche Schuldgefühle, Unsicherheiten, eine Angst vor Erfolgen oder Verlusten und das Gefühl, Zeit verloren oder Gelegenheiten verpaßt zu haben. Es kommt das dringende Gefühl auf, daß es »schon später ist, als man denkt«. Entweder verzweifelt der Mensch daran, oder er sucht verstärkt nach Bildungsmöglichkeiten, religiösen Erfahrungen oder anderen Aktivitäten, durch die das innere Selbst wachsen kann.

Eine intensive Studie der Siebenjahreszyklen des Lebens könnte ein ganzes Buch füllen, und sicherlich zahlt es sich aus, wenn man ernsthaft einige Zeit in diese Art von Forschungen steckt.

Bekannte Rhythmen sind auch die Biorhythmen[23], in denen unsere körperlichen, emotionalen und intellektuellen Höhen und Tiefen im Leben auftreten.

Von den Biorhythmen ist der physische Zyklus mit seinen 23 Tagen der kürzeste. In der ersten Hälfte dieses Zyklus, das heißt in den ersten elfeinhalb Tagen, nehmen die körperlichen Kräfte zu, und wir geben in dieser Zeit die meiste Energie nach draußen. Wir können hart und länger als sonst arbeiten. Wir sind Krankheiten gegenüber widerstandsfähiger, mehr im Einklang und ganz allgemein in einem besseren körperlichen Zustand.

Während der zweiten elfeinhalb Tage, also in der zweiten, schwächeren Zyklushälfte, lädt sich der Körper wieder auf und nimmt neue Energie auf. Wir werden leichter müde, müssen häufiger Ruhepausen einlegen, und unser Verhalten ist weniger energisch. In dieser Zeit kann es am ehesten zu einer körperlichen Krise kommen, da die Anfälligkeit für Krankheiten erhöht ist.

Der 28tägige emotionale Zyklus wird auch manchmal »Sensitiver Rhythmus« genannt. Dieser Zyklus besitzt eine vierzehntägige positive Phase, in der wir dazu neigen, positiv, fröhlich und konstruktiv auf die meisten Ereignisse zu reagieren. Wir kommen mit uns selbst und anderen besser aus, daher eignet sich diese Zeit dafür, sich mit Projekten zu befassen, die Zusammenarbeit, eine positive Einstellung und Kreativität erfordern.

Während des vierzehntägigen absteigenden Zyklus bringt die negative Seite unserer emotionalen Natur oft unsere schlimmsten Seiten ans Tageslicht. Da unsere Gefühle unsere klare Urteilskraft trüben, sind diese Tage, in denen wir uns emotional wieder aufladen, nicht dafür geeignet, um gefährliche Aufgaben zu erledigen, für die eine schnelle Reaktionsfähigkeit und einwandfreie Urteilskraft erforderlich sind. Unfälle passieren eher in der absteigenden emotionalen Phase. Tendenziell sind wir mürrisch, reizbar und negativ. Daher eignen sich diese Tage nicht für Teamarbeit oder Entscheidungen, die den Beruf oder das Familienleben betreffen.

Der 33tägige intellektuelle Zyklus teilt sich in eine positive und eine negative Sechzehneinhalb-Tage-Phase auf. In der positiven Periode sind wir geistig aufgeschlossener, unser Gedächtnis ist besser, und unsere Fähigkeit, Ideen miteinander in Verbindung zu bringen, um neue Einsichten und Erkenntnisse zu gewinnen, ist nie so gut wie in dieser Zeit. Die positive Phase eignet sich dafür, neue, unbekannte Situationen – wie zum Beispiel einen neuen Arbeitsplatz – in Angriff zu nehmen, in denen man ein rasches geistiges Auffassungsvermögen und Anpassungsfähigkeit benötigt. Bemühungen, sich selbst durch Lesen und Weiterbildung zu verbessern, werden in dieser Phase fruchtbarer sein als sonst.

Während der zweiten negativen Phase besteht die Tendenz, für neue Themen oder Situationen weniger offen zu sein. Wir kanzeln uns in dieser Phase lieber geistig ab, damit sich unsere Gehirnzellen wieder aufladen können. Es ist nicht so leicht, sich zu konzentrieren, sich die Zeit zu nehmen und die Mühe zu machen, Dinge bis zum Ende klar zu durchdenken.

Es versteht sich von selbst, daß wir alle dem Gesetz der Rhythmen unterworfen sind. Ein menschliches Wesen ist eine komplexe Organisation von Zellen, Rhythmen, Schwingungen, Energien und magnetischen Feldern, die alle ihre eigenen Zyklen haben und sowohl dem Einfluß von äußerlichem als auch innerlichem Druck ausgesetzt sind. In diesem Bereich müssen noch viele Untersuchungen angestellt werden, damit wir selbst in produktiverer Weise mit den ineinandergreifenden Höhen und Tiefen dieser Zyklen umgehen lernen können.

Shakespeare drückte es folgendermaßen aus: »Es gibt Ebbe und Flut in den menschlichen Angelegenheiten. Wenn wir die Gelegenheit der hereinströmenden Flut ergreifen, führt sie uns zum Erfolg.« Es gibt eine Zeit, in der wir handeln sollten, und eine Zeit, in der wir die Dinge auf sich beruhen lassen sollten. Der Weise entdeckt und handelt nach seiner eigenen, persönlichen zeitlichen Abstimmung.

5. Das Gesetz des rechten Erschaffens oder der Rechtschaffenheit

Der ideale Mensch hat alle Aspekte in dem Bereich der Schöpfung, in dem er existiert, erfahren und gemeistert (das heißt, er beherrscht sie). Das schließt das Böse mit ein. Einige Neugeistbewegungen tun gerne so, als gäbe es das Böse in der Welt gar nicht, als sei das Böse nur die Abwesenheit von Gutem, wie Dunkelheit die Abwesenheit von Licht ist. In gewisser Hinsicht haben sie auch recht. Die Abwesenheit des Guten erlaubt bösen oder disharmonischen Schwingungen, sich zu manifestieren. Wenn wir jedoch so tun, als ob es das Böse gar nicht gäbe, ist das nur eine Weigerung, die Verantwortung für die Erschaffung von »Endprodukten«, wie sie weiter oben beschrieben wurden, zu übernehmen, die möglicherweise nicht unseren Wünschen entsprechen.

Das gleiche Gesetz, das uns Gesundheit, Wohlstand, Glück, Liebe und spirituellen Fortschritt bringt, kann uns auch Krankheit, Armut und einen Mangel an Zuneigung bescheren. Es ist genau das gleiche Prinzip, doch ist es im zweiten Falle unwissentlich mißbraucht worden. Im Englischen schreibt man das »Böse« (evil) mit denselben Buchstaben wie »leben« (live), nur falsch herum. Böses zu meistern oder zu überwinden bedeutet einfach, daß wir durch unsere Erfahrungen die positivere Seite dieses Gesetzes erkannt haben und gelernt haben, sie zu nutzen.

Esoteriker glauben, daß Menschen einst Zugang zu allen übersinnlichen Kräften hatten, die wir nun versuchen wiederzuerlangen. Wenn dem so ist, dann kann man den »Fall aus der Gnade« (das Gleichnis des Garten Eden) so interpretieren, daß er die Folge davon ist, daß wir uns zu sehr von den Sinneseindrücken der physischen Welt haben faszinieren lassen. Diese Faszination wird durch das Essen des Apfels vom Baum der Erkenntnis von Gut und Böse symbolisiert, und sie war so groß, daß unsere Aufmerksamkeit danach nur noch auf das gerichtet war, was wir sehen, hören, fühlen, schmecken oder riechen konnten.

Dies führte wiederum dazu, daß wir uns mehr auf äußere Quellen verlassen haben, um Rat und Führung zu erhalten, zum Beispiel auf Priester (die in unserer Geschichte von der Schlange symbolisiert werden, die Weisheit vortäuscht), anstatt auf unser eigenes Bewußtsein zu hören. Die Schlange ist ein altes ägyptisches Symbol für die Kundalini und für Kräfte, die meist Priester oder spirituelle Schüler erwarben. In diesem Zusammenhang könnte man die Schlange, die Weisheit vortäuschte, als eine sinnbildliche Darstellung für äußere Quellen betrachten. Das Versäumnis, auf das Gottesbewußtsein *in uns selbst* zu hören, welches uns sicher durch und weg von allen emotionalen, mentalen und körperlichen Problemen führt, bewirkt letztendlich eine Verkümmerung der inneren Sinne.

Als Eva die »Frucht« (die Ergebnisse) der Erkenntnis von Gut und Böse »aß« (konsumierte, einnahm, in Erfahrung brachte), bescherte sie der Menschheit damit die Dualität. Wir unterscheiden uns durch die Wahrnehmung dieser Dualität von den Tieren. Wir sind dadurch über sie erhaben, denn Tiere haben keine andere Wahl, als ihren Instinkten zu folgen. Wir haben dagegen die Möglichkeit und die Fähigkeit, unsere Gedanken und Aktivitäten so zu lenken, daß wir im wahrsten Sinne des Wortes gottähnliche Wesen werden können.

Dieses »Geschenk« hat, ähnlich wie die Büchse der Pandora, viel Schmerz und Leid, viel Herzzerbrechen und Traurigkeit in die Welt gebracht, aber wir haben dadurch auch das Recht und die Gelegenheit, die guten und bösen Kräfte unter unsere Kontrolle zu bekommen. Wenn wir das Böse einmal erfahren und erkannt haben, daß es das Ergebnis – das »Endprodukt« – unseres Umgangs mit SUBSTANZ ist, sind wir an einem Punkt, von dem aus wir etwas verändern können. Die manchmal schmerzliche Schule der Erfahrung führt zu Weisheit und diese wiederum zur Meisterschaft.

Da Gedanken Manifestationen hervorbringen, haben menschliche Gedanken auch das Böse hervorgebracht. Negative, unproduktive Gedanken, die von vielen Geistern verstärkt wurden, führen jetzt ein Eigenleben und werden wiederum von der gleichen Art von Gedanken, die sie erschaffen haben, am Leben erhalten. Durch das Gesetz der Anziehung ziehen wir mit unseren eigenen negativen Gedankenformen die entsprechenden Gedankenformen von anderen Menschen an. Das Böse in der Welt vervielfacht sich durch unser eigenes Denken, woraus sich dann die Scheinexistenz des Teufels (der nicht wirklich ein Wesen ist) entwickelt. Diese Scheinexistenz wird durch unsere Gedanken genährt und verstärkt. Stellen Sie sich vor, daß Ihre eigenen negativen Gedanken mit der Anzahl der Menschen auf der Welt multipliziert würden – dann verstehen sie sicherlich, wo der »Teufel« herkommt.

Die Menschheit wird lernen, das scheinbar Böse in der Welt durch eine Veränderung ihrer kreativen Gedanken zu transzendieren. Dann wird der Teufel – oder das Böse – »in Ketten gelegt« werden (vgl. Offenbarung 20, 1-3), da er nicht existieren kann, wenn ihm keine Energie gegeben wird oder wenn er nichts hat, aus dem er seine Kraft ziehen kann.

Es ist sogar möglich, daß diese Massen negativer Gedankenformen so mächtig werden können, daß sie sich in einem menschlichen Körper verkörpern. Solch ein Wesen wäre seelenlos. Die negativen Gedankenformen der Menschen würden dieses Wesen mit Energie versorgen, ähnlich wie bei einem Roboter.

Das wäre eine ausgezeichnete Beschreibung des Antichristen, wie er im Buch der Offenbarung prophezeit wurde. Es würde auch erklären, warum dieses Wesen eine so große Anziehungskraft auf diejenigen ausüben könnte, die ihm folgen: Es wäre ja die Verkörperung all ihrer eigenen Gedanken, Glaubenssätze und Ideale. Ein Führer entsteht aus dem Bewußtsein der Menschen und spiegelt die allgemeine Haltung derjenigen wider, die er führt. Es heißt, daß die ganze Welt dem Antichristen zujubeln wird. Diejenigen, die mit ihm verstrickt sein werden, werden die gleichen sein, die auch zu der Gedankenenergie beigetragen haben, von der er lebt.

Nach einer kurzen Phase der Beliebtheit (nach dem Buch der Offenbarung sind es drei Jahre) wird der Antichrist vom Thron gestürzt werden. Alles, was ganz und gar negativ oder böse ist, wird sich bald selbst zerstören, da nur Gutes Angriffen widerstehen kann. Jene Menschen, die die Richtlinien und Philosophien des Antichristen gutgeheißen haben, werden schmerzlich am eigenen Leibe erfahren, was sie da befürwortet haben. Sie werden die Auswirkungen dessen, was sie verursacht haben, selbst zu spüren bekommen. Auf der ganzen Welt wird dies eine Zeit sein, in der »Lektionen gelernt« werden – und zwar auf die harte Weise und durch große Not. Das Resultat wird sein, daß die Menschheit

271

um die Ursachen und Wirkungen von Gut und Böse wissen wird. Eine bessere Welt für alle Menschen wird von den geläuterten und liebevolleren Gedanken eines jeden Wesens erschaffen werden.

Der Antichrist ähnelt dem Einschlagen eines Blitzes, der alle negativen Gedanken, die jetzt in der Welt verbreitet sind, an sich zieht, damit sie zerstört werden können. Aus dieser Sichtweise könnte man ihn sogar als einen »Erlöser« bezeichnen – allerdings als einen strengen und gnadenlosen.

Theologen aus der fundamentalistischen Richtung gehen davon aus, daß der Antichrist im wörtlichen Sinne eine Verkörperung des Teufels sein wird. Wenn wir bei unseren Überlegungen etwas mehr in die Tiefe gehen, stoßen wir auf weiterreichende Interpretationsmöglichkeiten. Als Metaphysiker streben wir danach, uns auf die Gegenwart Christi oder der Seele in uns – oder wie wir es nennen wollen – einzustimmen. Von dieser Definition her betrachtet, würde der Antichrist eine Führung anbieten, die rein materialistisch-menschlich ist, die also auf der Grundlage des äußeren Menschen beruht und ausschließlich den Gedanken menschlich-materialistischer Logik folgt (ähnlich wie die Schlange im Paradiesgarten), anstatt dem intuitiven Wissen der inneren Gegenwart Gottes zu folgen.

So eine Führung wäre schreckensvoll, da keine innere Führung da wäre, die vor falschen Schlußfolgerungen warnen würde. Sie wäre eigennützig, anstatt für die Anhebung des menschlichen Bewußtseins zu arbeiten. Viele der gegenwärtigen politischen Führungspersönlichkeiten versuchen noch immer – auch wenn sie ganz trunken von ihrer Macht sind –, auf der höchsten ihnen zur Verfügung stehenden Bewußtseinsebene zu operieren. Sie versuchen in der Regel immer noch – gemäß ihrem Verstehen – für das größte Wohl der größten Anzahl von Menschen zu arbeiten. Auch das wird es nicht mehr geben, wenn es das Streben zum Besseren nicht mehr gibt.

Das Gesetz des rechten Erschaffens oder der Rechtschaffenheit zeigt, daß wir die Notwendigkeit, Böses zu erfahren, dadurch transzendieren können, daß wir disharmonische Tendenzen in uns selbst überwinden oder umwandeln. Normalerweise können wir etwas nicht meistern, bis wir sowohl seine guten als auch seine schlechten Qualitäten erfahren haben. Wir wissen, daß es das Böse gibt. Wir wissen aber auch, daß es in uns die gute Seite gibt: unsere Fähigkeit, das von uns geschaffene »Endprodukt« in etwas anderes zu verwandeln. Die Essenz des Antichristen existiert in der Welt überall da, wo menschliche Bedürfnisse nicht erfüllt werden. Im Gegensatz dazu wird jeder Mensch, der seiner inneren Führung folgt, danach streben, anderen weiterzuhelfen und Freude und Erfüllung in ihr Leben zu bringen.

Ein esoterischer Schüler sollte sich das spirituelle Ziel setzen, seinen eigenen inneren Hader zu beenden. Er sollte dabei wissen, daß, wenn die Tendenz, negative Gedanken zu denken, umgewandelt worden ist, sich keine weiteren Manifestationen daraus ergeben werden. Was von einem Menschen erreicht worden ist, kann dann über den gemeinsamen Geist der Menschheit vervielfältigt werden, und immer mehr Menschen werden die Kraft und das Verstehen erlangen, es ihm gleichzutun. Auf diese Weise kommt sowohl die Zeit des Friedens auf der Welt als auch die Zeit des persönlichen spirituellen Wachstums rasch herbei und damit auch die Erfüllung des Gesetzes des rechten Erschaffens oder der Rechtschaffenheit.

6. Das Gesetz der Gegensätze

In unserer Erfahrung sind scheinbar immer zwei Kräfte im Universum am Werk: die Kraft des Lichtes und der Schöpfung und die der Dunkelheit, der Zerstörung oder des Todes. Wie ich bereits aufgezeigt habe, sind dies eigentlich zwei Aspekte der gleichen Kraft. Wenn wir einen Teil der kreativen Energie des Lichtes für destruktive Zwecke verwenden, wird sie zu einer scheinbar dunklen Kraft, zu einer Perversion der kreativen Kraft. Die Beziehung zwischen den guten und bösen Kräften kann über das Gesetz der Gegensätze zum Ausdruck gebracht werden.

Da wir die Wahl und die Chance haben, diese beiden Kräfte konstruktiv einzusetzen, sollten wir sie etwas eingehender betrachten. Manchmal ist die Erscheinung des Bösen, des Todes und der Zerstörung trügerisch, da Zerstörung häufig einem Wiederaufbau vorangehen muß.

Wenn eine Form ausgedient hat, ist sie nicht mehr nützlich und muß von einer anderen Form ersetzt werden. Alte, nicht mehr zu erhaltende Gebäude müssen abgerissen werden, damit neuere, modernere und wirtschaftlichere an ihre Stelle treten können. Bestimmte Erscheinungsformen wie zum Beispiel Krebs sind Elemente, die außer Kontrolle geraten sind, die gegen die Gesundheit des Menschen arbeiten und daher zerstört werden müssen, wenn Gesundheit wiederhergestellt werden soll.

Bestimmte Institutionen in der Gesellschaft, etwa die Regierung, die Ehe, die Religion und das Erziehungswesen, müssen sich mit den wandelnden Bedürfnissen der sich weiterentwickelnden Menschheit verändern. Viele Dinge, die in unserer heutigen Gesellschaft als »Sünde« betrachtet würden, beispielsweise Völkermord, Kindesmord oder Polygamie, waren in der Vergangenheit ein integraler Bestandteil sozialer Strukturen, und sie wurden für gut erachtet, um das Wohlergehen zu steigern. Während die Menschheit sich weiterentwickelte, gewannen Menschenrechte und die menschliche Würde an Wichtigkeit in unseren sozialen und sittlichen Vorstellungen. Man wählte neue, menschlichere soziale Umgangsformen aus, und alte Formen wurden fallengelassen.

Die Institution der Ehe etwa erfährt heutzutage einen radikalen Wandel, da die soziale Struktur unter dem Druck steht, die sich verändernden Bedürfnisse der Menschen erfüllen zu müssen. Wir sollten dies nicht für eine Aktivität der dunklen Mächte oder für Sünde halten, wie das religiöse Fanatiker tun. Statt dessen sollten wir versuchen herauszufinden, was der traditionellen Ehe fehlt oder was heute an ihr überflüssig ist. Das wird uns dabei helfen herauszufinden, in welcher Weise die neue Form der Ehe, die aus dieser Übergangsphase hervorgehen wird, zu einem größeren Wohlergehen beitragen wird.

Alle Dinge – die guten wie die schlechten – sind ein Teil des Ganzen. In unserem persönlichen Leben liegen manchmal die Kräfte der Zerstörung und der Dunkelheit im Widerstreit mit Dingen, die wir gerne erreichen möchten. Wenn mir so etwas passiert, nehme ich eine Position ein, die ich »den Standpunkt der Ewigkeit« nenne. Ich versuche dabei, einen Überblick über das zu gewinnen, was in meinem Leben vor sich geht. Dabei habe ich herausgefunden, daß sich niemals lediglich eine Tür geschlossen hatte, um somit Erfahrungsmöglichkeiten auszuschließen, sondern daß sich stets eine andere Tür in Richtung auf ein noch Positiveres oder zu einer noch bedeutenderen Erfahrung geöffnet hatte.

Wenn ich so zurückblicke auf mein Leben, kann ich auch erkennen, daß jedes Ereignis, das mir zum damaligen Zeitpunkt wie eine irreversible Tragödie erschien, sich über die Jahre hinweg als Glück im Unglück erwiesen hat. Es waren unbezahlbare Lektionen in Bescheidenheit, Liebe, Großherzigkeit, und sie haben oft Menschen in mein Leben gebracht, die meine Erfahrung unermeßlich bereicherten.

Für diejenigen, die das Gesetz lieben, arbeiten alle Dinge Hand in Hand, um Gutes hervorzubringen, und die Kräfte der Dunkelheit machen dabei keine Ausnahme. Es handelt sich dabei nicht nur um eine Einstellungssache. Es geht nicht darum, in allen Dingen, die uns passieren, nur noch das Gute sehen zu wollen, auch wenn das an und für sich eine sehr wirksame Vorgehensweise ist. Es hat mehr damit zu tun, daß wir uns auf dynamische Weise auf den übergeordneten Plan für unser Leben einstimmen und ebenso auf den größeren Plan für die Entwicklung der menschlichen Rasse, von der wir »die Teile des Ganzen« sind. Josef sagte zu seinen Brüdern, die ihn in die Sklaverei verkauft hatten: »Ihr gedachtet es böse mit mir zu machen, aber Gott gedachte es gut zu machen...« (1. Mose 50,20).

Dion Fortune spricht in ihrem Buch *The Cosmic Doctrine*[24] davon, daß Gut und Böse kreisförmige gegensätzliche Kräfte sind, die die Schöpfung in die Manifestation bringen. Die Kraft des Guten strebt zur Verwirklichung oder zur Ansammlung von SUBSTANZ, wobei statische Teilchen oder Formen entstehen. Die Kraft des Bösen, die sich in die entgegengesetzte Richtung bewegt, neigt dazu, Teilchen aufzulösen oder zu zerstreuen.

Dion Fortune räumt ein, daß die Begriffe »gut« und »böse« wirklich sehr unbefriedigend sind, wenn man den Versuch unternehmen möchte, das Wirken dieser beiden Einflüsse in der Schöpfung zu erklären. Ich möchte gerne eine andere Auslegung vorschlagen. Nennen wir sie doch den positiven und den negativen elektrischen Pol, das Yin und Yang des Universums. Die positive elektrische Kraft ist eine expressive, abstoßende Energie, während die negative elektrische Kraft eine empfängliche, vereinigende Energie ist.

Astrologen bezeichnen die gleichen Energien mit männlich (positiv) und weiblich (negativ), wenn sie versuchen, die sich abwechselnden Energien, die in den Planeten und astrologischen Häusern vorkommen zu beschreiben. Im Kapitel »13. Das Gesetz der Polaritäten oder der Sexualität« (ab S. 311) wird beschrieben, wie diese dynamischen Kräfte sich im Bereich der menschlichen Sexualität und der Lebensenergien auswirken.

Der einzige Grund, warum Evolution, Bewegung und Differenzierung, die Schöpfung an sich, stattfindet, ist, weil diese beiden Kräfte in beständigem Widerstreit durch das Universum fließen.

Ohne ihren Gegensatz würde die Kraft der negativen Energie in der unmittelbaren Gegenwart statisch werden und sich beständig, ohne Differenzierung, aufbauen. Ohne ihren Gegenspieler würde die Kraft der positiven Energie die Formen einfach in den unmanifestierten Zustand zurückführen, aus dem sie gekommen sind, und letztendlich alle Formen zunichte machen.

Formen, die über eine bestimmte Zeit hinweg für »gut« befunden wurden, werden letztendlich statisch und entwickeln sich nicht mehr weiter. Sie müssen dann wieder aufgelöst werden, damit ihre SUBSTANZ wieder für etwas anderes benutzt werden kann. Alles Böse, das in einem Universum entsteht, strebt zu seiner eigenen Vernichtung hin und zerstört sich selbst. Die Idee des »Bösen« impliziert schon, daß es sich um eine Kraft handelt, die auf ihren eigenen Tod hinstrebt.

Die beiden Kräfte, die auf ewig im Widerstreit miteinander liegen, erzeugen eine Stabilität, einen Halt, sozusagen einen Angelpunkt im Raum, legt Dion Fortune dar. Jesus sagte, »... daß ihr nicht widerstreben sollt dem Übel...« (Matthäus 5,39). Wenn wir dem Bösen Widerstand entgegenbringen oder dagegen ankämpfen, unterstützen wir damit tendenziell die Energie, die das Böse untätig oder statisch sein läßt, wodurch es davon abgehalten wird, seinen normalen Weg in die Selbstvernichtung weiterzugehen. Ohne die Veränderungen und das Wachstum, welche die beiden gegensätzlichen Kräfte bewirken, könnte das Universum sich nicht auf seinen Endzustand hinbewegen. Gut und Böse sind keine Feinde, sondern gehen auseinander hervor als Teil der einen Kraft. Der andere Pol ist nicht notwendigerweise ein Gegner.

Dion Fortune sagt: »Bekämpfe nie Böses, wenn du es zerstören willst.« Isoliere es statt dessen, und verhindere dadurch, daß es mit seinem Gegensatz (dem Guten) in Berührung kommt. (Wir haben bereits gelernt, daß die beste Methode, um böse oder disharmonische Strukturen aufzulösen, daraus besteht, ihnen einfach gar keine Aufmerksamkeit mehr zu schenken.) Wenn das

Böse dann ohne seinen Gegenspieler ist, ist es frei, den Gesetzen seiner eigenen Natur zu folgen. Es wird sich auflösen und zu seinem ursprünglichen unmanifesten Zustand zurückkehren. Es wird wieder zu jenem undifferenzierten Rohmaterial des Daseins, wo es aufhört, organisiert zu sein oder Qualitäten zu haben. Die Kraft ist damit wieder zu ihrem Ausgangspunkt zurückgekehrt und ist durch die Umwandlung neutrales Gutes geworden – das, was sie ursprünglich einmal war.

Shakespeare drückte es so aus: »Es gibt an sich nichts Gutes oder Schlechtes – unsere Gedanken geben den Ausschlag.« Wir können beide Kräfte benutzen, um Gutes in unserem Leben zu bewirken, wenn wir bewußt mit ihnen umgehen.

7. Das Gesetz der Intensivierung

Hunderte von Büchern und endlos viele Worte sind bereits darüber geschrieben worden, wie man seine Willenskraft, die Kraft des positiven Denkens, Imagination und/oder Visualisation dafür einsetzen kann, um die eigenen Lebensziele zu erreichen. Im 4. Kapitel (4. Woche) habe sich das Gesetz der Manifestation und die Gesetze des Umgangs mit SUBSTANZ beschrieben. Doch gibt es noch weitere Informationen dazu, die an dieser Stelle einfließen sollten. Jedes starke Gefühl, jede kraftvolle Handlung, jeder intensive Gedankengang hinterläßt im Reich der SUBSTANZ einen »Eindruck«, und das Gesetz der Manifestation wird automatisch in Gang gesetzt – unabhängig davon, ob Sie sich darüber bewußt sind oder nicht. Um die Intensität zu verstärken, mit der die Bewegung in Gang gesetzt wird, können magische Rituale, heilige Worte oder Gegenstände, welche die gewünschte Vorstellung verkörpern, verwendet werden, um wirksame mentale oder emotionale Verknüpfungen zwischen dem Gedanken und dem Ergebnis herzustellen.

Kingdon Brown drückt das in seinem Buch *The Power of Psychic Awareness*[25] wie folgt aus: »Starke Gefühle, die mit Hilfe eines Bindegliedes auf ein Ziel gerichtet werden, führen zu Ergebnissen.« Ein solches »Bindeglied« ist normalerweise, aber nicht immer, ein sichtbarer Gegenstand, der einen Teil des Wunsches repräsentiert.

Wenn Sie ein »Bindeglied« bzw. einen »psychischen Induktor« benutzen, um das zu bekommen, was Sie sich wünschen, arbeiten Sie dadurch mit dem Gesetz des Ganzen und seiner Teile. Jeder »Teil« des Ganzen kann als Objekt verwendet werden, auf das Sie Ihre Aufmerksamkeit richten.

Normalerweise würde man dabei irgendeinen materiellen Gegenstand aussuchen, der von den Schwingungen des gewählten Zieles durchdrungen ist.

Das »Bindeglied« dient dazu, das Gefühl oder die gedankliche Vorstellung für einen längeren Zeitraum aufrechtzuerhalten, und durch die Dauer verstärkt sie sich. Magische Rituale haben den gleichen Zweck, und man kann auch sie in diesem Sinne als »Bindeglied« betrachten.

Wenn Sie beispielsweise eine grüne Kerze als Symbol für Wohlstand anzünden, dient dies dazu, Ihre Gedanken auf eine positive, erwartungsvolle Art und Weise wieder auf Ihren Wunsch nach Wohlstand zu lenken, solange die Kerze brennt. Auf Kirchenaltären findet man Kerzen, die angezündet werden können, wenn man für die Erlösung oder den Schutz eines geliebten Menschen betet. Die Kerze kann vom Geist als »Bindeglied« benutzt werden, um eine Wirkung in der äußeren Welt zu erzielen.

Man kann sich auch, um eine Heilung zu beschleunigen, etwas geben lassen, was ein kranker Mensch am Körper getragen hat, etwa ein Schmuck- oder ein Kleidungsstück. Sie können dann die Energie Ihrer Gedanken, Gefühle und Handlungen in den Gegenstand lenken, während Sie im Geiste mit dem Menschen eine Verbindung herstellen.

Medien, die per Post oder per Telefon Prophezeiungen durchführen, bitten oft vorher um ein Taschentuch, eine Fotografie oder einen anderen Gegenstand, der dem Individuum gehört. Manchmal dient auch der handgeschriebene Brief des Menschen als »Bindeglied«.

Diejenigen, die Initiationen in die heiligen Mysterien durchführen, und sogar die Ausbilder der transzendentalen Meditationstechniken von Maharishi Mahesh Yogi bitten um eine Frucht, um Blumen oder einen persönlichen Gegenstand, etwa ein Taschentuch, bevor sie die Initiation durchführen oder ein geheimes Mantra weitergeben.

Ein »Bindeglied« ist ein mächtiges Werkzeug, um eine Verbindung zu einem Gegenstand herzustellen, den Sie sich wünschen. Man kann auch ein Pendel oder eine Wünschelrute als »Bindeglied« betrachten. Oder ein Foto. Einige Geistheiler haben Untersuchungen durchgeführt, wobei sie Fotos von kranken Menschen unter verschiedene Farblichter gelegt haben, um die Kraft des Heilungsgebetes zu verstärken.

Ein Wissenschaftler aus einer meiner Gruppen machte ein Experiment mit einer Luftaufnahme eines Feldes, welches er als Kuhweide benutzte. Er trug dünne Streifen eines chemischen Düngemittels auf das Bild auf, wobei er zwischen den Streifen immer Raum frei ließ. Er machte sonst nichts mit dem Feld. Er pflügte es nicht, bewässerte es nicht und tat auch sonst nichts, womit er in den natürlichen Zustand des Landes eingegriffen hätte – noch nicht einmal auf geistigem Wege.

Im frühen Sommer nahm er mich mit auf eine Bergweide in der Nähe, und ich konnte mit meinen eigenen Augen die langen Streifen des leicht grüneren Grases sehen, die auf dem Feld wuchsen. Sie entsprachen genau den Streifen des Düngers auf dem Foto.

Im ersten Buch Mose wurde die Herrschaft über alle Elemente der Schöpfung in die Hände der Menschheit gelegt. Als ein Sturm das kleine Boot gefährdete, in dem Jesus schlief, hielt er lediglich seine Hand hoch, befahl dem Sturm, still zu sein, und er ließ nach. Eines Tages wird die Menschheit, wenn sie dem Wegbereiter folgt, lernen, ihre Herrschaft über die Elemente zum Wohle aller Menschen einzusetzen.

In Arkansas gibt es eine ganze Menge Tornados, Stürme und Überschwemmungen. Ein wichtiger Forschungsbereich im parapsychologischen Ausbildungszentrum hatte zum Inhalt, Wetterkatastrophen durch Geisteskontrolle abzuwehren. Alle Teilnehmer unsere regelmäßigen Gruppen werden automatisch Mitglied in unserer »Operation Wetterkontrolle«. Egal, wo sie sich aufhielten, und egal, was sie taten, wenn Wetterkatastrophen drohten, gingen sie sofort an die Arbeit, um auf geistigem Wege destruktive Elemente, die sich zusammenbrauten, zu zerstreuen und aufzulösen.

Ein Großteil der medialen Arbeit hatte offensichtlich positive Wirkung, doch da das Wetter in all seinen Aspekten ziemlich unberechenbar ist, würde sich niemand erdreisten, zu behaupten, die Elemente völlig unter Kontrolle zu haben. Drei Ereignisse waren jedoch besonders bemerkenswert.

In einer Nacht wurden fünf trichterförmige Wolkengebilde, Anzeichen für Tornados, über Little Rock gesichtet. Die Gruppe für die Wetterkontrolle, die Polizeifunk hörte, ging, als der erste gesichtet wurde, an die Arbeit. Das Ergebnis war, daß nicht ein Tornado bis auf die Erde herunterkam! Das ist eine ziemlich beeindruckende Prozentzahl, auch wenn man die Unberechenbarkeit von Tornados mit in Betracht zieht.

Eine Teilnehmerin unserer Gruppe hatte erntereife Sojabohnen auf ihrem Feld und wollte sie gerade ernten, als ein Gewitter im Westen aufzog. Sie bat um unsere Hilfe. Einer der Forscher legte einen Plastikschutz (ein »Bindeglied«) über eine Luftbildaufnahme ihres Feldes, wobei er die umliegenden Felder frei ließ. Die Teilnehmerin unserer Gruppe beschwor im nachhinein, daß der

Regen auf drei Seiten bis zur Grenze ihres Feldes herangekommen war, *wobei ihr Feld trocken blieb, bis die Bohnen geerntet waren,* und daß er danach sintflutartig herabstürzte.

Das dritte Ereignis war vielleicht das spektakulärste von allen. In der Mitte der siebziger Jahre drohte der Hurrikan Carmen an der Küste von Louisiana einzufallen. W. H. »Bill« Moore war einer der Direktoren und Mitbegründer des Zentrums und ein sehr aktiver Forscher im Bereich Wetterkontrolle. Eine seiner Töchter lebte mit ihrer Familie genau dort, wo der Wirbelsturm auf die Küste aufzutreffen drohte. Zu diesem Zeitpunkt hatte der Hurrikan im Golf von Mexiko eine Umdrehungsgeschwindigkeit von 200 Kilometern pro Stunde und bewegte sich mit 50 Kilometern pro Stunde auf die Küste zu. Man dachte bereits daran, die Stadt zu evakuieren, als unser Einsatzkommando an die Arbeit ging. Wir benutzten die emotionale Verbindung mit der Tochter als »Bindeglied«.

Wir stellten uns vor, daß sich eine dicke Wand aus Ziegelsteinen zwischen Louisiana und dem Hurrikan Carmen befand. Bill Moore hielt seinen Daumen auf eine Karte des Golfs (ein zweites »Bindeglied«), und zwar genau auf die Stelle, wo wir auf Satellitenfotos das Zentrum des Wirbelsturms gesehen hatten. Er sagte: »Diese destruktive Energie wird genau da bleiben, wo sie jetzt ist, bis die Windgeschwindigkeit abgenommen und die Energie sich auf harmlose Art und Weise aufgelöst hat. Wenn sie auf das Land trifft, wird sie höchstens noch ein tropischer Sturm sein.«

Der Rest ist belegt! Die Zeitungen im ganzen Land berichteten darüber, daß sich der Hurrikan Carmen *fünf* Stunden lang etwa 35 Kilometer von der Küste nicht mehr weiterbewegt hatte. So etwas hatte es noch nie gegeben! Und als er schließlich das Ufer erreichte, betrug die Windgeschwindigkeit nur noch 55 Kilometer pro Stunde. Er drehte nach Westen ab und traf in einem relativ wenig bevölkerten Marschgebiet auf die Küste statt im Ballungsgebiet von Lake Pontchartrain, wie man zuvor vorausgesagt hatte. Was die Mitglieder unserer Gruppe wirklich jubeln ließ, war folgende Aussage des Wetteransagers im Lokalfernsehen: »Es war gerade so, als ob der Hurrikan auf eine ›Wand aus Ziegelsteinen‹ gestoßen wäre!«

Die beständigen positiven Ergebnisse bei unseren vielen Experimenten ließen Bill Moore eine neue Gleichung aufstellen: »R = R^1« (R = R in Vollendung, oder »die Darstellung einer Sache entspricht ihrer Realität«). Eine Landkarte, ein Plastikschutz, ein Schutzkreis aus weißem Licht und eine grüne Kerze für Wohlstand kommen in bezug auf übersinnliche Wirkungen der Realität gleich.

Dieses Gesetz kann – wie alle anderen – natürlich auch benutzt werden, um böse Absichten zu verwirklichen. Das klassische Beispiel ist die Nachbildung oder die Voodoo-Puppe, die mit einer echten Haarlocke oder einem Fingernagel des Opfers hergestellt wird und die benutzt werden kann, um die betreffende Person ins Verderben zu stürzen oder zu töten. Aus eigener Erfahrung kenne ich einen Todesfluch, der von einem kranken Gehirn zur persönlichen Blutrache im Zusammenhang mit magischen Ritualen eingesetzt wurde. Drei Schwestern (die Tanten dieses Menschen) starben innerhalb eines Jahres.

Sybil Leek beschreibt in dem Buch *Diary of a Witch*[26] (Tagebuch einer Hexe) Morde, die an Staatsbeamten unter Zuhilfenahme von Magie zum »öffentlichen Wohl« begangen wurden (obwohl sie keine Aussagen darüber macht, ob sie daran teilgenommen hat).

Aus meiner Sicht ist dieses Gesetz der Intensivierung in den Geheimlehren das »Zünglein an der Waage«. Auf Ihrem Verstehen dieses Gesetzes und auf der Art und Weise, wie Sie mit diesem Gesetz umgehen, wird Ihre spirituelle Stellung (und Ihr Fortschritt) in der Zukunft beruhen. Hier entscheidet sich, ob Sie den linkshändigen Pfad der Schwarzen Magie oder den rechtshändigen Weg der Weißen Magie gehen wollen, der zu Liebe und Mitgefühl führt.

Lassen Sie mich an dieser Stelle betonen: Wenn Sie dieses oder irgendein anderes Gesetz dazu benutzen, um einen anderen Menschen zu manipulieren, zu zerstören oder zu etwas zu zwingen, wird der Bumerang-Effekt gleichermaßen zerstörerische Konsequenzen für Sie hervorbringen.

Der Umgang mit diesem Gesetz läßt Fragen der Ethik und der Moral aufkommen. Was ist mit Menschen (oder einem Menschen), die durch Geisteskontrolle einen sehr nötigen Regen verhindern, nur weil sie gerne ein angenehmes Wochenende verbringen wollen? Schauen Sie sich auch die möglichen Konsequenzen für zwei andere Gruppen an. Die eine Gruppe besteht aus Bauern, deren Überleben von dem Regen abhängt, und die andere aus Bauarbeitern, die während der Regenfälle nicht arbeiten können.

Von allen Naturgesetzen läßt sich die Meisterschaft über das Wetter am leichtesten erlangen. Aber auch diese Fähigkeit hat weitreichende karmische Konsequenzen, wenn sie nicht verantwortungsbewußt eingesetzt wird. Durch die bewußte und unbewußte Anwendung dieses Gesetzes entwicklen wir, in Verbindung mit dem Gesetz des Karma, die Tugend, anderen auf unserer spirituellen Reise nicht zu schaden.

8. Das Gesetz der Stille

In einem Zustand äußerster mystischer Versenkung gelangen wir an einen Ort großer Stille, an dem sich das Individuum ins Nichts auflöst und doch alles auf einmal ist. Viele östliche Mystiker versuchen diesen Bewußtseinszustand zu erreichen, in dem alles eins ist und die Seele ihre persönliche Identität in der alles umfassenden göttlichen Umarmung verliert.

Westliche Mystiker beschreiben diesen Zustand als das Bewußt-sein des oder eine Versenkung in das vollkommene Sein des Allwissens, die Einheit mit allem, was ist. Es ist gleichzeitig ein Werden und ein vollendeter Zustand, das vollständige Einswer-den mit dem Fluß der Lebensenergie, die unablässig durch alle manifestierten und unmanifestierten Formen fließt. Sie ist all-mächtig und existiert auf ewig in einem allgegenwärtigen Be-wußtsein ohne Anfang und Ende. Obwohl diese Erfahrung nor-malerweise spontan gemacht wird, kann man sie durch Fasten oder langes Meditieren herbeiführen. Immer ist ein Mensch nach dieser Erfahrung völlig verändert. Mystische Zustände, die durch Drogen herbeigeführt wurden, können in einem Menschen den Wunsch nach spiritueller Bewußtseinserweiterung hervorrufen und ihm auch kurze Einblicke in höhere Zustände geben, letzt-endlich führt diese Methode jedoch eher zur Abhängigkeit als zur Meisterschaft.

Wie bei allen kosmischen Gesetzmäßigkeiten trifft auch hierbei das Prinzip »Wie oben, so unten« zu. Die Archetypen der Schöp-fung existieren in der Stille des göttlichen Geistes. (Einige Men-schen hören »Sphärenmusik«, die mit der Manifestation der Schöpfung einhergeht.)

Genauso verhält es sich mit dem menschlichen Geist. Die Mög-lichkeiten und Potentiale eines jeden Lebens findet man in der Stille des menschlichen Geistes, und sie können nur in der Stille der Meditation oder der Introspektion entdeckt werden. Erst *nachdem* sie entdeckt worden sind, ist es durch Willenskraft möglich, bewußt ihnen gemäß zu handeln.

Wir müssen in der Stille unseres inneren Selbst die Fähigkeiten aufspüren, die in uns schlummern. Und es gibt einen Zusatz zu diesem Gesetz: Wenn Sie ein Projekt einmal durch Gebete, Visualisationen oder Meditation ins Rollen gebracht haben, müs-sen Sie das Gesetz der Stille weiter zur Anwendung bringen. *Sie dürfen nicht darüber sprechen!*

Wenn Sie über ein Projekt oder ein Ziel sprechen, das Sie erreichen wollen, verwandeln Sie die Energie in nutzlose Schwingungen in der Luft. Und was noch schlimmer ist: Die noch nicht aufgegangenen Samen unserer Wünsche könnten auf einen feindseligen Geist treffen, der versuchen könnte, unseren Wunsch zunichte zu machen, ehe er sich erfüllt hat.

Egal, wie erhaben Ihr Traum auch sein mag, es gibt immer jemanden, der ihm mit verächtlichen Bemerkungen entgegenwirkt: »Was für ein Quatsch! Das hat noch nie jemand geschafft! Wieso glaubst du, daß du es schaffen kannst? Ja, aber das kann doch gar nicht funktionieren! Du weißt doch, daß das deinen Eltern (Freunden, Lehrern) nicht gefallen wird ...«

Diese Menschen sehen sich nicht als Ihre Feinde. Sie tragen die Maske des wohlwollenden Freundes oder des Verwandten, der Sie vor einer Enttäuschung bewahren möchte. Oder vielleicht glaubt derjenige wirklich nicht daran, daß dieses Ziel erreichbar ist, weil er sich Ihr Ziel gar nicht vorstellen kann.

Ihre Einzigartigkeit beruht auf den besonderen Fähigkeiten, die Sie besitzen. Wenn ein Wunsch in Ihrem Geist auftaucht, der so viel Begeisterung hervorbringt, daß Sie ihn verwirklichen möchten, dann haben Sie auch die Energie und die Macht, diesen Wunschtraum Wirklichkeit werden zu lassen. Das Gesetz ist so – egal, was andere darüber denken oder sagen. Doch sind wir sehr anfällig für die Gedanken und Worte anderer Menschen, besonders von denen, die uns nahestehen. Sprechen Sie daher nicht über Ihren Herzenswunsch, bis er der Erfüllung schon näher ist und durch unachtsame Worte nicht mehr zerstört werden kann.

In zwei Fällen darf gegen das Gesetz der Stille verstoßen werden. Der eine Fall ist der, wenn sie das Gefühl haben, daß Sie die Unterstützung eines anderen bei der Visualisierung Ihres Zieles benötigen. Ein Beispiel hierfür ist die gemeinsame Kraft, die entsteht, wenn zwei oder mehr Menschen sich versammeln, um für die Gesundheit oder die Heilung eines kranken Menschen zu beten. Wenn Sie sich jemandem anvertrauen, dann suchen Sie sich jemanden aus, dessen esoterisches Verstehen dem Ihren gleicht oder darüber hinausgeht und von dem Sie wissen, daß er Sie unterstützen und nicht gegen Sie arbeiten wird.

Wenn Sie jedoch eine spontane Heilung oder Vergebung erhalten haben oder wenn Sie von einem spirituellen Heiler geheilt worden sind, sollten Sie 48 Stunden lang mit niemandem (auch nicht mit einem spirituellen Freund) darüber sprechen. So lange braucht SUBSTANZ, um sich in einer neuen Struktur zu »setzen«. Während der ersten 48 Stunden ist sie noch für die Zweifel und negativen Gedankenformen anderer zugänglich und muß durch Ihr Schweigen geschützt werden.

Der andere Fall, in dem Sie Ihr Schweigen brechen können, ist, wenn Sie das Gefühl haben, daß Sie in der Gegenwart eines Menschen sind, der Ihnen helfen kann, Ihr Ziel zu erreichen. Es ist zum Beispiel sinnlos, zu visualisieren, daß Sie einen bestimmten Arbeitsplatz bekommen, wenn Sie den möglichen Arbeitgeber nicht auch wissen lassen, daß Sie die Stelle haben möchten. Der Arbeitgeber wird Ihnen die Stelle wahrscheinlich nicht ungefragt anbieten, obwohl dies manchmal auch passiert. Häufiger ist es jedoch so, daß Sie selbstbewußt genug sein müssen, um sich die Stelle zu beschaffen.

Halten Sie Ihre Augen und Ohren in einer positiven Erwartungshaltung offen für Gelegenheiten, die Ihnen helfen können, Ihren Wunsch zu erfüllen, und sprechen Sie dann offen darüber. In solchen Zeiten werden Sie entdecken, daß die Menschen um Sie herum kooperativ sind. Aber diskutieren Sie Ihre Ziele nicht unnötig – und auch nicht mit zuviel Begeisterung –, wenn nur geringe oder gar keine Möglichkeiten zu ihrer Verwirklichung bestehen. Das wird für Ihre Idee das Ende sein. Das Beste, was sich daraus ergeben kann, ist, daß Sie zusätzliche Anstrengungen aufbringen müssen, um die Entmutigung zu überwinden, die Sie erfahren werden.

Und sprechen Sie vor allem nicht über negative Situationen, die Sie lösen wollen, wenn die Person, mit der Sie sprechen, Ihnen in der Situation nicht helfen kann. In diesem Punkt ist das Gesetz der Stille besonders wirksam. Es hilft Ihnen, Ihre Aufmerksamkeit von der Situation wegzunehmen, die Sie nicht weiter energetisch aufladen wollen. Sie entgehen damit auch der Gefahr, daß die negativen Glaubenssätze eines anderen zu einer sowieso schon negativen Situation hinzukommen.

9. Das Gesetz der Reinkarnation und des Karma

Man sagt, daß Buddha sich an über 500 seiner Erdenleben erinnern konnte, und er fühlte, daß zwei große Gesetze die wirklichen Schlüssel zum Mysterium des Lebens sind. Er nannte sie das Gesetz der Reinkarnation (Wiedergeburt) und das Gesetz des Karma.

Karma[27] stammt von einem Sanskritwort, das wörtlich »Tat« bedeutet. Heute wird das Wort mehr in dem Sinne verwendet, daß die Früchte und Auswirkungen der Handlungen gemeint sind. Daher wird Karma normalerweise als das Gesetz von Aktion und Reaktion oder geläufiger als das Gesetz von Ursache und Wirkung betrachtet.

Es ist bereits vieles über die Geheimnisse des Karma geschrieben worden. Wenn wir an Karma denken, denken wir meistens an die Auswirkungen von schlechten Handlungen oder falschen Entscheidungen, weswegen das Wort Karma mit negativen Assoziationen belegt ist. Aber das Wort an sich ist völlig neutral. Es kann sowohl gutes wie auch schlechtes Karma geben. Es ist tatsächlich so, wie einer meiner Schüler es einmal ausgedrückt hat: »Es gibt weder Belohnungen noch Bestrafungen, nur Konsequenzen.«

Karma ist mehr als nur die Summe aller Handlungen eines Menschen, also aller Ursachen, und die Summe aller Ergebnisse dieser Handlungen, der Wirkungen. Es schließt auch die Eindrücke und Gewohnheiten mit ein, die im Unterbewußtsein durch diese Handlungen hervorgerufen werden. Leben für Leben neigen wir dazu, auf bestimmte Umstände in einer bestimmten Art und Weise zu reagieren. Es sind diese Gewohnheiten, die wir von Leben zu Leben mitnehmen, die nur so schwer aus unserem Verhalten zu eliminieren sind.

Der große indische Lehrmeister des Yoga Patanjali sagte, daß wir durch die Kontrolle über unsere Sinne, durch das Studium inspirierender Schriften und das Lenken unserer Aufmerksamkeit auf das höhere Selbst unser Leben mit Sicherheit meistern können. Die Yoga-Sutras[28] des Patanjali, auch Yoga-Aphorismen genannt, handeln von meditativen Techniken, um den niederen Geist der Persönlichkeit zur Ruhe zu bringen und zum höheren Geist der Seele zu erwachen. Patanjali sagt, daß man diese Disziplinen mit dem Ziel üben sollte, innere Gelassenheit zu entwickeln und die Leiden von Körper und Geist zu vermindern. Patanjali schreibt, daß es fünf Leiden des Körpers und des Geistes gibt, mit denen sich ein Schüler auf dem spirituellen Pfad auseinandersetzen muß:

1. Anhaftung
2. Selbsttäuschung
3. Haß
4. Unwissenheit oder mangelndes Bewußtsein und
5. falscher Stolz

Anhaftungen ergeben sich aus Verlangen, Liebe und Selbstsucht. Dadurch werden sinnliche Wahrnehmungen geschaffen, ohne die wir nicht mehr leben zu können glauben. Wir lieben beispielsweise andere normalerweise als Mittel, unsere eigenen Bedürfnisse zu befriedigen, anstatt die Begegnung als Gelegenheit wahrzunehmen, von uns etwas zu geben, dem anderen zu dienen oder sich gegenseitig zu dienen oder aber einander so gut kennenzulernen, daß man im Geiste eins wird. Wir sollten uns lieber darin üben, den anderen so sehr zu lieben, daß wir seine Bedürfnisse über unsere eigenen stellen können.

Anhaftungen sind die Leidenschaften des Mentalkörpers, die unser Denken beherrschen. Diese Leidenschaften sind keine Aktivitäten unseres ganzen Seins, sie betreffen uns nicht als ganzes Wesen, auch wenn wir sie vielleicht sehr intensiv spüren.

Selbsttäuschung umfaßt alle emotionalen Leidenschaften: Ärger, Lust, Egoismus und Selbsthaß. Was geschieht mit uns, wenn wir uns ärgern? Egoistische Wut überkommt uns, wir schwelgen in einem anormalen Zustand der Selbstbezogenheit, in dem unser klarer Verstand überwältigt ist. Wir verlieren jegliche Disziplin, unsere innere Ruhe und die Kontrolle über uns selbst. Diese Leidenschaften sind emotionale Störungen, durch die unser Emotionalkörper die Oberhand über unsere Aktivitäten im Leben bekommt. Wie die anderen Leidenschaften verhindern diese negativen Eigenschaften, daß wir von unserem ganzen Wesen Gebrauch machen.

Indem wir unser ICH-BIN-Bewußtsein verstärken, gewinnen wir langsam die Oberhand über unsere Gefühle und Gedanken. Dann ist es die Seele, die die Entscheidungen und Urteile fällt und bewertet. Dadurch wird jede Erfahrung vom ganzen Wesen gemacht und nicht nur von einem Teil.

Haß beruht meistens auf Angst: Angst vor Schmerzen, Angst vor emotionalen Verlusten oder Angst vor dem Unbekannten. Wenn wir etwas völlig verstehen, empfinden wir ihm gegenüber weder Angst noch Haß. Das, was uns gerade noch mit Haß erfüllte, akzeptieren wir dann einfach, ordnen es entsprechend ein und erlauben ihm, sich auf seiner Ebene auszudrücken – egal, ob sein Weg aufwärts oder abwärts führt. Wir setzen ihm keinen Widerstand mehr entgegen, sondern gewähren ihm die Freiheit, sich gemäß seiner Natur weiterzubewegen. Wenn das, was wir hassen, wirklich böse ist, dann wird es sich – wie wir bereits gelernt

haben – aus sich selbst heraus auf seine eigene Zerstörung hinbewegen. Dadurch, daß wir der Sache keinen Widerstand mehr
entgegenbringen, wird sie sich mit der Zeit naturgemäß auflösen.
Das ist ihre Natur. Wenn es nur unsere Unwissenheit war, die uns
glauben ließ, daß diese Sache böse sei, dann wird das Gute, das
darin enthalten ist, zum Vorschein kommen, und wir werden
ihren Zweck in unserem Leben verstehen.

Unwissenheit oder der Mangel an Bewußtsein hat in besonderem
Maße die Eigenschaft, sich selbst immer weiter fortzusetzen, da
wir ja nicht wissen, was wir wissen. Aus Unwissenheit entstehen
Arroganz, Beschränktheit, Vorurteile und Vorbehalte. Unsere
Unwissenheit wird erst dann schwinden, wenn wir uns endlich
nach innen wenden und bescheiden und ernsthaft Wissen und
Erleuchtung suchen.

Falscher Stolz ist immer ichbezogen. Viele Menschen haben in
ihrer spirituellen Entwicklung Probleme damit, die wirkliche
Natur des Ego zu erkennen – besonders die Menschen aus dem
Westen. Wir sind dynamischer als die Menschen aus dem Osten,
die aus ihrer Tradition heraus mehr dazu neigen, das Leben so zu
akzeptieren, wie es ist.

Es gibt ein niederes Ich, das der Persönlichkeit. Das ist unser
»Wille zu tun«. Wir könnten nichts wirklich Lohnenswertes in
unserem Leben oder in unserer spirituellen Entwicklung erreichen, wenn es dieses Ich nicht gäbe. Wir können dieses Ich nicht
zerstören. Der Versuch ist nicht nur dreist, sondern kann sogar
gefährlich sein, da es nur unterdrückt, nicht zerstört werden kann.
Wir können dieses Ich und unser Verstehen darüber aber erweitern.

Das höhere Ich oder Selbst ist unsere spirituelle Identität, unser
»Wille zu werden«, die Gegenwart des ICH BIN. Das niedere Ich
sollte dem höheren bereitwillig dienen und nur das wollen, was
die Seele will.

Unser niederes Ich, das Ich der Persönlichkeit, ist der Teil von uns, der sich zu Stolz, Gewinnsucht und Selbstbeweihräucherung hinreißen läßt. Es ist immer für Schmeicheleien und Lobhudelei offen. Es ist oft bereit, dafür seine Integrität, seine Ehre und sogar Gesundheit und Wohlstand zu opfern. Dieser Aspekt des niederen Ichs muß unter Kontrolle gebracht werden oder, besser noch, in die höheren Qualitäten des Selbstrespekts, der Ethik, der Integrität und der Empfindsamkeit umgewandelt werden. Diese Umwandlung findet dann statt, wenn die Seele mehr Verstehen erlangt und ihre Wünsche auf die richtige Art und Weise kontrolliert, um richtige Prioritäten zu setzen. Dann wird sie kraft ihres Willens die Energie des niederen Ichs in die richtigen Kanäle lenken.

Ich glaube, daß es sich bei dieser Unterwerfung des niederen Ichs unter den Willen der Seele um den Vorgang handelt, der in spirituellen Schriften als Bezwingung des Ego bezeichnet wird. Jeder andere Umgang mit dem Ego ist eine psychologische Verirrung und eine Vergewaltigung des inneren Selbst.

Aus den Qualitäten der Seele, die noch nicht in höhere transformiert wurden, entstehen die negativen Aktionen und Reaktionen in unserem Leben. Eine häufig wiederholte Handlung bewirkt das Fortbestehen des Gefühls, das die Handlung ursprünglich ausgelöst hat. Negative Reaktionen, die wir unwissentlich hervorbringen, bewirken weitere emotional negativen Reaktionen der Umgebung, die wieder negative Handlungen unsererseits auslösen. Diese Kreisläufe nehmen wir von einem Leben zum anderen mit. Einige haben sich so tief in unserem Unterbewußtsein eingeprägt, daß wir uns lange Zeit selbst beobachten und analysieren müssen, bis wir einen solchen Charakterzug entdecken und korrigieren können.

Umgekehrt werden durch den ständigen positiven und konstruktiven Gebrauch der Energie in der Seele natürlich auch Gewohnheiten geprägt, die uns auf eine positive Art und Weise auf Ereignisse und Situationen in unserem Leben reagieren lassen.

So bauen wir durch unsere positiven Reaktionen im Unterbe-wußtsein die Tendenz auf, positiv auf kritische Situationen im Leben zu reagieren.

Es ist nicht immer notwendig, daß wir etwas Entsprechendes erfahren, um die Wirkungen »negativen« Karmas abzutragen, die als Handlungsmuster in unserer Seele existieren. Es ist auch nicht notwendig, daß man die karmischen Schulden genau dem Men-schen gegenüber ausgleicht, dem gegenüber sie bestehen. Wenn zum Beispiel jemand getötet wurde, muß das Opfer in einem späteren Leben nicht den Mörder töten, um die Schuld auszuglei-chen. Wenn das Opfer sich entscheidet, dem Täter zu verzeihen, und das Gesetz der Vergebung anwendet, dann besteht keine weitere Schuld, und die beiden sind miteinander im reinen. In weiteren Leben wird es in bezug auf dieses Ereignis keine karmi-schen Verbindungen zwischen den beiden geben.

Der Haß- oder Wutimpuls, der überhaupt erst das negative Karma verursacht hatte, könnte der Seele jedoch noch über einige Leben anhaften und weitere Handlungen verursachen, die auf die eine oder andere Art und Weise Anlaß zu Vergeltung geben, bis die Seele bezüglich ihrer Wut geläutert ist. Karma ist vom Universum nicht als Waffe zur Vergeltung, sondern zum Lernen und zur Läuterung gedacht. Nur durch unsere Erfahrungen lernen wir, die Qualitäten der Seele in höhere und feinere umzuwandeln, bis schließlich eines Tages eine völlige Loslösung von den Früchten der eigenen Handlungen erreicht wird. Dann ist die Seele vom Rad der Wiedergeburten frei und kann zu anderen Ebenen und anderen Erfahrungsdimensionen emporsteigen.

»Gutes« Karma kann uns genauso an die Erde binden wie »schlechtes«. Wenn wir uns selbst und anderen nicht vergeben und unsere Bilanz der Zahlungen und Rückzahlungen von Leben zu Leben weiter mit uns schleppen, erschaffen wir damit die Notwendigkeit dieser Lektionen und Erfahrungen immer wieder aufs neue. Wenn wir Gutes nur aus dem Wunsch heraus tun, die entsprechende Belohnung zu erhalten, werden wir immer wieder zurückkehren müssen, um die Belohnungen entgegenzunehmen. Was uns das Gesetz des karmischen Ausgleichs wirklich lehren will, ist, harmonisch und wohlwollend inmitten der Illusionen der irdischen Ebene zu leben und dabei die Erfahrung an sich unsere Belohnung sein zu lassen. Es ist wichtig, großzügig unsere Zeit und unsere Talente einzusetzen, ohne daran zu denken, wie oder warum unsere Bemühungen zu uns zurückkehren werden. Das Gesetz der Wiederkehr sorgt für das Seine, daher sollten Sie sich ausschließlich darum bemühen, Ihre Gegenwart zu vervollkommnen. Auf diese Weise wäre es möglich, in einem Leben alle vergangenen Fehler aufzuheben und ein klareres Bild einer vollendeteren Zukunft zu projizieren.

10. Das Gesetz der Entwicklung und des Wandels

Das Universum bewegt sich kreisförmig vorwärts vom Nichtmanifesten zum Manifesten und wieder zum Nichtmanifesten zurück, wobei es sich selbst unaufhörlich erschafft, auflöst und wiedererschafft. Durch diese Bewegung entstehen Raum und Zeit. Einige Bewegungen sind schneller als andere. Man nennt sie »Schwingungen«, und aus ihnen besteht die Kulisse, die wir als unsere Umwelt, Raum, wahrnehmen. Diese Schwingungen sind die Grundlage unserer sinnlichen Wahrnehmungen. In der ewigen GEGENWART scheint sich nur die Kulisse zu bewegen, wodurch in uns eine Wahrnehmung von Zeit entsteht. Zeit ist nichts anderes als ein Begriff für das Fortschreiten und die chronologische Aufzeichnung von Ereignissen. Die Seele bewegt sich im Verhältnis zur sinnlich wahrnehmbaren Welt relativ wenig, doch auch sie entwickelt und verändert sich im Laufe der Ewigkeit. Obwohl nicht jede Veränderung einen Fortschritt darstellt, ist jeder Fortschritt eine Veränderung. Eine andere alte Redensart besagt: »Nichts ist beständig, außer dem Wandel!« Wir müssen die Kraft des Wandels erkennen und sie akzeptieren, wenn wir irgend etwas erreichen wollen. Sie können nicht gleichzeitig neue Bedingungen in Ihrem Leben herbeiführen und den alten Status quo beibehalten. Denken Sie an unser Beispiel von der Frau, die sich einen neuen Arbeitsplatz für ihren Mann wünschte, aber nicht bereit war, in eine andere Stadt zu ziehen, um die Arbeit anzunehmen, als sie angeboten wurde. Wenn Sie beginnen, SUBSTANZ in Bewegung zu setzen, kann alles mögliche passieren.

In einigen Fällen bringt die Macht des Wandels ungeheure Umwälzungen und sogar Chaos im eigenen Leben hervor, um einen Fortschritt herbeizuführen. Glücklicherweise kommt es in der Regel nicht zu solchen Extremen. Bei mir war es jedoch so, und ich habe den Einfluß dieser Kraft bei vielen meiner Schüler beobachtet, weswegen ich an dieser Stelle etwas näher darauf eingehen möchte.

Ich selbst bin ein ziemlich stabiles Wesen. Meine Sonne steht im Löwen, und ich habe sechs Planeten in »fixen« Zeichen im Horoskop. Astrologen werden verstehen, was ich meine, wenn ich sage, daß meine Energien stabil und beständig sind. Zumindest im Vergleich mit einem Zwilling, der sich meist fließend von einem Projekt zum nächsten bewegt, ohne sich viel um die Vergangenheit zu kümmern.

Die Ideen und Ideale, die mir von meinen Eltern und Lehrern während meiner Kindheit und Jugend mitgegeben wurden, schienen wie einzementiert. Sie zu verändern erforderte einen großen Leidensdruck, und genau der entwickelte sich in mir auch. Als ich anfing, esoterische Gesetzmäßigkeiten zu studieren, wußte ich intellektuell – oder vielleicht auch spirituell – ganz tief in meinem Inneren, daß sie Wahrheiten zum Ausdruck brachten und daß ich sie in meinem Leben anwenden wollte. Doch jedesmal, wenn ich mit Affirmationen versuchte, mein Leben zu verbessern, passierte genau das Gegenteil.

Wenn ich also einen Zehnten abgab, um Wohlstand zu erhalten, oder darum betete, verlor ich meinen Job, oder sonst irgendein anderes Unglück passierte, wodurch meine Familie und ich noch ärger in finanzielle Bedrängnis kamen. Immer wenn ich für Gesundheit betete oder die entsprechenden Affirmationen benutzte, landete eines meiner Familienmitglieder im Krankenhaus oder wurde sonstwie krank.

Wir zogen in zwei Jahren dreimal um und kauften jedesmal ein Haus in der Erwartung, dort zu bleiben und Wurzeln schlagen zu können. Jedesmal wurde uns sozusagen »der Teppich unter der Füßen weggezogen«, wir mußten das Haus mit finanziellem Verlust verkaufen und an einen anderen Ort ziehen, um wieder von vorn anzufangen.

Das waren die chaotischsten Jahre meines Lebens. Wenn es nicht tief in meinem Inneren dieses hartnäckige, unlogische, intuitive Gefühl gegeben hätte, daß diese Gesetzmäßigkeiten richtig waren und funktionieren *mußten,* egal, was sie scheinbar aus meinem Leben machten, hätten meine noch schwachen neuen Strukturen diese beiden Jahre niemals überlebt. Ich wäre wieder in das alte, wohlbekannte Dasein zurückgekehrt, in dem nicht hinter jeder Wegesbiegung eine Gefahr lauerte.

In dieser Zeit kam ich das erstemal mit dem ICH-BIN-Bewußtsein in mir in Berührung, obwohl ich zu der Zeit noch keine Bezeichnung dafür hatte. Ich wußte lediglich, daß der Teil in mir, der mich trotz der chaotischen Umstände vorwärtstrieb, etwas war, was losgelöst vom Geschehen existierte und auch nicht verstandesmäßig erfaßt werden konnte. Es lag jenseits meines Verstandes.

Ich kam in der Unity Church (Einheitskirche) etwa im Alter von 35 Jahren das erstemal mit Metaphysik in Berührung. Zu dieser Zeit hatten sich Einstellungen und konditionierte Verhaltensmuster tief in meinem Unterbewußtsein festgesetzt. Es erforderte – im übertragenen Sinne – »Dynamit«, um sie zu lösen.

Wie ich bereits sagte, beginnt im Alter von etwas 35 Jahren ein

Siebenjahreszyklus, der oft mit einem spirituellen Neubeginn einhergeht. In meinem Leben war das »Dynamit« wahrscheinlich schon lange überfällig, aber das wußte ich zu dem Zeitpunkt noch nicht, und so war das emotionale Trauma immens. Schließlich fragte ich völlig verzweifelt meinen Priester in der Einheitskirche, was ich tun könnte. Er gab mir folgende Erklärung, von der ich hoffe, daß sie Ihnen genauso weiterhilft wie mir.

Er sagte: »Stellen Sie sich eine Regentonne vor, die in der Sonne gestanden hat. Oben ist das Wasser klar, aber unten ist Dreck, Schmutz und Schutt. Was passiert, wenn sie einen Schlauch hineinhalten, durch den frisches Wasser in die Tonne fließt? Sofort wird der ganze Schmutz aufgerührt. All die Ablagerungen müssen zuerst hochkommen und über den Rand der Tonne hinausgespült werden, bevor das Wasser wirklich wieder klar und frisch sein kann. – Sie erleben nichts weiter als den Schutt aus Ihrem Unterbewußtsein. Alle Ängste und negativen mentalen Gewohnheiten, die Sie über die Jahre hinweg gehegt haben, müssen jetzt hochgespült und sichtbar werden, damit sie anschließend erledigt und ausgemerzt sind. Wenn sie sich einmal manifestiert haben, werden sie Sie nie wieder belästigen.«

So lernte ich diese disharmonischen Zustände in meinem Leben als »Endprodukte« zu sehen, deren Manifestation vielleicht durch meine intensive Begeisterung und meinem intensiven Wunsch nach einem neuen Leben beschleunigt worden war. Und ich wußte, daß sie als solche nur von vorübergehender Dauer waren. Immer wenn sich eine gegenteilige Wirkung aus einem Gebet oder einer Affirmation ergab, nahm ich es als Zeichen dafür, daß ich SUBSTANZ in Bewegung gesetzt hatte. Der ganze Schutt mußte beseitigt werden, bevor es sich so manifestieren konnte, wie ich es wollte. Ich bedankte mich dann dafür, daß es jetzt erledigt und vorbei war, und wartete weiterhin gespannt auf die Ergebnisse, um die ich ursprünglich gebeten hatte, die, wie ich bald entdeckte, nicht mehr lange auf sich warten ließen.

Ich hatte dieses »Syndrom der entgegengesetzten Wirkung« mit abnehmender Tendenz etwa fünf Jahre lang. Dann verschwand es aus meinem Leben. Ab und zu einmal erscheint auch heute noch eine entgegengesetzte Wirkung in meinem Leben, vielleicht dann, wenn ich mit einer Konditionierung in Berührung komme, die noch tiefer vergraben liegt als andere. Dann pflege ich zu sagen: »Großartig! Ich freue mich, daß das passiert ist. Es bedeutet, daß ich etwas in Bewegung gesetzt habe.« Ich freue mich aufrichtig darüber, daß eine weitere negative Konditionierung dabei ist, aus meinem Leben zu verschwinden – sie manifestiert sich als »Endprodukt«, um danach nie wieder zu erscheinen.

Um das Leben und die Gewohnheiten der meisten Menschen zu verändern, benötigt man – Gott sei Dank – kein Dynamit (im übertragenen Sinne). Aber wenn Sie entdecken, daß es Ihnen ähnlich wie mir geht, sollten Sie sich freuen und ihre Erwartungen hochschrauben. Es bedeutet, daß Sie SUBSTANZ bewegen und daß sich Ihr wirklicher Wunsch bald manifestieren wird. Seien Sie beharrlich, und geben Sie nicht auf.

Außerdem gibt es auch noch das Gesetz der Gnade. Wenn ich dieses Gesetz zu jener Zeit in meinem Leben bereits besser verstanden hätte, hätte ich vielleicht nicht soviel leiden müssen.

11. Das Gesetz der Gnade

Sie müssen nicht für jede karmische Kleinigkeit bezahlen. Wenn das so wäre, müßte die Menschheit bereits so tief unter der karmischen Last ihrer fehlgeleiteten Energien begraben sein, daß keiner von uns auch nur einen Schritt nach vorn tun könnte.

Ich bin mir nicht sicher, ob das Gesetz der Gnade der Menschheit als besonderer »Schuldenerlaß« durch den Christus gebracht wurde oder ob er nur unsere Aufmerksamkeit darauf gerichtet hat. Wie auch immer es war, auf jeden Fall transzendiert das Gesetz der Gnade das alte mosaische Gesetz: »Auge um Auge, Zahn um Zahn« (2. Mose 21,24), das die Menschen an ihr Karma gefesselt hatte.

Etwas zu bereuen bedeutet, etwas noch einmal zu überdenken. Unsere Missetaten zu bereuen bedeutet, daß wir im wörtlichen Sinne die Konsequenzen unserer Handlungen, Gedanken und Absichten erneut überdenken, unsere Prioritäten neu setzen und entscheiden, daß wir in Zukunft anders handeln wollen. Durch solche Gedanken der Reue verändern wir den Lauf unseres Schicksals. Da die alten Ursachen entkräftet wurden, sind wir frei, neue Wirkungen zu erschaffen.

Einstellungen und Gewohnheiten in bezug auf unsere Umgebung sind tief in unserem Unterbewußtsein begraben. Sie sind der Beta-Ebene des Geistes zum größten Teil nicht bewußt. Wir sind uns meistens tatsächlich nicht über die wahren Absichten hinter unseren Handlungen im klaren. Psychologisch gesehen, verstecken wir oft sogenannte sündhafte oder unannehmbare Motive sogar vor uns selbst und beschuldigen dann andere für unsere Fehlschläge und Unzulänglichkeiten.

Glücklicherweise steigt die Beliebtheit von psychoanalytischen Verfahren, geführten Phantasiereisen, Gruppentherapie und anderen Formen der Selbstanalyse in unserer Gesellschaft, so daß immer mehr Menschen sich ihrer Verantwortung für die eigene moralische, spirituelle und psychologische Gesundheit und Entwicklung bewußt werden.

Das Gesetz der Gnade hat mit Vergebung zu tun. Vergebung sowohl für uns selbst als auch für diejenigen, denen wir erlaubt haben, uns zu schaden. Wenn wir uns aufrichtig der Tatsache stellen, daß wir emotional, körperlich oder geistig verletzt wurden, und erkennen, daß wir selbst von vornherein überhaupt erst zugelassen haben, daß wir verletzt werden konnten, ist das ein wesentlicher Schritt in Richtung auf unser inneres Erwachen. Es kann uns nichts angetan werden, wenn wir nicht auf irgendeine

Art und Weise damit übereinstimmen, daß es passiert. Daher ist es nicht nur taktisch klug, dem Menschen zu vergeben, der die uns verletzende Gedankenform verwirklicht hat, sondern es ist sogar zwingend nötig, uns selbst dafür zu verzeihen, daß wir innerlich stillschweigend in die Erfahrung eingewilligt haben.

Lassen Sie uns einmal betrachten, wie das Gesetz von Ursache und Wirkung in solchen Fällen funktioniert. Unsere »Sünde« ist nicht die Tat, die wir begehen (obwohl es Konsequenzen nach sich zieht, wenn wir anderen schaden), sondern das Motiv hinter unserer Tat ist das eigentliche Übel. Und dieses Motiv ist meist eine der fünf »Leidenschaften«, die Patanjali erwähnt: Anhaftung, Selbsttäuschung, Haß, Unwissenheit und falscher Stolz.

Nehmen wir beispielsweise einmal an, daß die versteckte Eigenschaft, die den unerwünschten Zustand in unserem Leben hervorruft, Haß ist. Haß auf eine bestimmte Person, eine Rasse, eine Ideologie oder was auch immer. Solange dieses versteckte Motiv nicht entdeckt und kontrolliert wird, werden Sie im Leben immer wieder die gleiche Art von Erfahrungen machen, durch die sich ihr Haß Luft machen kann. Menschen werden scheinbar vorsätzlich Dinge tun, um Ihren Ärger zu erregen. Sie werden ständig der Art von Menschen begegnen, die Sie geringschätzen. Es könnte sogar sein, daß Sie allmählich dahin kommen zu glauben, daß die meisten Menschen unehrlich, nicht vertrauenswürdig, Lügner und Betrüger sind, daß sie nur darauf aus sind, Sie reinzulegen, und daß sich niemand um Ihre Interessen kümmern wird, wenn Sie es nicht selbst tun. Vielleicht entwickelt sich das ganze sogar so weit, daß Sie das Gefühl bekommen, es sei besser, wenn Sie den anderen eins auswischen, bevor Ihnen selbst übel mitgespielt wird.

Nehmen wir nun einmal an, Sie erkennen durch eine Therapie, durch Erkenntnisse, Offenbarungen oder esoterische Studien plötzlich, daß all die Ereignisse, für die Sie bisher andere verantwortlich gemacht hatten, auf diese eine versteckte Eigenschaft Ihrer selbst zurückgeführt werden können – Ihren Haß und darauf, daß Sie selbst mit den Konsequenzen dieses Hasses für sich selbst übereingestimmt haben.

Sie würden es bereuen. Sie würden die Konsequenzen Ihrer Handlungen und Motive überdenken. Gehen wir einmal davon aus, die Offenbarung sei so tiefgehend und reinigend, daß Sie von all Ihrem Haß auf andere Menschen reingewaschen wären. Tatsächlich kommt das selten vor. Normalerweise lernen wir langsam und schmerzlich durch viele einzelne Gedanken und Handlungen. Lassen Sie uns aber zum Zwecke dieser beispielhaften Darstellung annehmen, die Offenbarung und die Läuterung seien vollkommen. Jetzt können Sie den Menschen vergeben, die Sie bislang verachteten, und ein warmes, mitfühlendes, gütiges und tolerantes Gefühl tritt an die Stelle Ihres Hasses. Neue Ursachen entstehen. Durch Ihre neuen Einsichten werden Sie eine Wärme und Güte in der menschlichen Natur entdecken, von der Sie nie zuvor geglaubt hätten, daß sie überhaupt existiert. Menschen werden ihren eigenen Weg verlassen, um Ihnen Gutes zu tun. Man wird Sie mit Liebe und Freundlichkeit überschütten, da Sie nur noch Liebe und Freundlichkeit ausstrahlen und diese neue Ursache neue Wirkungen erzeugt.

Vor Ihrer »Bekehrung« haben Sie eine riesige Menge an Karma in der Welt geschaffen. Die Wirkungen existieren auf der entsprechenden Schwingungsebene weiter, obwohl Sie selbst die besagten Gefühle nicht mehr hegen. An dieser Stelle kommt das Gesetz der Gnade mit ins Spiel. Solange Sie sich innerhalb Ihrer neugewonnenen Einstellungen bewegen, werden die alten Auswirkungen Sie auf Ihrer neuen Schwingungsebene nicht berühren können. Sie werden von den Konsequenzen wirklich befreit sein, und mit der Zeit werden sie sich wieder auflösen und in ihren ursprünglichen unmanifestierten Zustand und in neutrale Energie zurückverwandeln.

In Wirklichkeit ist das Leben aber nie nur schwarz oder nur weiß. Es gelingt uns nur selten, ein Blatt unmittelbar umzudrehen und das Alte vergangen sein zu lassen, auch wenn wir das gern tun würden. Normalerweise begeistert uns die neue Erkenntnis, und wir ziehen daraus Energie, die wir auf eine neue Art und Weise einsetzen können. In den meisten Fällen verhalten wir uns dann bewußt so, wie wir es in Zukunft immer gern tun würden. Wir verändern unsere alten Gewohnheiten langsam, aber sicher durch viele kleine positive Veränderungen in unseren Gedanken und Handlungen, wobei wir die Kraft der Seele in einen Prozeß hineinlenken, durch den wir auf höhere Ebenen gelangen.

Tief im Inneren liegen jedoch noch die alten unbewußten Verhaltensmuster begraben, die noch abgetragen, aufgelöst und ersetzt werden müssen. Eines Tages sagen wir in einem plötzlichen Wutanfall etwas zu jemandem, und bevor der Tag um ist, sagt schon jemand anders genau das gleiche zu uns. Manche nennen dies »unmittelbares Karma«. In Wirklichkeit sind wir auf die alte Schwingungsebene zurückgefallen, wo noch alte, unaufgelöste Konsequenzen unseres vorherigen Denkens und Fühlens auf eine Gelegenheit warten, wirksam zu werden.

Wir können uns bewußt mit der Bitte an das Gesetz der Gnade wenden, uns über diese rauhen Stellen hinwegzuhelfen. Wenn wir wirklich aufrichtig sind und wirklich uns und anderen verziehen haben, werden sich die Wogen immer mehr glätten, und unser persönliches Verstehen wird sich erweitern. Eins geht Hand in Hand mit dem anderen. Gnade gibt es umsonst – wir müssen sie uns nicht erst verdienen. Derjenige, der um Gnade bittet, wird sie erhalten. Durch die göttliche Vergebung ist es uns gestattet, Fehler zu machen, und durch die Gnade erhalten wir auch Gelegenheit, es nochmals zu probieren – und nochmals, wenn das nötig sein sollte.

Um uns von Karma zu befreien, meine ich, das es zunächst hilfreich ist, die Ursachen aufzuspüren und zu wissen, was wir falsch machen, damit wir es bewußt berichtigen können. Ich habe einen Freund, einen Priester der Religious Science (religiösen Wissenschaft), der da ganz anderer Meinung ist. Er meint, daß es nicht notwendig sei, diese innere Selbsterforschung zu betreiben. Es reicht seiner Meinung nach aus, um die Gnade Jesus Christus zu bitten, um augenblicklich von all den uns bekannten und unbekannten »Sünden« geläutert zu sein und um in unseren Gedanken und Handlungen befreit, wiedergeboren zu werden. Die mentale und handlungsbezogene Freiheit, die er meint, ist jene, die zu »gutem« Karma statt zu »schlechtem« führt.

Vielleicht hat er recht. Es ist unklug, gegen die persönlichen Erfahrungen eines anderen zu argumentieren. Ich weiß aber, daß das Gesetz der Gnade funktioniert – egal, wie schwierig die Situation sein mag. Nur der betreffende Mensch allein kann wissen, wieviel oder wie wenig er über das Unterbewußtsein und die Vorgänge darin wissen muß.

12. Das Gesetz der ewigen Lebensenergie

Gott (die SUBSTANZ, aus der wir erschaffen wurden und in der wir leben, uns bewegen und unser Dasein haben), *ist* die ewige Lebensenergie. Der Ausdruck des Lebens ist ewig oder erscheint unserem begrenzten Verstand zumindest so. Solange Gott existiert, werden auch wir existieren, da wir der individuelle Ausdruck Gottes sind.

Gott, der in und durch *alle* Aspekte der Schöpfung existiert, ist die ganze Schöpfung, er ist die Summe aller Teile und doch mehr als diese Summe. Wir, die wir innerhalb der Schöpfung als Individuen existieren, sind Teile des Ganzen. Als Teil des ewigen Lebens haben wir die Fähigkeit, die ewige Lebensenergie in dem Maße für uns in Anspruch zu nehmen, wie wir in der Lage sind, zu verstehen, was das Leben überhaupt ist. Die Erweiterung dieses Verstehens ist gleichzeitig auch die Entfaltung von *Selbst*-erkenntnis.

Wenn wir Gott sind, der sich durch uns zum Ausdruck bringt, wie können wir dann, wie es in einigen Lehrmeinungen dargestellt wird, von Gott getrennt sein? Wir können unsere Göttlichkeit und unser Recht aus den Augen verlieren, ein harmonisches Leben zu führen, aber das bedeutet nicht, daß diese Göttlichkeit nicht immer noch da ist. Gerade die Tatsache, daß wir weiterhin die Kreativität zur Schau stellen, die der »Selbstausdruck Gottes« ist, zeigt, daß Gott durch uns aktiv ist – auch wenn diese Kreativität manchmal disharmonische Resultate hervorbringt –, Gott sich selbst durch seine Kreativität und seine Schöpfung kennenlernt.

Wenn wir über den gegensätzlichen Prinzipien von »Gut« und »Böse« (positiv/negativ) meditieren, wird uns das helfen, die begrenzten Illusionen zu verstehen, die wir im Umgang mit diesen kreativen Energien erfahren. Das Gute führt seiner Natur nach zu einer Ansammlung, das Böse zu einer Auflösung. Beide sind notwendig, um jede Art von Manifestation herbeizuführen, und beide sind ein Teil der Struktur des ewigen Lebens.

Wenn wir uns selbst besser verstehen wollen, müssen wir uns aus der unmittelbaren Erfahrung lösen und von unserer Intuition Gebrauch machen. Wir müssen als der Wissende (ICH BIN) die Manifestation als das erkennen, was sie ist: Ein Experiment im Umgang mit den positiven und negativen Prinzipien der Schöpfung, ein Experiment mit dem Leben oder mit Handlungen.

Damit rücken wir jede Erscheinung in die richtige Perspektive. Wir können auf diese Weise Situationen richtig beurteilen und uns entscheiden, ob wir auf diesem Weg weitermachen oder einen anderen Kurs einschlagen wollen. Wir können entweder die gegenwärtigen Umstände weiter ausbauen oder sie auflösen, indem wir unsere Energien auf etwas anderes richten.

Jesus sagte, daß er gekommen sei, damit wir »das Leben und volle Genüge haben sollen« (Johannes 10,10). Er meinte, daß er gekommen sei, um uns zu zeigen, wie wir durch das Befolgen seiner Gebote und durch das Verstehen des ewigen Lebens ein erfüllteres Leben führen können. Petrus sagte, Gott wolle nicht, daß irgendeiner von uns »verloren werde, sondern daß sich jedermann zur Buße zum Umdenken kehre« und ein erfülltes Leben führen sollte (2. Petrus 3,9).

Paulus schrieb in einem seiner Briefe an die Korinther, daß, wenn Christus (damit meinte er die Grundsätze, die Jesus lehrte) schließlich die ganze Welt unter seine Herrschaft gebracht habe, der letzte Feind, der noch zu überwinden sein würde, der Tod sei (1. Korinther 15,26). Wir können diese Möglichkeit schneller herbeiführen, indem wir jetzt bereits beginnen, zu studieren, was das Leben eigentlich ist, und in uns selbst die Freude am wahren Leben oder am Leben in der Wahrheit immer mehr entfalten.

Jungen Menschen ist eine Fröhlichkeit, ein Pulsieren und eine Lebensfreude zu eigen, die ihnen so natürlich erscheint, daß sie ihnen meist gar nicht bewußt ist. Erst wenn die Vergeltung von Gedanken, die Unwissenheit oder fehlendem Verstehen entsprangen, uns wieder und wieder getroffen hat, geht uns diese freudige Annahme der Herausforderung im Leben verloren. Wenn aber die Freude dahinschwindet, schwindet auch das Leben, und man wird alt.

Der Fisch, der im Wasser schwimmt, merkt dies wohl nicht »bewußt«. Erst wenn er aus dem Wasser genommen wird, kann er das wertschätzen, was er verloren hat. Mit uns ist es genauso. Erst wenn wir langsamer werden und die körperlichen Leiden erfahren, die die Starrheit des nahenden Alters ankündigen, können wir die fließenden Bewegungen und den energetisierenden Enthusiasmus wirklich wertschätzen, die Jugendlichkeit und Lebenskraft kennzeichnen.

Paulus sagte: »Ich sterbe täglich« (1. Korinther 15,31), denn Tod ist immer die Auflösung einer Reihe von Umständen, die von anderen ersetzt werden. Wenn wir den Tod in diesem Licht betrachten, ist er kein Feind mehr, sondern wird zu unserem Freund. Ohne den Tod dessen, was verbraucht, überholt und nicht mehr nützlich ist, würden wir statisch in einer statischen Welt leben und hätten keine weiteren Erfahrungsmöglichkeiten. Ohne den Tod dessen, was wir nicht mehr brauchen, könnten wir unmöglich etwas, was wir geschaffen haben, abschütteln. Es würde wie eine eiternde Wunde an uns kleben, ohne daß wir unsere Würde wiedererlangen könnten oder eine Erneuerung möglich wäre.

Sogar der körperliche Tod ist nicht unser Feind. Der Körper, der aus den Elementen der Sphäre besteht, die wir ausgesucht haben, um unser Bedürfnis nach Erfahrung zu stillen, ist ein Spiegel, der reflektiert, wie weise oder unweise wir mit der Energie dieser Seinsebene umgegangen sind. Der Vorgang des Alterns ist der Beweis dafür, daß wir noch nicht gelernt haben, wie wir die negativen und positiven Prozesse stabilisieren können. Dieses Gleichgewicht wird sich aber mit der Zeit einstellen, wenn Wissenschaft und Religion ihre Kräfte vereinen, um ein gemeinsames Verstehen der Mechanismen des Lebens zu entwickeln.

Auf der gegenwärtigen Stufe unserer Evolution ist der Tod ein Segen. Er befreit uns von einem verbrauchten Gefährt, welches nicht mehr auf einer so hohen Schwingungsfrequenz funktionieren kann wie früher. Dann hat die unsterbliche Seele die Gelegenheit, noch einmal mit einem neuen Körper unter neuen Bedingungen von vorn anzufangen.

Die Wissenschaft kann uns bis jetzt nur sagen, daß es keinen ihr bekannten Grund für das Altern gibt. Der Körper sollte sich eigentlich verjüngen, und er würde dies auch tun, wenn der Mensch das Prinzip des ewigen Lebens verstünde.

Jesus hat das Lebensprinzip so tiefgreifend verstanden, daß er in der Lage war, in dem toten und bereits verwesenden Körper des Lazarus wieder Leben hervorzurufen, und auch seinen eigenen toten Körper aus dem Grabe heben konnte. Seine Auferstehung war der Höhepunkt seiner persönlichen Anwendung des Gesetzes des ewigen Lebens. Diese dramatische Offenbarung haben die orthodoxen Kirchen ignoriert, da sie keine Basis hatten, auf der sie sie interpretieren konnten.

Ich glaube, daß Jesus mit seinen Worten »… und sie folgen mir, und ich gebe ihnen das ewige Leben« (Johannes 10,27–58) genau das meinte, was er sagte. Ich glaube, er meinte es sogar bis hin zu der Konsequenz, daß unser eigener verjüngter und völlig pulsierender physischer Körper auferstehen wird, wenn wir in unserer Evolution einmal auf die gleiche Ebene gekommen sind wie er. Und denken Sie auch daran, daß er gesagt hat, all die Dinge, die er tue, könnten auch wir tun.

Wir können das Kommen dieses Tages beschleunigen. Viele Menschen haben durch die Jahrhunderte hinweg die gleiche Auferstehung erlebt, obwohl es nicht sehr viele Aufzeichnungen darüber gibt, außer in einigen verborgenen Büchern, die noch nicht offenbart wurden, da das Bewußtsein der Menschheit als Ganzes noch nicht dafür bereit ist.

Ein Ehepaar ist sogar in diesem Jahrhundert auferstanden. Im Jahre 1957 stieg Annalee Skarin – genau wie Jesus vor 2000 Jahren – auf, und zwar in der Gegenwart von acht verläßlichen Zeugen, die vor Gericht einen Eid geschworen haben, daß sie Augenzeugen des Ereignisses waren. Später ist ihr Ehemann ihr durch seine eigene – nichtöffentliche – Auferstehung gefolgt. Sie sind beide seit dieser Zeit in ihren verklärten Körpern gesehen worden, wobei sie mitten im Raum erschienen, so wie Jesus seinen Schülern erschienen war.

Vor ihrer Auferstehung schrieb Annalee das Buch *Ye are Gods*[29], in dem sie einen Teil ihres damaligen grundlegenden Verständnisses des Lebensprinzips weitergab. Seit dieser Zeit sind sieben weitere Bücher in Annalee Skarins Schreibstil und mit ihrer Unterschrift auf mysteriöse Art und Weise als Manuskript auf dem Schreibtisch ihres Verlegers erschienen.

Ich schäme mich fast zu sagen, daß ich vier ihrer Bücher gelesen habe, bevor mir klar wurde, was sie zum Ausdruck bringen wollte. Sie wiederholte immer und immer wieder, daß »Liebe, Freude und Dankbarkeit« die Emotionen des Lebens sind. Daraus folgt, daß sie auch der Schlüssel zum Aufstieg des Lebens in seiner vollendeten Form bis zur Ebene der Meister sind.

Wir haben schon viel darüber gesprochen, was negative Emotionen bewirken können und bereits bewirkt haben. Lassen Sie uns jetzt einmal diese drei positiven Emotionen näher betrachten: Liebe, Freude und Dankbarkeit.

Man könnte Liebe als Kommunikation zwischen Ihnen und den anderen Wesen der Schöpfung definieren. Je mehr Sie wahre Liebe ausstrahlen, um so weniger Raum haben die negativen Emotionen in Ihnen. Liebe ist befreiend. Je vollständiger Ihre Reaktionen echte Liebe und Mitgefühl für die Geschöpfe Gottes widerspiegeln, um so mehr können Sie den anderen Wesen erlauben, ihren eigenen Weg zu gehen, ohne sie zu behindern. Sie können sich dann auch leichter von den emotionalen Schmerzen disharmonischer Beziehungen und Situationen lösen und von den Menschen, durch die sie hervorgerufen werden. Sie sind dann genauso frei wie die Menschen um Sie herum. Die negativen, schmerzlichen Emotionen sind es, die uns an das Rad der Wiedergeburten fesseln. Liebe, die nicht besitzergreifend ist, und Mitgefühl für alle Wesen befreien sowohl den Menschen selbst als auch diejenigen, die geliebt werden. Sie können sich dann in den Fluß der ewigen Lebensenergie begeben und ihren eigenen evolutionären Weg weitergehen. Das ist die wirkliche Bedeutung von »göttlicher (unpersönlicher) Liebe«.

Freude entsteht am leichtesten, wenn wir in Kommunikation mit Gott sind oder uns unter die Führung der Seele gestellt haben. Wenn man durch die eigenen Aktivitäten glücklicher wird, ist dies ein Anzeichen dafür, daß man Fortschritte macht. Alles Leiden kommt daher, daß das eigene Bewußtsein begrenzt oder eingeengt ist, und entspricht dem Prinzip der »Minderung«. Freude entsteht durch die Erweiterung des Bewußtseins und stellt des Prinzip der »Mehrung« dar. In dem Maße, wie wir uns dem inneren Leben öffnen und unser göttliches Selbst zum Ausdruck bringen, werden unsere Erfahrung mehr und mehr von Freude durchdrungen sein.

Dankbarkeit vervielfacht die Dinge, für die wir dankbar sind. Wenn Energie Gedanken gehorcht, dann werden die Dinge, mit denen wir uns gedanklich auseinandersetzen wachsen und sich vermehren – genau in dem Ausmaß, wie wir ihnen durch unsere Gedanken Energie zuführen. Wenn wir für die segensreichen Dinge im Leben dankbar sind, so folgt daraus, daß es immer mehr davon geben wird, wofür wir wiederum dankbar sein können.

Wenn Sie diese Emotionen in sich kultivieren, können Sie dadurch andere Gefühle aus Ihrem Leben verdrängen. Sie werden dann Ihr inneres Selbst mehr und mehr erkennen und zum Ausdruck bringen können.

Selbstverwirklichung oder die Erkenntnis und der Selbstausdruck der Seele muß letztendlich der bestimmende Faktor in unserem Leben werden. Damit geht einher, daß wir uns im Bewußtsein über die Dinge, die wir selbst erschaffen, erheben und so einen Grad von Objektivität erlangen, daß es keiner negativen Qualität mehr möglich ist, unsere Wahrnehmung unserer selbst als »Miniaturgott«, der gerade am Entstehen ist, zu verzerren.

Abraham H. Maslow war mit seinem Buch *Motivation and Personality*[30] der erste Psychologe, der sich ausführlich mit sogenannten »sich selbst verwirklichenden Menschen« beschäftigt hat. Die meisten Psychologen befassen sich nur mit mentalen Abnormalitäten. Maslow bezeichnete seine Untersuchung als »Eine Studie psychologischer Gesundheit«.

Die meisten Menschen, so sagt Maslow, sind »mangelorientiert«. Das heißt, daß sie sich sehr darum sorgen, Gegenstände zu bekommen und zu behalten, Zustände zu erlangen und aufrechtzuerhalten, von denen sie meinen, daß sie ihre Grundbedürfnisse befriedigen. Selbstverwirklichte Menschen sind »zielorientiert«. Sie haben tief in sich die Fähigkeit, leicht mit den Mängeln und Begrenztheiten ihrer Umgebung fertig zu werden. Obwohl sie das Unechte, Falsche und das Unehrliche in den Persönlichkeiten der Menschen wahrnehmen, sind sie relativ frei von Schuld, Scham und Angst. Sie können sich selbst und ihre Eigenarten akzeptieren, ohne enttäuscht zu sein oder zu klagen, und machen sich in der Tat noch nicht einmal viele Gedanken darum.

Selbstverwirklichte Menschen leben spontan, einfach und natürlich, sowohl was ihr Verhalten als auch ihr inneres Leben, ihre Gedanken und Impulse anbelangt. Sie sind in hohem Maße unkonventionell in ihrem Verhalten, obwohl sie keine offenkundig unkonventionellen Handlungen der Wirkung halber begehen. Ihre Ungezwungenheit ist nicht künstlich, sondern gehört wesenhaft zu ihnen. Da der selbstverwirklichte Mensch weiß, daß durchschnittliche Menschen dies vielleicht nicht verstehen oder akzeptieren können, hegt er nicht den Wunsch, andere zu verletzen oder sich mit ihnen um triviale Dinge zu streiten. Wenn er an gesellschaftlichen Ritualen teilnimmt, dann in der Regel mit einem guten Sinn für Humor und Würde.

Selbstverwirklichte Menschen können sich leicht mit dem Mantel des sozial Akzeptablen umhüllen, sagt Maslow, aber nur selten erlauben sie gesellschaftlichen Übereinkünften, sie von irgendwelchen Dingen abzuhalten oder sie dabei zu stören, die ihrer Meinung nach wichtig oder grundlegend sind. Sie verfügen als integralen Teil ihrer selbst über großes Selbstvertrauen, das sie willentlich entweder zur Schau stellen oder ablegen können, je nach den Erfordernissen des jeweiligen Moments und der Art von Menschen, mit denen sie es zu tun haben.

Solche Menschen sind autonom, kreativ, sie setzen von sich aus Dinge in Bewegung und tragen selbst die Verantwortung für ihr Schicksal. Sie bewahren sich stets einen gewissen Abstand von den gängigen kulturellen Trends und haben ein großes Bedürfnis, sich immer wieder zurückzuziehen.

Autonom bedeutet, daß sie für sich selbst entscheiden und ihr eigener Herr sind, sie sind aktiv, verantwortlich, selbstdiszipliniert, entschlossen und keine »Schachfigur«, die hoffnungslos »fremdbestimmt« ist; sie sind eher stark als schwach. Diese Menschen gehorchen eher ihren eigenen Gesetzen als den Gesetzen der Gesellschaft, aber ihre Gesetze erlauben ihnen nicht, andere durch ihre Handlungen zu schädigen oder unnötigerweise zu verletzen. Sie sind großmütig, freundlich und umsichtig, und sie streben stets innerlich noch mehr Perfektion an.

Maslow war ein selbständig denkender, wissenschaftlich orientierter Erforscher menschlichen Verhaltens. Seine Beschreibung »selbstverwirklichter« Menschen kommt unserer Definition von »Selbstverwirklichung« oder dem Eingestimmtsein auf die Seele sehr nahe. Maslow sagte, daß er nur sechs Menschen finden konnte, die seinen Kriterien voll entsprachen, und selbst sie hatten Qualitäten, die in gewissem Maße disharmonisch waren.

Paulus drückte es so aus: Alle »mangeln des Ruhms, den sie bei Gott haben sollten« (Römer 3,23). Selbstverwirklichte Menschen nehmen jedoch die Herausforderung ihrer Schwächen an und streben nach immer größerem Einklang: »Darum sollt ihr vollkommen sein, gleichwie Euer Vater im Himmel vollkommen ist« (Matthäus 5,48).

13. Das Gesetz der Polaritäten oder der Sexualität

In allen Manifestationen der Natur gibt es die sexuellen Plus-minus-Polaritäten. Dieses Thema hat in den Religionen, den sozialen Gebräuchen, den politischen Strukturen und sogar im Erziehungswesen große Verwirrung gestiftet. Die verschiedensten sexuellen Bräuche und Aktivitäten sind mit Tabus belegt worden.

Sie reichen von einem regelrechten Verbot bestimmter Praktiken bis hin zur rigiden Strukturierung der sexuellen Interaktion zwischen Menschen. Der heutzutage zu beobachtende Ausschlag des evolutionären Pendels geht zum anderen, sehr viel nachsichtigeren Extrem hin.

Lassen Sie uns diese sehr mißverstandene Energie von einem esoterischen Gesichtspunkt aus betrachten, damit wir ein klareres Verständnis von ihr bekommen.

Sexuelle Energie ist in Wirklichkeit ein anderer Ausdruck für die Lebensenergie, die im Überfluß durch alle lebenden Wesen fließt. Sie sind sexuelle Energie! Ohne die kreative Energie der Sexualität würde der Organismus nicht leben. Wenn diese Energie pervertiert, unterdrückt oder fehlgeleitet wird, führt das zu entstellten und mißgestalteten Leben.

Sexuelle Energie hat eine positive und eine negative elektrische oder »magnetische« Kraft. Damit meine ich nicht positiv und negativ im Sinne von »richtig« und »falsch«. Ich spreche von Polaritäten, wie es auch negative und positive Pole eines Magneten gibt. Der positive Pol oder die positive Energie ist eine ausstrahlende Energie, sie schiebt Dinge von sich weg. Der negative Pol ist eine hereinziehende Energie; sie zieht Dinge zu sich hin.

Eine Analogie hierfür ist eine Batterie. Sie hat auch einen positiven und einen negativen Pol. Welcher Pol ist stärker? Ohne welchen könnte die Batterie existieren? Natürlich braucht sie beide. Beide Pole sind gleich stark, und wenn einer der beiden Pole schwach wird oder es ihm an Energie mangelt, funktioniert die Batterie nicht mehr.

Diese negativen und positiven Energien gibt es im ganzen Kosmos, welcher versucht, sie ins Gleichgewicht zu bringen. Innerhalb des Vater-Mutter-Gottes der Schöpfung sind diese beiden Prinzipien in einem Gleichgewicht. Das Vater-Gott-Prinzip (positiv) schickt seine Energie nach draußen, in die Schöpfung hinein. Die Schöpfung selbst (das Mutter-Gott-Prinzip oder der negative Pol) empfängt diese Energie in sich und »wird fruchtbar und mehrt sich« (positiv), und so entsteht die unendliche Schöpfung.

Innerhalb eines menschlichen Wesens gibt es sowohl negative als auch positive Energien, da wir aber individuell noch lernen, mit diesen Energien umzugehen, hat jeder Mensch von der einen oder anderen Energie etwas mehr in sich. Nur sehr wenigen Menschen ist es bisher gelungen, diese Energien in einem Körper vollständig zu harmonisieren, so daß jedes Leben entweder stärker von der einen oder der anderen bestimmt wird. Männer haben wie andere männliche Wesen mehr von der positiven oder ausstrahlenden Energie. Frauen und andere weibliche Wesen besitzen eine größere Menge von der negativen oder empfänglichen Energie.

Ein Mann, der – in diesem Sinne verstanden – im wesentlichen positiv ist, gibt seine Energien planerisch in externe Aktivitäten ab. Dies ist für ihn der natürliche Umgang mit seinen Lebensenergien, und er muß sich noch nicht einmal Gedanken darüber machen, wie er es tut. Es ist einfach so.

Die empfängliche, weibliche Kraft muß jedoch diese ausstrahlende Aktivität ausgleichen. Wenn ein Mann nicht auf irgendeine Art die weibliche Energie wieder in sich aufnehmen kann, hat er bald gar keine Energie mehr, die er nach draußen in die Welt geben kann. Der Mann wird dann schwerfällig, impotent, phantasielos, und ihm fehlt Lebensenergie.

Eine Frau, die im wesentlichen empfänglich ist, empfängt die Energie, ohne sich darüber bewußt zu sein, daß dies der natürliche Ausdruck ihrer Lebensenergie ist. Sie muß sich im Gegensatz zum Mann bewußt Gedanken über den aktiven (produktiven) Umgang mit dieser Lebenskraft machen, um ein ausgewogenes Leben führen zu können. Wenn sie das nicht tut, wird sie bald ein verbittertes, zänkisches, unzufriedenes Weibsbild sein.

Die negativen und positiven Energien fließen wie bei den Polen einer Batterie auf natürliche Weise zwischen Männern und Frauen während der alltäglichen Aktivitäten hin und her. Es muß dazu nicht notwendigerweise zu einer sexuellen Vereinigung zwischen zwei Menschen kommen, obwohl beispielsweise Versicherungsstatistiken zeigen, daß Ehepaare im Durchschnitt länger leben als Singles. Das könnte ein Anzeichen dafür sein, daß das normale Geben und Nehmen zwischen einem Mann und einer Frau dadurch gefördert wird, daß sie in unmittelbarer Nähe in einer stabilen Partnerschaft zusammenleben.

Wenn man als Frau in einem Zimmer sitzt, in dem sich nur Frauen befinden, kann man unmittelbar bemerken, wie die Spannung zunimmt und hier und da die Funken sprühen, wenn ein Mann den Raum betritt. Das kommt daher, daß die Energie, die normalerweise von Frauen erzeugt wird, beim Eintritt des Mannes mit seiner ausstrahlenden Vitalität aufgeladen wird.

Umgekehrt trifft dies auch auf eine Gruppe von Männern zu, wenn plötzlich eine Frau eintritt. Sofort verändert sich die energetische Qualität im Raum und wird lebhafter.

Dieser Austausch der Energien findet auf der Ebene der Chakren statt und ist von Mensch zu Mensch unterschiedlich. Ein Mensch, dessen Gedanken sich im wesentlichen um Sexualität drehen, wird feststellen, daß die unteren Chakren belebt werden, wenn ein Wesen des anderen Geschlechts eintritt. Ein Individuum, dem es bereits gelungen ist, einige der höheren Chakren zu aktivieren, wird bemerken, daß diese Zentren beim Eintritt eines Wesens des anderen Geschlechts aktiviert werden.

Je höher das am weitesten entwickelte Chakra liegt, desto differenzierter ist in Wirklichkeit die Reaktion. Ein Mensch, dessen mentales Zentrum vollkommen erwacht ist, reagiert positiver auf jemanden, der intellektuell sehr aktiv ist oder bei dem sich dieses Zentrum gerade öffnet. Auf der anderen Seite wird er wahrscheinlich gar nicht oder nur mit Neugier auf jemanden reagieren, der sich körperlich oder emotional zurückhält. Es kann zu tragischen

Fehlern bei der Partnerwahl kommen, wenn sich die beiden Menschen zu sehr in bezug auf das höchste entwickelte Chakra unterscheiden.

Wenn Sie das Gesetz der Polaritäten kennen und verstehen, können Sie jederzeit willentlich ihre eigenen Energien wiederaufladen, indem Sie Ihre Gedanken auf die Aufnahme des anderen Energietyps richten. Ich kann als Frau absichtlich Lebenskraft aus der Anwesenheit eines Mannes ziehen, der mir gefällt, um mich selbst wiederaufzuladen. Dabei bin ich weder schüchtern noch kokett, und der Mann ist sich in der Regel noch nicht einmal darüber bewußt, was vor sich geht. Da es seiner Natur entspricht, diese Energie abzugeben, wird ihm dadurch nichts genommen. Ich verwandele mich einfach in einen bewußten Empfänger für die Kräfte, die natürlicherweise fließen.

Ein Mann sollte sich auf der anderen Seite darüber bewußt sein, daß es – obwohl es für manche vielleicht »sündhaft« sein mag, sexuelles Verlangen nach einer Frau zu verspüren – völlig in Ordnung ist, sie zu bewundern und ihre Gegenwart zu genießen. Die Freude, die er in ihrer Gegenwart empfindet, ist ein Beweis dafür, daß der aufladende Mechanismus funktioniert. Wenn wir dieses natürliche Gesetz anerkennen, hilft uns das, viele der Ängste in unseren alltäglichen Bekanntschaften loszuwerden. Unterdrücken Sie Ihre natürliche Zuneigung zum anderen Geschlecht nicht. Lenken Sie sie in dynamische Tätigkeiten in der äußeren Welt.

Die sexuelle Vereinigung selbst ist eine kraftvolle Energieentladung, die sowohl positive als auch negative Auswirkungen haben kann. Einige religiöse Richtungen im Westen und auch im Osten behaupten, daß die höchsten spirituellen Ziele erreicht werden, wenn man den Sexualtrieb sublimiert. Das stimmt nur dann, wenn die sexuelle Energie, die von Natur aus eine schöpferische Kraft ist, in auf aktive Weise konstruktive, kreative und produktive Kanäle umgeleitet und nicht nur unterdrückt wird. Wenn diese

Kraft unterdrückt statt umgeleitet wird, kann die Seele beträchtlichen Schaden daran nehmen.

Im parapsychologischen Ausbildungszentrum haben wir viel daran gearbeitet, die Fähigkeit zu entwickeln, bewußt Erinnerungen aus früheren Leben wieder hervorholen zu können. Eine interessante Beobachtung, die wir hierbei machten, war, daß die meisten, die in vergangenen Leben Mönche, Nonnen oder Einsiedler waren oder aus sonstigen Gründen ein klösterliches Leben geführt haben, in ihrem gegenwärtigen Leben die doppelte Familienlast zu tragen haben. Dies wäre ein Anzeichen dafür, daß die sexuellen Energien des vergangenen Lebens fälschlicherweise unterdrückt oder anderweitig fehlgeleitet wurden.

Die östlichen Bezeichnungen für diese beiden Energien sind Yin (weiblich/negativ/empfänglich) und Yang (männlich/positiv/ausstrahlend). In einem vollkommen selbstverwirklichten Menschen fließen diese beiden interaktiven Energien in harmonischer Weise. Die Spannung, die dadurch erzeugt wird, daß der Mensch Lebensenergie aufnimmt (negativer Prozeß, Yin), wird benutzt, um in der Welt kreativ zu sein (positiver Prozeß, Yang), was wiederum die Lebensenergien des jeweiligen Menschen auflädt. Alle schöpferischen, in die Welt hinausgreifenden, kreativen Tätigkeiten sollten mit Enthusiasmus, Liebe und ungeteilter Aufmerksamkeit durchgeführt werden, damit der Rückfluß negativer (empfänglicher) Energie ermöglicht wird.

Je mehr diese beiden Prozesse in einem Individuum im Gleichgewicht stehen, um so weniger dringend ist das Bedürfnis nach Austausch mit dem anderen Geschlecht. Freundschaften sind immer wünschenswert, und man sollte sie genießen, doch kommt es in Zeiten, in denen man ohne sexuellen Austausch lebt, nicht zu intensivem Verlangen, Ängsten oder dem Gefühl des Verlassenseins, wenn diese Prozesse in einem selbst ausgewogen sind. Die Aufmerksamkeit, die man normalerweise dem eigenen Lebenspartner schenkt, wird statt dessen in das Studium des eigenen

Selbst, Meditation oder die eigene Entwicklung gesteckt. Oder aber sie wird in äußere, produktive Tätigkeiten und in den normalen gesellschaftlichen (nichtsexuellen) Umgang mit Männern und Frauen investiert.

Sex kann unter optimalen Bedingungen die höchste Form des Austausches zwischen Mann und Frau sein. Sex kann aber auch die degradierendste und erniedrigendste Erfahrung sein, die zwischen zwei Menschen stattfinden kann. Ohne Liebe ist ein sexueller Akt nur eine Entladung von Lebensenergie, ohne daß irgend etwas zurückfließt. Die Energie fließt sozusagen in ein »zügelloses Leben«, was den Menschen nicht revitalisiert, sondern auslaugt. Wenn das über längere Zeit betrieben wird, beeinträchtigt es den Körper, und er verfällt aus Mangel an Lebenskraft.

Um sexuelle Erfahrungen auf höchster Ebene zu erleben, sollten beide Partner neben der körperlichen Vereinigung auch eine emotionale, mentale und spirituelle Einheit anstreben. Sie sollten stets bewußt auf die Reaktionen des Partners achten und mental und emotional mit allem verschmelzen, was auf den verschiedensten Ebenen vor sich geht. Dadurch wird die Lebensenergie wiederaufgeladen und nicht nur aufgebraucht, und beide Partner werden vitalisiert aus der Erfahrung hervorgehen. Das Ergebnis ist ein gesunder, pulsierender Körper statt eines degenerierten, und die positive/negative Aufladung findet in optimaler Weise statt.

Wenn es durch Sexualität zu einer Empfängnis kommt, nimmt das Kind an den mentalen und emotionalen Eigenschaften der Eltern zu diesem Zeitpunkt teil. Eine liebevolle, spirituell bewußte Verbindung wird eine liebevolle, spirituell bewußte Seele anziehen. Das gilt auch umgekehrt. Wenn nur die sakralen (sexuellen) Zentren während einer sexuellen Vereinigung geöffnet sind, wird am ehesten eine erdnahe, wenig entfaltete Seele angezogen. Das ist natürlich eine sehr allgemeine Aussage, und es muß auch nicht in allen Fällen zutreffen, da auch noch andere

Faktoren (wie etwa karmische Bindungen) bei der Anziehung zwischen Eltern und Kindern eine Rolle spielen.

Der einzige Grund für eine sexuelle Vereinigung zwischen zwei Menschen sollte gegenseitige Achtung und beidseitiges Streben nach spiritueller und körperlicher Vereinigung sein, damit die ausgetauschten Energien beide gleichermaßen energetisieren. Wenn das Gesetz der Polaritäten im allgemeinen so verstanden würde, gäbe es keine Sexualobjekte mehr, die zur Bedürfnisbefriedigung benutzt werden. Es gäbe viel weniger Angst und Befürchtungen, und es gäbe weniger schuldbeladene Persönlichkeiten in unseren Krankenhäusern und in den Praxen der Psychologen, die sich selbst verachten, weil sie glauben, daß sie die »Gesetze Gottes gebrochen« haben.

Lassen Sie uns statt dessen unsere Bestrebungen auf das Verstehen der wahren Liebe richten, die den Menschen befreit und nicht bindet.

Praktische Übungen, Teil 5
Psychometrie, Radiästhesie, Wünschelruten und Pendel: Das Gesetz des Ganzen und seiner Teile

Individuelle Aspekte des Ganzen sind nur, wenn wir sie durch unsere körperlichen Sinne betrachten, losgelöste Einzelteile. Wenn wir die Barriere der körperlichen Sinneswahrnehmung einmal überwunden haben, nehmen wir die flüchtigen, externalisierten Manifestationen in Raum und Zeit als Teil des sich ewig verändernden Flusses der Schöpfung wahr. Dieser Fluß hinterläßt im Vorüberziehen während seines interaktiven Austausches mit dem Ganzen eine Spur, besonders in den umgebenden Formen.

Mit anderen Worten: Die energetischen Ausstrahlungen, die von allen Dingen im Universum ausgehen, lassen einen nie versiegenden Strom von Schwingungen oder Kräften entstehen, die auf alle Menschen und Dinge wirken und diese beeinflussen. Viele dieser Schwingungen können durch psychometrische Methoden entdeckt werden, auch nachdem die Kraft oder die Form, die sie verursacht hat, schon lange vorübergezogen ist oder gar nicht mehr existiert.

Radiästhesie ist der Name für die Methode, mit der man diese Schwingungen aufspüren kann. Man verwendet hierzu ein Pendel oder einen Stab, wie er in Abbildung 10 dargestellt ist. Rutengehen ist ein anderes Wort für die gleiche Fähigkeit, erfolgreich so eine Wünschelrute einsetzen zu können. Meistens wird der Stab benutzt, um zum Beispiel Wasser, Mineralien oder verlorene Gegenstände zu finden. Das ist eine der ältesten Formen des Zauberstabes.

Mit einiger Übung und Verständnis der Materie kann jemand ohne weitere bekannte mediale Fähigkeiten eine dieser Methoden aus dem Bereich der Radiästhesie anwenden, um Antworten auf Fragen zu finden, die normalerweise nur telepathisch oder hellsichtig begabte Menschen beantworten könnten. Es ist fast so, als ob man ein menschliches Radio wird, das als Empfänger für elektromagnetische Schwingungen und Kraftfelder fungieren kann. Das Instrument, das man benutzt, ist dabei die Antenne oder der Richtungsbestimmer.

Übung 1: Psychometrie

Diese Übung kann von zwei oder mehreren Personen durchgeführt werden.

Suchen Sie sich einen Partner aus, am besten jemanden, den Sie noch nicht so gut kennen. Geben Sie Ihrem Partner einen Gegenstand, den Sie schon seit längerer Zeit bei sich tragen, wie eine Kette, einen Kettenanhänger, einen Ohrring, Ihre Brille, Ihre Armbanduhr, einen Ring oder einen Talisman. Lassen Sie sich gleichzeitig auch von Ihrem Partner einen solchen Gegenstand geben. Gegenstände aus Metall leiten am besten, da sie eine dichtere atomare Struktur haben, als andere Materialien. Sie können die Schwingungen aber auch von jedem anderen Material ablesen.

Versuchen Sie etwas für Sie Neues über Ihren Partner herauszufinden, indem Sie sich auf die Schwingungen des Gegenstandes einstimmen.

Halten Sie den Gegenstand in der Hand, während Sie sich entspannen und auf die Alpha-Ebene gehen. Bilder und Aktivitäten werden vor Ihrem geistigen Auge entstehen. Manchmal werden die Bilder scheinbar ohne Zusammenhang sein, zum Beispiel ein Schlüsselbund oder ein gescheckter Hund. Manchmal werden Sie innerlich die Person bei Tätigkeiten sehen.

Sagen Sie Ihrem Partner: »Ich sehe einen Schlüsselbund. Haben Sie einen Schlüsselbund verloren, oder ist in letzter Zeit etwas passiert, was mit einem Schlüsselbund zu tun hatte?« Normalerweise wird die Person Ihnen genau erklären, was die Schlüssel so wichtig werden ließ, daß sie einen solchen energetischen Eindruck hinterlassen haben. Wenn Sie später schon etwas mehr Erfahrung gesammelt haben, werden Sie Ihrem Partner vielleicht erzählen können, warum die Schlüssel so wichtig waren, anstatt darauf zu warten, daß er es Ihnen erzählt.

Manchmal löst das Bild in Ihnen beiden keine Erinnerung aus. Wenn dies bei Ihren ersten Versuchen auftritt, seien sie nachsichtig. Sagen Sie sich nicht gegenseitig: »Nein. Da liegen Sie falsch!« Das ist nicht nur nachteilig für die Entwicklung des Vertrauens, sondern das Phänomen kann auch einfach andere Ursachen haben.

Antworten Sie statt dessen eher: »Dazu fällt mir im Augenblick nichts ein.« Vielleicht liegt das Geschehnis schon zu weit zurück, und Sie haben es bereits vergessen. Vielleicht erinnern Sie sich etwas später, nach Ihrer gemeinsamen Übung, daran. Sie sollten dann auf jeden Fall die andere Person anrufen und ihr erzählen, daß Sie tatsächlich eine richtige Wahrnehmung hatte. Ihr Partner wird sich darüber freuen und mehr vertrauen in seine Fähigkeiten entwickeln.

Manchmal hat das Ereignis, das in dem Gegenstand aufgezeichnet ist, mit einer anderen Person zu tun, der der Gegenstand vor dem gegenwärtigen Besitzer gehörte. Und manchmal werden Sie auch etwas wahrnehmen, was sich erst in der Zukunft ereignen wird. Das passiert zwar nicht oft, da es ja Ihre Absicht ist, etwas zu sehen, was sich bereits ereignet hat, und Ihr Geist in der Regel auf Ihre Absicht reagiert.

Auf jeden Fall sollten Sie sich nicht mit keiner Antwort zufriedengeben. Probieren Sie es noch einmal. Sie werden mit hundertprozentiger Sicherheit bei drei Versuchen mindestens ein richtiges Bild bekommen. Zumindest werden Sie durch die Übung Ihre Treffsicherheit erhöhen.

Üben Sie bei jeder Gelegenheit. Freunde, Verwandte und sogar

Fremde sind hocherfreut, wenn Sie ihnen etwas über sie erzählen können.

Übung 2: Rutengehen

Obwohl »Wasserzauberer« in der Regel Weidenzweige und Zweige des Haselnußstrauches bevorzugen, können Sie eine mehr als angemessene Wünschelrute aus einem normalen Kleiderbügel aus Metall herstellen. Biegen Sie die lange Seite des Bügels zur Mitte hin, so daß er die Form eines Y annimmt. Nehmen sie je ein Ende des Y in jede Hand, strecken sie dabei die Arme nach vorne aus, und halten Sie die Ellbogen durchgedrückt. Die Handflächen zeigen nach oben, die Fingerspitzen zeigen zum Körper hin, und die Daumen greifen über die Enden des Bügels. Halten Sie die Wünschelrute fest – aber nicht zu fest – und ziehen Sie die Enden leicht nach außen, um eine Spannung herzustellen.

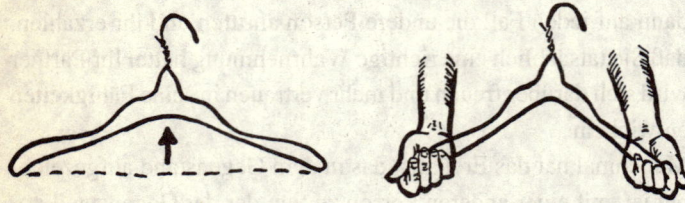

Abbildung 11: Kleiderbügel aus Metall, der zu einer Wünschelrute gebogen ist

Wenn Sie gern ein Experiment machen würden, bei dem die Möglichkeit ausgeschlossen ist, die Wünschelrute unbewußt zu beeinflussen, können Sie sich abgewinkelte Ruten herstellen, die in einem hohlen Stab oder Rohr gehalten werden, damit Ihre Hände mit der Rute gar nicht in Berührung kommen. Schneiden Sie zwei Kleiderbügel aus Metall so, wie es in Abbildung 12 gezeigt wird, ab, und feilen Sie die Enden aus Sicherheitsgründen etwas ab.

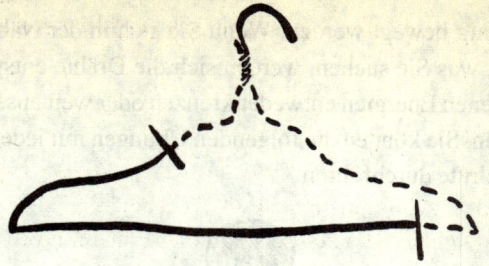

Abbildung 12. Ruten aus Metallbügeln für hohle Halterungen

Als Halterungen können Sie entweder zwei etwa 15 Zentimeter lange hohle Rohre oder vier leere Garnspulen benutzen. Kleben Sie je zwei Spulen aufeinanderstehend zusammen, so daß Sie zwei hohle Griffe bekommen, in die Sie die Teile der Kleiderbügel hineinstecken können.

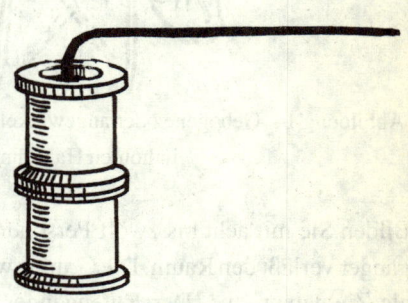

Abbildung 13: Zwei Garnspulen, die aneinandergeklebt wurden, um einen Griff zu bilden

Knicken Sie den Draht der Bügel etwa bei der Länge von 12 Zentimetern rechtwinklig ab. Stecken Sie die zirka 3 Zentimeter kurzen Enden in die Garnspulenhalterungen, so daß sie frei beweglich sind. Nehmen Sie in jede Hand einen Halter, halten Sie sie gerade, parallel zueinander und so, daß die herausragenden Drähte auch relativ parallel zum Boden sind. Laufen Sie ruhig und ohne ruckartige Bewegungen, damit die Halterungen möglichst wenig bewegt werden. Wenn Sie sich in der Nähe dessen befinden, was Sie suchen, werden sich die Drähte entsprechend Ihren eigenen Energien entweder kreuzen oder weit auseinanderschwingen. Sie können die folgenden Übungen mit jeder Art von Wünschelrute durchführen.

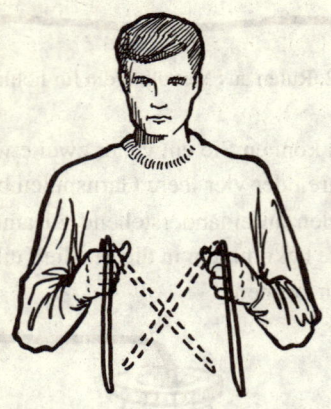

Abbildung 14: Gebogene oder angewinkelte Drähte bewegen sich frei in hohlen Halterungen

Bilden Sie mit acht bis zwölf Personen einen Kreis. Der Rutengänger verläßt den Raum. Die Gruppe wählt ein Gruppenmitglied als Zielperson aus. Der Rutengänger stellt sich anschließend, nachdem er wieder in den Raum gerufen wurde, in die Mitte des Kreises, hält die Arme in bequemer Weise etwa auf Brusthöhe, wobei er die abgewinkelten Ruten in den hohlen Halterungen hält. Der Rutengänger bewegt sich langsam im Kreis herum, stellt sich der Reihe nach vor jedes Gruppenmitglied hin, während die anderen sich darauf konzentrieren, daß die Rute auf die ausgewählte Person zeigt. Wenn der Rutengänger auf die ausgewählte Person zugeht, werden sich die Drähte entweder kreuzen oder weit auseinanderschwingen. Wenn Sie eine gegabelte Rute verwenden, sollten Sie die Arme nach vorne und oben ausgestreckt haben und die Rute auf Kopfhöhe oder über dem Kopf unter Spannung halten. Die Spitze der Rute sollte sich dann plötzlich vor der ausgesuchten Person nach unten klappen.

Sie können den Kreis auch auflösen und sich im Zimmer verteilen, wenn Sie sich trotzdem geistig auf die Zielperson konzentrieren. In dieser Übung kommen sowohl hellseherische als auch telepathische Fähigkeiten zum Tragen, aber das Wünschelrutengehen selbst ist auch ein wichtiger Faktor dabei.

Üben Sie mit Ihrer Wünschelrute im Garten, und versuchen Sie Abwasserkanäle, Wasserleitungen, unterirdische Telefonkabel und ähnliches zu finden. Versuchen Sie es in dem Maße, wie Ihr Vertrauen zu dieser Fähigkeit wächst, auch mit anspruchsvolleren Übungen. Wenn Sie wissen, wo sich ein unterirdischer Wasserlauf befindet, versuchen Sie ihm mit Ihrer Wünschelrute über 1 bis 2 Kilometer zu folgen. Ihre Rute wird Ihnen zu verstehen geben, wann der Wasserlauf seine Richtung ändert oder Sie sich von ihm entfernt haben.

Übung 3: Programmieren Sie ein Pendel

Sie können sich ein kunstvolles, ausgefallenes Pendel kaufen oder sich ein eigenes herstellen. Benutzen Sie dafür einen beliebigen Gegenstand, der schwer genug ist, um an einer Schnur oder Kette zu schwingen, etwa einen Ring, einen Schlüssel oder eine Perle. Edelsteine oder Halbedelsteine, die an Gold- oder Silberketten hängen, eignen sich besonders gut. Ich habe schon kunstvolle handgeschnitzte Pendel aus besonderen Holzarten gesehen. Die Auswahl des Materials, aus dem das Pendel besteht, ist eine Sache des persönlichen Geschmacks und hat oft sentimentale, esoterische oder religiöse Bedeutung.

Das Pendel wird durch Muskelbewegungen in Schwingung versetzt, die der unbewußte Geist durch das parasympathische Nervensystem auslöst. Die gleichen Muskeln kontrollieren auch die unwillkürlichen Funktionen im Körper, beispielsweise die Verdauung, die Atmung und den Herzschlag. Die Schnur oder die Kette sollte 15 bis 25 Zentimeter lang sein. Das ist die optimale Länge, um die winzigen Bewegungen Ihrer Hand und Ihrer Finger so umzusetzen, daß das freischwingende Pendel mit seiner Bewegungsrichtung Ihre medialen Eindrücke in klar verständliche Informationen übersetzen kann. Wenn die Schnur oder die Kette zu lang sind, sind sie unhandlich, und wenn sie zu kurz sind, wird sich das Pendel eher ruckartig bewegen. Finden Sie für sich selbst die beste Länge.

Einige Lehrer bilden ihre Schüler so aus, daß sie dem Pendel befehlen sollen, sich entsprechend dem bewußten Willen zu bewegen: vor und zurück für »Ja« und im Kreis für »Nein« etc. Meine Forschungen haben ergeben, daß mehr Menschen mit dem Pendel Erfolg haben, wenn sie das Unterbewußtsein bitten, mit ihnen zusammenzuarbeiten, anstatt ihm Befehle zu erteilen. Vielleicht ist das Ganze mehr eine psychologische Angelegenheit, doch über Ergebnisse läßt sich schwer streiten. Manchmal muß ein Unterbewußtsein, das von einem sehr starken Willen unter Kontrolle gehalten wurde, den Befehl erhalten, die Bewegung in einer bestimmten Art auszuführen. Die meisten Menschen können jedoch das nun folgende Verfahren anwenden, um das Pendel so zu programmieren, daß es auf die Anweisungen des Benutzers reagiert.

Wir gehen dabei von der Annahme aus, daß es nichts im Unterbewußtsein gibt außer den Erinnerungen an das, was man bereits erlebt hat. Aufbauend darauf, daß unbewußte Verhaltensmuster durch Erfahrung erlernt wurden, schaffen wir zuerst die Erfahrung des sich bewegenden Pendels.

Halten Sie die Schnur oder die Kette des Pendels zwischen Ihrem Daumen und Ihrem Zeigefinger in einer angenehmen Höhe, während Ihr Ellbogen auf einer Stuhllehne oder dem Tisch ruht. Schwingen Sie das Pendel als erstes absichtlich im Uhrzeigersinn im Kreis herum.

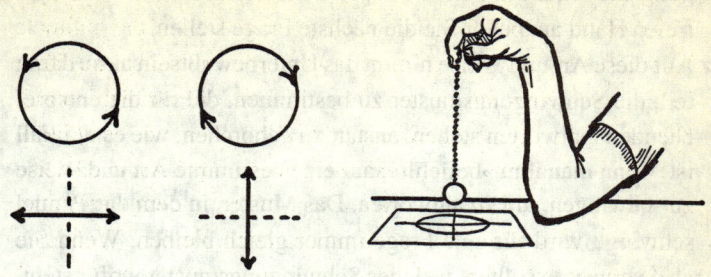

Abbildung 15: Wie Sie das Pendel programmieren können

Halten Sie das Pendel mit Ihrer anderen Hand an, und schwingen Sie das Pendel daraufhin im Gegenuhrzeigersinn. Bewegen Sie es dann so, daß es von rechts nach links hin und her schwingt und dann vor und zurück. Halten Sie dabei zwischen den verschiedenen Bewegungen das Pendel immer wieder mit Ihrer freien Hand an, so daß jede Bewegung klar von der anderen zu unterscheiden und getrennt ist.

In welcher Reihenfolge Sie diese verschiedenen Bewegungen durchführen, ist unwichtig, solange Sie alle vier Bewegungen absichtlich durchführen, damit das Unterbewußtsein sie aufzeichnen kann.

Jetzt weiß das Unterbewußtsein Bescheid, und Sie können es auf folgende Weise befragen: »Mit welcher Bewegung wirst du meine Fragen mit ›ja‹ beantworten?« Erwarten Sie, daß sich das Pendel auf eine der vier Weisen bewegt, die Sie ihm gezeigt haben. Wenn die Bewegung klar ist, stellen Sie anschließend diese Fragen: »Mit welcher Bewegung wirst du meine Fragen mit ›Nein‹ beantworten?«, »Mit welcher Bewegung wirst du meine Fragen mit ›Ich weiß es nicht‹ beantworten?« und »Mit welcher Bewegung wirst du meine Fragen mit ›Darauf will ich nicht antworten‹ beantworten?« Warten Sie immer, bis das Pendel einen starken Ausschlag gezeigt hat, und halten Sie die Bewegung entweder mit einem entsprechenden Befehl oder mit Ihrer freien Hand an, bevor Sie die nächste Frage stellen.

Auf diese Art und Weise nimmt das Unterbewußtsein aktiv daran teil, die Schwingungsmuster zu bestimmen, die für die entsprechenden Antworten stehen, anstatt zu gehorchen, wie es der Fall ist, wenn man ihm »befiehlt«, auf eine bestimmte Art und Weise zu schwingen, um zu antworten. Das Muster, in dem das Pendel schwingt, wird für eine Frage immer gleich bleiben. Wenn Sie also vergessen sollten, welches Schwingungsmuster wofür steht, stellen Sie einfach noch einmal die Frage. Das Unterbewußtsein wird Ihnen bereitwillig antworten. Sie können das Pendel entweder laut oder in Gedanken befragen.

Das Pendel ist eine unersetzliche Hilfe, wenn Sie im Unterbewußtsein nach versteckten Motiven oder unbewußten Konditionierungen suchen, doch ist das ein ganzes Studiengebiet für sich. Das Pendel bietet den normalerweise überhörten Teilen des niederen Geistes eine Chance, mit dem nach außen gerichteten oder bewußten Geist zu kommunizieren.

Dabei haben die Antworten »Ich weiß nicht« und »Darauf will ich nicht antworten« eine sehr große Bedeutung. Die Antwort »Ich weiß nicht« bedeutet, daß sich die Antwort auf die gestellte Frage vielleicht in einem anderen Teil des Geistes oder gar im Überbewußtsein befindet. In diesem Fall können Sie dem Unterbewußtsein die Anweisung geben, dorthin zu gehen, eventuell sogar in den Bereich der göttlichen Intelligenz, wenn sich die Antwort dort befindet, und Sie Ihnen zurückzubringen. Ober aber Sie können selbst, indem Sie all Ihre Bestrebungen nach oben richten, den überbewußten Aspekt Ihres eigenen Wesens befragen. Ihr Wunsch ist der Antrieb, der die richtige Antwort aus dem richtigen Bereich des Bewußtseins hervorbringt.

Die Antwort »Darauf will ich nicht antworten« bedeutet, daß Sie irgendeinen traumatischen Bereich berührt haben, der absichtlich geheimgehalten wird. Vielleicht handelt es sich dabei um eine

schmerzliche Erinnerung, bezüglich welcher Sie dem Unterbewußtsein wörtlich gesagt haben, daß Sie darüber nicht mehr nachdenken möchten, also um ein stark unterdrücktes Geschehnis.

Mein Buch *Rock Crystal: The Magic Stone*[31] könnte für Sie unter
Umständen eine Bereicherung zum Thema »Pendel« sein. Eine
der hervorragendsten Forscherinnen im Umgang mit dem Pendel
ist Bevy Jaegers, die bereits in den frühen fünfziger Jahren mit
Ihren Untersuchungen begann. Sie hat mit dem Pendel schon
ermordete Personen aufgefunden und Aktien ausgemacht, deren
Kurse steigen würden, wodurch sie ihr eigenes Konto und die
vieler anderer um eine beträchtliche Summe anwachsen ließ.
Viele der folgenden Übungen stammen aus ihren Büchern *Mark
I ESP Training Manual* sowie *Mark I ESP Advanced Training
und The Extra Sensitive Pendulum*[32], letzteres wird von der
Amerikanischen Gesellschaft der Wünschelrutengänger in Dan-
ville, Vermont, empfohlen.

Übung 4: Männlich oder weiblich?
Übung 4 a: Testen Sie aus, wie sich das Pendel über dem Kopf
oder der Hand eines Mannes oder einer Frau verhält. Vielleicht
schwingt es über dem Kopf einer Frau im Kreis und dem eines
Mannes hin und her. Erlauben sie Ihrem Pendel, seine eigene
Bewegung zu wählen.

Manchmal vertauscht ein Pendel auch die Bewegungen. Egal,
welche Bewegungen Sie bei Ihrem Pendel beobachten, dies sind
seine immer gleich bleibenden Antworten für männlich und
weiblich – unabhängig davon, worum es sich handelt. Sie können
auf diese Weise sowohl das Geschlecht eines ungeborenen Kindes als auch eines noch nicht geschlüpften Kükens bestimmen.

Übung 4 b: Legen Sie ein paar Gegenstände auf den Tisch.
Halten Sie Ihr Pendel nacheinander über die Gegenstände. Wenn
der Gegenstand einer Frau gehört, wird sich Ihr Pendel im Kreis
drehen, wenn er einem Mann gehört, wird Ihr Pendel in gerader

Linie hin und her schwingen (oder sich so bewegen, wie Sie es zuvor bei Ihrem Test für männlich und weiblich ermittelt haben). Sie können diese Übung auch erschweren, indem Sie die Gegenstände in Umschläge hineinstecken, damit Sie sie nicht sehen und nicht unbewußt die Bewegung des Pendels beeinflussen können.

Übung 4 c: Benutzen Sie für diese Übung ein paar Fotos, auf denen entweder Männer oder Frauen (etwa in der gleichen Anzahl) zu sehen sind. Legen Sie sie mit dem Bild nach unten auf den Tisch, und mischen Sie sie. Benutzen Sie Ihr Pendel, um herauszufinden, welches die Fotos der Frauen sind. Wenn Sie damit fertig sind, mischen Sie die Fotos erneut und benutzen die gleiche Methode, um die Fotos der Männer zu bestimmen. Verwenden Sie anschließend Fotos von Menschen und Tieren, und bestimmen Sie mit Ihrem Pendel, auf welchen die Menschen und auf welchen die Tiere zu sehen sind.

Übung 5: Detektivspiele mit dem Pendel

Nehmen Sie von den Achtern, Neunern und Zehnern in einem Kartenspiel fünf Karten heraus. Vier davon sollten schwarz sein und eine rot oder umgekehrt. Mischen Sie die Karten, oder lassen Sie sie mischen, und legen Sie sie verdeckt auf den Tisch. Halten Sie das Pendel nacheinander über die Karten, fragen Sie, welche die eine rote bzw. die schwarze Karte ist, und warten Sie auf eine »Ja«-Antwort. Mischen Sie die Karten wieder, und wiederholen Sie die Übung. Je mehr Sie üben, um so bessere Ergebnisse werden Sie erzielen.

Üben Sie so lange, bis Sie immer die richtige Karte identifizieren können. Nehmen Sie dann sieben Karten, fünf schwarze und zwei rote. Wenn Sie ein Experte darin geworden sind, die beiden Karten der einen Farbe zu bestimmen, steigern Sie wieder die Anzahl der Karten, bis Sie zum Schluß mit dem ganzen Kartendeck arbeiten und immer nur die roten Karten identifizieren. Mischen Sie die Karten dann wieder, und bestimmen Sie nur die schwarzen Karten.

Übung 6

Besorgen Sie sich drei gleiche undurchsichtige und verschließbare Behälter aus Plastik. Füllen Sie einen einige Zentimeter hoch mit Wasser, und lassen Sie die anderen leer. Lassen Sie von jemand anderem die Behälter vertauschen, oder vertauschen Sie sie selbst, wenn Sie allein arbeiten, und verlassen Sie für eine Weile den Raum, bis Sie sich nicht mehr sicher sind, in welchem Behälter das Wasser ist. Halten Sie Ihr Pendel über einen Behälter nach dem anderen, und bitten Sie darum, daß es sich über dem Behälter mit dem Wasser im Kreis drehen möge.

Übung 7

Legen Sie einen Gegenstand aus Metall, etwa einen Ring, eine Münze oder eine Uhr, unter eine von drei oder vier umgedrehten und identischen Teetassen, Pappbechern oder undurchsichtigen Gläsern. Benutzen Sie das Pendel, um den Gegenstand zu finden, nachdem die Gefäße vertauscht worden sind.

Probieren Sie diese Übung mit verschiedenen Metallen unter den Gefäßen, und programmieren Sie Ihr Pendel vorher so, daß es bei jedem Metall eine andere Bewegung macht.

Übung 8

Schreiben Sie etwa 35 bis 50 bekannte Worte auf Karteikarten – pro Karte ein Wort. Benutzen Sie wohlbekannte Worte, die aus acht bis zehn Buchstaben bestehen, und schreiben Sie absichtlich etwa die Hälfte davon falsch.

Mischen Sie die Karten, und legen Sie sie verdeckt auf den Tisch. Legen Sie eine Karte nach der anderen auf den Tisch vor sich hin, und bitten Sie das Pendel, Ihnen mit »Ja« oder »Nein« auf die

Frage zu antworten, ob das Wort auf der anderen Seite falsch geschrieben ist.

Übung 9: Unterscheiden Sie Gutes von Schlechtem

Erlauben Sie dem Pendel, Ihnen mitzuteilen, ob es bei guten Dingen kreisen und bei schlechten hin und her schwingen will oder ob es das normale »Ja« für gute und das normale »Nein« für schlechte Dinge benutzen will. Stellen Sie sicher, daß Ihre Anweisungen an das Pendel klar sind und die Antwort genauso klar ausfällt, wenn das Kommunikationssystem einmal etabliert worden ist.

Lassen Sie jemanden eine Anzahl von Gegenständen auf einem Tisch oder auf einem Stand vertauschen, wobei einer der Gegenstände »schlecht« sein sollte, zum Beispiel verschiedene kleine Batterien, von denen eine verbraucht ist, verschiedene elektrische Sicherungen oder Glühbirnen, von denen eine durchgebrannt ist, eine leere Sprühdose unter verschiedenen vollen, drei oder vier Taschenspiegel, die verkehrt herum liegen, von denen einer gespalten ist, oder verschiedene Becher mit Wasser, von denen einer Salz enthält. Lassen Sie das Pendel bestimmen, welcher Gegenstand »schlecht« ist.

Vegetarier und Menschen, die sich für gesunde Ernährung interessieren, benutzen das Pendel oft, um zu bestimmen, ob gewisse Nahrungsmittel Pestizide und Nahrungsmittelzusätze enthalten. Bevy Jaegers sagt, daß sie diese Methode seit 1968 benutzt, um unechtes oder gefälschtes Geld, Schmuck, Münzen und Kunstgegenstände zu identifizieren.

Übung 10: Wie Sie vermißte Personen finden können

Bei dieser Übung müssen Sie mit höheren Bewußtseinebenen als nur mit dem Unterbewußtsein Kontakt herstellen. Zentrieren Sie also Ihre Aufmerksamkeit, bevor Sie anfangen, auf der höchsten Ebene, die Ihr ICH BIN erreichen kann, und versuchen Sie, eine geistige Verbindung oder eine Verbindung über das Herz-Chakra zum höchsten Bewußtsein des Menschen herzustellen, den Sie wiederfinden möchten.

Entfernen Sie alle anderen Gegenstände vom Tisch, lassen Sie Ihren Ellbogen dann auf dem Tisch ruhen, und fragen Sie das Pendel: »Ist X (Name der vermißten Person) am Leben?« Stehen Sie dann auf, halten Sie das Pendel bequem in Ihrer Hand, und fragen Sie: »Befindet sich X (oder X' Körper, wenn er tot ist) in der Richtung, der ich mein Gesicht jetzt zugewendet habe?« Wenn die Antwort »Nein« ist, drehen Sie sich ein kleines Stück weiter, vielleicht um 45 Grad, und wiederholen Sie die Frage. Wenn Sie eine positive Antwort erhalten, bleiben Sie in dieser Richtung stehen, und versuchen Sie, die Entfernung herauszubekommen. Beginnen Sie mit der Frage: »Ist X weniger als 100 Kilometer von hier entfernt?« Wenn die Antwort »Nein« ist, erhöhen Sie den Wert auf 200 Kilometer und stellen die Frage erneut, bis Sie eine positive Antwort bekommen.

Beginnen Sie dann den Abstand auf 50 Kilometer zu verringern und auf noch kleinere Schritte, bis Sie die genaue Kilometerangabe ermittelt haben. Sie kennen dann die Richtung – und wissen, wie weit die Person oder ihr Körper von Ihrem Standort entfernt ist. Begeben Sie sich an diesen Ort, und verfahren Sie mit dem Pendel auf die gleiche Weise, um die Richtung und den Abstand von Ihrem Standort zu ermitteln. Nur fragen Sie jetzt nicht nach Kilometern, sondern nach Metern.

Die günstigste Zeit, um die letzten Schritte dieser Übung durchzuführen, ist spät in der Nacht, wenn die Person sehr wahrscheinlich zu Hause ist und schläft. Das Pendel wird die Person auffinden, und zwar genau an dem Ort, an dem sich die Person im Augenblick der Befragung befindet. Wenn die Person wach ist, könnte sie sich im Laufe der normalen Alltagstätigkeiten woandershin bewegen.

Übung 11: Das Auffinden Vermißter mit Pendel und Landkarte

Sie können diese Übung mit der obigen verbinden, um den genauen Aufenthaltsort einer Person zu bestimmen. Halten Sie das Pendel über eine Landkarte in der Nähe des Ortes, von dem Sie das Gefühl haben, daß die Person dort sein könnte. Fragen Sie das Pendel, ob Sie recht haben. Wenn die Antwort »Ja« ist, bewegen Sie das Pendel zu einer der vier Ecken der Karte. Bitten Sie das Pendel darum, in der Richtung auszuschlagen, in der sich die Person befindet. Zeichnen Sie eine gerade Linie genau entlang dem Ausschlag des Pendels.

Halten Sie das Pendel dann über eine weitere Ecke der Karte, und wiederholen Sie Ihre Bitte. Nachdem Sie mit allen vier Ecken fertig sind, sollten Sie vier gerade Linien auf der Karte eingezeichnet haben, die an einem bestimmten Punkt zusammentreffen. Dort, wo die Linien aufeinandertreffen, befindet sich die Person, die Sie suchen. Sie können diese Übung mit weiteren Karten in kleinerem Maßstab wiederholen und auf diese Weise den Aufenthaltsort so genau bestimmen, daß Sie sagen können, in welchem Haus und in welcher Straße sich die vermißte Person aufhält.

Übung 12: Verlorene Gegenstände mit Pendel und Landkarte wiederfinden

Sie können das obige Verfahren anwenden, wenn sich der Gegenstand nicht in Ihrer unmittelbaren Umgebung befindet.

Wenn das Pendel anzeigt, daß der Gegenstand noch in Ihrem Haus oder Ihrer Wohnung ist, sollten Sie zunächst Ja-nein-Fragen stellen, um festzustellen, in welchem Zimmer der vermißte Gegenstand liegt. Zeichnen Sie dann kurz das Zimmer auf, wobei Sie deutlich die darin enthaltenen Gegenstände wie Schränke, Regale, Kommoden einzeichnen sollten. Benutzen Sie dann das Pendel auf die gleiche Art und Weise wie in Übung 11, um den exakten Aufenthaltsort zu ermitteln.

Achten Sie dabei darauf, den Gegenstand innerlich klar vor Ihrem geistigen Auge wahrzunehmen, wenn Sie nach seinem Aufenthaltsort fragen. Wenn Sie eine unklare Vorstellung haben oder sich Ihr Bild immer wieder verändert, werden die Ergebnisse entsprechend unklar sein.

Unter Umständen können die Bewegungen des Pendels anfänglich noch zaghaft sein, aber je öfter Sie pendeln, desto aussagekräftiger werden sie sein. Wie bei allen anderen Fertigkeiten ist Übung der Schlüssel.

Einen Tip möchte ich Ihnen noch geben. Sie können Ihre mediale Energie steigern, indem Sie vor den Experimenten ein paar tiefe Atemzüge nehmen. Wenn Sie sehr lange üben, könnten Sie das auch zwischendurch tun, um sich »wiederaufzuladen«.

Meditationspraxis: Die Quelle der Kraft

Dr. Russ Michael, ein Autor, von dem mehrere Bücher über esoterische Philosophie erschienen sind, vermittelt ein Meditationsverfahren, welches er in seinen Seminaren »Die Quelle der Kraft«[33] nennt. Bei dieser Meditation konzentriert man sich auf den ICH-BIN-Bewußtseinspunkt, um dadurch die Ganzheit seines eigenen Potentials, Raum und Zeit transzendieren zu können, zu erkennen.

Vielleicht möchten Sie diese Meditation auf Band sprechen, um sich dabei von Ihrer eigenen Stimme führen zu lassen. Bei den Sätzen, die am Ende verklingen, sollten Sie einige Minuten still sein. Lassen Sie sich genug Zeit, um den Ideen zu folgen, bevor Sie im Text weitergehen.

Die Quelle der Kraft

Setzen Sie sich mit gerader Wirbelsäule hin. Reinigen Sie sich mit weißem Licht. Richten Sie Ihre Aufmerksamkeit auf den

Bewußtseinspunkt, das ICH, das Sie selbst sind. Entspannen Sie sich, und lassen Sie alle Anspannungen in Ihrem physischen Körper völlig los. Sammeln Sie Ihre Gedanken in der GEGEN-WART, und halten Sie Ihre Aufmerksamkeit für den Rest der Meditation in der GEGENWART.

Erweitern Sie diesen Bewußtseinspunkt, so daß er alle Zellen und Atome Ihres Körpers umfaßt. Fühlen Sie, daß Ihr Körper vital, lebendig, gesund und voller Energie ist …

Erweitern Sie Ihr Bewußtsein jetzt, so daß es alles und jeden umschließt, der sich vielleicht mit Ihnen im Raum befindet. Seien Sie sich bewußt darüber, daß Sie eins mit der universellen Le-bensenergie sind, die jedes Atom und jedes Molekül durchdringt, das sich in diesem Raum manifestiert, egal, welche Form es gewählt hat, um sich auszudrücken …. Erkennen Sie, daß diese Einheit Sie beeinflußt und Sie diese Einheit beeinflussen. Einfach durch Ihr Dasein sind alle Dinge irgendwie anders, als wenn es Sie nicht gäbe …

Erweitern Sie Ihr Bewußtsein jetzt so, daß es die ganze Stadt und die ganze Landschaft in der Umgebung umfaßt. Fühlen Sie Ihre Liebe zum Leben und zu der Energie, die sich durch alle Men-schen und Dinge in der Umgebung zum Ausdruck bringt …

Erweitern Sie Ihr Gefühl der Einheit, und werden Sie mit dem ganzen Kontinent, den Sie bewohnen, eins. Alles Sein ist gegen-wärtig. Sie sind ein Teil der Gegenwart. Sie sind ein Teil jedes Atoms und jeder Zelle, aus denen das sich in der Gegenwart ausdrückende Bewußtsein besteht. Egal, wo es sein mag, welche Form es auch immer annimmt, dieses Bewußtsein und Sie selbst beeinflussen sich gegenseitig …

Erweitern Sie Ihr Bewußtsein jetzt so, daß es alle Rassen und Völker auf dem ganzen Planeten umfaßt. Nehmen Sie sich selbst als Teil der Welt, der Erde, des ganzen Planeten und all seiner Bewohner wahr …

Dehnen Sie sich selbst weiter aus, in den Raum, der den Planeten umgibt, in das Sonnensystem hinein ... in die benachbarten Sonnensysteme ... bis Sie das Gefühl haben, sich über das ganze Universum auszudehnen und es vollständig zu umfassen. Dies ist die Quelle der Kraft – die Quelle des Lebens der ganzen Schöpfung. Halten Sie dieses Bewußtsein eine Minute lang aufrecht, und entspannen Sie sich dann ...

Beginnen Sie dann Ihren Weg zurück, und ziehen sie das Bewußtsein der Einheit mit allem, was ist, zurück auf die Größe des Sonnensystems ... des Planeten Erde ... Ihres Kontinents ... Ihres Landes ... Ihrer Stadt ... dieses Raumes ... und zum Schluß wieder zurück zum ursprünglichen Punkt Ihres ICH-Bewußtseins. Während Sie dies tun, seien Sie sich darüber bewußt, daß die mächtigen Energien und Potentiale, die Sie gerade kontaktiert haben, Ihnen immer zur Verfügung stehen und nur von Ihrer Fähigkeit, sie in die Tat umzusetzen, begrenzt werden. Erkennen Sie, daß diese Fähigkeit gerade eben erweitert wurde und jedesmal, wenn Sie diese Übung durchführen, noch weiter ausgebaut wird, bis Ihr Verstehen der universellen Gesetze vollkommen zum Ausdruck gebracht worden ist und Sie wahrscheinlich ein Meister Ihrer Umwelt geworden sind.

Dies ist eine ausgezeichnete Technik, um ein Projekt energetisch aufzuladen, an dem Sie vielleicht gegenwärtig arbeiten. Sie werden so viel Energie aus dieser Meditation zurückgebracht haben, daß Ihr ganzer Körper davon pulsieren wird. Vielleicht haben Sie sogar das Gefühl, daß er so viel Energie gar nicht aushalten kann. Wenn dem so ist, leiten Sie einfach diese Energie im Geiste in das Projekt, an dem Sie arbeiten. Tun Sie das in dem Wissen, daß Sie die ganze kreative Energie des Universums in Ihr Projekt lenken. Wenn Sie die Energie so weitergegeben haben, umgeben Sie Ihren Körper wieder mit weißem Licht und kehren dabei langsam zum Beta-Bewußtsein (siehe Tabelle 1) zurück. Sie werden von den Folgen dieser Meditation überrascht sein!

Die Evolution des Geistes

Die alte Weisheit handelt von Energie und von Bewußtsein als Form von Energie. Es wird gesagt, daß es in allen Dingen Bewußtsein gibt, doch daß dieses Bewußtsein im mineralischen Element schläft. Auch in der Pflanze schläft es, träumt jedoch. Im Tier ist es wach, seiner selbst aber noch nicht bewußt. Im Menschen endlich ist das Bewußtsein völlig erwacht und sich zum erstenmal seiner selbst bewußt. Genau dieses Bewußtsein führt uns den nächsten Schritt auf der evolutionären Stufenleiter hinauf und ist das, was uns wahrhaft zum Menschen macht.

Nach den Lehren der Kabbala

Alle Menschen beginnen, nachdem sie sich ihres wahren Selbst bewußt geworden sind, sich Gedanken darüber zu machen, was nach dem Tode passiert. Wird dieses wundervolle und lebensprühende Selbst einfach wieder zu Staub wie die Blätter, die von den Bäumen fallen? Existieren wir dann nur noch in der Erinnerung unserer Kinder oder durch die wunderbaren und großartigen Taten, die wir vollbracht haben? Wenn das so wäre, wie verschwendet wären dann die kostbaren, oft qualvollen Tage unseres Daseins.

Die spiritistischen Kirchen haben einen großen Beitrag zur Weiterentwicklung unseres esoterischen Wissens in bezug auf uns selbst und unsere Potentiale geleistet. Sie haben rationale Beweise dafür geliefert, daß ein Teil unseres Bewußtseins oder unserer

Persönlichkeit den Tod überlebt und in manchen Fällen sogar in der Lage ist, mit denjenigen, die noch in der Erfahrung des physischen Körpers stecken, zu kommunizieren. Meiner Meinung nach müssen wir uns nicht länger die Frage stellen, ob es sich dabei um Wunschdenken oder um Tatsachen handelt.

Die Pioniere, die sich in die astralen Bereiche vorwagen, um Beweise für das Überleben der Persönlichkeit zurückzubringen, setzen sich genauso vielen Gefahren aus wie jeder andere mutige Erforscher unbekannter Gefilde. Viele leiden unter Besessenheit, psychischen Angstvorstellungen, Neurosen und Phantasien, und manche von ihnen sterben sogar eines frühzeitigen Todes. Auf der anderen Seite sind einige zu neuen spirituellen Wahrheiten vorgedrungen und haben dazu beigetragen, der Menschheit die Augen dafür zu öffnen, daß die meisten der heutigen religiösen Lehrmeinungen uns an der Nase herumführen.

Als mir zum erstenmal durch eine persönliche Erfahrung bewußt wurde, daß es möglich ist, mit unsichtbaren Wesen Verbindung aufzunehmen und sogar mit ihnen zu kommunizieren, gab es nur einen Ort, an dem ich zusätzliche Informationen diesbezüglich bekommen konnte: eine spiritistische Kirche in meiner Stadt. Ich ging daraufhin regelmäßig zu ihren Gottesdiensten und Readings[34] und nahm anderthalb Jahre lang einmal in der Woche an einer Gruppe zur Entwicklung medialer Fähigkeiten teil.

Ich hatte allerdings ein Problem. Ich weigerte mich beständig, mein Bewußtsein einem anderen Geistwesen zu überlassen. Dies war mein Körper und mein Geist, und ich war der Meinung, daß niemand außer mir das Recht hatte, sie zu benutzen. Es erschien mir nur logisch, daß, wenn eine solche Verbindung möglich war, ich in der Lage sein sollte, die Botschaften des anderen Geistes geistig oder körperlich zu hören und/oder zu sehen – ob sie nun in einem sichtbaren Körper lebten oder nicht.

Während die anderen Teilnehmer der Gruppe sich zu Tranceme-

dien ausbilden ließen, lernte ich die verschiedenen Schwingungen in meinem Geist zu lesen. Ich lernte, aus »Inspiration« heraus
zu sprechen, hörte dabei, was in meinem Kopf gesagt wurde, und
sprach es aus. Ich entwickelte rudimentäre telepathische Fähigkeiten und lernte die Symbole zu interpretieren, die mir immer
dann in den Sinn kamen, wenn ich um eine Botschaft für jemand
anderen aus dem Zirkel bat. Ein- oder zweimal gelang es mir
auch, mir bis dahin unbekannte Informationen als Beweise dafür
hervorzubringen, daß ich wirklich den Geist eines verstorbenen
Verwandten oder Freundes kontaktiert hatte. Andere Teilnehmer
bestätigten mir die Richtigkeit der übermittelten Informationen.
(Oder hatte ich einfach nur die Erinnerungsspeicher der Person
angezapft, für die ich die Fragen gestellt hatte? Ich war mir nie
wirklich sicher darüber.)

Mit der Zeit jedoch wurde mir klar, daß der Inhalt der meisten
»Botschaften« trivial, unwichtig oder sogar banal war. Die liebe
Tante Mary würde sich zu Wort melden und »Gott segne dich,
mein Kind, morgen wirst du eine Überraschung erleben« oder
»Der Heilige Geist ist mit dir, mach einfach weiter, dann wird
schon alles gut werden« sagen. Nur wenige ganz eindeutige
Aussagen wurden gemacht, die nicht dadurch erklärt werden
konnten, daß es sich um Psychometrie, Telepathie oder einfach
um den Wunsch zu helfen handelte. Nicht daß dies keine wert-
vollen Beiträge waren (das sind sie wirklich), aber ich hatte
einfach das Gefühl, daß die Quelle dieser Aussagen häufig nicht
ein körperloses Wesen war, sondern daß sie dem Geist der Person
entsprangen, die die Readings durchführte.

Es wurde immer deutlicher, daß diese »Wesenheiten« sehr, sehr
menschlich waren. Weder ihre Ratschläge noch ihre Vorhersagen
waren unfehlbar. Man konnte in ihren Botschaften auch manchmal das menschliche Ego, Neid, die Neigung, Besitz zu ergreifen,
und Ärger spüren. Es wurde klar, daß Opa Sam auf seinem
spirituellen Weg nicht viel weiter war, als er zu Lebzeiten sowieso

schon gewesen war, außer daß die Häufigkeit, mit der er »Gott segne dich« sagte, stark zugenommen hatte.

Die meisten Teilnehmer meiner Gruppe hingen wie Kinder an den »Ratschlägen aus der geistigen Welt« und weigerten sich oft, eigene Entscheidungen zu treffen – aus Angst, sie könnten eine falsche Entscheidung fällen. Immer wenn sich herausstellte, daß ein Ratschlag nicht optimal gewesen war, lag es für denjenigen, der das Reading durchgeführt hatte, immer an seinem unvollkommenen Kanal und nicht etwa an dem »erhabenen Wesen«, welches den Ratschlag erteilt hatte.

Ich erhielt einmal über mediales Schreiben eine Botschaft, die unverkennbar von einem verstorbenen Freund stammte. Die Botschaft besagte, daß ich in Verbindung mit einer anderen Person etwas tun sollte, was jedoch gegen mein besseres Wissen verstieß. Da ich noch nicht viel Erfahrung mit dem »Geisterspiel« hatte und an die Ermahnung meines Lehrers dachte, daß »Geistwesen eine Situation von einem umfassenderen Standpunkt aus betrachten können als wir«, machte ich mich an die Arbeit. Ich brachte mich in eine sehr demütigende und peinliche Situation, die ich so schnell nicht vergessen werde.

Als nach Jahren der Schmerz und das Gefühl der Demütigung etwas nachgelassen hatten, wurde mir – wahrscheinlich von dem Wesen, das mich damals angeleitet hatte – übermittelt, daß ich »die einzige war, die ihn genug liebte, um wenigstens zu versuchen, ihm zu helfen«.

Der Punkt, auf den es mir ankommt, ist, daß wir uns beide eingemischt hatten. Meine eigene Intuition sagte mir damals, daß mich die Situation nichts anging, obwohl ich diesen Menschen sehr liebte, genau wie das andere Wesen (das im Leben einer seiner Verwandten gewesen war). Das Wesen versuchte meinen Freund vor einer Situation zu bewahren, von der wir beide annahmen, daß sie ihm viel Leid bringen würde. Es handelte sich also um einen Fall von Manipulation durch ein nichtverkörpertes

Wesen. Ich konnte die Schuld nicht auf eine falsche Interpretation schieben, da ich die Botschaft selbst klar und deutlich von einer mir bekannten Quelle erhalten hatte und mich – gegen meine eigenen inneren Warnungen – danach gerichtet hatte. Das schlimmste daran war, daß sich am Verlauf der Dinge durch mein Eingreifen gar nichts änderte.

Was würden Sie tun, wenn Sie einen guten Freund, der noch einen Körper hat, um Rat bäten und Ihnen das gleiche passierte? Würden Sie, ohne sich zu besinnen, nach dem Rat des Freundes handeln und ohne wichtigen Grund annehmen, daß der Freund mehr über die Situation weiß als Sie? Natürlich nicht. Sie würden die Worte Ihres Freundes mit Ihrem gesunden Menschenverstand prüfen und sie zu den Informationen, die Sie bereits haben, hinzufügen. Wenn Sie dadurch ein gutes Gefühl bekämen und sich neue Einsichten oder eine neue Herangehensweise an Ihr Problem ergäbe – wunderbar! Dann hätten Sie durch seine Worte etwas gewonnen. Wenn nicht, würden Sie mit sanfter Stimme sagen: »Vielen Dank für deine Hilfe, Tom. Ich weiß, du liebst mich, aber ich glaube, ich muß damit selbst klarkommen.« Es ist nur vernünftig, mit Ratschlägen von »Geistwesen« auf die gleiche Art und Weise umzugehen.

Einige wundersame Heilungen fanden in diesen anderthalb Jahren statt. Jeder Schüler des Zirkels erschloß sich unter Anleitung des Lehrers eine persönliche »Gruppe von Geistwesen«, um durch sie Führung, Heilung und Schutz zu bekommen. Die »Geistführer« teilten uns ihre Namen mit. Häufig waren dies indianische oder fernöstliche Namen, obwohl mein eigener geistiger Arzt sich selbst »Dr. Thompson« nannte – etwas Amerikanischeres gibt es wohl kaum.

Eines Tages hatte meine Tochter mit ihrem Freund einen Autounfall. Sie verrenkte sich ihre Wirbelsäule, so daß die Nerven unterhalb der Taille eingequetscht und gelähmt waren. Wir bildeten einen Heilkreis, und jeder Teilnehmer schickte seinen geistigen Arzt ins Krankenhaus, um ihr zu helfen, wieder gesund zu werden. Ein paar Nächte später entdeckte ich mich plötzlich über ihrem Bett und sah, wie sie sich von alleine auf die andere Seite legte. Dieses »Kunststück« hatte sie in den Tagen zuvor nicht ohne fremde Hilfe durchführen können. Ich rief sie früh am nächsten Morgen an, um sicherzustellen, daß ich nicht geträumt hatte, und sie bestätigte mir, daß es sich so zugetragen hatte. Während der ganzen Zeit war dies für mich wahrscheinlich das aufregendste Erlebnis von allen!

Es gab immer noch viele Fragen in mir. Diese Wesen hatten hinreichend unter Beweis gestellt, daß sie genauso menschlich und fehlerbehaftet waren wie wir – wenn es sich tatsächlich um Wesenheiten und nicht nur um Phantasieprodukte aus den verschiedensten Schichten unseres Geistes handelte.

Dennoch waren sie in der Lage zu heilen. Sie mußten in der Lage sein, sich in die heilende Energie des Bewußtseins in dem einen Geist einzustimmen und diese Energie dorthin zu leiten, wohin sie sie haben wollten. Aber wenn sie dazu in der Lage waren, warum sollte ich das nicht auch tun können? Warum brauchte ich einen Mittler? Ich entschied, daß ich auf diese Weise meiner spirituellen Aufgabe nicht gerecht wurde. Ich benutzte andere Geister für Dinge oder sprach ihnen zumindest Dinge zu, die ich selbst tun sollte.

Das gab mir letztendlich den Anstoß, die spiritistische Kirche zu verlassen. Ich machte mich auf den langen Weg, zu meinem eigenen inneren Potential zurückzufinden. Ich bitte immer noch manchmal um Hilfe, da die Energien durch verwandte Geister verstärkt werden, aber ich verlange nicht mehr, daß eine bestimmte Person mir hilft.

Wenn ich Hilfe brauche, wende ich mich an meine Seele, und die richtige Person – egal, ob mit oder ohne Körper – bewirkt das Nötige. Die Sensibilität, die ich in diesen anderthalb Jahren entwickelte, besitze ich auch heute noch, und oft nehme ich in mir die Gegenwart einer »inneren Botschaft« eines anderen Geistes wahr. Ich bedanke mich dann stets bei diesen Wesen, wie ich es bei jedem anderen Freund tun würde, aber ich sträube mich nicht mehr dagegen, daß sich die Botschaften um ihre eigene Erfüllung drehen.

Ich bin durch meine eigenen Experimente und die von anderen sowie durch das Lesen unterschiedlicher Beschreibungen in gechannelten Büchern zu eigenen Schlußfolgerungen gekommen, was für die Unterschiede und Ähnlichkeiten in den Erfahrungen der Astralwelten verantwortlich ist.

Die astrale Ebene scheint die physische zu durchdringen und den gleichen körperlichen und mentalen Gesetzmäßigkeiten zu unterliegen, außer daß sich Gedanken dort sofort manifestieren. Wenn man auf der physischen Ebene reisen will, bedarf es, nachdem der Gedanke den Impuls kreiert hat, erst noch vieler Vorbereitungen. Wenn man auf der astralen Ebene daran denkt, irgendwo anders sein zu wollen, ist man unmittelbar in dem Augenblick, in dem man den Gedanken hat, bereits dort, wo man sein möchte. Es gibt anscheinend keine zeitliche Verzögerung zwischen dem Gedanken und seiner Umsetzung, so daß es daher schwierig sein könnte, zwischen einem Ereignis und seiner Ursache zu unterscheiden.

Nach dem Tode finden Sie offensichtlich das vor, was Sie dort erwarten. Wenn Sie nach einem Himmel Ausschau halten und erwarten, daß es dort goldene Straßen gibt und Engel mit Harfen, dann werden Sie sie dort finden – zumindest für eine gewisse Zeit, bis Sie goldene Straßen und harfenspielende Engel langweilen. Dann werden Sie beginnen, mit anderen wunscherfüllenden Vorstellungen zu experimentieren.

Es gibt Berichte davon, daß frisch angekommene Seelen sich ein Haus und eine Umgebung erschaffen, die der ähnelt, die sie auf der Erde gewohnt waren, so daß sie sich im Vertrauten wohl fühlen können. Wenn wir nichts erwarten, wenn wir sterben, dann werden wir eine lange Zeit im Nichts schweben. An diese Erfahrung des Nichts haben sich lebhaft Menschen erinnert, die in frühere Leben und in die Phasen zwischen den Leben zurückgeführt wurden.

Das läßt vermuten, daß die astrale Ebene einen hohen Anteil an kreativer emotionaler Materie enthält, was einfach bedeutet, daß sich dort Atome befinden, die weniger Dichte besitzen. Die massigere physische Ebene schwingt viel langsamer, und daher gibt es die Zeitverzögerung zwischen einem Gedanken und seiner Manifestation. Durch die Zeitverzögerung haben wir die Gelegenheit, unser Leben zu disziplinieren, zu sehen, wie es funktioniert, und unsere emotionalen Bedürfnisse mit intelligenten Handlungen zu verbinden.

Es gibt Bücher und Lehrer, die von verschiedenen Bewußtseins-»Ebenen« in der Astralwelt berichten. In Wirklichkeit existieren die gleichen Bewußtseinsstufen auch auf dieser Seite des Lebens. Einige Menschen sind sehr stark spirituell orientiert, während andere kaum ihrer selbst bewußt sind. Auf der irdischen Ebene fühlen wir uns wohler mit Menschen, die sich auf der gleichen mentalen Ebene befinden. Auf der astralen Ebene ist es genauso, Sie sind, wo Ihr Geist ist.

Das einzige Licht, das es auf dieser feinstofflicheren Ebene gibt, ist das Ihres eigenen Wesens, denn wie in den äußersten Sphären des Raumes ist hier die Dichte der Atome zu gering, um das Sonnenlicht zu sammeln und zu speichern. Wenn Sie Ihr Bewußtsein weiterentwickelt haben als der Durchschnitt, wird Ihr Licht heller erstrahlen, da Sie in diesem Fall ein helles, leuchtendes Wesen geworden sind, welches aus sich selbst heraus Licht ausstrahlt. Je weiter Sie Ihr Bewußtsein entwickelt und je fortgeschrittner Sie in Ihrer spirituellen Entwicklung sind, um so heller werden Sie leuchten. Durch dieses Licht können andere sehen, die kein eigenes Verstehen besitzen, welches sie erleuchtet. Da Sie automatisch von Wesen angezogen werden, deren Leuchtkraft oder Ausstrahlung in der Intensität Ihrer gleicht, werden Sie sich auf einer Ebene wiederfinden, auf der es relativ viel Licht gibt.

Wenn es in Ihnen selbst jedoch nur wenig oder gar kein Licht gibt, dann wird Ihre eigene und auch die energetische Ebene Ihrer Gefährten ziemlich grau und finster sein. Keiner von Ihnen wird über genügend energetische Ausstrahlung verfügen, um den Bereich zu erhellen, in dem Sie sich befinden. Seelen können sich nur in physischen Körpern vereinen und dieses Licht miteinander teilen.

Probieren Sie es selbst aus. Ist es für Sie einfach, mit einem anderen Menschen zu kommunizieren, dessen Interessen den Ihren nicht ähnlich sind? Wie können Sie hoffen, einander zu verstehen, wenn Sie nicht beide gleichermaßen wissen und verstehen wollen? Auf der astralen Ebene haben Sie noch nicht einmal die Chance dazu, wenn Sie nicht über genügend Disziplin verfügen, um nach anderen Wesen in ihrer eigenen Vorstellungswelt zu suchen.

Es kann sehr aufregend sein, die astrale Welt zu erforschen, und da uns dieser Grenzbereich des menschlichen Geistes viele neue Informationen liefern kann, verdient er unsere Aufmerksamkeit. Spiritueller Fortschritt findet dort jedoch nur für die Wesen statt, die die Zeit zwischen den Leben dafür nutzen, die erreichte Ebene der Erkenntnis zu überprüfen und bewußt auszuwerten. Es wird allgemein angenommen, daß die meisten Menschen das auch tun. Diejenigen, die diese Auswertung nicht vornehmen, müssen Zeitverlust und die Wiederholung von Erfahrungen auf der irdischen Ebene dafür in Kauf nehmen.

Wir können nur in der GEGENWART spirituell wachsen. Wenn Sie JETZT in einem physischen Körper leben, können Sie durch die Erfahrungen auf dieser Ebene wachsen und profitieren. Wenn Sie sich JETZT in einem astralen Körper befinden, können Sie an den Erfahrungen in der astralen Welt wachsen.

Beide Bereiche sind noch immer Teil der materiellen Ebene, auch wenn beide andere Dichten aufweisen. Wenn Sie merken, daß Sie zwischen diesen beiden Welten hin und her hüpfen, sind Sie von einem kosmischen Standpunkt aus noch immer an den Planeten Erde gebunden. Daran ist nichts falsch, da dies einfach der Ort ist, an dem wir uns in der GEGENWART befinden. Wir sollten uns jedoch vor Augen führen, daß es noch viele Dinge gibt, die wir auf der *physischen Ebene* lernen können, bevor wir uns zu viele Gedanken um die astrale Ebene machen.

Die Entwicklung der Seele

»Ich bin der Lehrer meiner Seele.« Ich erinnere mich nicht mehr daran, wo ich diesen Satz gelesen oder gehört habe, aber er hat mir viele neue Erkenntnisse gebracht. Die Persönlichkeit oder das niedere Ego, das, was mir als »Ich« bekannt ist, übermittelt durch die Wahrnehmung der fünf Sinne Botschaften an die Seele. Dadurch weiß die Seele, welche Erfahrungen sie im Augenblick macht.

Die Seele und das höhere Selbst sind nicht das gleiche, sondern zwei voneinander losgelöste energetische Einheiten. Jeder Mensch hat eine Seele, doch hat nicht jedes verkörperte Wesen ein höheres Selbst. Einige Autoren nennen das höhere Selbst auch den »solaren Engel«. Es ist ein sehr weit fortgeschrittenes Wesen, welches auf den Wunsch der Seele zu wachsen antwortet.

Wenn die Seele beginnt, sich aus der hypnotischen Trance zu befreien, die durch die Erfahrungen auf den dichteren irdischen Ebenen entsteht, kommt ein höherentwickeltes Wesen und bietet seine Hilfe an. Obwohl dieses Wesen über zahllose Inkarnationen hinweg bei der Seele bleiben kann, handelt es sich dabei vom Standpunkt der Ewigkeit aus nicht um eine permanente Verbindung.

Das höhere Selbst hilft der Persönlichkeit bei der Auswertung ihrer Erfahrungen und fungiert manchmal als Übermittler von Botschaften, die zwischen der Seele und der Persönlichkeit ausgetauscht werden. In dem Maße, wie die Seele stärker und weiser wird, hat das höhere Selbst immer weniger Arbeit zu verrichten, und schließlich kann sich die Seele ganz allein behaupten. Sie ist für ihre guten Ergebnisse durch die völlige Erfüllung all ihrer Aktivitäten in den zahllosen Jahrhunderten, die sie auf dem Planeten Erde zugebracht hat, vollkommen belohnt. Und an diesem Punkt ist die Seele bereit, eine neue Aufgabe irgendwo anders im Universum zu übernehmen.

Lassen Sie uns einmal versuchen, die evolutionäre Entwicklung einer Seele etwas zu beleuchten.

Die vier Sphären des Bewußtseins: ICH BIN, DER ICH BIN

Auf der Erde gibt es vier sichtbare evolutionäre Ebenen: die mineralische, pflanzliche, tierische und menschliche. Einige glauben, daß sie aufeinander aufbauen, das heißt, daß wir uns von der mineralischen zur menschlichen Ebene hinauf entwickeln; und andere wiederum glauben, daß diese Ebenen parallel existieren und sich in einer ökologischen Einheit weiterentwickeln, wobei sie sich gegenseitig dienen. Unabhängig davon, was nun der Wahrheit entspricht, leben wir in der GEGENWART auf der menschlichen Ebene. Darauf sollten wir uns konzentrieren, um diese Gelegenheit möglichst voll auszuschöpfen und dadurch schnell weiterzukommen – zu den Abenteuern, die uns in anderen Bereichen noch erwarten.

Auf der menschlichen Ebene gibt es vier Wissensbereiche – oder vielleicht sollten wir eher von Interessensbereichen sprechen –, die unsere Aufmerksamkeit fesseln. Jede Seele richtet ihre Aufmerksamkeit auf eine oder mehrere dieser Bereiche. Um komplizierte Begriffsbildungen zu vermeiden, nennen wir sie einfach die »Körperwissenschaften«, die »Geisteswissenschaften«, die »Seelenwissenschaften« und die »spirituellen Wissenschaften«.

Die Körperwissenschaften: ICH

Dies ist die erste Ebene des Selbstausdruckes. Der Mensch ist auf dieser Stufe sehr stark auf das körperliche Sein fixiert: auf die Sinne, seine Bedürfnisse, die körperliche Gesundheit und die unmittelbare Umgebung.

So ein Mensch könnte einen großen Gefallen an körperlicher Überlegenheit finden oder sich sehr stark mit den neuesten wissenschaftlichen Entdeckungen in der materiellen Welt beschäftigen. Vielleicht befaßt er sich mit »natürlichen« Heilverfahren, mit gesunder Ernährung, Yoga-Übungen usw., oder er ist sich nur seiner selbst bewußt und ganz damit beschäftigt, seine körperlichen Bedürfnisse zu befriedigen.

All diese Dinge haben etwas damit zu tun, daß wir lernen, den Tempel, in dem unsere Seele wohnt – den Körper –, zu verschönern, zu vervollkommnen und zu reinigen. Man sollte niemanden dafür geringschätzen, sich auf dieser Stufe zu befinden, da wir alle Schritt für Schritt in bezug auf unsere Disziplin und unser Verstehen wachsen. Die Zeit bewegt sich spiralförmig, und wir entdecken immer wieder, daß wir alte Lektionen noch einmal auf einer höheren durchgehen und somit vom Groben zum Feinen gelangen. Irgendein Teil unseres Selbst wird immer auf der physischen Ebene bleiben müssen, solange unser Wissen über unseren Körper und die physische Welt noch nicht vollständig ist.

Die Geisteswissenschaften: ICH BIN

Hier beginnt die ICH-BIN-Stufe. Sie wissen, daß Sie nicht nur eine selbstbewußte Einheit sind, die unabhängig von allem anderen existiert. Sie beginnen, sich mehr um andere Menschen zu kümmern, arbeiten daran, das menschliche Bewußtsein, den Lebensstandard und den Standard im Bildungswesen zu heben. Sie beschäftigen sich mehr mit den traditionellen philosophischen, politischen und religiösen Lehrmeinungen der Gesellschaft. Menschen, die ihre Aufmerksamkeit auf diese Ebene zentriert haben, sind sehr vernunftbetont und sich der Vorgänge im Verstand sehr bewußt.

Angehende esoterische Schüler befinden sich häufig auf dieser Stufe, und ihr scharfer Verstand ist gerade dabei, die Verunstaltungen alter Gewohnheiten und der Sozialisierung auszumerzen.

Die Seelenwissenschaften: ICH BIN DAS

Dies ist die Ebene des sich »entwickelnden Potentials«, des ICH BIN DAS. Der Mensch hat begonnen, sich nach innen und der Seele zuzuwenden und Führung durch sein inneres Wissen anzunehmen. Er hat begonnen, dem Kaiser zu überlassen, was des Kaisers ist, und Gott zu überlassen, was Gottes ist (vgl. Matthäus 22, 21). Die materielle Welt wird als das wahrgenommen, was sie ist, und die spirituelle Welt beginnt das Interesse mehr zu fesseln. Alle Dinge, die auf der körperlichen, der emotionalen und der mentalen Ebene gelernt wurden, können jetzt auf spirituelle Konzepte angewandt werden.

Wenn ich von religiösen Konzepten spreche, meine ich die in der jeweiligen Gesellschaft oder Kultur, in der das Individuum lebt, vorherrschenden. »Spirituelle« Konzepte versuchen, die umfassenderen Ideen, die hinter den Religionen und Philosophien der Menschheit stehen, zu erfassen.

Die spirituellen Wissenschaften: ICH BIN, DER ICH BIN

Hier findet man das vollkommene Wesen – DER ICH BIN, DER ICH BIN (ich bin, *was* ich bin). Auf diese Ebene ist das Individuum wieder in den Zustand zurückgekehrt, in dem es seiner selbst nicht (mehr) bewußt ist. Es ist schwierig, diese Ebene zu erklären, da sie die Vollkommenheit in Gedanken, Taten und Eigenschaften darstellt. Sie sind einfach das, was Sie sind. Das Selbst ist nicht länger einer Dualität oder Zweifeln unterworfen. Sie reagieren liebevoll, weil es in Ihnen gar nichts anderes außer Liebe mehr gibt. Die Frage, ob Sie lieben sollten oder nicht, taucht gar nicht mehr auf, weil Sie die Liebe in Person sind. Sie haben in sich selbst die Tugend der Liebe vervollkommnet. Sie sind sich dieser Tugend allerdings nicht bewußt, weil sie nie in Frage gestellt wird, und es gibt auch keine anderen gegensätzlichen Emotionen, durch die diese Liebe gespiegelt würde, durch die sie in ihrem Glanz gebrochen oder mit denen sie verglichen werden könnte. Es gibt keine Dualität mehr, denn Sie sind Liebe. Vielleicht sagt jemand zu Ihnen: »Sie sind der freundlichste Mensch, den ich kenne.« Sie wären erstaunt, weil Sie gar nicht daran gedacht hatten, freundlich zu sein. Sie sind einfach freundlich, weil diese Tugend in Ihnen vollkommen entfaltet ist.

Darum bezeichne ich diese Ebene des Bewußtseins als die, auf der wir unserer selbst nicht mehr bewußt sind. Der Zyklus ist abgeschlossen, es gibt keine Dualität mehr, und es wird ihm keine Aufmerksamkeit mehr geschenkt. Alle irdischen Tugenden erreichen letztendlich diese Stufe, wenn unsere Reise durch die verschiedenen Leben auf der Erde sich dem Ende nähert.

(Wir sind uns natürlich auch oft unserer Schwächen nicht bewußt, aber das negative Feedback unserer Umgebung auf diese Schwächen läßt uns nicht vergessen, daß es notwendig ist, diese Aspekte unseres Seins zu transformieren.)

Wir arbeiten uns zum größten Teil gleichzeitig durch diese verschiedenen Wissensbereiche, wobei wir wie Blasen in einem Kuchenteig aufsteigen oder wieder hinabsteigen, um noch etwas zu erledigen, was wir beim letztenmal nicht geschafft haben, oder um unser Wissen in bestimmten Bereichen zu vertiefen. Jede Ebene muß vollkommen erforscht sein, bevor wir uns hinstellen und sagen können: »Es ist vollbracht.«

Der Geist: Das göttliche Potential

Alles Sein ist Geist. Nur langsam entstehen in unserem Sprach-
schatz die Worte, mit deren Hilfe wir anderen ein wenig von
unseren Erkenntnissen berichten können, die wir durch den
Kontakt mit dem höchsten Teil unseres Wesens gewinnen, dem
Geist.

Und auch diese Worte sind nur ein kümmerlicher Versuch, die
Wonne zu beschreiben, die uns durchflutet, wenn wir zum erstenmal »zwischen Himmel und Erde« stehen. Dort können wir vom
Standpunkt unserer Seele aus die ganze Spannbreite des Bewußtseins von der Persönlichkeit unter uns bis zum Gott-Selbst über
uns wahrnehmen und uns selbst als ganzes vollständiges Wesen
erkennen.

Die Worte der alten Meister, die versuchten, diese Wonne auszudrücken, sind im Vergleich zu der Erfahrung selbst farblos und
können sie nicht vermitteln. Genauso wird es mit meinen Worten
sein, bis Sie selbst mit unnachlässiger Hingabe in diesen Bereich
des Bewußtseins vorstoßen, der nur denjenigen vorbehalten ist,
die das allumfassende Verlangen haben, die Fülle des Selbst
kennenzulernen. Dieses Verlangen muß größer sein und Vorrang
haben vor allen anderen Wünschen im Leben.

Das folgende ist der Versuch, einige der verwirrendsten Aspekte
der mystischen Ideen, die sich um den Geist und die Seele und
um die sieben Körper oder Energiefelder drehen, die unser ganzes
Wesen ausmachen, zu klären. Zusätzlich werde ich versuchen,
aufzuzeigen, wie die Evolution der Menschheit begann. Die
ersten Autoren im Westen, die über diese Themen schrieben,
bemühten sich zu einem Zeitpunkt, Ideen aus dem Hinduismus
und dem Sanskrit in westliche Gedanken zu übersetzen, als es
noch keine klaren Begriffe gab, die die östlichen Philosophien
wiedergeben konnten. Sie mußten oft eigene Wort und Begriffe
erfinden, um diese fremden Ideen ausdrücken zu können. Daher

haben sie häufig die gleiche Idee auf unterschiedliche Weise und mit anderen Worten zum Ausdruck gebracht.

Keine dieser Interpretationen war leicht zu verstehen (zumindest nicht für einen Neophyten wie mich). Sie waren auch nicht vollständig, da jeder Autor nur den Aspekt beschrieb, den er selbst geistig hatte aufnehmen können. Ich benötigte viele Jahre und wälzte Dutzende von Büchern, um genügend Daten zusammenzutragen, um die Zusammenstellung in Tabelle 2 skizzieren zu können. Dabei habe ich das ausgesiebt, was keinen Sinn zu machen schien, und wesentliche Ähnlichkeiten miteinander verbunden, um daraus ein Ganzes zu formen. Mein Ziel war, eine möglichst klar umrissene Vorstellungen der Stellung und der Aufgabe eines jeden Energiefeldes zu liefern, die gemeinsam Ihr vollständiges Wesen ausmachen. Meine Beschreibung sollte auch dazu beitragen, die Verwirrung, die beim Lesen anderer Bücher auftreten könnte, zu vermindern. Vielleicht ist es für Ihr Verständnis nützlich, wenn Sie beim Lesen der folgenden Abschnitte die Tabelle 2 zu Hilfe nehmen.

Alle Dinge existieren als Potential im Geiste. In den Weisheitsbüchern steht geschrieben, daß in den ersten Tagen der Schöpfung alles Leben aus dem göttlichen Geist in sieben Schöpfungsvorgängen hervorgebracht wurde. Jeder individuelle Bewußtseinsfunke – heute in menschlicher Gestalt – entstand ursprünglich in dieser Zeit und durch diese ersten Schöpfungsvorgänge, die in der esoterischen Literatur auch »Strahlen« genannt werden.

Am Anfang existierte jeder dieser noch unerfahrenen individualisierten Funken des göttlichen Geistes in Form eines vollkommenen schöpferischen Gedankens. Er war ein »Prototyp«, ein Entwurf dessen, was er letztendlich einmal werden konnte, doch hatte er die Fülle dieses Potentials noch nicht entwickelt.

Sieben Körper	Funktion	Andere Bezeichnungen
SPIRITUELLER KÖRPER	GEIST (Das Gott-Selbst) 1. Leben 2. ICH BIN 3. Bewußtheit	Monade, Identität, göttliches Selbst, göttliches Atom, das Göttliche in Ihnen, mystische Bewußtheit, Gottesfunke, der Vater im Inneren (der Schöpfer all dessen, was wir sind)
MENTALER KÖRPER	(Mentales Energiefeld)	
EMOTIONALER KÖRPER	(Emotionales Energiefeld)	
ASTRALER KÖRPER (Niederer Mentalkörper)	SEELE (Ihre Fähigkeit, Ihr Schicksal zu bestimmen) 1. Bewußtsein (Wissen) 2. Ich weiß 3. Der Denker (Ego)	Das Christus-Selbst (Paulus nannte diesen Teil den »Christus in uns«)
KAUSALER KÖRPER	(Speicher der Erinnerungen)	Astralgedächtnis, Akasha-Chronik, »Schätze des Himmels«
ÄTHERISCHER KÖRPER	(Steuert die Heilungsvorgänge)	Magnetischer Körper, vitaler Körper, feinstofflicher Körper
PHYSISCHER KÖRPER	PERSÖNLICHKEIT (Ihre Fähigkeit, Erfahrungen zu machen und etwas zu tun) 1. Form 2. Ich will 3. Gedanken (bewußte und unbewußte)	Niederes Selbst

Anmerkung: Obwohl sich der Brennpunkt der eigenen Gedanken und des eigenen Bewußtseins auf jeder dieser Bewußtseinsstufen befinden kann, ist es wichtig, sich selbst als vollständiges Wesen wahrzunehmen; als Körper, Geist und Seele.

Tabelle 2: Die Dreieinigkeit des Selbst

Jeder individualisierte Geistesfunke Gottes ist von seinem Potential her einzigartig (keine Schöpfung Gottes gleicht jemals einer anderen), und sein einziges Werkzeug ist lediglich sein Wunsch, ganz und gar zu dem zu werden, was er seinem Potential nach sein kann (das heißt, Gott in seiner Fülle zu »erfahren«).

Dieser Wunsch war die motivierende Kraft, die den Gottesfunken dazu trieb, sich in den Strom der Erfahrungen zu begeben, in dem er von nun an, bis in alle Ewigkeit, lernen und ausgebildet werden sollte. Diese Kraft war Gott, der sich selbst als letztendlich vollständiges Ganzes sah und der den Wunsch verspürte, sich selbst als diese einzigartige, höchste Vision zum Ausdruck zu bringen oder zu erfüllen. Dabei existierte er gleichzeitig in sich selbst als alle Teile seiner Schöpfung, sammelte Erfahrungen und wurde zu der einen vollkommenen Wesenheit des sich ewig entfaltenden Daseins.

Alle Dinge existieren als Potential im Geiste – das hatte mir die Augen geöffnet!

Zum jetzigen Zeitpunkt kann unser Verstand weder die ursprüngliche Vision Gottes noch das, was er als vollendetes Potential seines Seins bestimmt hat, erfassen. Wir haben schon genug Schwierigkeiten, das zu verstehen, was er für uns, die individualisierte Zelle des Ganzen, »vorgesehen« hat. Es überschreitet bereits unser geistiges Fassungsvermögen, zu wissen, daß es – unabhängig davon, was wir im Augenblick sind und von unseren zukünftigen Verwirklichungsmöglichkeiten bereits erkennen können – nur ein ganz winziger Ausschnitt dessen ist, was wir wirklich werden können, wenn wir auf unserer endlosen Reise durch die Ewigkeit beständig nach Erweiterung unseres Bewußtseins streben.

Unser eigenes kleines Bruchstück göttlichen Lebens ist auch als Gottesfunke, Monade, göttliche Essenz und göttliches Atom bezeichnet worden. Man kann es auch den »Vater in uns« nennen, womit der Ursprung all dessen, was wir sind, gemeint ist. Der gebräuchlichste esoterische Begriff ist Monade.

Dieses bißchen Leben hat sich im Geiste Gottes von all den anderen zur Individualisierung hinstrebenden Bewegungen gelöst, wodurch sich eine erste Schicht um den Gottesfunken legte, der esoterisch als spiritueller Körper bezeichnet wird. Dieser Teil der göttlichen SUBSTANZ hatte seinem eigenen ganz speziellen Entwicklungsweg zu folgen und seine eigene spirituelle Identität zu finden.

Die Seele: Der Wunsch nach Entwicklung

Der Wunsch der spirituellen Monade, das zu werden, was sie ihrem Potential nach sein konnte, hatte den ersten Schimmer einer aktiven Intelligenz hervorgebracht. Die Idee des individuellen Seins war sowohl die Bewegung innerhalb Gottes, die die Monade hervorgebracht hat, als auch die SUBSTANZ innerhalb der Monade, deren sie sich im Rahmen ihrer eigenen speziellen Erfahrungen bedienen konnte.

Aus dieser SUBSTANZ heraus wurden um die Monade herum zwei Energiefelder erschaffen, die als Mentalkörper und Emotionalkörper (oder Begierdenkörper) bekannt sind. Diese Körper aus Energiebewußtsein machen gemeinsam die Fähigkeit zu erschaffen aus – zumindest hier auf dem Planeten Erde.

Diese mentalen und emotionalen Energien erschufen, als sie aktiviert und benutzt wurden, die Kraft des stark individualisierten Bewußtseins, in dem die Qualität des Willens fokussiert war – des göttlichen Willens, sich zu entwickeln. Man kann diese Willenskraft auch als Seele bezeichnen. Sie war in der Lage, das emotionale und mentale Energiefeld zu kontrollieren und die kreativen Aktivitäten dieser Felder zu lenken. Mit der Zeit, als die Seele an Stärke und Absicht gewonnen hatte, entwickelte sie einen eigenen Körper – den Astralkörper (welcher manchmal auch niederer Mentalkörper genannt wird). Der astrale Körper hatte zusätzlich auch noch die Fähigkeit, sich aus dem spirituellen Körper hinauszubewegen und in materiell dichtere Sphären vorzudringen.

Die esoterischen Theorien darüber, wie die individuellen Seelen die kreativen Energien dazu eingesetzt haben, die uns bekannte Welt der Wirkungen zu erschaffen, die wir jetzt als das Universum kennen, sind umfangreich und kompliziert. Wir nennen diesen Vorgang »die lange Involution in die Materie«, aber wollen uns jetzt nicht weiter damit befassen. Es soll uns genügen, zu erfahren, daß sich durch die Experimente der Seele eine Menge Wissen angesammelt hat, welches in den Erinnerungsspeichern eines jeden Wesens aufbewahrt ist.

Um dieses Wissen herum hat sich eine weitere Schicht gebildet, die viele Namen trägt: Astralgedächtnis, Akasha-Chronik, »Schätze des Himmels« etc. Normalerweise nennt man diesen Körper den kausalen Körper, da die Seele aufgrund dieses angesammelten Wissens die Erfahrungen auswählt, auf die sie sich als nächstes konzentrieren möchte.

Im 4. Kapitel (4. Woche) haben wir die Bezeichnung »Stuhlheit« benutzt, um die Idee hinter einem Gegenstand zu beschreiben, der sowohl funktional als auch dekorativ sein kann, auch wenn er sich in verschiedenen Formen manifestieren mag. In bezug auf die Entwicklung des Individuums ist die entsprechende Idee »Menschheit« (oder »Menschsein«). Jede Monade ist ein individualisierter Aspekt der Menschheit, die das größere Ganze ist, zu der sie gehört.

Im Gegensatz zur »Stuhlheit«, bei der sich die Idee auch in vielen Hunderten gleich aussehender Stühle ausdrücken kann, sind sich die einzelnen Menschen auf der irdischen Ebene nur von der »Form« her ähnlich. Das heißt, sie haben einen menschlichen Körper mit einem Kopf, zwei Händen, zwei Füßen und Organen, die sich an der gleichen Stelle befinden, etc. Die innere Monade oder Seele ist von den Folgen der Erfahrungen stark geprägt, die sie bislang gemacht hat. Obwohl sie viele ähnliche Erfahrungen gemacht haben, sind die Reaktionen der Monaden oder Seelen so unterschiedlich wie die Individuen selbst. Keine zwei Seelen sind identisch, wie ähnlich ihre äußere Erscheinung auch sein mag.

Unsere Reaktionen beruhen auf unseren vergangenen Erfahrungen, und obwohl diese Erfahrungen sich ähneln, entstehen durch ihre Kombination die verschiedenartigsten Schlußfolgerungen. Die Erfahrungen A, B und C können zum Beispiel in unterschiedlicher Reihenfolge gemacht werden: ABC, ACB, BAC, BCA, CAB und CBA. Jede dieser Reihenfolgen oder Gruppierungen von Erfahrungen beeinflußt die letztendliche Einstellung und das Urteil, das derjenige, der die Erfahrungen gemacht hat, daraufhin fällt. So bekommt die Seele ihren individuellen und einzigartigen Charakter.

Die Persönlichkeit als treibende Kraft

Während der gesamten Involution haben die Seelen immer dichtere materielle Bereiche erbaut, wobei sie ihre Aufmerksamkeit jeweils auf die Erfahrungen der nächstgröberen Ebene konzentrierten. Schließlich war die Dichte so hoch, daß sie ein neues Medium entwickeln mußten, um diese noch dichteren Bereiche wirklich erforschen zu können.

Die Seele, die ihrem inneren Plan folgte, nahm einen Teil ihrer selbst (wie Gott einst seine eigene SUBSTANZ nahm) und erschuf eine Wesenheit, die wir jetzt Persönlichkeit nennen, die zu Beginn jedoch »Adam« genannt wurde. Die Persönlichkeit war in der Lage, sich innerhalb der dichteren Sphären der Körperlichkeit zu bewegen, und konnte der Seele vermitteln, was in diesem abenteuerlichen Bereich zu finden war.

Als die ersten Persönlichkeiten – in dem uns bekannten Gleichnis waren es Adam und Eva – die Früchte ihrer Aktivitäten kosteten, erkannten sie durch ihr neues Wissen, daß sie »nackt« waren. Sinnbildlich gesehen, bedeutet dies, daß ihre Körper zu feinstofflich und wahrscheinlich auch nicht mit den notwendigen Sinnesrezeptoren ausgestattet waren. Sie waren nicht in der Lage, wirklich intensiv alles zu erfahren, was in dieser sehr dichten materiellen Konzentration erfahren werden konnte. Sie benötigten Körper, die aus physikalischen Elementen der gleichen Dichte bestanden, bevor ihre Erkundungsreisen all das zutage befördern konnten, was durch sie zu gewinnen war.

Gott machte »den Menschen aus Erde vom Acker [aus Elementen des Gebietes, das der Mensch erforschen wollte] und blies ihm den Odem des Lebens in seine Nase« (1. Mose 2,7), das heißt, er versah sie mit der Nabelschnur der ursprünglichen Quelle des Lebens, des Geistes (Geist, Atem und Leben werden in der esoterischen Symbolik als Synonyme behandelt).

Das war allerdings ziemlich gefährlich. Um einen physischen Körper zu bewohnen, wie er Adam und Eva gegeben wurde, mußte auch eine gewisse Willenskraft vorhanden sein. Dieser Wille, der ein Teil der SUBSTANZ des ursprünglichen Willens, sich zu entwickeln, war, mußte sich in den Willen, etwas zu tun, verwandeln. Diese energetische Anlage wurde mit der Zeit immer dominanter und entwickelte sich zu dem, was wir heutzutage als »niederes Ego« bezeichnen. Angehende Esoteriker kämpfen oft tapfer darum, dieses Ego unter Kontrolle zu bekommen.

Als neu entstandene Persönlichkeiten entdeckten sie, daß ihre Wahrnehmungen nunmehr durch die körperlichen Sinnesorgane scharf fokussiert waren. Dies waren sozusagen ihre Antennen, die in die dichtere Materie um sie herum hineinreichten. Ihre Aufmerksamkeit wurde immer mehr von den neuen Erfahrungen in Anspruch genommen, so daß sie nicht mehr mit ihren Schöpfern, den Seelen, sprachen. Um sich zu schützen, bestimmte Gott, daß sie nicht am Baum des Lebens (der Unsterblichkeit) teilhaben sollten, weil sie nicht unsterbliche Wesen werden sollten, damit sie in ihrer Frevelhaftigkeit nicht ewig leben würden (vgl. 1. Mose 3,22).

Im Unterschied zu der ursprünglichen Monade, die ein vollkommenes Abbild (oder »Bild der Vollkommenheit«) im Geiste Gottes war, war die Persönlichkeit nur ein kleiner Ausschnitt dieses Bildes. Sie war immer noch dabei, vollkommen zu werden. Ihre »Frevelhaftigkeit« bestand nicht darin, daß sie von Natur aus »sündhaft« war, wie viele Theologen es gerne auslegen, sondern ist in ihrer essentiellen »Unvollkommenheit« zu sehen: Sie konnte nur begrenzte, unvollkommene Erfahrungen machen.

Es bestehen über diesen Punkt Meinungsverschiedenheiten bei denjenigen, die behaupten, unsere Evolution bis zu ihrem Anfang zurückverfolgen zu können. Einige sagen, daß die Seele, die einen Teil ihres Willens an ihre neue Projektion, die Persönlichkeit, abgetreten hatte, sich nun daran gewöhnte, nur noch die Sinnesdaten, die ihre Projektion lieferte, aufzuzeichnen und auszuwerten. Sie schlußfolgern, daß die Seele dadurch mit der Zeit ihre Fähigkeit, Ziele anzustreben und das Geschehen zu lenken, an diesen sich sehr stark entfaltenden Teil ihrer selbst abgab.

Man sagt, daß die Seele ihre eigene Aufgabe, nämlich die antreibende Kraft für die Erfüllung des Potentials zu sein, das dem göttlichen Abbild innewohnt, immer mehr vergessen hat. Andere Wesenheiten (Meister, Lehrer, Führer, Engel, Beschützer und andere hochstehende Wesen und das höhere Selbst) wurden losgeschickt, um der Seele ihre göttliche Mission immer wieder vor Augen zu führen. Sie sollten sie aus dem Zustand der Vergessenheit wachrütteln, der sich inzwischen eingestellt hatte, weil sie so sehr von den Erfahrungen verzaubert war, die sie für sich selbst erschuf.

Wieder andere vertreten die Meinung, daß sich durch die Zunahme des Willens in der Persönlichkeit die Verbindung zur Seele immer mehr löste (Verbannung aus dem Garten Eden) und immer mehr Energie in die Projektion hinabgezogen wurde. Dadurch stand weniger Energie zur Verfügung, durch die die Seele energetisch wachsen konnte, wodurch sich das ganze Wesen ungleichmäßig entwickelte.

Es ist auch denkbar, daß es ein Bestandteil des ursprünglichen Planes war, der Persönlichkeit volle Freiheit einzuräumen, damit sich jede vollständig entfalten konnte.

Eine andere Theorie besagt, daß die Intelligenz, die sich mit der Zeit zu dem uns heute bekannten Menschen entwickelte, ursprünglich das winzige Bewußtsein einer Amöbe oder sogar einer mineralischen Form war, welches sich dann durch alle Ebenen der Materie hindurch entfaltet hat, und daß es uns nur durch das Eingreifen dieser fortgeschritteneren Wesen überhaupt möglich ist, jetzt langsam eine Seele auszubilden.

In Anbetracht all dieser Spekulationen ist es wirklich unwichtig, ob unser gegenwärtiger evolutionärer Zustand das Ergebnis einer Weiterentwicklung oder einer Degeneration ist. Beide Möglichkeiten haben ihre Vorteile und sind für die Seele in bezug auf die Gesamtheit der Lektionen, die sie durch Erfahrung zu lernen hat, wertvoll.

Die Rolle des ätherischen Körpers

Die Persönlichkeiten werden auf die irdische Erfahrungsebene projiziert, damit sie Wissen darüber ansammeln, wie sie die Gesetze in diesem speziellen und einzigartigen Bereich des Universums anwenden und meistern können. Dabei ist es zunächst nicht wesentlich, ob es sich bei den »Gesetzen« um exoterische (wissenschaftliche) oder esoterische (spirituelle) handelt.

Durch diese Projektion wird eine weitere Dimension zu den wachsenden Fähigkeiten des ganzen spirituellen Wesens hinzugefügt. Die Seele ermittelt, vergleichbar einem großen Computer, durch die Ansammlung des Wissens im kausalen Körper alle

Eigenschaften, die sie braucht, um auf dieser grobstofflichen Ebene weitere Erfahrungen machen zu können. Die meisten Eigenschaften, die sie erwirbt, sind positiver Natur, doch einige enthalten noch »negative« Aspekte, was weiteres Wachstum erforderlich macht.

Diese Qualitäten, welche die neu erschaffene Persönlichkeit ausmachen, die projiziert werden soll, werden alle in einer Schicht angesammelt, die Ätherkörper (oder auch Vitalkörper, feinstofflicher Körper oder magnetischer Körper) genannt wird. Der ätherische Körper ist eine genaue Vorlage oder ein exaktes Duplikat des neuen physischen Körpers, der ins Leben gerufen werden soll. Der Ätherkörper fungiert als Übermittler und Verteiler der Lebensenergie, die durch den physischen Körper fließt. Er hält die physischen Atome ähnlich wie eine Gallertmasse zusammen. Die Ausstrahlungen des ätherischen Körpers sind als Aura zu sehen. Er fungiert auch als Brennpunkt oder »Gefährt« der neuen Persönlichkeit.

Mit der Genauigkeit eines großen Computers zieht diese Vorlage die richtigen Eltern zusammen, die die richtigen Gene und emotionalen Qualitäten besitzen, sie findet die richtige astrologische Zeit, den richtigen Ort und was sonst noch nötig sein sollte, um diese Charaktereigenschaften voll entfalten zu können. Manchmal liegen nur wenige Tage zwischen dem Tod einer Persönlichkeit und der Geburt einer neuen, manchmal sind es mehrere Jahrhunderte. Irdische Zeit hat für die Seele keine Bedeutung. Berücksichtigt wird nur die Qualität der gewünschten Erfahrung. Zum Zeitpunkt des Todes kehrt die Persönlichkeit zum Wissensreservoir im Kausalkörper zurück und bereichert und erweitert das Verstehen der Seele.

Die dreifache Natur unseres Wesens: Geist (Monade), Seele und Persönlichkeit

Obwohl es sieben klar abgegrenzte energetische Felder gibt, die den irdischen Menschen als Ganzes auf seiner gegenwärtigen Entwicklungsstufe ausmachen, gibt es nur drei hauptsächliche Quellen der Ich-Bestimmung oder beherrschenden Kraft: der *Geist* (das ursprüngliche Abbild, die Monade, der göttliche Funke oder die Identität), die *Seele* (der höchste Befehlsinhaber, der Lenker des eigenen Schicksals) und die *Persönlichkeit* (sozusagen der »Feldmarschall« oder der, der Erfahrungen aufzeichnet). Es gibt viele Interpretationen und bildhafte Darstellungen dieser drei Teile unseres Seins. Einige entspringen der menschlichen Phantasie, und von einigen wird behauptet, daß sie auf mediale oder hellsichtige Weise über Eingebungen empfangen wurden. Mir ist nur eine begegnet, die möglicherweise wissenschaftlich nachweisbar ist.

Die Summit-Universität in Montana gibt ein farbiges Poster mit dem Titel »Dein göttliches Selbst« heraus. Einer ihrer Künstler hat auf diesem Poster dargestellt, wie das ganze menschliche Wesen – hellsichtig betrachtet – aussieht.[35] Dieses Poster ist schwarzweiß in Abbildung 16 dargestellt.

Im Zentrum der Lehren der Summit-Universität steht der Glaube, daß es unser Schicksal ist, durch die Äußerung unserer Ziele und Wünsche und durch das Eingehen in das Christus-Bewußtsein genau wie Jesus aufzusteigen.

Der folgende Text wurde dem Poster entnommen: »Die drei Figuren auf dem Poster entsprechen der Dreieinigkeit des Vaters (obere Figur), des Sohnes (mittlere Figur) und des Heiligen Geistes (untere Figur). Die sich entfaltende Seele hat die Aufgabe, dies alles zu werden, wobei der Körper ihr Tempel ist. Die untere Figur stellt den vergänglichen Aspekt des Wesens dar, der nur durch das Ritual der Auferstehung in die Ewigkeit eingehen

Abbildung 16: Dein göttliches Selbst

kann. Die Auferstehung ist der Vorgang, durch den die untere Figur, nachdem sie ihr Karma ausgeglichen und den göttlichen Plan erfüllt hat, zuerst mit dem Christi-Bewußtsein und dann mit der Allgegenwart des ICH BIN, DER ICH BIN, eins werden kann. Nach der Auferstehung wird die Seele, der vergängliche Aspekt des Seins, unvergänglich und zu einem dauerhaften Atom im Körper Gottes.«

Die obere Figur wird, entsprechend der alten Legende, die »göttliche Monade, die Allgegenwart des ICH BIN, der individualisierte Ausdruck Gottes, der ICH BIN, DER ICH BIN«, genannt. Sie ist von vielfarbigen Sphären des Lichts umgeben, die »den Kausalkörper ausmachen, der die Schätze des Menschen beinhaltet, die er im Himmel speichert: vollendete Werke, vollkommene Gedanken und Gefühle, vollkommene Worte. Diese Energien sind von der Ebene der Handlungen in Raum und Zeit als Ergebnisse seines richtigen Umgangs mit seinem freien Willen aufgestiegen.«

Die Figur in der Mitte ist der »Mittler zwischen Gott und dem Menschen und wird der höhere Mentalkörper, das wirkliche Selbst, das Christus-Bewußtsein oder das Christus-Selbst genannt«. In bezug auf das »Christus-Selbst« wird in Johannes 14,6 gesagt: »… niemand kommt zum Vater denn durch mich.« Und Paulus beschreibt es so: »… Christus in euch, die Hoffnung der Herrlichkeit« (Kolosser 1,27). Daraus könnte man schließen, daß Paulus dieses höhere Selbst in unserem Wesen als Projektion Gottes wahrnahm, die unser Schicksal in ihrem Kraftfeld enthält.

Die untere Figur repräsentiert »die Menschheit, die sich auf den materiellen Ebenen weiterentwickelt«, und ist von violetten Flammen umgeben, die die Energie darstellt, mit der wir unser Karma und den unguten Gebrauch unseres freien Willens läutern und überwinden können.

Alle drei Figuren befinden sich in einem »Lichtzylinder, der als Antwort auf unsere Anrufungen vom Herzen der Allgegenwart des ICH BIN ausgeht. Er ist ein intensives, schützendes Feld, welches im Geist und in der Materie besteht, um die Identität desjenigen, der die Welt überwunden hat, zu stärken.«

So weit die Theorie. Doch was wäre das Leben ohne die wissenschaftliche Neugier, die vielen »Persönlichkeiten« zu eigen ist! Bill Cox aus Kalifornien ist so ein Student, der sich mit den Energien beschäftigt, die das menschliche Wesen und andere Aspekte unserer materiellen Welt ausmachen. Bill hielt an einem Wochenende ein Seminar am parapsychologischen Ausbildungszentrum. Er zeigte uns, wie man ein bestimmtes Instrument, ein »Aurometer«, benutzen konnte. Mit diesem Instrument, das ein Mann namens Verne Cameron erfunden hatte, kann man – den Prinzipien des Rutengehens folgend – das Ausmaß der energetischen Ausstrahlung um einen Menschen herum messen.

Das Instrument ist in der Lage, die Konturen einer Aura genau festzustellen. Bill führte eine aufregende Demonstration durch, in der er zeigte, daß es flügelförmige energetische Ausstrahlungen gibt, die, von den Schulterblättern jeder Person ausgehend, etwa 4,5 bis 5 Meter weit in den Raum hinausreichen. Um den Kopf jedes Menschen herum befindet sich ein ringförmiger energetischer »Heiligenschein«, durch dessen Mitte wiederum eine energetische Verbindung vom Scheitelpunkt nach oben weiterführt, soweit wir bei dem Experiment messen konnten.

Nach dem Seminar erzählte mir Bill bei einer Tasse Kaffee von anderen Experimenten, die Verne Cameron durchgeführt hatte. Verne hatte einmal versucht herauszufinden, wie weit die energetische Verbindung, die vom Kopf eines Menschen ausging, nach oben reichte. Er benutzte eine Leiter und entdeckte, daß sich etwa in einem Meter Höhe ein zweites Energiefeld befand, welches auch wieder eine menschliche Form hatte. Es gab bei diesem energetischen Körper Füße, einen Leib, Hals und Kopf, und er war etwa anderthalbmal so groß wie der untere physische Körper! Und auch über diesem reichte die energetische Verbindung noch höher hinauf als eine Leiter. Er wies den Mann an, sich flach auf den Boden zu legen, und entdeckte, daß das Energiefeld senkrecht über seinem Kopf blieb.

Verne folgte der energetischen Verbindung noch zirka einen Meter weit und fand dann ein zweites menschlich geformtes Energiefeld, wo die Verbindung dann offensichtlich aufhörte. Auch dieses Energiefeld war etwa anderthalbmal so groß wie das darunterliegende.

Kurz nach diesem Experiment war Verne Cameron gestorben, und zu diesem Zeitpunkt hatte Bill Cox noch nicht weiter damit herumexperimentiert. Seine Beschreibung erinnerte mich jedoch an das Poster »Dein göttliches Selbst«, und ich zeigte es ihm. Er stimmte mit mir überein, daß es wohl das darstellte, was Verne herausgefunden hatte, also forschten wir noch ein bißchen weiter. In den vier oder fünf Fällen, die wir an diesem Wochenende noch untersuchten, fanden wir ebenfalls die beiden menschlich geformten Energiefelder über den Köpfen der jeweiligen Menschen. Gewiß gibt es noch viel in diesem Bereich zu erforschen!

Die Rückkehr: Das sich ewig erweiternde Bewußtsein

Gegenwärtig findet ein großes Erwachen im Geiste und in den Herzen der Menschen statt. Vielleicht ist es die Seele, die sich der Notwendigkeit bewußt wird, ihre Position als lenkende Kraft wieder einzunehmen, oder vielleicht ist die Persönlichkeit auch so weit herangereift, daß sie die Notwendigkeit erkennt, wieder mit ihrem Schöpfer eins zu werden. Wichtig ist aber, daß der Aufruf zu erwachen überhaupt da ist, egal, woher er kommt.

Mit zunehmendem Erwachen nimmt die Interaktion zwischen Seele und Persönlichkeit zu. Die Seele trachtet danach und arbeitet darauf hin, die egoistischen Antriebe der Persönlichkeit zu läutern, während die Persönlichkeit mit der Zeit ihre eigenen Ziele und Wünsche aufgibt, um in Übereinstimmung mit den größeren Zielen und Absichten der Seele zu wirken. Je mehr sich diese Einheit einstellt, um so mehr entwickelt sich sowohl in der Seele als auch in der Persönlichkeit der Wunsch, nichts zu tun, womit sie sich selbst und andere verletzen würden. Je reiner man wird, desto mehr erkennt man, daß man andere und sich selbst auch durch Gefühle und Gedanken und nicht nur durch Handlungen verletzen kann. Das letztendliche Ziel ist es daher, in Gedanken und Taten so zu leben, daß niemandem geschadet wird, so daß dadurch negatives Karma die einsetzende Meisterschaft der Seele nicht länger behindern kann.

Der Weg zurück zur Einheit mit Gott ist eine unendliche Bewußtseinserweiterung unseres ganzen Wesens. Der erste Schritt besteht daraus, das ICH-BIN-Bewußtsein unseres Selbst oder der Seele – das Bewußtsein, daß wir etwas anderes sind als der Körper, die Gefühle und der Intellekt – zu erlangen und zu wissen, daß der ICH-BIN-Aspekt in uns die uns lenkende Kraft ist.

Wenn das erreicht wurde, werden die folgenden Schritte zunehmend leichter, obwohl es immer notwendig ist, sich zu bemühen und einen aufrichtigen Wunsch nach Entwicklung zu haben. Keine Ebene kann dauerhaft durch künstliche Hilfsmittel wie etwa halluzinogene Drogen erreicht werden. Sie wirken nur zerstörerisch auf den physischen Körper und lösen letzten Endes die Verbindung völlig auf, ohne daß irgendwelche dauerhaften Strukturen zwischen Körper, Geist und Seele entstanden wären. Nachdem man das Bewußtsein erlangt hat, die Seele zu sein, besteht der nächste Schritt darin, zur Bewußtseinsebene der Monade vorzudringen. Von dort nehmen wir uns selbst als Ganzes wahr, einschließlich der unterschiedlichen Bewußtseinsebenen in uns selbst, unseres endlichen Leben und unserer Unsterblichkeit. Wir entwickeln uns zur vollen Erkenntnis des »Gottes in uns«, was von allen Religionen angestrebt wird. Nur wenn wir von diesem Gesichtspunkt aus schauen, können wir unser Bewußtsein in die Zukunft und die Vergangenheit ausdehnen und jenseits des

Astralen und Physischen in Bereiche des Verstehens und des Seins vordringen, die bislang nur wenige erreicht haben.

Dort kann Sie niemand mehr führen. Auf dieser Reise zurück zur Quelle des eigenen Entstehens und zur Verwirklichung des eigenen letztendlichen gottgegebenen Ziels reist man allein im eigenen Inneren. Andere können einem vielleicht die Richtung weisen. Andere können Sie auch durch Berichte ihrer Erfahrungen inspirieren. Vielleicht nehmen sie Sie mit auf intellektuelle Höhenflüge. Doch kann Sie kein anderer Mensch in das Reich des Lichtes und der Offenbarung begleiten.

Seien Sie vor denjenigen auf der Hut, die es versuchen. Die Bereiche, von denen ich spreche, liegen jenseits des Intellekts, jenseits der Gefühle, jenseits unserer Vorstellungen auf bisher unbewanderten Pfaden. Geführte Phantasiereisen sind in der Hand eines kompetenten Lehrers von unschätzbarem Wert, um das innere Auge zu öffnen und Ihnen zu helfen, mehr darüber zu erfahren, wie Sie Ihre mentalen und emotionalen Energien gerade einsetzen. Trotzdem sind sie nicht mehr als das: Phantasien, Produkte Ihrer Vorstellungskraft.

Ganz unabhängig davon, wie »abgehoben« sie Ihnen erscheinen mögen oder welchen Bewußtseinsebenen sie angehören, ihr Ursprung und ihr Ziel liegen innerhalb der astralen Ebene oder der emotionalen Schwingungen des Planeten Erde. Vielleicht fühlen Sie sich frei, aber schon allein die Tatsache, daß Sie sich in einem begrenzten visionären Raum bewegen, ist in sich selbst eine Einschränkung. Jede visuelle Vorstellung im Geist muß sich aufgrund seiner eigenen Natur im mentalen Körper abspielen.

Ihr spiritueller Name

Wenn Sie mit unerschütterlicher Hingabe darauf beharren, das göttliche Potential in Ihnen zur vollen Blüte zu entfalten, werden

Sie eines Tages Ihren spirituellen Namen erfahren. Dieser Name ist heilig und wird Ihnen erst dann mitgeteilt, wenn Sie in der Lage sind, ihn für sich zu behalten. Der Grund liegt darin, daß Sie, wenn Sie ihn hier auf der Erde wahllos weitergeben, durch die ihm entgegengesetzte Energie (nichtspiritueller Natur) angegriffen werden könnten.

Ich kann Ihnen nicht verraten, auf welche Art und Weise Ihnen Ihr Name mitgeteilt werden wird, da jeder Mensch verschieden ist. Doch wenn Sie hören, wie er in Ihnen leise gesprochen wird, werden Sie die Gewißheit haben, daß es dieser Name ist. Eine unbeschreibliche Freude wir in Ihnen aufsteigen, und Sie werden das unendliche Verlangen spüren, eines Tages unter diesem Namen in all seiner Herrlichkeit bekannt zu sein.

Dieser heilige Name ist das Geheimnis all Ihrer Kraft. Sie können ihn gefahrlos gegen jedes Mantra austauschen, welches Sie bisher in Ihrer Meditation benutzt haben, und werden dann feststellen, daß Ihre Schwingungen gleichzeitig feiner und machtvoller werden und Ihre Hellsicht klarer und allumfassender wird. Sie entfalten sich sowohl innerlich als auch äußerlich. Das, was Sie mit Ihrem inneren Auge sehen, braucht nur mehr kurze Zeit, um auch vor Ihrem äußeren Auge zu erscheinen, und die Torheit und Täuschungen der äußerlichen Welt werden Sie immer weniger berühren oder betreffen.

Es macht wenig Sinn, über das bereits Gesagte hinaus noch viele Worte zu machen. Der gesunde Menschenverstand sagt uns: Die Tatsache allein, daß wir mentale und emotionale Körper erschaffen haben, bedeutet auch, daß sie als Teil der gottgedachten Projektion unserer selbst fungieren sollen. Doch sind sie nur Werkzeuge unseres letztendlichen Selbst, das ganz der Führung des Geistes unterstehen und in den Bereiche jenseits von Intellekt und Emotion existieren wird.

Praktische Übungen, Teil 6
Die Aura und die Akasha-Chronik

Unsere individuellen Erfahrungen und unsere Reaktionen auf sie hinterlassen unauslöschliche Eindrücke in der sich entwicklenden Seele/Monade. Diese Eindrücke kann man in dem Energiekörper ablesen, der Akasha-Chronik (oder Kausalkörper) genannt wird. Um diese Aufzeichnungen jedoch lesen zu können, muß man normalerweise spirituell und auch medial relativ weit fortgeschritten sein, so daß man sich auf diese Informationsebene einschwingen und zutreffende Wahrnehmungen machen kann.

Um die Akasha-Chronik lesen zu können, muß man in der Lage sein, tief in die Seele desjenigen schauen zu können, der zu der Lesung gekommen ist. Der Auraleser muß sich dazu auf der Ebene seiner Seele befinden.

Der Leser muß, um genau zu sein, alle kritischen verurteilenden oder ihn befremdenden Gefühle in bezug auf die Handlungen anderer überwunden haben. Sein einziger Wunsch muß sein, anderen helfen zu wollen. Wenn er diesen Zustand noch nicht erreicht hat, werden die Informationen, die der Auraleser erhält, von seiner eigenen Sensationslust gefärbt sein. Das ist der häufigste Ursprung des Mißbrauches medialer Fähigkeiten, der Betrüger, Scharlatane und Schwindler hervorbringt.

Die Fähigkeit, die menschliche Aura sehen und lesen zu können, ist relativ leicht zu erwerben. Es ist einfach, sich auf diese Weise auf die Seele eines anderen Menschen einzuschwingen.

Durch Selbstdisziplin und spirituelles Wachstum in Verbindung mit intensiver Übung werden Sie früher oder später noch weitere Qualitäten entwickeln. Wenn Sie den sehr starken Wunsch in sich tragen, werden Sie mit der Zeit die Akasha-Chronik jedes Menschen lesen können einschließlich Ihrer eigenen.

Übung 1: Betrachten Sie Ihre eigene Aura

Setzen Sie sich vor einen Spiegel. Der Hintergrund, vor dem Sie sitzen, sollte weiß oder zumindest hell sein. Entspannen Sie sich, und fixieren Sie Ihren Blick auf einen Punkt etwa 6 Zentimeter über und 0,5 Meter hinter Ihrem Kopf im Spiegel. Benutzen Sie Ihr peripheres Sehen, und betrachten Sie die Umrisse Ihres Körpers, besonders um den Kopf und die Schultern herum. Vielleicht fällt es Ihnen leichter, wenn Sie keine Kleider tragen.

Nach und nach sollten Sie einen schmalen leuchtenden Rand um den Körper herum sehen. Unter Umständen dauert es ein paar Minuten. Bewegen Sie Ihren Kopf, um zu sehen, ob sich dieser leuchtende Rand mit Ihrem Kopf bewegt oder nicht, das heißt, ob er damit verbunden ist oder nicht. Wenn Sie diese Beobachtung gemacht haben, versuchen Sie, genau herauszufinden, wie Sie diese Wahrnehmungen gemacht haben, damit Sie den Vorgang wiederholen können.

Eine andere Methode ist die, einen schwarzen Hintergrund zu verwenden und sich selbst mit einem blauen Licht zu beleuchten, zum Beispiel mit einer blauen Glühbirne.

Sie sehen am Anfang vielleicht ein farbloses oder nebliges Leuchten um den Körper herum. Mit zunehmender Übung werden vielleicht weitere Schichten sichtbar, die sich weiter außen befinden. Die Farben sollten klarer zu erkennen sein. Wenn Sie das Leuchten wahrnehmen können, können Sie beginnen, damit zu experimentieren. Versuchen Sie, bewußt die Kontrolle über das Lichtmuster zu übernehmen und es von einer Seite des Kopfes zur anderen zu bewegen. Medien behaupten, daß es möglich ist, über die Aura Körperprozesse zu kontrollieren, ähnlich wie durch Biofeedback.

Übung 2: Betrachten Sie das aurische Feld, welches von den Händen ausgeht

Sie können diese Übung[36] allein oder in einer Gruppe machen.

Legen Sie ein schwarzes glanzloses Tuch auf einen Tisch in einem ruhigen, schwach beleuchteten Raum. (Benutzen Sie weder Samt, Satin, Brokat noch sonst irgendein glänzendes Material, welches das Licht reflektieren könnte.) Setzen Sie sich in einen bequemen Stuhl, und nehmen Sie sich ein paar Minuten Zeit, sich zu entspannen und auf die Alpha-Ebene zu kommen. Steigern Sie die Empfindlichkeit Ihrer Augen, indem Sie in den dunkelsten Teil des Raumes schauen.

Legen Sie Ihre Hände mit den Handflächen nach unten auf das Tuch. Lassen Sie Ihre Finger zusammen, und schauen Sie sie intensiv an. Vermeiden Sie, sich anzuspannen, damit der empfängliche Zustand, in dem Sie sich befinden, nicht beeinträchtigt wird.

Schauen Sie aufmerksam auf die Umrisse Ihrer Hände. Sie werden einen schwachen oder verschwommenen Rand um sie herum wahrnehmen. Spreizen Sie dann Ihre Finger, und versuchen Sie die Ausstrahlung jedes einzelnen Fingers wahrzunehmen.

Reiben Sie jetzt Ihre Hände kurz intensiv aneinander. Bewegen Sie Ihre Handflächen dann bei dem schwachen Licht ein paarmal aufeinander zu und voneinander weg. Vielleicht sehen Sie eine grünliche Ausstrahlung, die von den Handinnenflächen ausgeht. Legen Sie die Fingerspitzen Ihrer Hände für etwa eine Minute aneinander, und ziehen Sie sie dann langsam auseinander. Man kann die Ausstrahlung der Aura sehen, die von den Fingerspitzen ausgehen und beide Hände verbinden. Je vitaler und energetischer ein Mensch ist, um so stärker und leuchtender ist die Aura. Wenn Sie mit anderen zusammen am Tisch sitzen, können Sie Ihre Fingerspitzen in die Nähe der Fingerspitzen einer anderen Person halten. Man kann dann ätherische Strahlen beobachten, die hinüberreichen, um eine Verbindung herzustellen. Die Aura, die »flüssig« zu sein scheint, verformt sich, wenn die Finger bewegt werden. Wenn Sie eine Hand leicht anheben, wird der Kontrakt nicht gleich unterbrochen, sondern die Aura verformt sich, um den Kontakt aufrechtzuerhalten. (In Experimenten, die Bevy Jaegers durchgeführt hat, wölbt sich die Aura der Fingerspitzen scheinbar nach vorne – so wie ich es gerade beschrieben habe –, um sich der Aura der Fingerspitzen des anderen entgegenzustrecken, wenn sie nur noch wenige Zentimeter entfernt ist. Kirlian-Fotos[37] zeigen jedoch, daß sich die Aura zurückzieht, wenn die Finger sich nähern, statt sich auszudehnen. Man könnte diese unterschiedlichen Phänomene eventuell aus der unterschiedlichen Affinität oder Aversion her erklären, die die Menschen füreinander empfinden.)

Übung 3: Betrachten Sie die Aura eines anderen Menschen
Lassen Sie bei dieser Übung[38] jemanden vor einer einfachen weißen Wand oder einem Vorhang sitzen, wobei seine Hände auf den Hüften liegen und die Ellbogen nach außen zeigen sollte. Der Raum sollte nur geringfügig beleuchtet sein. Später werden Sie auch in der Lage sein, Auren bei vollem Tageslicht zu sehen.
Fokussieren Sie Ihren Blick im Bereich um den Kopf und die Schultern der Person. Lassen Sie Ihre Augen leicht defokussieren, und starren Sie sie nicht an. Wenn Sie es richtig machen, werden Sie merken, daß die normalerweise klaren Umrisse der Person leicht verschwimmen und die Wand dahinter leicht verzerrt wirkt. Achten Sie darauf, ob sich irgendwelche nebelartigen Erscheinungen, ein Leuchten oder Ausstrahlungen in irgendeinem Bereich des Körpers zeigen. Sie sollten in der Lage sein, um den Menschen herum ein deutliches Leuchten wahrzunehmen.
Wenn Sie versuchen, diese Erscheinungen direkt anzuschauen, oder Ihre Augen wieder fokussieren, wird das Leuchten verschwinden. Wenn Ihnen das passiert, fangen Sie noch einmal von vorn an, und versuchen Sie, Ihre Augen defokussiert zu lassen.
Manche Menschen können dieses Leuchten sehen, während sie ihre Brille aufhaben, andere müssen die Brille abnehmen, um bei der Entfaltung ihrer Auravision erfolgreich zu sein. Wenn Sie

375

Brillenträger sind sollten Sie beides einmal ausprobieren. Einige Menschen können die Aura mit beiden Augen sehen, für andere funktioniert es mit einem Auge besser. Probieren Sie auch einmal aus, sich seitlich neben die Person zu stellen und sie aus Ihren Augenwinkeln zu betrachte. Drehen Sie sich dann so, daß die Person vor Ihnen steht, und stellen Sie fest, ob es aus dieser Sicht Unterschiede bezüglich der Weite und den Farben der Aura gibt. Am Anfang werden Sie sehr wahrscheinlich nur dieses Leuchten oder einen verschwommenen, sich in Bewegung befindenden Nebel wahrnehmen, der so aussieht wie die Hitze, die im Sommer vom heißen Asphalt aufsteigt. Wenn Sie wirklich interessiert sind, beharrlich üben und den aufrichtigen Wunsch haben, werden sich mit der Zeit nach ein paar Versuchen auch Farben zeigen. Bevy Jaegers empfiehlt, vor den Experimenten auf ein gelbes Blatt Papier zu starren, um die Augen für blaue Farbtöne zu sensibilisieren, die häufig in normalen Auren zu sehen sind. Wie bei anderen medialen Fähigkeiten ist Übung essentiell, um ein Meister im Wahrnehmen (und Lesen) der Aura zu werden.

Übung 4: Entwickeln Sie die Fähigkeit, Farben wahrnehmen zu können
Diese Übung könnte Ihnen dabei helfen, Farben in der Aura, die Sie betrachten, besser wahrzunehmen.
Legen Sie einige verschiedenfarbige Papierstreifen einzeln in Briefumschläge. Setzen oder legen Sie sich in bequemer Stellung hin. Entspannen Sie sich, und gehen Sie in den Alpha-Zustand. Atmen Sie langsam und tief. Halten Sie den Atem einige Momente lang an, und entleeren Sie die Lungen dann völlig.
Stellen Sie sich beim Atmen einen leuchtendrot schillernden Ball aus Licht vor. Verändern Sie die Farbe des Lichts beim nächsten Atemzug zu Orange und dann bei jedem Atemzug zur nächsten Farbe des Regenbogens: Gelb, Grün, Indigo und Violett. Lassen Sie die Farben so leuchtend und schillernd wie möglich sein.

Nachdem Sie sich ein paar Minuten lang so auf die Farben konzentriert haben, nehmen Sie einen der Umschläge in die Hand und versuchen Sie, die in ihm enthaltene Farbe zu visualisieren. Schreiben Sie sich die Farben, die Sie sehen, auf einem Zettel auf, und vergleichen Sie sie anschließend mit dem Inhalt der Umschläge. Probieren Sie aus, wie klar Sie die Farben erkennen und wie genau Ihre Ergebnisse sind, wenn Sie die Umschläge an Ihre Stirn halten, und wie sie sind, wenn Sie sie vor den Solarplexus halten.

Oder versuchen Sie, sich eine Farbe vorzustellen, zum Beispiel Rot. Während Sie sich das Rot vorstellen, versuchen Sie den Umschlag zu finden, der den roten Streifen enthält. Versuchen Sie, auf diese Weise die passenden Streifen zu allen Farben zu finden.

Übung 5: Innere Auravision

Bei dieser Übung, die Ihre Hellsicht trainiert, lassen Sie jemanden vor einer schlichten, weißen Wand oder einem weißen Vorhang sitzen oder stehen. Entfernen Sie alle Bilder, Poster oder Gegenstände in der Nähe, die Sie ablenken könnten. Die Person sollte entweder nackt sein, oder Sie können auch all ihre Kleider mit einem weißen Tuch bedecken, damit keine andere Farbe auf Ihren Geist einwirkt. Verdunkeln Sie den Raum ein wenig.

Fixieren Sie Ihren Blick auf den Bereich um Kopf und Schultern herum. Konzentrieren Sie sich, aber spannen Sie sich dabei nicht an. Richten Sie Ihre Aufmerksamkeit etwa zwei bis drei Minuten auf die Person, schließen Sie dann Ihre Augen, und stellen Sie sich einen schwarzen leeren Raum vor. Warten Sie ein paar Sekunden ab. Sie werden eine Farbe vor Ihrem inneren Auge wahrnehmen. Vielleicht taucht ein helles fluoreszierendes Leuchten auf, dem eine zweite, nebelhaftere Farbe folgt. Vielleicht »fühlen« Sie die Farbe aber auch nur. Wenn Sie erfolgreich sind, werden es Farben sein, die gegenwärtig in der Aura dieses Menschen vorhanden sind.

Überprüfen Sie Ihre Wahrnehmungen

Die Farben in der Aura verändern sich mit der Stimmung des Menschen. Bitten Sie Ihre Versuchsperson, an vier Ereignisse zu denken, die noch nicht lange her sind und die intensive und unterschiedliche Emotionen hervorgerufen haben, zum Beispiel ein freudiges Ereignis, ein Streit, eine angstbesetzte Situation oder eine aufregende Reise.

Weisen Sie die Person an, sich intensiv auf die erste Situation zu konzentrieren, ohne daß sie Ihnen Hinweise auf die Natur dieses Geschehnisses gibt, und bitten Sie sie, sich das Gefühl zurückzurufen, das sie in der Situation hatte.

Benutzen Sie entweder Ihr physisches Sehen oder Ihre Hellsicht, um zu bestimmen, welche Farben und Farbtöne in diesem Augenblick in der Aura zu sehen sind. Schreiben Sie Ihre Wahrnehmungen auf, damit Sie Ihre Ergebnisse hinterher auswerten können. Wiederholen Sie diesen Vorgang, während Ihr Partner sich auf die zweite, dritte und vierte Situation konzentriert.

Schreiben Sie jeweils sorgfältig Ihre Farbeindrücke während der Übung auf. Die Bedeutung der Farben, die Sie wahrnehmen, sollte mit den Gefühlen übereinstimmen, die Ihr Freund sich während jedem Teil der Übung zurückgerufen hatte.

Farbinterpretation

Es gibt in jeder menschlichen Aura normalerweise eine Grundfarbe, die verschiedene Schattierungen hat und in der Spritzer und Flecken anderer Farben vorkommen. Nicht alle Autoren sind sich darüber einig, was die einzelnen Farben bedeuten. Es kann vorkommen, daß zwei Hellseher, die die Aura des gleichen Menschen betrachten, unterschiedliche Farben wahrnehmen. Im folgenden finden Sie eine Liste, in der die häufigsten Interpretationen der Farben zusammengefaßt sind. Lernen Sie durch Ihre eigene Praxis, selbst Schlußfolgerungen auf die Bedeutung der Farben, die Sie wahrnehmen, zu ziehen.

Im allgemeinen kann man sagen, daß klare leuchtende Töne auf eine optimistische, spirituelle Einstellung und hohen Schwingungen hinweisen. Je dunkler und je schmutziger der Farbton ist, um so pessimistischer und negativer ist die innere Einstellung des Menschen.

Rottöne entsprechen einer auf das Physische ausgerichteten Mentalität. Sie geben Hinweise auf den Gesundheitszustand, die Vitalität, auf Freundschaft und Liebe.

Leuchtendes, klares Rot: eine energetische Persönlichkeit, selbstmotiviert, extravertiert, lebensfroher Optimismus, Mut und Stärke.

Ziegelrot: Eitelkeit, Arroganz, Täuschung, Dominanz, möglicherweise Ehrgeiz.

Dunkles Rot: Emotionen, Verlangen, sexuelle Erregung. Kommt häufig in Form von Klecksen, Flecken und Spritzern vor.

Weinrot: Intensiver Ärger oder Zorn, der auf Egoismus basiert, Haß oder Böswilligkeit. Kann zu Geisteskrankheiten neigen.

Blutrot: ein Mensch, der wahrscheinlich oder möglicherweise einen Mord begehen wird oder in vergangenen Leben Morde begangen hat.

Blasses Rot: jemand, der versucht, seine niedere Natur zu überwinden, dem es aber schwerfällt.

Klares Rosa: anspruchslos, leicht verletzlich, großzügig, warmherzig oder Mutterinstinkt.

Sanftes Rosa: eine sensitive, ruhige und optimistische Natur.

Tiefes Rosa: Tiefe Rosatöne deuten auf glückliche Liebesbeziehungen, schmutzige Rosatöne allerdings auf emotionale Störungen hin.

Leuchtendes Pink: die Farbe universeller Liebe. Ruhig, geläutert, bescheiden, liebt eine schöne und kunstvolle Umgebung.

Klares, sanftes Pink: intensive und dauerhafte Hingabe. Starke Gemütsbewegungen in Fällen von Gram oder bei tragischen Ereignissen. Sehnsucht, die auf die Vergangenheit gerichtet ist.

Mittleres Pink: die Farbe menschlicher Liebe. Der wirkliche Freund. Zuneigung, Einfachheit, Sympathie, emotionale Teilnahme, Wärme, Mitgefühl, Kameradschaft und Geselligkeit.

Feuriges Pink: egoistische Liebe, sehr fordernd und lieblos.

Korallenrot: Unsicherheit in bezug auf Entscheidungen, und/oder der Mensch ist in der Umgebung, in der er sich befindet, unglücklich.

Blasses Pink: Schwäche oder Verwirrung, ein Mangel an Kraft oder Selbstbewußtsein. Die Farbe deutet manchmal darauf hin, daß die Person leicht psychotisch ist.

Orangetöne sind die Vereinigung von Geist und Körper (Rot und Gelb), ein Zeichen für fundierte Weisheit und Gerechtigkeit.

Leuchtendes Orange: gesellig, energetisch, Freude an allem, was Spaß macht, ausgeglichen. Kann auch ein Hinweis auf Aggressionen sein.

Goldenes oder gelbes Orange: Weisheit und Energie, stark mentale Stabilität, Selbstkontrolle, offenherzig, wohlwollend. Eine glückliche, großzügige, freundliche Person, scharfsinnig und humorvoll.

Ziegelorange: Anspannung, sture Beharrlichkeit, Streitigkeiten.

Braunes Orange: Mangel an Ehrgeiz, Faulheit oder Unterdrükkung.

Klares Gold: Freundschaft, Aufrichtigkeit, Toleranz, Loyalität, Vertrauenswürdigkeit, hochentwickelte Spiritualität.

Trübes Gold: Langeweile, Stagnation, Mangel an Motivation, Apathie.

Gelbtöne haben in der Regel mit der intellektuellen Ebene des Wesens zu tun.

Goldgelb: körperliche und geistige Gesundheit, Optimismus, mentale Konzentrationsfähigkeit.

Klares, leuchtendes Gelb: der Lehrer. Mentale Stabilität, tiefgreifende Gedanken oder intellektuelle Aktivität, Erziehung und Lernen.

Zitronengelb: Enthusiasmus, Idealismus, Vorstellungskraft. Künstlerische und kreative Betätigungen, eine Neigung zu wissenschaftlichen Ideen und Erfindungen.

Sehr blasses Zitronengelb: Diese Farbe könnte auf eine Krankheit im Körper hinweisen.

Schmutziges Gelb: Feigheit, Angst, Willensschwäche oder Minderwertigkeitsgefühle.

Gelbgrün: besitzergreifend, »klebrig«, eifersüchtig, traut dem eigenen Urteil nicht, Täuschung und Mißtrauen. Die Tendenz, an dem festzuhalten, was man als »wertvoll« erachtet.

Grüntöne deuten auf Naturliebhaber hin. Sie sind Anzeichen für Mitgefühl, Altruismus, Nächstenliebe und Heilung. Diese Menschen altern langsam und erwecken oft den Eindruck, etwa fünf bis zehn Jahre jünger zu sein, als sie eigentlich sind.

Klares, leuchtendes Grün: harmonisch, praktisch, eine erfrischende, interessierte Einstellung. Heiler, mit viel Liebe zu den Menschen und zur Natur. Glaube, Frieden.

Smaragdgrün: Mitgefühl, Freundlichkeit, Hilfsbereitschaft, Erbarmen, liebevoller Dienst, Zusammenarbeit.

Limonengrün: tiefe Liebe, Vertrauen, Wärme, Sensibilität, große Freude, Hoffnung.

Olivengrün: Emotion, Mitgefühl oder Mitleid, häufig launisch.

Trübes Grün: intensive Wut, die von einem eifersüchtigen, besitzergreifenden Temperament angefacht wird.

Schiefergrün: Eifersucht und Täuschung. Ungesunder Geisteszustand.

Moosgrün: viel nachgrübeln, launisch, häufig depressiv. Jemand, der mechanisch eine Arbeit verrichten kann, ohne innerlich beteiligt zu sein. Oberflächliche Aktivitäten, dem Leben nicht verpflichtet, fühlt sich innerlich einsam.

Dunkles, schmutziges Grün: Neid, Haß, boshafte Gefühle. Launen und depressives Verhalten.

Blaugrün (Türkis): sehr selbstbewußt, Ideale und Ziele. Ein mächtiger Intellekt, auf der Suche nach der Seele, Glück, Optimismus, geistiger Frieden, heilende Liebe. Entwicklung medialer und spiritueller Qualitäten und außersinnliche Wahrnehmung.

Blautöne beziehen sich auf die religiösen und hingebungsvollen Aspekte des Wesens.

Tiefes Königsblau: intuitive Antworten, Kontemplation oder Forschergeist. Ehrlichkeit, Integrität, Loyalität, tiefe Ernsthaftigkeit, Weisheit, Inspiration, Spiritualität, Heiligkeit. Selbstlos einer Arbeit oder spirituellen Aktivität, sozialen Belangen, der Wissenschaft oder Kunst gewidmet. Einige sagen, daß dies die natürliche Farbe der Seele ist.

Azurblau: Klare, leuchtende Himmelblautöne können darauf hindeuten, daß der Mensch von Geheimnissen und Mysterien fasziniert ist. Neigung zu seltsamen medialen oder okkulten Abenteuern.

Mittelblau: der Friedensstifter, besänftigende, heilende Liebe. Ruhig, spirituell, verläßlich, Charakterstärke.

Hellblau: spiritueller Fortschritt, Idealismus, kreative oder künstlerische Vorstellungskraft, Sensitivität. Das Gefühl, von Gott geführt zu werden.

Indigo: Suche nach Sinn, nach Ursachen oder nach religiösen Erfahrungen. Der Wissenschaftler, analytisch. Baut Dinge langsam, aber sicher auf.

Trübes Blau: chronische Depression, Hoffnungslosigkeit, Minderwertigkeitsgefühle, manchmal auch Selbstmitleid.

Dunkles, schmutziges Blau: abergläubisch, phantasielose Überzeugungen. Blinder Glaube oder Vertrauen. Beeindruckbar und ängstlich.

Violettöne sind die Verbindung zwischen Geist und Körper (Blau und Rot).

Violett: sehr hochstehende Spiritualität. Jemand, der nach der tieferen Bedeutung des Lebens und des Daseins sucht. Medial. Die Farbe der Wahrheit und die Lehrer der Wahrheit.

Orchideenfarbe: heilig, Spiritualität, Idealismus, Erhabenheit, mitfühlende Liebe.

Lavendelfarbe: spirituell, sensitiv. Auf dem Weg, ein spirituelles Ziel zu erreichen. Die Farbe der Bescheidenheit und der Andacht.

Tiefes Purpur: königliche Abstammung, majestätische Natur, ein gelassener, ruhiger Aspekt. Wirkliche Anteilnahme am Ringen der Menschheit. Die Fähigkeit, mit weltlichen Angelegenheiten aus einer spirituellen Perspektive umzugehen. Der Führer auf dem Pfad der Wahrheit. Sehr selten.

Bläuliches Lila: Diese Farbe steht für Errungenschaften durch die Kraft Gottes.

Rötliches Lila: ein Anzeichen für körperliche Stärke, menschlichen Willen und individuelle Anstrengungen. Eine tiefere Schwingungsebene als bläuliches Lila.

Brauntöne kennzeichnen immer die auf äußere Werte gerichtete Aufmerksamkeit.

Klares Braun: Ehrgeiz, Fleiß, Organisation. Unverdrossene Beharrlichkeit, Wachstum, Anstrengung und der Wunsch, etwas zu erreichen.

Trübes Braun: Gier, die Tendenz, andere im eigenen Interesse auszubeuten.

Rotbraun: Hinweis auf eine körperliche Krankheit oder Störung an der Stelle, an der sich die Farbe befindet. Rachsüchtiger, abgestumpfter Mensch.

Beige: Optimismus, doch dabei ein bißchen wirklichkeitsfremd. Möglicherweise Instabilität oder emotionale Unsicherheit.

Grautöne weisen auf den Verlust oder die Abnahme der Lebenskraft hin.

Grau: Negativität, Angst, möglicherweise schlechter Gesundheitszustand, Krankheit. Trauer, Verlust, Gram.

Blaugrau: Egoismus, Täuschung, Heuchelei, Konflikte, mentale Probleme.

Blauweiß: die grundlegende Farbe der Aura, die auch um unbeseelte Objekte, Bäume, Büsche usw. herum wahrgenommen werden kann.

Schwarz ist der negative Daseinspol, die Negation des Geistes. Zorn, Ärger, extreme Krankheiten, Verzweiflung, brutalere Formen der Geisteskrankheit, der Vorgang des Todes und der Auflösung. Bevorstehender Tod. Angst vor oder Auswirkungen von Schwarzer Magie.

Weißtöne bedeuten einen Geist, sie stehen für den positiven Pol des Seins. Je intensiver das Leuchten ist, um so höher ist seine Schwingung. Weiß ist auch das Symbol für die Weisheit göttlicher Macht und ist daher die heilendste Schwingung von allen. Die Vollendung des spirituellen Strebens und der Entwicklung.

Perlweiß: freundlich, gütig und vergebend.

Austernweiß: eine Seele, die sich trotz der Prüfungen und Lektionen, in denen sie steckt, sehr intensiv um Fortschritt bemüht.

Kristallweiß: eine Seele, die vollkommene Selbstverwirklichung erreicht hat. Sehr selten.

Silber repräsentiert den Vorgang spirituellen Wachstums. Wenn man einen silbernen Nebel über einer anderen Farbe sieht, hat die betreffende Farbe eine viel höhere Schwingung.

Übung 6: Heilen mit Farben

Die Ausstrahlung und die Farben, die um den physischen Körper herum wahrgenommen werden können, sind eigentlich der sichtbare Teil des ätherischen Körpers. Spirituelle Heiler sind der Ansicht, daß jede Krankheit zuerst im ätherischen Körper beginnt und sich später in geschwächten Bereichen des physischen Körpers manifestiert. Wenn daher Heilungsprozesse im ätherischen Körper in Gang gesetzt werden, würden sie sich entsprechend auch im physischen Körper manifestieren.

Die Theorie besagt, daß die Farben bestimmte mentale, emotionale und spirituelle Zustände repräsentieren. Jede Unausgewogenheit in diesen Bereichen würde sich im physischen Körper in verschiedenen Krankheitserscheinungen niederschlagen. Jemand, der die Farben der Aura lesen kann, kann daher den entsprechenden mentalen, emotionalen oder spirituellen Zustand diagnostizieren und die richtige Farbe bestimmen, die den unausgewogenen Zustand wieder harmonisieren kann.

Es gibt Berichte über ungewöhnliche Heilerfolge, die bei Experimenten auftraten, in denen sowohl mit farbigem Licht als auch mit visualisierten Farben gearbeitet wurde. Man kann in Verbindung mit Farben und Licht auch »die Aura kämmen«, um negative Gedankenformen abzustreifen, die den aurischen Ausstrahlungen anhaften. Dadurch läßt sich die Verteilung der Farben in der ätherischen Hülle beschleunigen.

Wenn Sie die Aura eines anderen Menschen »kämmen« wollen, sollten Sie zuvor sicherstellen, daß Ihre eigene Lebensenergie frei von Negativität ist. Stellen Sie sich dazu reinigendes weißes Licht vor, welches von Ihrem Scheitel zu Ihren Zehen hinabfließt, wobei es alle negativen Gedanken und Emotionen mit sich nimmt. Die einzige Motivation, die in Ihnen bestehen bleibt, ist die, den anderen selbstlos zu heilen. Wenn Sie damit fertig sind, stellen Sie sich vor, daß Ihr ganzes Wesen von blauem Licht erfüllt ist, welches Ihre spirituellen Bestrebungen verstärkt. Visualisieren Sie anschließend, daß Ihr ganzes Wesen von grünem, heilenden Licht erfüllt ist.

Führen Sie mit Ihren Händen Bewegungen in der Aura durch, als ob Sie sie reinigen und durchkämmen würden. Beginnen Sie im Kopfbereich, und reinigen oder »kämmen« Sie die Aura nah am Körper, ohne ihn aber zu berühren. »Kämmen« Sie vorne, hinten und an den Seiten seine Aura, wobei Sie sich vorstellen, daß sie dadurch gereinigt wird. Schütteln Sie dabei immer wieder Ihre Hände aus, um sich von den Gedankenformen, die an Ihren Händen haften bleiben, zu befreien. Benutzen Sie in Verbindung mit dieser Aurareinigung farbiges Licht oder Farbvisualisation, um die Person zu vitalisieren und zu heilen.

Übung 7: Das Küchenexperiment
Auch unbeseelte Objekte haben eine gewisse Art von Ausstrahlung. Je höher die Bewußtseinsstufe ist, um so intensiver ist diese Ausstrahlung. Probieren Sie diese Übung in der Gruppe mit einfachen Zutaten aus der Küche aus.

Suchen Sie sich eine Anzahl ähnlicher und möglichst geruchloser Speisezutaten aus, zum Beispiel Backpulver, Natron, Mehl, Pulverkaffee, gemahlene Petersilie, Pfeffer, Salz und Zucker. Sie werden in Ihrem Küchenschrank alle möglichen Substanzen finden, die Sie verwenden können.

Lassen Sie eine andere Person die Zutaten in luftdichte Umschläge füllen und alle Löcher mit Tesafilm zukleben, damit der Inhalt nicht verschüttet werden kann. Die Umschläge sollten auf der Rückseite numeriert sein, und in einer Liste sollten zu den Zahlen die entsprechenden Inhalte notiert werden.

Nehmen Sie einen Umschlag in die Hand. Versuchen Sie, mit Ihren erweiterten Sinnen festzustellen, was sich in dem Umschlag befindet. Fühlen Sie die Ausstrahlung des Inhalts. Schreiben Sie Ihre Ergebnisse auf, und vergleichen Sie sie anschließend mit der Liste. Vergleichen Sie die Umschläge erneut, aber schauen Sie sich diesmal die Liste dabei an. Versuchen Sie jetzt, Ihre Empfindungen und Eindrücke zu analysieren, während Sie den Umschlag in der Hand halten. Auf diese Art und Weise werden Sie innerlich ein Wahrnehmungsmuster entwickeln, in dem in bezug auf die Inhalte der Umschläge äußeres Wissen mit innerem Wissen in Verbindung gebracht wird.

Lassen Sie Ihre Eindrücke etwas sacken (ein paar Tage oder Wochen lang), und versuchen Sie sich nochmals mit dieser Übung. Schauen Sie nicht auf die Zahl auf dem Umschlag, bis Sie bereit sind, Ihr Ergebnis zu notieren, damit Sie nicht durch die Erinnerung der Nummer beeinflußt werden.

Meditationspraxis: Die Regenbogenmeditation

Meditation ist keine Flucht aus dem Leben, sondern eine Methode, um die Lebensqualität zu steigern. Wir versuchen nicht, dem Materiellen zu entkommen, um das Spirituelle zu erreichen, sondern die materielle Welt zu spiritualisieren. Führen Sie die folgende Meditation immer dann aus, wenn Sie das Gefühl haben, mit Ihrer Umgebung und Ihren Mitmenschen nicht mehr im Einklang zu sein.

Die Regenbogenmeditation
Setzen Sie sich bequem auf einen Stuhl, und halten Sie Ihre Wirbelsäule gerade. Reinigen Sie sich mit weißem Licht. Gehen Sie tief ins Alpha-Bewußtsein (siehe Tabelle 1).
Stellen Sie sich vor, daß sich ein hell leuchtender violetter Ball bei Ihren Füßen befindet. Betrachten Sie ihn als die pulsierende, starke, violette Energie hochstehender Spiritualität, die jemand repräsentiert, der auf der Suche nach der tieferen Bedeutung des Lebens und des Daseins ist. Violett ist die Farbe, mit der man Karma bereinigen kann.

Lassen Sie diesen Ball so groß werden und nach oben aufsteigen, daß er jedes Atom Ihres Körpers erfüllt und durchreinigt. Ziehen Sie die Farbenenergie nach oben, bis sie aus Ihrem Kopf austritt. Stellen Sie sich dann vor, daß das Licht in ein Feuermeer violetten Lichts explodiert und wie ein energetisierender Wasserfall auf Sie hinabfließt.

Wiederholen Sie diesen Vorgang mit dem satten, tiefen Indigo, der für tiefgreifende Gedanken und Kontemplation über spirituelle Themen steht.

Anschließend verwenden Sie folgende Farben: Blau für spirituelle Hingabe und Bestrebungen, Grün für Heilung und die Einheit mit Gott und der Natur, Gelb für große Freude und Hoffnung, Orange, welches für Weisheit, Gerechtigkeit und Wohlwollen allen Dingen gegenüber steht, und helles, leuchtendes, schillerndes Rot, das für starke, optimistische Lebensfreude steht.

Versuchen Sie klare, leuchtende Farben zu visualisieren. Seien Sie geistig jedoch dafür offen, jede beliebige Assoziation aufkommen zu lassen, während Sie die Energiebälle in Ihrem Körper hochziehen, um sie in einem glitzernden Wasserfall aus Energie und Licht explodieren und über Ihr ganzes Wesen hinabfließen zu lassen.

Meditieren Sie während der restlichen Meditationszeit über die mystische Bedeutung des biblischen Regenbogenbundes nach der Sintflut (1. Mose 9,8–17) und/oder der »Regenbogenbrücke«, die von niederen spirituellen Bereichen zu den höheren führt.

Beenden Sie die Meditation, indem Sie sich in weißem Licht »baden«, und kehren Sie dabei langsam zum Beta-Bewußtsein zurück. Machen Sie diese Übung drei Tage lang. Kehren Sie den Vorgang dann drei Tag lang um, beginnen Sie mit Rot, und nehmen Sie als letzte Farbe Violett. Die erste Version der Übung wird Ihre Aufmerksamkeit scheinbar nach unten und innen ziehen, die zweite wird Ihre Aufmerksamkeit nach oben auf höhere Ebenen der Spiritualität und des Einklangs lenken.

Selbsterkenntnis durch verschiedene Traumarten und die Kunst, im Schlaf Probleme zu lösen

Es gibt viele Realitäten, und jeder von uns erschafft sich seine eigene. Was für den einen Menschen real ist, kann einem anderen sehr unreal sein.

Physisch gesehen, besteht die eigene Realität aus der äußeren Welt, dem eigenen Arbeitsplatz und Wohnort. Psychologisch betrachtet, besteht die eigene Realität aus der Einstellung, die wir in Beziehungen haben, zum Beispiel gegenüber dem Ehepartner, den Kindern, Mitarbeitern, dem Liebhaber, Autoritätspersonen, Gott etc. Metaphysisch gesprochen, ist die eigene Realität das Maß, in dem wir mental über diesen Dingen stehen können, sie in ihrem richtigen Zusammenhang erkennen und verstehen und die Energien kontrollieren oder lenken können, die alle oder jede dieser Erscheinungen verursachen.

Wir können unser Schicksal nur in dem Maße bestimmen, wie wir diese letztgenannte Fähigkeit entwickeln. Die Interpretation und das Verstehen der eigenen Träume ist eine Möglichkeit, um den richtigen Blick auf die Realitäten, die wir uns selbst geschaffen haben, zu bekommen.

Schlafstudien beweisen, daß das innere Bewußtsein niemals schläft. Auf einer oder mehreren Ebenen, die jenseits des normalen Wachbewußtseins liegen, finden unablässig Aktivitäten statt. Die beiden dichtesten Energiefelder – der physische und der ätherische Körper – brauchen immer wieder Zeiten, in denen sie sich ausruhen und verjüngen können. Wenn es in den anderen fünf Körpern ähnliche Bedürfnisse geben sollte, dann sind sie zumindest weder von exoterischen noch von den esoterischen Wissenschaften bisher entdeckt worden.

Einige dieser Aktivitäten während des Schlafs werden uns durch die Träume und »Visionen aus dem Grenzbereich« bewußt. Mit »Grenzbereich« meine ich diesen halbbewußten Zustand, in dem das Wachbewußtsein sich scheinbar völlig darüber bewußt ist, was passiert, es aber entweder kein Körperbewußtsein gibt oder der Körper wie gelähmt daliegt und nicht in der Lage ist, sich zu bewegen.

Viele Menschen sind der Ansicht, daß sie nicht träumen, doch haben Schlafstudien gezeigt, daß das Träumen für unsere mentale und emotionale Gesundheit notwendig ist. Beraubt man einen Menschen der Möglichkeit zu träumen, so ergeben sich daraus neurotische und manchmal sogar psychotische Zustände. Zum Teil ist es nur Konditionierung, daß wir uns nicht an unsere Träume erinnern. Unsere Eltern, Lehrer oder andere Autoritätsfiguren haben uns gesagt, daß Träume nicht wichtig sind und wir sie so schnell wie möglich vergessen sollten. Folglich haben wir uns selbst beigebracht, sie zu vergessen, und einige von uns können das wirklich sehr gut.

In dem Augenblick, in dem wir einschlafen, löst sich das Seelenbewußtsein mit seinen vier Teilen (dem kausalen, mentalen, emotionalen und spirituellen Körper) von seinen schweren physischen Trägern und zieht dabei die Energie ab, die den physischen und den ätherischen Körper wach und aktiv sein lassen. Manchmal schwebt es über dem physischen Körper, und manchmal reist es in andere Räume und Dimensionen.

Sie können das einmal testen, indem Sie Ihre Hand in etwa dreißig Zentimeter Höhe über dem Gesicht einer schlafenden Person bewegen. Meistens wird sich die Person ein bißchen rühren, was man als Anzeichen dafür deuten kann, daß etwas anderes außer dem physischen Körper gestört worden ist.

Während des Schlafs übernimmt das autonome Nervensystem in der Abwesenheit der feineren Körper die Kontrolle und hält die körperlichen Funktionen aufrecht. Trotzdem bleibt die Kommunikation zwischen den verschiedenen Energiefeldern bestehen, und durch die Träume, die eine Begleiterscheinung Ihrer Individualisierung sind, entstehen die Symbole, mittels deren ein Energiefeld mit dem anderen kommuniziert.

Es scheint auch eine Art von Alarmsystem zu geben, welches das gesamte Bewußtsein zurück in den Körper zieht, wenn der Körper entweder genug geschlafen hat, eine Gefahr besteht, es einen Grund gibt aufzuwachen oder wenn der Zeitpunkt erreicht ist, auf den man die »innere Uhr« zum Erwachen gestellt hat.

Es gibt vier hauptsächliche Kategorien von Träumen: die, die von äußeren Ereignissen angeregt wurden, Vorausahnungen, außerkörperliche Erfahrungen und Eingebungen aus dem Unterbewußtsein.

Träume, die von äußeren Ereignissen angeregt werden

Einige Träume werden von äußeren Reizen verursacht, von etwas, was in der Umgebung oder in Ihrem Körper passiert. Wenn Sie zum Beispiel träumen, daß Sie auf einem Eisberg schlafen, aufwachen und bemerken, daß Ihr Partner die ganze Bettdecke weggezogen hat, wäre das ein durch äußere Reize ausgelöster Traum. Wenn Sie etwas essen, was Ihnen nicht bekommt, und dann träumen, daß irgendein Rohling Ihnen ein Messer in den Bauch sticht, wäre das auch ein durch äußere Ereignisse hervorgerufener Traum. Sirenen von Feuerwehrautos oder andere Geräusche aus der Umgebung werden manchmal in das Traumgeschehen eingebaut. Diese Art von Träumen wäre im physischen Körper, wahrscheinlich im Gehirn zentriert. Wenn man sie interpretieren möchte, sollte man diese Faktoren berücksichtigen.

Zukunftsträume

Einige Träume scheinen die Zukunft vorherzusagen. Nahende Ereignisse kündigen sich häufig schon früh an und werden in Träumen, die allwissender Natur sind, wahrgenommen. Einige Psychologen wie etwa C. G. Jung und Sigmund Freud hatten das Gefühl, das Bewußtsein könne eine Anzahl möglicher Folgen einer gegebenen Situation frühzeitig erkennen, indem sozusagen ein Versuchslauf der Aktivitäten gemacht wird, die in Frage kommen. Wenn wir dann eine Entscheidung fällen und handeln, bekommen wir das vertraute Gefühl des Déjà vu: das Gefühl, daß das alles schon einmal passiert ist und wir ein Ereignis aus der Vergangenheit wiedererleben. Dieses Déjà-vu-Gefühl könnte dadurch hervorgerufen werden, daß wir das tun, was wir in einem Zukunftstraum bereits wahrgenommen haben.

Zukunftsträume können uns auch vor etwas warnen. Wir wissen, daß eine Prophezeiung die Wahrnehmung einer Folge unseres gegenwärtigen Handelns ist und daß wir die Möglichkeit haben, diese wahrgenommenen Folgen zu verändern, indem wir unsere momentane Handlungsweise verändern. Daher können solche Warnungen aus Zukunftsträumen sehr nützlich sein – sofern wir uns an sie erinnern.

Einige Menschen haben auf einer umfassenderen Ebene prophetische Träume, da sie die Fähigkeit besitzen, sich das Bewußtsein einer Gruppe oder eines Volkes zu erschließen. Die Erfüllung einer Prophezeiung für eine Gruppe oder ein Volk kann nur durch bewußtes oder unbewußtes kollektives Handeln der Menschen dieser Gruppe abgewendet werden.

In den hebräischen Schriften wird beschrieben, daß Jona zu Nineve geschickt wurde, um den Menschen zu sagen, daß große Katastrophen über sie kommen würden, wenn sie ihre Lebensweise nicht ändern. Die Menschen hörten auf ihn, änderten ihre Lebensweise, und die Prophezeiungen trafen nicht ein. Jona, der dies nicht verstand, schlug sich auf sehr menschliche Art und Weise auf die Brust und sagte, er wolle in Anbetracht dieser Schmach sterben. Er hatte trotz großen persönlichen Belastungen getan, was ihm gesagt worden war. Nun hatte er das Gefühl, das Gesicht verloren zu haben, da seine Prophezeiungen nicht eingetroffen waren (Buch Jona 1,1–4).

In der gleichen Weise könnten die Prophezeiungen des Edgar Cayce vielleicht durch die kollektiven Aktionen der betroffenen Menschen abgemildert oder abgewendet werden. Es gibt zum Beispiel eine Reihe von New-Age-Gruppen in Kalifornien, die sehr hart daran arbeiten, das Bewußtsein der Menschen in diesem Gebiet zu heben. Wenn sie Erfolg haben, ist es denkbar, daß dadurch die Prophezeiungen von Edgar Cayce bezüglich der Zerstörungen und der großen Katastrophen in diesem Gebiet abgewendet oder abgeschwächt werden würden.[39]

Betrachten wir einmal den Einsturz der Cypress-Brücke des Highway I-880 in Oakland, Kalifornien, bei dem Erdbeben im Jahre 1989. Auf diesem fast 2 Kilometer langen Stück der Autobahn standen die Autos normalerweise um fünf Uhr nachmittags, als das Erdbeben einsetzte, Stoßstange an Stoßstange. Die ersten Radio- und Fernsehberichte schätzten, daß man etwa 700 bis 800 Tote unter dem massiven Bauwerk finden würde. Als alle Opfer geborgen waren, waren es in Wirklichkeit »nur« 42 – warum? Der Grund lag darin, daß das kollektive Bewußtsein der Bewohner der San Francisco Bay dafür gesorgt hatte, daß die Mehrheit der Menschen sich an einem anderen Ort befand: Sie waren im Candlestick-Park-Stadion, wo gerade ein Spiel im Rahmen der Baseball-Weltmeisterschaft stattfand. Obwohl Schäden in Millionenhöhe durch dieses Erdbeben der Stärke 7,1 entstanden waren, hatte es durch das Erdbeben »nur« 64 Tote im gesamten Bay-Gebiet gegeben. Das waren weniger Todesfälle als an einem ganz normalen Tag ohne Erdbeben! Ich glaube nicht, daß dies Zufall war, sondern das Ergebnis davon, daß Hunderte von New-

Age-Anhängern daran arbeiten, ihr eigenes Bewußtsein und das Bewußtsein anderer zu erweitern. Ich bin wirklich der Ansicht, daß die Zukunft verändert werden kann – allen Prophezeiungen und Zukunftsträumen zum Trotz.

Die Zukunft vorhersehende Träume – solche, die uns vor Gefahren warnen, und solche, die uns Anweisungen für unser Verhalten geben – stammen aus dem Mentalkörper.

Außerkörperliche Erfahrungen

Einige Träume sind vielleicht gar keine Träume, sondern Erinnerungen an außerkörperliche Erfahrungen, Beweise für Ereignisse oder Gedankenaktivitäten, die auf anderen Ebenen stattfinden, oder sogar Begegnungen mit geistigen Wesen. Wenn Sie davon träumen, sich mit ihrem verstorbenen Großvater zu unterhalten oder einem anderen Freund oder Verwandten, könnte es sein, daß Sie wirklich mit diesem Wesen auf geistiger Ebene in Kontakt waren. Dies könnte besonders dann zutreffen, wenn Sie nützliche Informationen erhalten. Ob ein Traum als außerkörperliche Erfahrungen eingestuft werden kann, muß davon abhängig gemacht werden, wie symbolhaltig der Traum offensichtlich war. Um das beurteilen zu können, muß man auf die Klarheit und Lebendigkeit der Handlung und der Figuren im Traum achten.

Wenn der Astralkörper in einen anderen Raum oder eine andere Dimension oder auch nur zu anderen Plätzen auf diesem Planeten reist und wenn Erinnerungen daran, daß man dort auf andere Gedankenformen gestoßen ist, mit ins Wachbewußtsein zurückgebracht werden, sollte man nicht von einem Traum sprechen, da es sich eigentlich um eine tatsächliche Erfahrung handelt. Solche Aktivitäten haben natürlich den Astralkörper zum Mittelpunkt.

An eine meiner eigenen Astralreisen im Traum erinnere ich mich besonders intensiv wegen der darin enthaltenen Ungereimtheiten.

Ich befand mich in der Luft und schaute auf eine Anzahl von Häusern hinunter, die gerade in den Boden sanken. Ich sah, daß Menschen davonliefen, und obwohl ich wußte, daß sie unter Schock standen und sehr bestürzt waren, gab es in mir keinerlei emotionale Reaktion. Ich war einfach ein ganz losgelöster Beobachter des Geschehens unter mir.

Ich bin mir sicher, daß ich den Traum als irgendeine Phantasie abgetan hätte, die in mir arbeitete, wenn mich nicht früh am nächsten Morgen ein Freund angerufen hätte, um mir von einer Nachrichtenmeldung zu erzählen. Der Bericht drehte sich um eine Kleinstadt in Kanada, die über Nacht in den Boden eingesunken war. Man hatte damals die Stadt über einem alten Minengebiet erbaut, dessen Tunnelsystem nun zusammengebrochen war. Selbstverständlich war ich völlig erstaunt, daß ich im Traum Zeuge dieses historischen Ereignisses gewesen war, welches sich in mehreren tausend Kilometern Entfernung zugetragen hatte.

Träume, die Aktivitäten des Kausalkörpers darstellen, könnten Träume sein, die der Persönlichkeit Botschaften von der Seele übermitteln. Es könnte sich dabei um Erinnerungen handeln, daß bestimmte Dinge zu erwarten oder man bestimmte Erfahrungen anstreben sollte. Träume aus vergangenen Leben können auch aus diesem Bereich stammen, besonders wenn der Träumer in überwältigende karmische Probleme verstrickt ist und darum bittet oder auf der Suche nach einer Erklärung dafür ist, was er gerade auf der irdischen Ebene durcharbeitet. Träume von früheren Verkörperungen legen normalerweise ein Problem oder einen Zustand in der Gegenwart offen. Daher kann uns diese Art von Träumen dabei unterstützen, das Ziel unserer Seele in diesem Leben zu verwirklichen.

Eine Polarisation zwischen Geist, Körper und Seele zu schaffen ist eine wichtige Aufgabe des Kausalkörpers, denn nur dann kann eine mentale und physische Verjüngung stattfinden, wenn Träume auf der kausalen Ebene stattfinden. Sexuelle Träume sind auch ein Teil dieser ausgleichenden Aktivität. Wenn Träume ständig unterbrochen werden, wird das Chakra, welches mit dem Kausalkörper in Verbindung steht, gestört, was neurotische und psychotische Geisteszustände zur Folge hat.

Träume können dem Träumenden viele Dinge offenbaren, zum Beispiel welche ungelösten Konflikte und unterdrückten Bedürfnisse er in sich trägt. Konfliktträume entstehen dann, wenn es in unserem persönlichen Leben unaufgelöste Konflikte gibt. Der »Kampf-oder-Flucht-Reflex« kann in Träumen ausgelöst werden. Unsere heutige Kultur enthält viel Angsterregendes, und oft handelt es sich dabei um Dinge, die wir weder sehen noch berühren können. In früheren, unzivilisierteren Zeiten konnten wir uns entweder darauf vorbereiten, mit sehr realen Gefahren zu kämpfen oder auch zu fliehen, wenn das der bessere Weg zu sein schien. In unserer heutigen Gesellschaft können wir beides nicht mehr, aber wir können einen großen Teil dieses unterdrückten Zwiespaltes in Konfliktträumen entladen. Die meisten dieser emotional geladenen Träume haben ihren Ursprung im Emotionalkörper. Manchmal haben wir das Gefühl, daß wir von höheren Wesenheiten belehrt wurden oder daß wir, während wir schliefen, zur Schule gegangen sind, doch können wir keine bewußten Erinnerungen an das Gelernte zurück in unser Wachbewußtsein bringen. Diese Träume könnten sich im spirituellen Körper abspielen, in welchem Fall wir uns so lange nicht an sie erinnern werden, bis der Brennpunkt unseres Wachbewußtseins sich nicht mindestens auf der Ebene der Seele befindet.

Innerhalb des spirituellen Körpers gäbe es Träume von Begegnungen mit anderen Wesen auf der seelischen oder spirituellen Ebene. Diese Träume würden uns auch ein höheres spirituelles Verstehen und Bewußtsein vermitteln, das von der Seele aufgenommen und gespeichert werden würde. Anschließend würde es bei Bedarf in Form von Inspirationen, Intuitionen usw. im Wachbewußtsein auftauchen.

»Gewöhnliche« Träume

Die bei weitem am häufigsten vorkommende Art von Träumen besteht im wesentlichen aus einem ziellosen Umherwandern im Unterbewußtsein. Diese Träume sind sehr symbolisch und bestehen aus scheinbar unzusammenhängenden Traumhandlungen. Sie haben mit dem ätherischen Körper zu tun, jenem energetischen Feld, welches den physischen Körper durchdringt und umgibt. An diese Träume erinnern wir uns am häufigsten, und sie haben ihre eigene Symbolsprache. Ich nenne sie »Träume, die den gegenwärtigen Zustand des Wesens enthüllen«, da man durch ihre Interpretation erkennen kann, daß sie sich auf gegenwärtige Geisteszustände und Möglichkeiten beziehen.

Um sich mitzuteilen, bedient sich unser inneres Bewußtsein der Traumsymbole, die ihrerseits durch unsere Emotionen und die Umgebung festgelegt werden. Betrachten wir einmal die Künstlichkeit der gesprochenen Sprache. Worte, die deutschsprachige Menschen als Kommunikationssymbole verwenden, haben zum Beispiel für jemanden, der in Rußland, Japan oder Spanien geboren wurde, keine Bedeutung. Die Kommunikationssymbole, die wiederum von diesen Menschen benutzt werden, haben für uns keine Bedeutung, wenn wir nicht eine besondere Anstrengung unternehmen, ihre Sprache zu lernen.

Daher sind die Symbole, die die Persönlichkeit in diesem Leben benutzt, um sich schriftlich oder mündlich mitzuteilen, für die Seele irrelevant – sie hat bereits viele Sprachen kommen und gehen sehen. Die Symbole, die das innere Bewußtsein benutzt, um zu kommunizieren, könnten das Substrat all der Informationen sein, die augenblicklich als Folge unserer ganzen Erfahrungen als Seele auf diesem Planeten aufgezeichnet sind.

Viele Traumsymbole sind eine Art Stenographie, durch die es möglich ist, viele verschiedene Bewußtseinsebenen gleichzeitig abzubilden. Jedes Individuum hat seine eigene Traumsymbolik, die sich speziell auf seine eigenen Erfahrungswerte bezieht. Menschen, die sich ständig mit ihren Träumen befassen, stellen häufig fest, daß ihre Traumsymbolik präziser wird und daß ihr Traummaterial um so klarer wird, je mehr bewußte Aufmerksamkeit sie ihren Träumen schenken. Vielleicht kommt dies daher, daß das Wachbewußtsein über viele Jahre hinweg darauf trainiert wurde, das Material aus den Träumen nicht zu beachten, und der Symbolismus nur ein Mittel ist, um an dieser Barriere vorbeizukommen, damit innere Kommunikation stattfinden kann. Wenn diese Barriere aufgehoben wird, werden die Mitteilungen des inneren Bewußtseins verständlicher.

Es folgen jetzt zwei außergewöhnlich klare Träume, die genau diese Klarheit der Symbolik aufzeigen. Gleichzeitig läßt sich an ihnen sehr deutlich darstellen, daß der Geist tendenziell unseren Anweisungen folgt und die von uns gewünschten Ergebnisse hervorbringt.

Eines Tages war ich vormittags in der Nähe des Mount Shasta in Nordkalifornien unterwegs, als mich plötzlich eine starke Lethargie überfiel. Ich fühlte mich so schläfrig, daß ich an einem Aussichtspunkt unter ein paar Bäumen von der Fahrbahn herunterfahren mußte. Ich dachte noch einmal daran, daß ich noch vor Ende des Tages in Washington sein wollte und daß ich nicht wirklich genug Zeit hatte, um ein Nickerchen zu machen. Daher programmierte ich meine innere Uhr darauf, mich in einer halben Stunde zu wecken.

Genau dreißig Minuten später (nach meiner Armbanduhr) kam ein Mann vorbei und klopfte an das Fenster meines Wagens. Er trug einen leuchtendgrünen Anzug mit einer ebenso leuchtenden roten Weste, und er war so groß, daß er sich herunterbeugen mußte, um in den Wagen hineinschauen zu können, als er an die Scheibe klopfte. Durch sein Erscheinen schreckte ich auf und öffnete meine Augen. Ich erkannte, daß die Erscheinung nur ein außergewöhnlich lebhafter Traum gewesen war, da in der Nähe meines Autos gar kein Mann mit grünem Anzug zu sehen war. Die starke Lethargie war jedoch noch immer da, und ich schaffte es trotz aller Anstrengungen einfach nicht, mich aufzusetzen und das Steuer wieder in die Hand zu nehmen. Ich legte mich wieder schlafen und gab meinem Geist die Anweisung, mich nach weiteren 15 Minuten wieder zu wecken. Dieses Mal träumte ich, daß ich die Straße hinauffuhr und Schilder sah, die die Form von großen Bienen hatten und Werbung für eine Imkerei machten, die vor mir lag. Auf den Schildern stand:»Sehen Sie, wie unsere Bienen Honig herstellen«. Kurze Zeit später kam ich an einem Stand vorbei, auf dessen Dachspitze wieder ein Schild stand: »500 m«. Nach diesem Traum wachte ich auf und entdeckte, daß ich genau 15 Minuten lang geschlafen hatte. Ich interpretierte den Traum dahin gehend, daß mein Körper die Energie des Honigs brauchte, um wieder zu Kräften zu kommen. Mit großer Mühe setzte ich mich aufrecht hin und fuhr mit dem Auto wieder auf die Straße. Haargenau nach 500 Metern kam ich an einem kleinen Lebensmittelladen vorbei, ging hinein und kaufte mir ein kleines Glas Honig. Ich aß ein paar Teelöffel davon, und in wenigen Minuten fühlte ich mich wieder fit.

In diesem Falle war die Symbolik sehr klar und die Interpretation sehr eindeutig. Es war eine Reaktion auf ein dringendes körperliches Bedürfnis und meiner Anforderungen an mich selbst, mein Ziel zum gesteckten Zeitpunkt zu erreichen.

Träume müssen individuell interpretiert werden

Man muß bei der Interpretation von Träumen lernen, die eigenen Traumsymbole zu deuten. Einige Symbole stammen zwar aus dem kollektiven Unbewußten[40] und haben eine universelle Bedeutung, doch muß man zum größten Teil die eigenen individuellen Bedeutungen bei der Interpretation berücksichtigen. Viele sprachliche Redensarten, die wir benutzen, finden wir in ähnlichen Bildern in unseren Träumen wieder. Eine Brücke kann dafür stehen, daß es etwas zu überbrücken gibt, oder ein schattiger Baum kann auf ein zwielichtiges Geschäft hindeuten.

Denken Sie sorgfältig über die Symbole und Verzerrungen in Ihren Träumen nach. Die unfaßbaren Aspekte des ganzen Bereiches der Schöpfung, der jenseits unseres bekannten und begrenzten Bewußtseins liegt, kann uns nur durch solche Symbole vor Augen geführt werden, die wir mit unserem gegenwärtigen Bewußtsein erfassen können. Christen haben Visionen von einem mitfühlenden Christus; Buddhisten sehen einen friedlichen und wohlwollenden Buddha; die amerikanischen Indianer lebten und sprachen mit dem Gott des Waldes und dem Gott der Flüsse; die Spiritualisten nehmen die lebendige Wirklichkeit der Meister und inneren Geistführer wahr, durch die sie persönlich unterrichtet und geführt werden.

Interessanterweise würde ein ganz und gar hingegebener Christ niemals einen anderen Meister außer Christus selbst haben oder gar die »Vision« eines Agnostikers[41], er würde auch nicht mit Devas[42] oder Waldnymphen »sprechen«. Der intellektuelle, an sinnlichen Wahrnehmungen orientierte Wissenschaftler könnte keine persönlichen Offenbarungen von einem körperlosen Geistführer empfangen.

Sie sind alle durch die Übereinstimmung mit der Weltanschauung, die sie für sich angenommen haben, eingeschränkt. Eine Ausnahme hiervon könnte die Situation sein, in der die Seele ein dringendes Bedürfnis verspürt, zur Persönlichkeit durchzudringen, um ihr ein neues, erweitertes Konzept der universellen Wirklichkeit zu vermitteln. Dann ist es möglich, daß man Symbole außerhalb der von einem selbst akzeptierten Realität in Träumen wahrnimmt. Mystische Erfahrungen haben für jeden Menschen eine ganz persönliche Bedeutung, und sie sind sehr abhängig davon, welche Erwartungen man hat. Die meisten

Traumsymbole, die von den verschiedenen Energiefeldern verwendet werden, spiegeln unsere gegenwärtigen Interpretationen des Lebens wider.

Die beste Art und Weise, in der Sie lernen können, Ihre Traumsymbole zu deuten, besteht darin, sie jedesmal aufzuschreiben. Der Vorgang des Aufschreibens aktiviert Ihre intuitiven Fähigkeiten. Nach einer Weile werden Sie sehen, daß sich gewisse Strukturen herauskristallisieren, oder Sie werden intuitiv die Bedeutung einzelner Symbole erfassen. Ein klarer, blauer See in Ihrem Traum könnte Gelassenheit und Frieden bedeuten, doch für einen anderen Menschen, der die schmerzliche Erfahrung machte, in einem See fast zu ertrinken, könnte es ein Symbol für Gefahr sein.

Wenn Sie sich in der Regel nicht an Ihre Träume erinnern, können Sie sich abends, wenn Sie sich zu Bett legen, einfach entscheiden, sich ab sofort an Ihre Träume zu erinnern. Legen Sie Papier und einen Stift als Beweis dafür neben das Bett, daß Sie es ernst meinen. Schreiben Sie dann, wenn Sie aufwachen, einfach alle Bruchstücke auf, an die Sie sich noch erinnern, egal, wie winzig die Fragmente sind. So werden Sie Ihren Geist wieder dahin gehend trainieren, sich an Träume zu erinnern.

Sobald Sie aufwachen, sollten Sie – bevor irgendein anderer Gedanke in Ihrem Geist auftaucht – Ihr Unterbewußtsein fragen: »Was bedeutet dieser Traum?« Sie werden die Erfahrung machen, daß Sie fast augenblicklich die Interpretation bekommen, da der bewußte Geist noch nah genug am Unterbewußtsein dran ist, um den Sinn zu erfassen. Sie müssen diese Frage jedoch gleich stellen, bevor irgendein anderer Gedanke die Möglichkeit hatte dazwischenzutreten.

Die Deutung eigener Traumsymbole kann ein sehr faszinierendes Studiengebiet sein. Eine Methode besteht darin, jedes Symbol einzeln aufzuschlüsseln und Ihre emotionale Reaktion im Traum auf jedes Symbol zu analysieren. Achten Sie auf Doppelbedeutungen und Wortspiele. Auch Wortspiele werden häufig als eine Art »Traumsteno« verwendet. Ein Flugzeug kann bedeuten, daß Sie endlich nach oben kommen, eine Suppenschüssel kann bedeuten, daß Sie jetzt eine »Suppe auslöffeln müssen«.

Oder man interpretiert jedes Symbol als Teil der Persönlichkeit des Träumenden. Benutzen Sie dazu folgende Technik aus der Gestalttherapie: Setzen Sie sich in einen Stuhl, und tun Sie so, als ob die Persönlichkeit aus dem Traum auf einem Stuhl Ihnen gegenüber säße. Stellen Sie ihr Fragen. Setzen Sie sich dann in den anderen Stuhl, und nehmen Sie die Rolle der Traumbilder an, geben Sie jedem von ihnen eine Stimme, und lassen Sie sie für sich selbst sprechen. Sie können auf diese Weise interessante Einsichten in Ihren eigenen Charakter und Ihre Persönlichkeit gewinnen.

Neun grundlegende Regeln

Ann Faraday beschreibt in ihrem Buch *Das Traumspiel*[43] neun grundlegende Regeln für die Interpretation von Träumen, die ich hier zusammengefaßt habe:

1. Der Traum sollte zunächst einmal wörtlich genommen werden. Das heißt, Sie sollten als erstes nach Anzeichen objektiver Wahrheiten Ausschau halten, also nach Warnungen oder Erinnerungen in bezug auf eine gegenwärtige Lebenssituation. Etwas, was der bewußte Geist vielleicht übersehen, das Unterbewußtsein aber aufgenommen hat.

2. Wenn der Traum – wörtlich genommen – keinen Sinn macht, sollten Sie nach metaphorischen Aussagen über Ihre spirituelle oder emotionale Beziehung zum Leben suchen.

3. Träume werden von etwas ausgelöst, das für unser körperliches, emotionales, mentales oder spirituelles Wohlergehen

wichtig ist, etwas, was uns im Augenblick am dem Herzen liegt oder unseren Geist beschäftigt. Das oberste Ziel ist, den Traum mit etwas in Verbindung zu bringen, was in den letzten ein bis zwei Tagen passiert ist, oder mit einer Frage, mit der Sie sich beschäftigt haben und die für Sie von großer Bedeutung ist.

Auch wenn die Träume tiefgreifende, lang anhaltende Probleme offenbaren oder höhere transzendentale Themen berühren, zeigen sie, wie diese Situation uns im gegenwärtigen Moment beeinflußt. Wenn ein Traum uns in die Kindheit zurückführt – oder mit einem Ereignis oder einem Menschen aus der Kindheit in Berührung bringt, kommt das daher, daß diese vergangenen Ereignisse auf irgendeine Weise für eine gegenwärtige Angelegenheit wichtig sind. Die Bedeutung des Traumes wird sich aus diesem Vergangenheitsbezug herleiten lassen.

4. Die emotionale Stimmung des Traumes gibt uns normalerweise einen Hinweis auf die spezielle Lebenssituation, um die es sich handelt. Wenn Sie sich im Traum zum Beispiel schlecht fühlen, weist das auf irgendeine negative oder beschwerliche Situation hin, die sich gegenwärtig im eigenen Leben niederschlägt.

5. Obwohl es einige universelle Symbole gibt, kann doch jedes Traumthema für die verschiedenen Träumer unterschiedliche Bedeutungen haben, je nachdem, wie ihre gegenwärtige Lebenssituation aussieht.

6. Das gleiche Traumthema kann sich von Zeit zu Zeit in Ihren Träumen wiederholen, es kann jedoch trotzdem in Abhängigkeit von Ihrer momentanen Situation unterschiedlich interpretiert werden.

7. Der Hauptzweck von Träumen ist, etwas Verborgenes, Unterdrücktes oder vom bewußten Geist Übersehenes aufzudecken. Wenn sich der Traum also scheinbar um etwas dreht,

was Sie bereits wissen, sollten Sie nach einer tieferen Bedeutung suchen.

8. Ein Traum ist dann richtig gedeutet, wenn er für Sie in bezug auf Ihre gegenwärtige Einstellung zum Leben Sinn macht und Sie dazu anregt, konstruktive Veränderungen in Ihrem Leben herbeizuführen.

9. Ein Traum ist dann noch nicht richtig gedeutet, wenn er Sie nicht bewegt oder enttäuscht. Träume sind dazu da, etwas zu offenbaren und unsere Vorstellung von uns selbst zu erweitern, nicht einzuschränken.

Seltenere Traumarten

Reinkarnative Träume, prophetische Träume und zusammenfassende Träume werden von psychologisch orientierten Autoren selten behandelt. Wenn die gegenwärtigen psychischen Implikationen und die wörtlich zu nehmenden Aspekte des Traumes untersucht worden sind und noch immer etwas zu fehlen scheint, sollten Sie die Möglichkeit in Betracht ziehen, daß Ihnen Szenen aus einem vergangenen Leben gezeigt worden sind, damit Sie eine momentan verwirrende Situation besser verstehen können. Das nennt man einen reinkarnativen Traum.

Ein prophetischer Traum wird oft nicht als solcher erkannt, bis die Prophezeiung in Erfüllung gegangen ist. Einige prophetische Träumer haben mir erzählt, daß diese Träume mehr Details beinhalten als andere, doch für die meisten Menschen ist es schwer, den Unterschied zu erkennen. Vielleicht sollten wir diesem Bereich mehr Aufmerksamkeit widmen, damit wir die Feinheiten kennenlernen.

Ein weiterer, ziemlich seltener Traum, der normalerweise nicht als solcher erkannt wird, ist der zusammenfassende Traum, in dem man scheinbar Szenen der letzten Monate und Jahre des eigenen Lebens wiedererlebt. Es könnte sein, daß die Seele in so einem Traum gewisse Umstände beendet, dabei alle losen Enden verbindet, sie in eine Reihenfolge bringt und sie in Ihren Erinnerungsspeichern verstaut. Auf diese Weise bereitet sie sich in einer Art Tod-Wiedergeburts-Vorgang auf eine neue Serie von Erfahrungen vor. Vielleicht besteht sogar eine Analogie zu den Berichten, daß das eigene Leben im Augenblick des Todes vor dem inneren Auge abläuft. Nur handelt es sich in diesem Fall nicht um den Tod, sondern darum, daß eine Reihe von Ereignissen zum gewünschten Ende gebracht werden.

Es gibt noch eine Art von Träumen, von der ich in Traumbüchern noch nie etwas gelesen habe. Vielleicht handelt es sich dabei um ein Privileg von Schriftstellern. Mein Traumleben liefert mir häufig kreative kleine Handlungsabläufe, die einfach nur zu meinem Vergnügen entwickelt werden und die scheinbar keine andere unbewußte Funktion erfüllen. Wenn ich so einen Traum habe, scheine ich gleichzeitig die Geschichte zu lesen, mich über das Zusammenspiel der Worte zu freuen und der Handlung zuzuschauen. Als Schriftstellerin bereiten mir diese Träume viel Freude, und sie regen meine Phantasie an, doch fallen sie in keine der bislang aufgeführten Kategorien.

Alpträume

Mit angsterregenden Träumen oder Alpträumen muß man anders umgehen. Da das eigene Traumleben die gegenwärtigen Angelegenheiten reflektiert, spiegelt sich in einem Alptraum ein Aspekt des Lebens wider, von dem wir glauben, daß wir ihn nicht unter Kontrolle haben. Als angehende Meister über unser Schicksal müssen wir unseren Geist dahin gehend trainieren, es mit allen Schrecken aufzunehmen, die von den verschiedenen Energiefeldern unseres eigenen Wesens hervorgebracht werden.

Die Affirmation »Du hast keine Macht über mich« ist eine ausgezeichnete Hilfe, wenn wir es mit äußerlich manifesten Situationen zu tun haben, und bei inneren Konflikten funktioniert sie genauso gut. Im realen Leben habe ich immer wieder die Erfahrung gemacht, daß jede Situation, vor der ich Angst hatte, sich aufgelöst hat, wenn ich sie aufrichtig konfrontiert habe.

Am Anfang meiner Verkaufstätigkeit hatte ich das Gefühl, daß ich weder den Hintergrund noch den Mumm hatte, an Leute etwas zu verkaufen, die »in dem großen Haus auf dem Berg« wohnten. Ich hatte niemals Wohlstand oder Macht in meinem Leben erfahren, und ich ängstigte mich zu Tode davor, mit solchen Menschen zu sprechen.

Nachdem ich viele verkaufsfördernde Vorträge gehört hatte, nahm ich all meinen Mut zusammen und klopfte an die Tür des größten Hauses in der Stadt. Ich war völlig erstaunt darüber, daß die Frau des Hauses überfreundlich zu mir war. Als ich später ihren Ehemann kennenlernte, entdeckte ich, daß er charmant, intelligent und sympathisch war. Von diesem Zeitpunkt an wurde ich immer dreister darin, Situationen mutig zu konfrontieren, die mich beängstigten. Das, wovor ich mich innerlich fürchtete, materialisierte sich nie. Statt dessen lösten sich meine Phantasievorstellungen auf.

Diese Einstellung, die eigenen Projektionen im Wachbewußtsein unter Kontrolle zu haben, kann man auf das eigene Traumleben übertragen. Geben Sie Ihrem Unterbewußtsein vor dem Schlafengehen die Anweisung, daß angsterregende Traumbilder keine Macht haben, Ihnen zu schaden oder Sie zu beunruhigen. Sehr häufig wird eine Traumfigur, die diesen mutigen Teil Ihrer Persönlichkeit symbolisiert, in Ihrem Traum auftauchen, der bedrohlichen Traumfigur »die Stirn bieten« und den Konflikt für Sie lösen.

Einen beunruhigenden Traum, der Ihre inneren Konflikte widerspiegelt, können Sie meist gleich anschließend an den Traum auflösen. In dem Augenblick, in dem Sie aufwachen, die Traumbilder sich noch ganz frisch in Ihrem Geist befinden und Ihr Geist sich noch auf der Alpha-Ebene (siehe Tabelle 1) befindet, können Sie nochmals durch die Traumbilder gehen. Lassen Sie dieses Mal den Traum so ausgehen, wie Sie es möchten. Rekonstruieren Sie die Traumfiguren, und lassen Sie sie freundlich statt angsterregend sein.

Nehmen wir zum Beispiel an, daß Ihnen ein wildes Tier oder irgendeine Art von Monster einen Schrecken einjagt. Im Traum spüren Sie große Angst und wachen schweißgebadet und zitternd auf. Noch bevor Ihr Geist die Gelegenheit hat, aus dem Alpha-Zustand völlig zu erwachen, gehen Sie nochmals durch die Traumbilder. Gehen Sie dieses Mal auf die Traumfigur zu, die scheinbar Ihr Feind ist, und verlangen Sie von ihr, daß sie Ihr Freund wird. Lassen Sie die Figur Ihre Hand schütteln oder Ihnen einen anderen Beweis für ihre Freundschaft geben. Bestehen Sie anschließend darauf, daß Ihr früherer Feind Ihnen ein Zeichen seines Wohlwollens gibt: irgendeine Art von Geschenk.

Wenn Sie das imaginäre Geschenk erhalten haben, werden Sie wissen, daß dieser Konflikt auf einer tiefen symbolischen Ebene aufgelöst wurde und daß Sie nicht nur diese spezielle Situation gemeistert haben, sondern aus ihr auch etwas Gutes erwachsen ist. Und: Sie haben das »Geschenk« als Beweis! Die Interpretation der Symbolik des »Geschenks« sollte anschließend sehr aufschlußreich sein.

Die bewußte Interaktion mit Ihren Träumen kann »luzides Träumen« hervorrufen. In diesem Traumzustand sind Sie sich bewußt darüber, daß Sie träumen, was Ihnen Möglichkeiten eröffnet, die von Psychologen und Traumforschern noch erforscht werden. In einem luziden Traum ist man fähig, die Traumszene willentlich zu verändern. Meine Theorie ist, daß der luzide Traum sehr häufig eigentlich ein Traum einer astralen Reise ist, in dem man sich dessen bewußt ist, daß man tatsächlich die emotionale Materie der Astralebene manipuliert und alle möglichen gewünschten Erfahrungen hervorruft.

Ein Kapitel kann dem weiten, noch ziemlich unerforschten Feld der Träume und des Träumens nicht gerecht werden. Wenn Sie sich einmal in der Esoterikabteilung Ihrer Buchhandlung umsehen, werden Sie sicher einige außerordentlich gute Bücher zum Thema Traumdeutung finden, die über bloße »Traumwörterbücher« hinausgehen. Wenn Sie von den vielfältigen Möglichkeiten zur Innenschau gefesselt sind, die sich Ihnen durch Traumdeutung eröffnen, können Sie beispielsweise mit Gleichgesinnten eine Traumgruppe ins Leben rufen. Es könnte ein sehr lohnenswertes Unterfangen sein.

Programmieren Sie Ihren Schlaf, und meistern Sie Ihr inneres Leben

In der 1. Woche (1. Kapitel), haben wir gelernt, daß das Gehirn auf vier hauptsächlichen Schwingungsebenen funktionieren kann:

1. Beta, das Wachbewußtsein,
2. Alpha, Meditation, Schlaf und Träume,
3. Theta, der Bereich des Unterbewußten, und
4. Delta, Tiefschlaf, Koma und einige Tieftrancefälle (siehe auch Tabelle 1).

Wir haben die Alpha-Ebene während unserer Meditationszeiten kennengelernt, und die meisten von Ihnen können jetzt bereits willentlich in den Alpha-Zustand gehen, um lebenswichtige Informationen, Weisungen und Ratschläge zutage zu fördern. Manchmal können Sie sogar in den Theta-Zustand gehen, um so eine Brücke zu den unbewußt gespeicherten Gedächtnisinhalten zu schlagen.

An was wir uns unbedingt erinnern sollten, ist, daß das Gehirn jede Nacht – während des Einschlafens – immer langsamer wird, erst in den halbbewußten Alpha-Zustand geht und dann noch langsamer wird, bis der unbewußte Schlafzustand, Theta, erreicht ist. Zu dem Zeitpunkt, an dem der Schlaf einsetzt und Alpha-Schwingungen deutlich hervortreten, ist es wichtig, daran zu denken, daß dies die kreative Ebene des Gehirns ist. Alles, was auf der Alpha-Ebene einprogrammiert wird, manifestiert sich in äußeren Aktivitäten und Ereignissen.

Daher ist es ein absolutes Muß, alle Ängste und Sorgen hinter uns zu lassen, bevor wir einschlafen, genauso wie wir es auch vor einer Meditation tun würden. Wenn wir einschlafen, während wir über negative Situationen und ängstliche Gedanken brüten (und uns wie eine Maus im Käfig im Kreis drehen), bekräftigen und programmieren wir die gleichen angstbesetzten Handlungen und Gedanken immer wieder aufs neue für die nächsten Tage. Wir erschaffen dadurch negative Vorstellungen, die sich in der Zukunft manifestieren werden.

Betrachten Sie die Phase des Einschlafens als Beginn einer friedlichen Entspannung. Nehmen Sie ein warmes Bad, legen Sie sanfte Musik auf, oder machen Sie, was auch immer Ihnen hilft, die Sorgen des Tages beiseite zu legen. Für die Entwicklung erweiterter Sinneswahrnehmung, um Weisheit zu erlangen und Führung zu bekommen, sind die Aktivitäten während der Schlafenszeit genauso wichtig wie Ihre Tagesaktivitäten. Wenn Sie Ihren Lebensweg unter Kontrolle haben wollen, müssen Sie sich entschließen, 24 Stunden täglich Herr Ihres intellektuellen und emotionalen Zustands zu sein.

Die Zeit kurz vor dem Einschlafen kann die effektivste zur Programmierung Ihres weiteren Lebenslaufes sein. Zu dieser Zeit sind die anderen Energien, die auch Teil Ihre spirituellen Struktur sind, nicht dadurch beeinträchtigt, daß Ihre ganze Aufmerksamkeit auf Sinneswahrnehmungen fixiert ist, und können frei wirken.

Sie können Ihrer Seele dann erlauben, Probleme zu lösen, neue Möglichkeiten hervorzubringen, Beziehungen zu harmonisieren und viele andere Dinge zu tun, während das niedere Bewußtsein sich erholt und neue Kraft schöpft. Wenn Sie morgens aufwachen, sollten Sie bereit sein, neue, sinnvollere Dinge anzugehen, die während der Nacht vorbereitet wurden, als Sie schliefen.

Wie Sie Probleme im Schlaf lösen

Keiner von uns ist immer frei von Problemen, Belastungen und Sorgen, die uns niederdrücken können, bis es scheinbar keinen Ausweg mehr gibt. Programmieren Sie Ihre Schlafenszeit derart, daß das Problem gelöst wird oder daß Ihnen Hinweise gegeben werden, welchen Weg Sie am besten einschlagen sollen.

Kurz bevor Sie einschlafen, sollten Sie das Problem – soweit möglich – kurz und bündig und ohne Emotionen beschreiben. Sagen Sie Ihrer Seele dann: »Ich möchte eine Lösung für dieses Problem.« Vergessen Sie es dann, und erlauben Sie Ihrem Verstand, sich mit angenehmen Dinge zu befassen: mit einem geliebten Menschen, erhebenden Gedanken oder einer schönen Szene. Die Antwort könnte Ihnen in einem Traum erscheinen, dessen Symbole außergewöhnlich klar und präzise sind. Es könnte sein, daß Sie morgens aufwachen und eine Idee haben, wie Sie die Situation handhaben können, oder aber Sie werden in den nächsten 48 Stunden zu einer Person geführt, die die Antwort für Sie bereithält. Erfindungen, geistreiche Lösungen und neue Ideen werden mit Sicherheit auftauchen, wenn Sie diese Technik anwenden.

Wenn das Problem sehr ernst ist, schon lange besteht oder wenn es durch viele intensive, schmerzlich bewegte und angstvolle Gedanken verstärkt worden ist, könnte es sein, daß Sie mehr als eine Nacht brauchen, um genügend SUBSTANZ zu bewegen, um die Antwort zu finden. Wenn Sie sich weigern, an das Problem zu denken, wenn Sie einschlafen und statt dessen immer wieder bejahen, daß Sie die richtigen Anweisungen bekommen werden, um die Schwierigkeit zu handhaben, werden Sie sehr bald eine Bresche in die beklemmenden Umstände schlagen. Irgend etwas wird passieren, woran Sie erkennen können, daß Sie eine Veränderung bewirken.

Wenn das passiert, sollten Sie mutig sein – egal, ob es sich um ein kleines oder ein großes Ereignis oder einfach um eine neue Idee handelt. Lassen Sie Ihrerseits dynamische Handlungen folgen. Verfolgen Sie jede Handlungsalternative, die sich Ihnen eröffnet.

Es gibt ein altes Sprichwort: »Hilf dir selbst, dann hilft dir Gott.« Dies besagt, daß Gott die Ideen liefert, die Mittel und die Wege, durch die das Gute in unser Leben treten kann. Unser Teil im göttlichen Plan ist jedoch, die Dinge auch zu tun. Wenn wir nicht handeln, wenn uns positive Möglichkeiten geboten werden, geht die Gelegenheit ungenutzt vorüber, und wir stagnieren in der negativen Situation. Nur die wenigsten Dinge werden uns auf einem silbernen Tablett überreicht. »Nach einer Lösung suchen« bedeutet, uns erwartungsvoll darauf vorzubereiten, etwas zu tun in der Richtung, die uns gewiesen wird.

Sie werden sehr bald diese Quelle der Führung respektieren lernen und ihren Wert erkennen.

Allgemeiner Schutz

Vergessen Sie nicht, sich mit weißem Licht zu umgeben, bevor Sie einschlafen. Daß Sie sich selbst durch einen weißen Lichtkreis schützen, sollte bereits ein ganz automatischer Vorgang in Ihrem Leben geworden sein. Es sollte etwas sein, was Sie jeden Morgen und jeden Abend, vor und nach jeder Meditation und für den Rest Ihres Lebens tun. Verstärken Sie Ihren Lichtschutz immer dann, wenn Sie beinahe einen Unfall hatten oder wenn Sie bemerken, daß in Ihrer Umgebung jemand negative Energie entladen hat.

Sie können Ihr Unterbewußtsein darüber hinaus vor dem Schlaf darauf programmieren, Sie darauf aufmerksam zu machen, wenn Sie sich in eine gefährliche Situation begeben. Während Sie in das Bewußtsein des Schlafes wegdämmern, sagen Sie sich in Ihren eigenen Worten etwas Ähnliches wie: »Ich möchte auf alles, was ich wissen sollte, und auf jede Gefahr aufmerksam gemacht werden. Wenn ich irgendwo nicht hingehen sollte oder irgend etwas nicht tun sollte, weil es mir schaden würde, möchte ich es wissen. Und ich möchte davor bewahrt werden, mich in eine gefährliche oder negative Situation zu bewegen, die aus meinen eigenen Gedankenformen oder denen eines anderen Menschen entstehen könnte.«

Diese Art von Programmierung können Sie dem Geist als Daueranweisung geben. Bitten Sie nicht nur während des Einschlafens, sondern auch häufiger am Tage darum, daß Sie vor negativen Einflüssen geschützt werden. Sie werden einige bemerkenswerte Reaktionen des Unterbewußtseins feststellen: Situationen, in denen Sie nicht beinahe einen Unfall hatten oder nicht gerade in dem Augenblick auf die Straße gingen, als ein Auto mit hoher Geschwindigkeit um die Ecke gebogen kam, oder nicht das Flugzeug, den Zug oder den Bus nahmen, dessen Reise in einer Katastrophe endete.

Jedesmal wenn Sie sich dieses Schutzes bewußt werden, sollten Sie sich bei Ihrer inneren Führung bedanken. Die Einstellung der Dankbarkeit wird diesen inneren Reaktionsmechanismus stärken, bis Sie eines Tages wie David sagen können: »Wenn auch tausend fallen zu deiner linken Seite und zehntausend zu deiner Rechten, so wird es doch dich nicht treffen« (Psalm 91,7).

Wie Sie Beziehungen harmonisieren können

Probleme mit anderen Menschen können ebenfalls beim Einschlafen gelöst werden. Im Alpha-Bewußtsein haben wir gar nicht die Kraft, jemanden zu hassen. Es ist dann so viel leichter, Liebe aus dem eigenen emotionalen Zentrum in das emotionale Zentrum eines anderen Menschen fließen zu lassen, mit dem Sie Meinungsverschiedenheiten haben, egal, ob es sich dabei um Ihren Vorgesetzten, Ihren Ehegatten, Ihren Partner, Ihr Kind, Ihre Eltern, Ihren Freund oder einen Feind handelt.

Sagen Sie sich beim Einschlafen: »Es fällt mir leicht, großzügig, fröhlich, freundlich, liebevoll, offenherzig, verständnisvoll und tugendhaft zu sein.« Stellen Sie sich vor, wie Sie mit jeder dieser Qualitäten auf die Situationen des Lebens reagieren, die mit Menschen zu tun haben, denen gegenüber Sie in der Vergangenheit nicht großzügig, freundlich oder liebevoll waren. Auf der friedvollen Alpha-Ebene ist das viel einfacher, und die innere Programmierung bringt diese Visualisation rasch äußerlich in Erscheinung.

Auf dieser Ebene ist es sehr wirksam, Liebesenergien zu einem anderen Menschen hinströmen zu lassen. Sie werden dadurch Ihrem Ziel sehr viel näher kommen, einen Feind in einen Freund oder einen Partner oder Verwandten, der sich mit Ihnen überworfen hat, wieder in einen rücksichtsvollen Menschen zu verwandeln. Außerdem bauen Sie dadurch einen Schutz gegen die für Sie gefährlichen Handlungen anderer Menschen um sich herum auf. Wenn Sie keine rachsüchtigen, aufgebrachten oder haßerfüllten Gedanken haben, die aus Ihrem mächtigen emotionalen Zentrum ausstrahlen, gibt es keinen Zugang, auf dem Vergeltung auf Sie zurückfallen könnte.

Vielleicht erkennen Sie auch durch einen Traum, was für eine Verbindung Sie zu dem anderen Menschen haben. Unter Umständen verstehen Sie die Beziehung danach sogar gut genug, um selbst aktiv werden zu können, um die Wogen wieder zu glätten.

Träume und Selbsterkenntnis

Über dem Eingang des Orakels in Delphi stand der Spruch: »Erkenne dich selbst.« Alle systematischen und intelligenten Bemühungen, spirituelle Wahrheit zu erkennen, müssen mit einer Selbstanalyse beginnen. Nur wenn wir uns selbst kennen, können wir Gott erkennen. Heutzutage sind auch die Psychologen dabei, zu entdecken, daß die meisten unserer mentalen und emotionalen Probleme von der Unkenntnis über unsere eigenen inneren Reaktionen auf das Leben stammen. Außerdem fehlt uns das Wissen darum, wie wir diese Reaktionen disziplinieren können.

Auch wenn es uns in unserem Herzen an Vergebung mangelt – auf der Alpha-Ebene ist es sehr leicht, jemandem zu verzeihen. Sie sind dann bereits in einem friedvollen Zustand und müssen sich nicht mehr anstrengen, sich wohl zu fühlen. Glücklichsein ist der natürliche Zustand eines jeden Menschen und ist in sich selbst verjüngend. Man muß eine ganze Menge Energie aufwenden, um unglücklich zu sein!

Im Alpha-Bewußtsein produzieren wir nur sehr wenig physische Energie, weswegen es sehr leicht ist, den inneren Geist mit Gedanken zu programmieren wie etwa: »Ich kann verzeihen, ich verzeihe. Ich kann lieben. Ich *bin* Liebe. Ich verzeihe XY, was er (oder sie) mir angetan hat.« Das ist eine der leichtesten Übungen der Welt, mit der man den eigenen Ärger, Schuld, Unmut, den Wunsch nach Vergeltung oder Rache oder jeden anderen angsterfüllten oder negativen Gedanken wieder loswerden kann.

Durch die Programmierung unseres Schlafes können wir die eigenen Fehler oder Schwächen erkennen, verstehen und herausfinden, wie wir sie überwinden können. Bitten Sie Ihr sich vertiefendes Bewußtsein, während Sie einschlafen, Ihnen alles mitzuteilen, was Sie über sich selbst wissen müssen, und bekräftigen Sie immer wieder den Glauben, daß Sie das Gegenteil von jedem Problem sind, an dem Sie gerade arbeiten.

Neue Ziele und neue Möglichkeiten

Visualisieren Sie Ihre Ziele auf der Alpha-Ebene, kurz bevor Sie einschlafen. Sehen Sie, wie Sie das erreichen, was Sie erreichen wollen. Visualisieren Sie, daß Sie sehr erfolgreich sind und entsprechend für die Bemühungen und die Energie, die Sie investieren, belohnt werden. Bitten Sie auch um die richtige Anleitung, damit das, was Sie sich wünschen, zum Wohle aller Beteiligten ist.

Wenn Sie im Augenblick keine Ziele haben, bitten Sie das Überbewußtsein darum, Ihnen ein Ziel zu geben, das Ihren Talenten und Ihren Energien entspricht. Ein Ziel, durch welches Sie die Anerkennung, den Erfolg und die Belohnungen erhalten, die Ihnen zustehen.

Wenn Ihnen dazu in Träumen und Ispirationen Ideen kommen, stellen Sie sicher, daß Sie sie auch weiterverfolgen. Wenn es Ihre Idee ist und sie in Ihnen Tatkraft und Begeisterung weckt, können Sie sicher sein, daß Sie auch die Fähigkeit besitzen, das zu erreichen, was Sie sich vorstellen. Sie werden nicht in die Irre geführt werden, wenn Sie auf Ihre inneren Eindrücke hören.

Wenn Ihr Leben gerade zu stagnieren scheint, bitten Sie Ihr inneres Bewußtsein, Sie mit neuen Entfaltungsmöglichkeiten zu versorgen. Sie sollten dabei nicht spezifizieren, welche Art von Entfaltungsmöglichkeiten das sein müßten, da das Unterbewußtsein und/oder das Überbewußtsein neue Möglichkeiten und Abenteuer in Ihr Leben bringen kann, die jenseits Ihrer wildesten Phantasien liegen. Sie können ausgesprochen aufregend sein und Ihnen Türen zu Erfahrungsbereichen öffnen, von denen Sie noch nicht einmal im entferntesten geträumt haben. Sie werden mit neuen und interessanten Menschen in Kontakt kommen, und vielleicht werden Sie auch wie ein Globetrotter um die Welt reisen.

Träume, in denen sich zurückgehaltene und unterdrückte Wünsche widerspiegeln, können als Ergebnis solcher Bitten auftauchen. In den darauffolgenden Tagen werden Sie die Möglichkeit bekommen, sich diese Wünsche zu erfüllen, wenn Sie weiterhin Ihre Schlafenszeit darauf programmieren.

Wenn Sie um neue Möglichkeiten bitten, sollten Sie bereit sein, alle Erfahrungen anzunehmen, die Ihnen ermöglicht werden. Lassen Sie nicht zu, daß mentale oder emotionale Vorbehalte oder konditionierte Hemmungen Sie davon abhalten, alles vollends auszukosten, was diese neuen Erfahrungen Ihnen bieten können. Wenn sich unsere Wünsche plötzlich erfüllen, sagen wir oft: »Was für ein glücklicher Zufall! Das kam wie ein Blitz aus heiterem Himmel!« In Wirklichkeit ist es gar nicht so. Es konnte deswegen passieren, weil Sie sich auf der unbewußten Ebene darauf vorbereitet haben und Ihr inneres Bewußtsein es herbeigeführt hat.

Spirituelle Entfaltung

Wir erreichen alle einmal das eine oder andere Plateau, wo unsere spirituelle Entwicklung nicht weiterzugehen scheint, wo scheinbar nichts passiert und in unserer Umgebung nichts Neues entsteht, wodurch wir etwas lernen oder unser Wissen anwenden könnten. Dies ist eine Zeit, in der die Seele Bewertungen anstellt, eine Zeit, in der die Seele sich in die Meditation zurückgezogen hat und sozusagen die Dinge verdaut, die in der letzten Zeit gelernt wurden.

Während dieser Zeiten, in der die Entwicklung zu stagnieren scheint, können Sie die Zeit des Schlafes benutzen, um Ihre Verbindung zur Seele zu verstärken. Bitten Sie, kurz bevor Sie einschlafen und während Sie auf der Alpha-Ebene sind, darum, neue Wahrheiten von der spirituellen Ebene gezeigt zu bekommen. Suchen Sie nicht auf der astralen Ebene nach Lehrern.

Diejenigen, die dort behaupten, zuständig zu sein, kämpfen noch immer mit Problemen, die den Ihrigen ähneln. Bitten Sie darum, mit Lehrern in Kontakt zu kommen, die sich auf der höchsten Ebene befinden, die Sie erreichen können.

Sie müssen nicht wissen, was das für eine Ebene ist. Ihre Bitte wird die entsprechenden Resultate nach sich ziehen. Wenn die Ebene das übersteigt, was Sie unterbewußt glauben können, werden Sie sich vielleicht nicht an das Gelehrte oder die Unterweisungen erinnern. Seien Sie sich jedoch sicher, daß alles, was Sie auf diese Art und Weise lernen, im Überbewußtsein aufgezeichnet wird, und in Zukunft wird dieses Wissen, wenn es gebraucht wird, freigegeben.

Später wird das Wissen, das Sie erhalten haben, durch irdische Lehrer, Bücher und manchmal auch einfach durch gewöhnliche Unterhaltungen wieder in Ihr Bewußtsein gebracht werden. Immer wenn Ihnen spirituelle oder psychologische Wahrheiten vermittelt werden, wird es in Ihnen etwas geben, das Ihnen sagt: »Ich glaube, das wußte ich schon immer. Das habe ich noch nie in Worte gefaßt.« Dann werden Sie wissen, daß sich der Kreis geschlossen hat. Sowohl die Lehren als auch die Möglichkeiten, sie anzuwenden, stehen Ihnen nun zur Verfügung.

Körperliche Heilung

Körperliche Unversehrtheit und spirituelle Entfaltung sollten eigentlich Hand in Hand gehen, doch ist es scheinbar nicht immer so. Häufig gehen Menschen, die sich sehr ihrem spirituellen Weg hingegeben haben, durch eine sehr mühsame Zeit körperlicher Beeinträchtigung. Der spanische Mönch Johannes vom Kreuz und viele andere Verfasser mystischer Schriften beschreiben ihre persönlichen Erfahrungen mit Leiden, Lähmungen und Krankheiten, die sie teilweise sogar verkrüppelten.

Ich glaube, daß viele von uns den weitverbreiteten Fehler machen, so viel geistige Energie in die Entwicklung unseres spirituellen Bewußtseins zu investieren, daß wir leicht den Körper und die physischen Vorgänge ignorieren oder vernachlässigen, was zu Krankheiten und körperlichen Behinderungen führt.

Körperliche Probleme können auch dadurch auftreten, daß die karmischen Schulden, die die Seele aufgelöst haben möchte, schneller zurückkommen. Das führt dazu, daß lange vergrabene Wirkungen nach draußen gespült werden bzw. in der äußeren Welt in Erscheinung treten. Dann sind auch sie durchlebt und nicht länger ein Teil unserer seelischen Struktur. In diesem Falle könnte man eine solche körperliche Abbildung einer negativen Struktur als einen heilsamen und reinigenden Prozeß für die Seele betrachten. Wenn der Körper geheilt wird, macht auch die Heilung der Seele Fortschritte.

Unabhängig davon, ob die körperliche Krankheit nun durch Vernachlässigung, Karma oder negatives Denken verursacht wurde, kann sie in jedem Fall durch Programmierungen für die Schlafenszeit geheilt werden. Sofortige oder wundersame Heilungen haben Menschen schon immer in Erstaunen versetzt, und es ist durchaus möglich, daß so etwas auch Ihnen passiert. Die häufigste Ursache für eine Heilung ist jedoch der normale körperliche Verjüngungsprozeß, der durch eine Programmierung im Alpha-Zustand vor dem Einschlafen beschleunigt werden kann.

Betrachten Sie den Körper als eine Maschine und das Unterbewußtsein als den Mechaniker, der sie wartet. Stellen Sie sich den Körper energetisch, kräftig und gesund vor. Ziehen Sie bewußt aus dem heilenden Energiefluß des göttlichen Bewußtseins Lebensenergie in den Körper hinein. Wenn Sie sich selbst und anderen vergeben, wird dies den Heilungsvorgang beschleunigen. Erkennen Sie, daß Ihr natürlicher Zustand der ist, sich wohl zu fühlen, gesund und heil zu sein. Erkennen Sie, daß das ursprüngliche Bild, welches von Gott ausgesandt wurde, einen

Entwurf enthält, nach dem es völlig unmöglich ist, krank oder behindert zu sein. Versuchen Sie, sich auf mentale Weise diesen ursprünglichen Entwurf zu erschließen, und legen Sie dieses vollkommene Bild über die gegenwärtige Ansammlung von Atomen Ihres physischen Körpers, in dem sich im Augenblick eine Unvollkommenheit spiegelt. Sie sollten wissen, daß die Seele auf lange Sicht einen perfekten Körper hervorbringen muß. Je eher alle Ebenen des Bewußtseins dahin gehend zusammenarbeiten, um so eher wird dieser Tag kommen.

Wie bei allen Übungen zur Schlafprogrammierung sollten Sie dann auf die Einsichten und Inspirationen, die Sie erhalten, Taten folgen lassen. Vielleicht erhalten Sie durch einen Traum innere Führung, ähnlich wie in meinem Traum von den Bienen und dem Honig. Vielleicht entdecken Sie plötzlich Interesse an ganzheitlichen Heilmethoden. Neue Bücher, Ideen und Lehrer fließen reichlich und ungehindert in Ihr Leben. Oder vielleicht bekommen Sie plötzlich die Gelegenheit, sich von einem Spezialisten in dem Bereich, in dem Sie Hilfe brauchen, behandeln zu lassen. Denken Sie daran, daß, obwohl wundersame Heilungen stattfinden können und Ihnen vielleicht eine widerfährt, auch Ärzte Kanäle göttlicher Heilung sind. Mit sehr wenigen Ausnahmen sind Ärzte Menschen, die Ihre Energien mit dem universellen Heilungsstrom in Einklang gebracht haben und diese Energien bewußt oder unbewußt einsetzen, um ihre Patienten zu heilen.

Ein Schritt nach dem anderen

Es ist unklug, zu versuchen, all die hier erwähnten Methoden an einem Abend anzuwenden. Das würde nur zur Zerstreuung Ihrer Energien führen. Um die Kraft Ihrer Bemühungen zu steigern, sollten Sie zwei oder drei Nächte hintereinander nur an einer Sache arbeiten, sofern es so lange dauert, bis sich die Ergebnisse zeigen. Lassen Sie das Ganze dann eine Weile ruhen, und arbeiten Sie an etwas anderem, während Sie darauf warten, daß die Zeit (die oft etwas »hinterherhinkt«) die Verwirklichung Ihrer Visualisation bringt. Sie können den Vorgang, wenn nötig, später noch einmal wiederholen.

Die Visualisationen können auf sehr positive Weise verstärkt werden, wenn Sie daran danken, alle gegenwärtigen Erfahrungen mit Liebe, Freude und Dankbarkeit aufzuladen. Dadurch werden andere negative Einstellungen wie Angst und Sorgen um die Ergebnisse ausgeschaltet, und es hilft Ihnen, zu erkennen, daß alle Aktivitäten, die sich in Ihrem Umfeld ergeben, zu Ihrem Besten sein werden. Die neuen Erfahrungen werden Ihr Verstehen vertiefen, zu Ihrer persönlichen Erleuchtung beitragen und Sie spirituell wachsen lassen.

Diese Einstellung wird auch die Dauer der unharmonischen Situationen und Ereignisse verkürzen, da Sie nicht gegen ein Problem kämpfen, sondern ganz automatisch nach dem Guten suchen, nach dem, was Sie lernen können, oder danach, wem Sie helfen können. Dadurch wird der »Notwendigkeit« dieser Erfahrung Genüge getan. Sie kann dann aus Ihrem Bewußtsein schwinden, wodurch Sie wieder frei werden, um andere Aktivitäten und Lernerfahrungen weiterzuverfolgen.

Ihre innere Uhr

In der Zwischenzeit ist Ihnen sicherlich bewußt, daß es eine automatische »Zeitmeßeinrichtung« gibt, die Sie alarmiert, wenn gewisse Dinge getan werden müssen. Sie werden wahrscheinlich entdeckt haben, daß, wenn Sie sich zu einer zwanzigminütigen Meditation hingesetzt haben, sich Ihre Augen genau zwanzig Minuten später einfach öffnen, egal, wie tief Sie nach innen gehen oder wie wenig Sie sich Ihres Körpers oder Ihrer Umgebung noch bewußt sind. Sie werden sogar, lange bevor Sie genügend Vertrauen in sich selbst haben, um auf den Wecker zu verzichten, feststellen, daß Sie genau eine Minute vor dem Klingeln des Weckers wach werden.

Mein Unterbewußtsein entwickelte sich zu einem richtigen Tyrannen, wenn es darum ging, mich aus dem Bett zu holen. Ich hatte eine schlechte Angewohnheit, die daraus bestand, zwar zum gewünschten Zeitpunkt aufzuwachen, dann aber doch wieder einzuschlafen. Bald fand ich mich in der Situation wieder, sehr realistisch von jemandem zu träumen, der an meine Schlafzimmertür klopfte, es klingelte an der Haustür, oder das Telefon läutete. Jedesmal schleppte ich mich noch schlaftrunken aus dem Bett, um an die Tür zu gehen oder das Telefon zu beantworten, nur um festzustellen, daß dort niemand war.

Ich schaute auf die Uhr und sah, daß es Zeit war, um aufzustehen. Ich erkannte, daß mein Unterbewußtsein sich schon wieder sehr große Mühe gegeben hatte, mich aus meinem kuscheligen Bett zu bewegen.

Für Fortgeschrittene

Für den Leser, dessen ICH-BIN-Fokus zu einem Ort außerhalb oder oberhalb des Kopfes hinaufgestiegen ist, wird die folgende Technik unbegrenzte Möglichkeiten zu kraftvoller und dynamischer Aktivität eröffnen.

Anstatt Ihren Schlaf zu programmieren (was Sie natürlich auch tun können, wenn Sie möchten), sollten Sie diese Meditationstechnik benutzen, um sich Ihre Wünsche und Bedürfnisse zu erfüllen. Bringen Sie sich in eine meditative Haltung – Körper ruhig, Wirbelsäule gerade. Zentrieren Sie Ihr Bewußtsein in dem ICH-BIN-Fokus über Ihrem Kopf. Strahlen Sie Ihre Gedanken von diesem Punkt aus in die Umgebung, und suchen Sie den Geist der

Menschen oder des Menschen, der davon profitieren kann, Ihnen bei der Erfüllung Ihres Wunsches zu helfen. Das ist Kommunikation von Seele zu Seele, und sie wird unwahrscheinlich schnell Ergebnisse hervorrufen und Ihnen das bringen, was Sie brauchen oder wünschen.

Denken Sie daran, die Kooperation der Menschen zu erbitten, die auch von der Erfüllung Ihrer Wünsche profitieren können. Solche Bitten sollten nie einseitig sein, sonst würden Sie sich in einer Situation wiederfinden, in der Sie dem Menschen, der Ihnen geholfen hat, karmisch etwas schulden. So eine Schuld muß in gleicher Münze zurückbezahlt werden, entweder so, daß ein Ausgleich stattfindet, oder zu Ihrem Nachteil.

Es ist nicht notwendig, daß Sie wissen, *wie* die andere Person davon profitieren wird. Das einzige Beurteilungskriterium ist Ihre Absicht, während Sie um Hilfe bitten. Vielleicht hat dieser Mensch selbst karmische Schulden, und seine oder Ihre Hilfe ist eine Bezahlung dieser Schulden. In diesem Fall werden Sie unter Umständen nie erfahren, wie beide Seiten von dem Austausch profitiert haben. Der »göttliche Buchhalter« kümmert sich um diese Angelegenheiten. Unsere einzige Verantwortung ist, unsere Motive zu reinigen und zu läutern.

Übung 1: Traumworkshop

Jeder Teilnehmer in der Gruppe sollte einen oder mehrere Träume zur Deutung mitbringen. Auch wenn es einen Gruppenleiter gibt, sollten die Teilnehmer den Großteil der Deutung füreinander durchführen. Dadurch bekommen sie Training und Erfahrung im Deuten von Träumen. Jeder sollte ermutigt werden, die eigenen Ideen darüber mitzuteilen, was einer der Träume bedeutet. Grundsätzlich sollte man wissen, daß keine Idee irgendeinen Wert besitzt, wenn sie nicht im Träumer Erkenntnisse auslöst und zu mehr Klarheit führt.

Übung 2: Autosuggestionen zur Selbstverbesserung

Bereiten Sie folgende Übung vor, indem Sie eine dreißigminütige Kassette besprechen. Wiederholen Sie den Text langsam immer wieder, bis die Kassette voll ist. Spielen Sie sie ab, und lassen Sie die Worte im Alpha-Zustand in Ihr Unterbewußtsein sickern – entweder in der Meditation oder im Halbschlaf. Ihre eigene Stimme wird den unterbewußten Befehlen zusätzlich Kraft verleihen. Wiederholen Sie die Worte langsam, und lassen Sie dabei genügend Zeit zwischen den Sätzen, damit der Zuhörer den Satz innerlich noch einmal wiederholen kann:

»Ich bin ein autonomes menschliches Wesen und genüge mir selbst.

Ich bin frei, Liebe zu verströmen. Ich bin frei, Liebe zu erhalten. Meine Beziehung zu anderen Wesen ist harmonisch, da ich mich selbst verstehe.

Ich akzeptiere mich so, wie ich bin, ohne unangemessene Kritik oder den Wunsch nach Selbstbestrafung.

Ich kann andere so akzeptieren, wie sie sind, und habe kein Bedürfnis danach, sie zu kritisieren oder zu bestrafen.

Ich weiß, daß ich mit meinem inneren Geist Kontakt aufnehmen kann, um persönliche Führung zu erhalten.

Da ich das weiß, bin ich frei. Frei, um meiner eigenen inneren Weisheit zu folgen und anderen zu gestatten, das gleiche zu tun.

Ich habe keine Schuldgefühle und verurteile mich selbst auch in keiner Weise.

Ich bin jetzt frei von Angst und jeder Art von Emotion, die der Angst entspringt.

Ich bin jetzt frei von Eifersucht, Neid, Ärger, Feindseligkeit und Sorgen.

Diese neue Freiheit fördert meine Integrität und mein Selbstvertrauen und erzeugt in mir den starken Wunsch, mein höchstes Selbst vollständig zum Ausdruck zu bringen.

Ich habe weder den Wunsch, anderen zu schaden, noch wünsche ich irgendeinem anderen Menschen etwas Böses.

Meine Beziehung zu Gott und anderen Wesen ist jetzt frei von disharmonischen Konflikten.

Es ist so, weil ich es will, und mein innerer Geist erfüllt mir jeden Wunsch.«

An dieser Stelle können Sie auch eigene Suggestionen einbauen. Achten Sie dabei darauf, daß die Anweisungen in positiver Weise formuliert sind. Sagen Sie das, was Sie erreichen möchten, bitten Sie um Führung, Belehrung und Anleitung von Ihrer Seele in bezug auf jedes physische und spirituelle Ziel, das Sie haben. Schreiben Sie die Suggestionen zunächst auf, und zwar genau so, wie Sie auch möchten, daß sie sich verwirklichen. Sprechen Sie sie dann langsam auf die Kassette. Hören Sie sich diese Kassette zwei- bis dreimal in der Woche an oder auch immer dann, wenn Sie das Gefühl haben, daß Sie in den auf der Kassette behandelten Gebieten nicht so schnell vorankommen, wie Sie möchten.

Übung 3: Außerkörperliche Erfahrungen

Die folgenden beiden Techniken sind dazu da, zu lernen, außerkörperliche Erfahrungen willentlich zu steuern. Jeder Mensch bevorzugt eine andere Methode, wählen Sie daher für sich diejenige aus, die sich für Sie besser anfühlt, und bleiben Sie dabei. Wechseln Sie nicht mittendrin die Technik. Es könnte zwischen drei und dreißig Tage dauern, bis Sie das erreicht haben, was Sie erreichen möchten, doch lassen Sie sich dadurch nicht entmutigen. Wenn Sie weitermachen, werden Sie sicherlich Erfolg haben.

Übung 3 a: Legen Sie sich bequem ins Bett, vorzugsweise auf den Rücken. Gehen Sie in den Alpha-Zustand (siehe auch Tabelle 1). Beginnen Sie mit den Zehenspitzen, und ziehen Sie Ihr Bewußtsein von dort die Beine hoch, durch den Körper, von den Fingerspitzen die Arme hoch, bis Ihr ganzes Bewußtsein in Ihrem Kopf zentriert zu sein scheint.

Vielleicht werden Ihnen die Geräusche in Ihrem Kopf sehr bewußt. Eventuell hören Sie ein Rauschen, ein Brausen oder sogar ein Klopfen. Diese Geräusche kommen von Ihrem Kreislauf, dem Blut, welches durch Ihre Adern fließt, und Ihrem schlagenden Herzen.

Wenn Ihr ganzes Bewußtsein in Ihrem Kopf zentriert ist, lassen Sie es aus dem Scheitel Ihres Kopfes oder durch die Stirn austreten. Stellen Sie sich vor, daß Sie einen halben bis einen Meter über Ihrem Kopf schweben. Lassen Sie Ihr Bewußtsein allmählich nach oben gleiten, bis Sie in der Nähe der Zimmerdecke schweben. Versuchen Sie, sich umzudrehen und auf Ihren Körper zu schauen, der im Bett liegt.

Der erste Anblick Ihres Körpers könnte Sie ziemlich treffen. Seien Sie darauf vorbereitet, und versuchen Sie, Ihre Emotionen unter Kontrolle zu halten. Die meisten Menschen entdecken, daß Ihr Körper viel älter und müder aussieht, als sie es sich vorgestellt haben. Vielleicht sieht er sogar tot aus. Das kann zu einer emotionalen Reaktion führen, die Ihre außerkörperliche Erfahrung frühzeitig beendet. Sie werden wieder in den Körper zurückschnellen und dieses Mal nichts weiter erreichen können.

Wiederholen Sie diese Schritte mindestens einmal am Tag, bis Sie Ihren Blick nach unten auf Ihren Körper gerichtet halten können, ohne negativ darauf zu reagieren. Dann sind Sie so weit, daß Sie den Versuch machen können, das Zimmer zu verlassen. Sie werden überrascht sein, daß Sie nur durch Ihren Willen oder den Wunsch danach in der Lage sind, sich durch Türen oder Wände zu bewegen. Die ersten paar Male sollten Sie nicht versuchen, das Haus oder den Garten zu verlassen. Wenn Sie sich drei- bis viermal erfolgreich durch das Haus bewegt haben, werden Sie emotional stabil genug sein, Ihre Reisen auszuweiten.

Übung 3 b: Bereiten Sie drei 20 mal 20 Zentimeter große Bögen weißes Papier vor. Zeichnen Sie auf das erste Blatt Papier ein 15 mal 15 Zentimeter großes Quadrat. Malen Sie das Quadrat mit einem blauen Wachsmalstift, blauer Wassermalfarbe, Ölfarbe oder irgendeiner anderen Farbe aus. Machen Sie das, so gut Sie können.

Zeichnen Sie auf dem zweiten Blatt Papier ein Dreieck, dessen Seiten 15 Zentimeter lang sind. Malen Sie das Dreieck auf die gleiche Art und Weise mit gelber Farbe aus, und geben Sie sich Mühe, es ordentlich und sehr sorgfältig zu machen.

Zeichnen Sie auf dem dritten Blatt einen Kreis mit einem Durchmesser von 15 Zentimetern, und malen Sie ihn auf die gleiche Weise mit roter Farbe aus. Durch die Zeit und die Mühe, die Sie für diese Figuren aufwenden, entsteht eine wichtige Verbindung zu Ihrem emotionalen Zentrum. Meditieren Sie auf die Bedeutung der Farben und darüber, wieso man Sie in dieser Reihenfolge anordnen sollte und wieso nicht. Vielleicht kommt Ihre Seele noch auf Gründe für eine andere Anordnung.

Bringen Sie das blaue Quadrat an der Wand am Fuße Ihres Bettes an, so daß Sie es leicht sehen können. Bringen Sie das gelbe Dreieck in einem benachbarten Zimmer an, so daß Sie es sehen können, sobald Sie das Zimmer betreten. Bringen Sie den roten Kreis im nächsten angrenzenden Raum an, so daß Sie ihn sehen können, sobald Sie die Tür öffnen.

Nachdem Sie ins Bett gegangen sind, gehen Sie so tief in den Alpha-Zustand wie möglich, ohne einzuschlafen. Stehen Sie vorsichtig vom Bett auf, wobei Sie möglichst tief im Alpha-Zustand bleiben, und stellen Sie sich vor das blaue Quadrat. Starren Sie das Quadrat unentwegt etwa drei bis vier Minuten an.

Bewegen Sie sich dann langsam, wobei Sie noch immer im Alpha-Zustand bleiben, durch die Tür, und stellen Sie sich vor dem gelben Dreieck hin. Starren Sie das Dreieck auf die gleiche Weise etwa drei bis vier Minuten an, und wiederholen Sie den Vorgang mit dem roten Kreis.

Machen Sie das drei Nächte lang, und konzentrieren Sie sich dabei auf den Wunsch, willentliche Kontrolle über den außerkörperlichen Zustand zu erlangen. In der vierten Nacht sollten Sie das Bett nicht verlassen, aber sich vorstellen, es zu tun. Visualisieren Sie, daß Sie vor einer Figur nach der anderen stehen, und halten Sie die Vorstellung vor jeder ein paar Minuten aufrecht.

Wiederholen Sie diesen letzten Schritt ein paar Nächte lang, bis Sie plötzlich feststellen, daß Sie tatsächlich vor der Figur stehen, während Ihr Körper im Bett liegt. Halten Sie Ihre Emotionen unter Kontrolle, und lassen Sie sich weder durch Begeisterung noch durch Überraschung von Ihrem Vorhaben abbringen. Fahren Sie mit dem, was Sie tun, fort, bis Sie sich alle drei Figuren angeschaut haben.

Wenn Sie das mindestens dreimal geschafft haben, können Sie davon ausgehen, daß Sie sich selbst genug unter Kontrolle haben, um weitere Erkundungen anzustellen.

Meditation wirkt sich so aus, daß der Geist trainiert und diszipliniert wird. Das Ziel der Meditation ist jedoch, die Einheit mit der Seele oder mit Gott zu erreichen und letztendlich die Erleuchtung zu erlangen.

Die mentale Welt besitzt ihre kristallisierten Gedankenformen, Dogmen, Ideologien, die über die Jahrhunderte entstanden sind. In den ersten Tagen dieser Meditationsübung könnten Ihre Gedanken in bezug auf das ICH endlos frühere Gedankenformen wieder zutage treten lassen, die sich darum drehen, was ICH bedeuten sollte. Wenn Sie jedoch beharrlich die alten Ideen zurückweisen und nach den Gesetzmäßigkeiten, Prinzipien und Energien suchen, die hinter dem ursprünglichen Gedanken stehen, werden Sie neue Ebenen der Erkenntnis und des Verstehens erreichen. Dann werden Sie in der Lage sein, den Bereich jenseits des Intellekts zu betreten, wo Sie mit den Urbildern der geistigen Energien des New Age in Berührung kommen können.

Ein sehr mächtiges Buch, was Sie dazu lesen können, ist *Das mystische Ich* von Joel S. Goldsmith.[44]

Meditation auf dem inneren Weg

Setzen Sie sich mit gerader Wirbelsäule hin. Reinigen Sie sich mit weißem Licht.

Wenn Sie einen tiefen, beschaulichen Zustand erreicht haben, ersetzen Sie das Mantra, das Sie sonst benutzt haben, durch das Fürwort ICH. Sie werden die Beobachtung machen, daß die inneren Wahrnehmungen nach oben weisen statt nach innen oder nach unten.

Reflektieren Sie über die Idee des ICH, als Ausdruck für das ganze Wesen, welches sowohl ein auf die Sinne bezogenes als auch ein spirituelles Bewußtsein besitzt.

Betrachten Sie Ihre Gedanken als Blätter, die leise in einem Fluß dahintreiben. Erlauben Sie den Ideen, die mit der Idee ICH verbunden sind, einfach hervorzusprudeln. Halten Sie sie nicht fest. Erlauben Sie dem bewußten Geist nicht, irgendeine besondere Assoziation auszubauen. Beobachten Sie einfach, nehmen Sie den Zusammenhang wahr, und lassen Sie den Gedanken wieder los. Kommen Sie wieder zu der ursprünglichen Idee zurück, und wiederholen Sie sie einfach. Immer wenn eine neue Assoziation auftaucht, lassen Sie sie los, und kommen Sie auf die ursprüngliche Idee zurück.

Wenn Sie fertig sind, lassen Sie schützendes weißes Licht hereinströmen, und kehren Sie dabei langsam zur Beta-Ebene zurück.

8. Woche

Mediale Störungen:
Umwandlung und medialer Selbstschutz

Wir leben in einer sozialen Atmosphäre, in der es modern ist, den Nachbarn darin übertreffen zu können, mehr Pech zu haben als er: Jeder Geschichtenerzähler hat es in seinem Leben »am schwersten« gehabt. Er war dem Tod durch Krankheit, Operationen und Unfälle am nächsten, hat die allerschlimmsten Erfahrungen mit seinen Kindern durchlebt, hat die rücksichtslosesten Nachbarn und Verwandten, wird verfolgt, verleumdet, von unzähligen skrupellosen Menschen ausgenutzt – und dergleichen mehr.

Uns umgibt ein echter Schwarm negativer Gedankenformen, die um uns herumsurren und ihre Schreckensmeldungen der Verzweiflung, des Mißgeschicks, des Versagens, der Verfolgung und andere schädliche Inhalte mit sich tragen. Kein Wunder, daß unsere Psyche bis zum äußersten belastet ist, wenn wir versuchen, eine ausgeglichene und positive Einstellung zum Leben aufrechtzuerhalten.

Je mehr wir mit unserem ganzen inneren Sein in Einklang kommen, desto sensibler werden wir für den mentalen und den emotionalen »Beschuß« anderer Menschen. Wenn wir von außen mit Gedankenformen bombardiert werden, welche mit denen im Widerspruch stehen, die wir erschaffen und aufrechterhalten wollen, könnten wir uns sogar mit der Zeit in einem persönlichen Krieg gegen diejenigen wiederfinden, die sie aussenden.

Manchmal mag es uns so vorkommen, als ob wir tatsächlich von abscheulichen Wesenheiten oder von »dunklen Mächten«, wie

431

einige Magier sie nennen, »angegriffen« werden. Wenn wir verstehen, was vor sich geht, können wir die beste Art und Weise finden, damit umzugehen. Mit einem bißchen Detektivarbeit können wir einen Weg finden, um die Energie vom Negativen ins Positive umzuwandeln, anstatt uns nur vor medialen Angriffen zu »schützen«. Sich bloß zu schützen ist unproduktiv und hat etwas von einer verschlossenen Haltung. Es ähnelt einem Leben hinter verriegelten Türen, statt freudig an der frischen Luft herumzutoben.

Lassen Sie uns daher einige der Quellen dieses Schwalls medialer Energie untersuchen, die diese Störungen in unserem Leben verursachen kann, und uns über Wege unterhalten, wie wir die Gedankenformen, die dahinterstehen, umwandeln oder verändern können.

Quelle 1: Nationales und globales Karma

Unsere gegenwärtigen Erfahrungen umfassen sowohl unser nationales und globales Karma als auch unser persönliches Karma. Dieses Gruppenkarma wird durch größtenteils unvermeidbare oder unveränderliche Dinge repräsentiert, zum Beispiel Krankheiten von Geburt an, durch Umweltverschmutzung hervorgerufene Schäden oder Krankheiten, soziale oder ökonomische Nachteile, Todesfälle oder Verletzungen durch Krieg, die Zugehörigkeit zu einer rassischen oder ethnischen Minderheit etc. Diese Art von Karma zu »überwinden« macht es notwendig, nicht nur an unserer eigenen emotionalen Reaktion auf diese Dinge zu arbeiten, sondern auch in Gruppen mitzumachen, die aktiv Untersuchungen anstellen oder auf eine andere Art und Weise versuchen, Veränderungen herbeizuführen.

Es gibt hinsichtlich der Geburtszeit keine Zufälle. Wir kommen genau dann in die Arena des Lebens, wenn die irdischen Energien mit unseren eigenen zusammenpassen. Astrologie macht uns nicht zu dem, was wir sind. Sie liefert uns nur eine Karte, anhand deren wir ablesen können, an welchem Punkt wir uns im Rahmen der fortschreitenden Evolution des Planeten befinden. Wenn die Eigenschaften, die Ihre Seele für die Persönlichkeit in diesem Leben gewählt hat, den Charaktereigenschaften einer Jungfrau entsprechen, dann ist es genauso ausgeschlossen, daß Sie als Steinbock geboren werden, wie es für einen Wal ist, auf dem Lande zu leben. Sie werden zu der Zeit und an dem Ort als Jungfrau geboren werden, wo die Schwingungen der Erde mit den Schwingungen Ihrer Seele übereinstimmen.

Der Tierkreis beeinflußt nicht nur die Zeit unseres Lebens, sondern auch die Evolutionen des Planeten. Wir wissen, daß die Erde und die Planeten sich um die Sonne drehen, doch mag es uns nicht bewußt sein, daß sich unsere Sonne und das ganze Sonnensystem auch auf einer elliptischen Bahn bewegen. Ihre Umlaufbahn ist viel größer als die der Erde, und sie braucht etwa 25 000 Jahre, um eine Umrundung durch ihre eigenen Sternzeichen zu vollenden, wobei sie jede Konstellation etwa 2160 Jahre lang transitiert. Eine Periode von 2000 Jahren wird ein Zeitalter genannt[45], wobei man von einer etwa 160 Jahre langen Übergangsphase ausgeht, in der sich die Einflüsse von zwei Zeitaltern überschneiden. Das ist häufig eine Zeit großer Verwirrung.

Jedes Zeitalter hat seine eigenen Schwingungen, die von den verschiedenen Tierkreiszeichen symbolisiert werden, und jedes Zeitalter stellt seine eigenen Forderungen an das menschliche Bewußtsein. Unsere Antwort auf diese Forderungen bestimmt nicht nur unser evolutionäres Wachstum, sondern auch das Karma, das wir durch unseren Miß- oder Gebrauch der Energien, mit denen wir zusammenkommen, sowohl individuell als auch kollektiv erschaffen.

Es hat immer spirituelle Führer gegeben, und typischerweise erscheinen sie immer am Anfang eines Zeitalters. Ihre Aufgabe ist, den Geist der Menschheit dahin zu führen, daß sie den korrekten Umgang mit den hereinströmenden Energien lernten.

Evolution hängt von der bewußten Herrschaft über alle Energien des Universums ab. Langsam, von Zeitalter zu Zeitalter, streben wir weiter, erreichen wir Zwischenziele, leben und lernen wir, wachsen und entwickeln wir uns. Der Kampf, der jeweils entstand, bevor sich das neue Zeitalter durchsetzte, hat der Geschichte seinen Stempel aufgedrückt. Wir können die Zeugnisse davon in der spirituellen Literatur und in den Symbolen der jeweiligen Zeiten finden. Die Angehörigen der frühen Religionen prägten die Statuen und andere Kunstgegenstände, die die Jahrhunderte überdauert haben.

Jedesmal wenn das astrologische Zeitalter wechselt, verändern sich auch die religiösen Symbole. Die Sphinx zum Beispiel – der Kopf eines Menschen auf dem Körper eines Löwen – wurde im Zeitalter des Löwen erbaut. Man glaubte, daß der Löwe, der als das edelste aller Tiere betrachtet wird, auch die höchste Evolutionsstufe im Tierreich repräsentierte. Die Statue, die den Kopf eines Menschen mit priesterlichem Kopfschmuck trägt, symbolisierte das Emporsteigen der Menschheit aus ihrer tierischen Herkunft, das Hervorgehen des Menschenreiches aus dem Tierreich. Das astrologische Symbol des Löwen ist die Sonne, und die Sonnenanbetung war die vorherrschende Religion dieser Zeit. Die Geschichtsbücher verraten uns nicht, wer der spirituelle Führer im Zeitalter des Löwen war. Die uns bekannten Aufzeichnungen beginnen erst mit dem Zeitalter des Stiers, das den Hinduismus hervorbrachte. Analog zum Zeitalter des Stiers wurde die Kuh während dieser Zeit in Indien heilig, und in Ägypten wurde das goldene Kalb zum Symbol religiöser Verehrung.

Die Aussage, die nach astrologischer Meinung das Zeichen des Stieres am besten kennzeichnet, ist ICH HABE, womit ein Sinn für Besitz, eine materielle Einstellung zum Leben und eine Identifikation mit Form und Objekten gemeint ist, die von Idolen und

Heiligenbildern repräsentiert wird. Das Zeitalter des Stiers regte die Befriedigung der Persönlichkeit in unentwickelten Menschen an. In dem Menschen, der dabei war, sich spirituell zu entfalten, wurde Verlangen in höchstes Streben umgewandelt, und der spirituelle Wille und ebensolche Absichten wurden zum Ausdruck gebracht. So beeinflußte diese Phase der seelischen Entwicklung alle Menschen, die während dieser Zeit geboren wurden, genau wie dies auch heute noch passiert, wenn Menschen im Zeichen des Stiers geboren werden.

Nach der hebräischen Geschichte stellte der Vater Abrahams Götzenbilder her, was der Zeit, in der er lebte, sehr angemessen war. Abraham selbst wurde jedoch in das neue Zeitalter des Widders hineingeboren, als eine neue Ordnung einsetzte. Er war der Vorfahre des »erwählten Volkes«, in das der Messias als Führer des nächsten Zeitalters 2000 Jahre später hineingeboren wurde. Dies ist die einzige ununterbrochene Aufzeichnung eines Stammbaumes von einem Zeitalter zum nächsten.

Widder ist ein Feuerzeichen, und das Symbol des Widders im Tierkreis ist das Schaf oder der Schafbock. Die religiösen Rituale, die in dieser Zeit praktiziert wurden, schlossen die Opferung eines Schafes auf einem Feueraltar mit ein. Die hebräische Tradition ist voll von Geschichten mit Schafen und Hirten, zum Beispiel dem Hirtenjungen David, der König der Israeliten wurde, dem Gebrauch des Widderhorns und der Verwendung von Schafsblut zum Passahfest.

Die Menschen mußten die neuen Energien, die allmählich auf die Erde drangen, besser verstehen lernen. Daher übernahm Moses die Führung und empfing die Zehn Gebote, die die neue spirituelle Identität beschrieben, welches die Menschheit gerade entwickelte. Als Moses vom Berg stieg und sah, daß seine Begleiter wieder das goldene Kalb anbeteten, war er nicht wütend darüber, daß sie zu einer heidnischen Religion zurückgekehrt waren. Er war wütend darüber, daß sie immer noch an den festen, irdischen

Energien des Stiers festhielten und scheinbar unfähig oder unwillig waren, mit den neuen feurigen Energien des Widders voranzuschreiten.

Das Bewußtsein des Widders war aus astrologischer Sicht mit dem Ausdruck ICH BIN charakterisiert. Diese Botschaft wurde Moses zuerst durch den brennenden Busch übermittelt. ICH BIN, DER ICH BIN, ein Ausdruck der höchsten Evolution der Gottheit. Götzenbilder sollten keinen spirituellen Wert mehr haben für die erwachende Menschheit, die gerade anfing, sich mit ihrer eigenen spirituellen Identität und ihrer Beziehung zum Konzept des »einen Gottes« auseinanderzusetzen.

2000 Jahre lang wirkte der großartige Einfluß des Widders seine Wunder in denen, in denen eine Resonanz dazu vorhanden war. Daher ist es nicht verwunderlich, daß Buddha gegen Ende des Widder-Zeitalters erschien und die Hindutradition revolutionierte, um die Menschen auf das Zeitalter der Fische vorzubereiten. Das neue Zeitalter der Fische kündigte sich mit Jesus an, der verkündete, daß seine Schüler die »Fischer der Menschen« werden sollten. Er etablierte das Symbol des Fisches als das Zeichen der frühen Christen. Die Tatsache, daß man ihn das Lamm Gottes nannte, weist auf den starken Einfluß hin, den das Widder-Zeitalter noch innehatte. Doch auch Jesus kam wie Moses nicht, um das Gesetz »aufzulösen sondern zu erfüllen [vollenden]« (Matthäus 5,17), und verkündete eine neue Ordnung.

Die Fische sind ein Wasserzeichen. Jesus wurde mit Wasser getauft, beruhigte das Wasser, ging auf dem Wasser und verwandelte Wasser in Wein. Auch heute noch wird das griechische Wort und Symbol für Fische *ichthys* als Symbol für Jesus verwendet. Der astrologische Impuls des Fische-Zeitalters ist ICH GLAUBE. Zu keiner anderen Zeit in der uns bekannten Geschichte des Menschen wurden so viele Menschen dazu ermuntert, zu »glauben« – an Jesus, seine Werke und an das, was der Glaube für sie tun konnte. Tatsächlich tauchten die Worte Glaube, glauben etc.

etwa 270mal im Neuen Testament auf, im Vergleich dazu nur etwa 45mal im Alten Testament.

Während des Fische-Zeitalters grassierten emotionale religiöse Inbrunst und Fanatismus, woraus die frühen christlichen Märtyrer, die »heiligen Kriege«, die spanische Inquisition und alle Formen emotionaler, hingebungsvoller und blinder Handlungen entstanden, die ein Ergebnis der ins Extrem getriebenen Qualität des Fische-Zeitalters sind. Religion herrschte über den Verstand der Menschheit, und emotionaler Glaube diente sowohl als Waffe wie auch als Krücke.

In den sich spirituell entfaltenden Menschen, die auf eine positive Art und Weise auf die katalysierende Energie der Fische reagieren konnten, erwachte das Christus-Prinzip, und der Christus in ihnen wurde geboren. Jesus meinte genau das, als er sagte, all die Dinge, die er tue, könnten auch wir vollbringen. Dadurch wurde die Seele aus ihrer Gefangenschaft in der Materie befreit, und die Qualitäten der Liebe, der Hingabe und der Ehrfurcht vor Gott, dem Leben und unseren Mitmenschen entstanden. Unter dem Wasserzeichen Fische haben wir die Meere erobert, neue Welten erforscht und kolonisiert, das Äußerste im Glauben und woran wir uns trauten zu glauben, erreicht.

Jetzt, 2000 Jahre später, stehen wir an der Schwelle des Wassermann-Zeitalters, einem Luftzeichen. Im Jahre 1903 begaben sich die Gebrüder Wright in die Luft, womit das neue Zeitalter offiziell eingeläutet war. Es ist in diesem Zeitalter das Schicksal der Menschen, die Luft und den Raum zu besiegen und die Seele und den Geist beherrschen zu lernen.

Als er von seiner Wiederkehr sprach, sagte Christus: »Und als dann wird erscheinen das Zeichen des Menschensohnes am Himmel« (Matthäus 24,30). Der Wassermann ist das einzige Zeichen des Tierkreises, das ganz und gar ein Mann ist. Die anderen sind entweder tierisch, halb menschlich, halb tierisch, weiblich oder ein Mann und eine Frau wie in den Zwillingen. Wer wird der neue spirituelle Führer, der zurückkehrende Christus, im Zeitalter des Wassermannes sein? Oder sollen wir so auf die neue astrologische Eigenschaft ICH WEISS reagieren, daß wir unser eigener spiritueller Führer, unser eigener Guru werden? Sollen wir sowohl die inneren als auch äußeren Welten erforschen und auch all das in unserem Wesen als wahr akzeptieren, wofür das Christus-Bewußtsein steht?

Es gibt Hinweise darauf, daß eine ganze Fülle spiritueller Lehrer auf dem Planeten sind, wobei sich die meisten von ihnen durch die Channelings von Medien aus den ätherischen Bereichen mitteilen. Ich glaube, daß es noch viel mehr von Ihnen geben wird, von diesen wahren Lehrern, die uns dazu drängen, unsere eigene Göttlichkeit zu akzeptieren und auf unseren eigenen spirituellen Füßen zu stehen.

Einer der Herrscher des Wassermann-Zeichens, Uranus, ist als der Erwecker und Befreier bekannt. »Erwarte das Unerwartete« ist die Grundnote von Uranus, und oft gibt es stärkere Erdbeben, wenn wichtige Uranus-Transite stattfinden. Sehr häufig macht er Dinge auf seiner Reise zunichte, da er für Freiheit, Veränderung und Originalität steht. Wir haben bereits drastische uranische Auswirkungen kennengelernt: zwei Weltkriege, die Atomspaltung und die Drogenszene, die viele der etablierten Denk- und Verhaltensmuster für immer zerstört haben.

Was hat dies alles mit der »Kraft der Umwandlung und medialem Selbstschutz« zu tun? Schauen Sie sich die Geschichte an, wie sie hier beschrieben wurde. Am Anfang und am Ende jedes Zeitalters gibt es eine Zeit großer Unruhen. Menschen reagieren sehr langsam auf neue Ideen und neue Energien. Es gibt immer welche, die die Veränderung nicht haben können, die am Alten festhalten, da es scheinbar sicher, erprobt und wahr ist, und sich weigern loszulassen, egal, wie stark der Sog des neuen Zeitalters ist. Konservativ, fundamentalistisch, reaktionär und traditionell – diese Art von Bewußtsein kämpfte gegen die Veränderungen, die

Moses herbeiführen wollte, und es brachte Jesus den Tod. Es ist die gleiche Haltung, die dem Vormarsch des Wassermann-Zeitalters Widerstand leisten wird. Wenn wir nicht ein Teil dieser reaktionären Unruhe sein wollen, müssen wir lernen, sie entweder nicht zu beachten oder aber zu vermeiden.

In allen Zeitaltern gibt es großen Mißbrauch der Energien, und die Völker und Individuen müssen Rechenschaft über das Chaos und den Konflikt ablegen, den sie aus Mangel an eigener spiritueller und psychischer Entwicklung verursacht haben. Während das Zeitalter der Fische zu Ende geht, wird das unauflösbare Karma der Menschheit die angstvollen Gedanken in unseren Mitmenschen verstärken. Auch die chaotischen Projektionen auf dem Planeten werden sich verstärken. Während dieser Zeit ist es unsere vorrangigste Aufgabe, zu lernen, wie wir vermeiden können, disharmonische Elemente aufzunehmen, die nicht von uns selbst erzeugt wurden, und wie wir feststellen können, ob eine Situation von unseren eigenen Qualitäten (oder dem Mangel dieser Qualitäten) ausgelöst wurde. Auch das ist ein Schritt zur persönlichen Meisterschaft.

Quelle 2: Die Rückkehr unserer eigenen Gedankenformen

Der häufigste Grund für negative Manifestationen sind unsere eigenen Gedanken aus der Vergangenheit, die noch in unserem Bewußtsein existieren und sich jetzt in unserer Realität widerspiegeln.

Menschen, die uns diese Gedanken, Worte oder Taten zurückbringen, sind ein Teil vergangener Visualisationen, die erst jetzt in unserem Leben auftauchen, da es eine gewisse zeitliche Verzögerung zwischen dem Gedanken und der Manifestation gibt. Sie sind Illusionen – nur »Endprodukte«. Als solche sollten sie uns nicht in Versuchung bringen, Vergeltung üben zu wollen oder uns ähnlich zu verhalten. Wir wissen, daß wir, wenn wir ähnlich reagieren, mit der gleichen Art von Gedanken, Worten oder Handlungen, dadurch nur die Kette von Ursache und Wirkungen weiter aufrechterhalten: Wir schaffen neue Ursachen, genau wie die alten und zukünftigen Folgen, genau wie die gegenwärtigen. Durch die Arbeit mit der reinigenden Kraft des weißen Lichts schließen wir langsam, aber sicher die Kanäle, die zu unserem Solarplexus führen und die der einzige Zugang sind, den diese unerwünschten Gedankenformen zu uns haben. Dies ist der Grund, warum es so wichtig ist, das emotionale Zentrum unter Kontrolle zu bekommen, und warum wir soviel Zeit auf diesen Aspekt unseres spirituellen Wachstums verwenden.

Der einzige Weg zum höheren emotionalen Zentrum verläuft über den mentalen Teil unseres Wesens. Dieser Teil unseres Wesens kann nur vollständig entwickelt werden, wenn den Früchten des emotionalen Zentrums nur wenig oder gar keine Energie gegeben wird, das heißt, wenn wir gleichermaßen Freude und Schmerz, Lob oder Kritik, Belohnungen oder fehlenden Belohnungen gegenüber gleichgültig sind.

Dadurch, daß wir verzeihende Gedanken und Liebesenergie ausstrahlen oder einfach die Menschen ignorieren, in denen sich die Negativität der Vergangenheit spiegelt, schaffen wir neue Ursachen, bis wir endlich entweder die negativen Gedanken der Menschen um uns herum gar nicht mehr spüren oder sich die Menschen um uns herum so verändert haben, daß sie keine negativen Gedanken mehr ausstrahlen. Das könnte entweder bedeuten, daß ein Wandel in den Menschen stattfindet, die wir bereits kennen, oder daß sich die Umgebung und die Art der Menschen, mit denen wir es zu tun haben, völlig wandelt, zum Beispiel durch einen Umzug oder einen Arbeitsplatzwechsel.

Jesus ermahnte uns auf die gleiche Art und Weise in seiner Bergpredigt: »Ich aber sage euch: Liebet eure Feinde, segnet, die euch fluchen ...« (Matthäus 5,44). Er wußte und lehrte, daß das

Lenken der eigenen mentalen Energien wichtiger ist als jede andere Energie, die ein anderer in unsere Richtung lenkt.

Quelle 3: Unsere karmischen Verpflichtungen

Es ist nicht einfach, den spirituellen Weg zu gehen, wenn man von unaufgelöstem Karma, das man über die Jahrhunderte angesammelt hat, belastet ist. Häufig bemerkt man am Anfang eines ernstgemeinten und klar festgelegten Meditationsprogramms als erstes, daß die Schwierigkeiten und Probleme im täglichen Leben scheinbar zunehmen. Meditation hat eine reinigende Auswirkung auf die unmittelbare Umgebung. Sie beeinflußt unsere Absicht, ein spirituell bewußterer Mensch zu werden, und zieht daher unsere Aufmerksamkeit auf die Charakterschwächen und -mängel in unserer Persönlichkeit, die noch beseitigt werden müssen. Das spiegelt sich in unserem täglichen Leben wider.

Unaufgelöstes Karma zeigt sich manchmal als das »Syndrom der entgegengesetzten Wirkung«, über das wir schon gesprochen haben. Scheinbar manifestiert sich genau das Gegenteil von dem, worum wir gebeten haben; und es kann Zeiten geben, in denen uns diese negativen Manifestationen wie mediale Angriffe vorkommen. Es hilft uns in solchen Fällen, zu wissen, daß wir in Wirklichkeit nur das Opfer unserer vergangenen Programme geworden sind.

Die erste Regel, die zu beachten ist, um diese Energien zu beseitigen, ist, daß wir unsere eigenen Motive, unsere Absichten und Ziele sowohl aus der Vergangenheit als auch aus der Gegenwart überprüfen müssen. Die beste Art und Weise, um die Energie einer entgegengesetzten Wirkung oder jeder anderen karmischen Manifestation umzuwandeln, ist, das Gesetz der Gnade anzurufen. Bitten Sie um Vergebung für vergangene und gegenwärtige Unzulänglichkeiten und um Führung, die Ihnen zeigt, wie Sie jetzt damit umgehen sollen. Während Sie auf Ihre innere Stimme hören, könnte Ihnen ein Mensch oder eine Situation einfallen. Verzeihen Sie diesem Menschen oder der Situation, und Sie werden mit sofortiger Wirkung die Energien der Vergangenheit umgewandelt haben, die vielleicht die Gegenwart noch beeinflussen, und von nun an positivere Wirkungen erzielen können.

Seien Sie nicht entmutigt, wenn Schwierigkeiten auftauchen. Früher oder später muß man alle karmischen Schulden ausgleichen und auflösen, entweder indem man aufrichtig die Auswirkungen früherer Handlungen konfrontiert oder indem man die inneren Tendenzen, die die gegenwärtigen oder zukünftigen Handlungen verursachen, ehrlich und aufrichtig betrachtet. Weisheit und Wachstum gehen daraus hervor, wenn man karmischen Schulden mit Liebe, festem Willen und wahrhaftigem Streben begegnet. In diesen Zeiten werden die Tugenden des Mutes, der Ausdauer, des Mitgefühls und der Toleranz gestärkt und gefestigt. Sie werden uns auf einer höheren Aktivitätsebene noch sehr nützlich sein, wenn die Zukunft die entsprechenden Handlungsmöglichkeiten bringt.

Sowohl das Gesetz der entgegengesetzten Wirkung als auch das Gesetz des Karma sind weiter oben bereits ausführlich behandelt worden, so daß es an dieser Stelle nicht mehr viel darüber zu sagen gibt, außer darauf hinzuweisen, daß sie möglicherweise die Ursache für disharmonische Situationen und Beziehungen sind.

Quelle 4: Die Lebenskraft früherer Schöpfungen

Alles, was erschaffen worden ist, hat Lebenskraft, einschließlich solcher Dinge, die wir persönlich erschaffen, wie etwa ein Lebensstil, emotionale Bindungen zu unseren und seitens unserer Partner, die Verpflichtungen unserer Familie, der Gemeinde und unserem Land gegenüber. In all diesen Dingen spiegelt sich unsere Einstellung zum Leben wider, da wir dazu neigen, Menschen anzuziehen, die ähnliche Ideale haben und ähnlich leben wie wir.

Wir reflektieren jedoch auch die gleiche Lebensenergie aus den Geistern unserer Freunde, Familienmitglieder und Partner. Wenn wir nun absichtlich unsere Herangehensweise an das Leben und unsere Reaktionen auf die Situationen des Lebens verändern, bedrohen wir damit die alten eingefahrenen Gleise. Die Lebenskraft des alten Lebensstils trachtet danach, überleben zu wollen, indem sie angreift und/oder an ihrer Lebensquelle – an Ihnen, ihrem Schöpfer – festhält.

Ich kann das in meinen ASW-Kursen beobachten. Etwa zehn Prozent der Schüler bleiben nach den ersten vier bis fünf Treffen weg. Alte Verantwortlichkeiten und Verpflichtungen fordern plötzlich ihre Aufmerksamkeit und nehmen ihre Zeit und Energien so in Anspruch, daß kein Platz für eine ASW-Gruppe mehr da ist. Familien, Komitees, Vereine – all diese Dinge, die soviel Bedeutung hatten und soviel emotionale Energie forderten, kämpfen dann um ihr Überleben: über die emotionale Bindung, aus der sie ihr Dasein beziehen. Jedesmal wenn man etwas Neues beginnt, stellt sich der Widerstand des Alten fast augenblicklich ein.

Schüler, die während der weiteren Treffen dableiben, sind diejenigen, die ihre Prioritäten neu setzen und den Dingen und Menschen aus ihrer Umgebung eine neue Stellung zuweisen. Sie geben ihre Familie nicht auf, doch sie sehen sie von einem neuen Gesichtspunkt aus und helfen den Familienmitgliedern, sich an die neue Beziehung anzupassen. Manchmal geben sie ihre Vereine, Komitees oder ihre Arbeit auf, manchmal auch nicht, auf jeden Fall aber verteilen sie ihre Energie anders, so daß diese Dinge einen anderen Stellenwert bekommen. Einige Menschen und Dinge fallen gänzlich weg, da ihnen kein Wert mehr beigemessen wird.

Während dieses Prozesses wird es in Ihrem Leben häufig Chaos geben, und es wird Ihnen oft schwerfallen, emotional geerdet zu bleiben. Wenn Sie jedoch bei Ihren neugefundenen Werten bleiben, werden Sie bald entdecken, daß neue emotionale und mentale Bindungen entstehen und daß der neue Lebensstil sich langsam einfährt.

Quelle 5: Die Macht der Menschen, die wir lieben

Eine der am schwersten zu handhabenden negativen Kräfte ist der Antagonismus im Kreis der eigenen Familie und Freunde. Der Wandel Ihrer Werte und Ihrer Orientierung im Leben ruft Veränderungen in ihren Vorstellungen davon, wie sie aussehen sollten, hervor. Sie passen dann nicht länger in ihre Gedankenformen, und diese Veränderung kommt ihnen sehr bedrohlich vor.

Vielleicht werden Sie beschuldigt, fanatisch, verrückt, böse oder gar »vom Teufel besessen« zu sein, da Ihre spirituellen Werte nicht länger mit denen dieser Menschen übereinstimmen. Ein sehr religiöser Mensch in Ihrem Kreis mag sogar den Versuch unternehmen, »Ihre Seele zu retten«, indem er Ihretwegen lange und intensiv zu Gott betet, was in extremen Fällen wirklich die Form eines medialen Angriffs annehmen kann.

Die meisten religiösen Gebete um das Seelenheil eines anderen bestehen darin, für die Erleuchtung des anderen zu bitten – was ja auch genau das ist, was wir selbst anstreben. So können diese beiden Gebete (das der anderen und unseres), die sich zwar von der Absicht her unterscheiden, dennoch zusammenwirken, und wir werden eher unterstützt als nachteilig beeinflußt.

Andere, die fanatischer sind, können danach trachten, uns zu vernichten, als Mittel, um den »Teufel« in uns zu zerstören, und vergessen dabei, daß sie das Kind dadurch mit dem Bade ausschütten. Ich werde später noch darüber sprechen, wie man diese Art von negativer Energie auslöschen kann.

Zum größten Teil werden Ihre Familienmitglieder und Freunde von Herzen an Ihrem Wohlergehen interessiert sein, aber möglicherweise verstehen sie Ihre neuen Werte nicht. Die beste Art und Weise, damit umzugehen, ist, ganz gelassen zu bleiben! Ganz egal, wie begeistert Sie über die neue Art und Weise zu leben sind, die Sie gerade entdeckt haben, sollten Sie nicht darüber sprechen, außer da, wo Samen gesät werden können, die auch die Möglichkeit haben zu wachsen. Der krasse Gegensatz zwischen Ihrem alten ineffektiven Ich und dem energetischen, liebevollen und mächtigen Ich, das Sie jetzt sind, besagt schon alles. Die neue, harmonische Herangehensweise an die Beziehung wird diese entweder auflösen oder sie verändern, und mehr müssen Sie gar nicht tun.

Lassen Sie die Dinge sein, wie sie eben sind. Niemand kann Sie davon abhalten zu denken, zu lesen, 15 Minuten am Tag zu meditieren. Seien Sie einfach so, wie Sie sind, und lassen Sie die Familiensituation sich selbst lösen.

Einige Menschen aus der New-Age-Szene lösen ihre ehelichen Beziehungen auf und erklären: »Wenn er (oder sie) sich nicht an meine neue Art zu denken anpassen kann, dann werde ich einfach mein eigenes Leben leben.« Diese Einstellung berücksichtigt das Karma nicht, das für beide Seelen festgelegt ist.

Als Sie die Verantwortlichkeiten einer Ehe und einer Familie übernommen haben, waren Sie beide sehr wahrscheinlich auf der gleichen oder auf einer ähnlichen spirituellen Wachstumsstufe, oder Sie hatten beide karmisch miteinander noch etwas auszugleichen. Jetzt tendieren Sie zu der Meinung, daß Sie über Ihren Partner hinausgewachsen sind, und empfinden die Verantwortung als lästig.

Nun gut, Sie sind ein bißchen gewachsen. Es ist sehr wahrscheinlich, daß, wenn Sie sich beide zum Zeitpunkt der Eheschließung auf einer ähnlichen Stufe befunden haben, dieser Mensch nicht weit hinter Ihnen liegt. Durch Ihre Gebete und Ihr gutes Beispiel bekommt er oder sie eine ausgezeichnete Chance, emporgehoben zu werden, und die Möglichkeit, ganz in Ruhe das zu lernen, was Sie sich mit soviel Begeisterung angeeignet haben. Jede Seele wächst in ihrer eigenen Geschwindigkeit, und sie wird von dort aus, wo sie sich befindet, weiter fortschreiten, wie auch immer es ihr möglich erscheint.

Wenn die karmische Situation zwischen Ihnen wirklich ausgestanden ist, wird sich das Ende der Ehe friedlich einstellen. Sie werden sich als Freunde trennen. Sie werden dann beide nicht das Gefühl haben, daß Sie durch die Trennung in Ihrem innersten Sein zerrissen werden. Das einzige, was Sie fühlen werden, ist ein tiefes Gefühl der Erleichterung. Sie werden dem anderen leicht verzeihen können, es wird keine bösen Gefühle geben, kein Herzzerbrechen und keine Reue.

Wenn irgendeines dieser unglücklichen Gefühle während der Trennung zweier Eheleute zum Ausdruck kommt, können Sie sicher sein, daß die Beziehung noch nicht zu Ende ist. Der eine oder andere wird es irgendwann einmal in der Zukunft dem anderen gegenüber wiedergutmachen müssen. Wägen Sie die Situation in einer spirituell reifen Art und Weise ab, und treffen Sie nur die Entscheidung, die dem größten Wohl aller dient.

Quelle 6: Geschwätzige Menschen

Wir finden sehr selten Menschen, die mit böser Absicht darangehen, uns zu schaden. Doch senden Menschen oft negative Gedankenformen aus, ohne sich bewußt zu sein, was sie da eigentlich tun. Jeder haßerfüllte Gedanke, jeder scharfe, kritische Angriff, der dazu dient, »einen anderen herunterzumachen«, ist zwar ein bösartiger Angriff, aber nur selten ein wirklich bewußt absichtlicher Gedanke der Art, wie wir sie in den spirituellen Übungen im Verlaufe dieses Buches hervorgebracht haben.

Viele Menschen sind so konditioniert, daß es ihnen völlig normal erscheint, so zu sein. Normalerweise handelt es sich um Unachtsamkeit. Die Klatschbase fühlt sich durch ihr negatives Geschwätz häufig besser als derjenige, über den hergezogen wird. Es ist, als ob sie sich auf den Rücken klopft, weil sie gescheiter, vernünftiger, moralischer oder was auch immer ist.

Von allen besprochenen Quellen negativer Manifestationen ist diese Art medialer Ergüsse in der Regel am leichtesten zu handhaben. Das Geschwätz kann dann relativ leicht durch Ihr emotionales Zentrum eindringen, wenn es in Ihnen Schuld oder Angst gibt, die ihm Einlaß gewähren. Wenn Sie Angst vor dem haben, was andere über Sie denken, werden Sie das anziehen, also das zu hören bekommen, wovor Sie Angst haben.

Ich bin noch nie ein guter Lügner gewesen. Tatsächlich wurde ich immer erwischt, wenn ich versuchte, zu lügen. Als Folge traf ich zu früh in meinem Leben die Entscheidung, nichts im geheimen zu tun, von dem es mir etwas ausmachen würde, wenn es publik gemacht werden würde. Dafür waren einige heftige und extreme Vernunftsargumente erforderlich, doch als Folge entwickelte ich ein tiefes ethisches Empfinden. Ich weiß, daß ich anderen nicht schaden kann, ohne mir selbst zu schaden, und daß das einzig Gute, was es für mich gibt, auch das Beste für die Menschheit ist. Folglich hatte ich nicht nur ein reines Gewissen, sondern auch eine völlige Verachtung für geschwätzige Menschen und unnützes Gerede. Ich lernte, mich von jenen fernzuhalten, die in das eindringen wollten, was ich als meine Privatsphäre betrachtete und beantwortete keine Fragen, gab keine Erklärungen ab, entschuldigte mich für nichts, sondern ließ sie einfach denken, was sie denken wollten. Die einzige, die die Wahrheit kennen mußte, war ich. Solange ich mit mir selbst zufrieden war, war alles andere egal. Es war meine Unzufriedenheit, an der ich arbeiten mußte, nicht die eines anderen.

Ich lernte auch, mich zu trauen, anders zu sein, unkonventionell und in manchen Fällen sogar radikal zu sein, ohne dabei andere aus der Fassung zu bringen. Überraschenderweise führte diese Art zu reagieren einen völligen Wandel in der Art, wie Menschen über mich denken, herbei. Es stimmt zwar, daß sie immer noch über mich reden, vielleicht sogar mehr als zuvor, doch bösartige Inhalte sind außergewöhnlich selten geworden, und sie haben keine Kraft mehr, Schaden anzurichten.

In Bezug auf das Gerede der Leute ist es selten ratsam, etwas anderes zu tun, als es zu ignorieren. Alles andere wird das Feuer nur anfachen und Aufmerksamkeit auf das lenken, worauf Sie sich gar nicht konzentrieren wollen. Da es von seiner Essenz her negativ ist, hat das üble Gerede anderer nur eine sehr geringe Lebenskraft, geht daher schnell ein und hört von sich aus auf.

Der Schutzschild aus weißem Licht bietet besonders guten Schutz gegen die emotionale Einwirkung übler Nachrede. Der Schild sorgt nicht nur dafür, daß Sie gar nichts davon mitbekommen – denn nur dann könnte es Ihnen weh tun –, sondern besänftigt auch die Gedanken, die andere Menschen Ihnen gegenüber hegen. Er erfüllt somit in zweierlei Hinsicht seine Aufgabe, nur das wieder zu Ihnen hereinzulassen, was Sie ausgesandt haben.

Quelle 7: Mutwillige Unheilstifter

Aus Gründen, die so unterschiedlich sind wie die Geister dieser Menschen, gibt es solche, die bewußt und absichtlich darangehen, anderen zu schaden. So etwas kann man wirklich als medialen Angriff bezeichnen, ob der Angriff nun direkt, also in Form eines körperlichen Angriffs durch diesen Menschen, oder auf einer subtilen Ebene vor sich geht, das heißt auf der psychischen oder spirituellen Ebene. In diesen Fällen wird die Energie mit böser Absicht und mit dem Wunsch, Ihnen zu schaden, auf Sie gerichtet. Glücklicherweise ist der Prozentsatz dieser absichtlichen

Angriffe sehr, sehr klein im Verhältnis zu allen anderen Quellen negativer Erscheinungen in unserem Leben.

Wir sollten immer an erster Stelle die Ursache der Disharmonie in uns selbst suchen und uns dabei an die Regel halten, anderen nicht die Schuld an unseren Problemen zu geben. Wir sollten statt dessen danach trachten, unsere eigenen Ziele und Motive zu läutern. Wenn wir nach vielen Gebeten und eingehender Prüfung feststellen, daß die Quelle des Problems außerhalb unserer selbst liegt, dann ist es gut zu wissen, wie wir damit umgehen sollten.

Der Adept – so bezeichnet man einen Eingeweihten, der durch Initiation profunde magische Kräfte und Einsichten erlangt hat – geht mit der gleichen Leichtigkeit sowohl mit negativen als auch positiven Energien um, während er doch von beiden losgelöst bleibt. Durch diesen losgelösten Zustand findet man den Ursprung der Schwierigkeit wie auch die Mittel und Wege, um sie zu handhaben.

Wie ein medialer Angriff zu einer lohnenswerten Vortragsreihe führte

Es hilft, wenn wir uns vor Augen führen, daß alle negativen Erscheinungen – unabhängig davon, ob sie von uns selbst oder anderen herbeigeführt werden – nur durch Tore in unser Leben treten können, die wir selbst öffnen. Dieses Wissen ist der Schlüssel dazu, den Spieß umzudrehen; das heißt, die Energie umzudrehen und sie dazu zu bringen, in positiver statt in negativer Weise in Erscheinung zu treten. Wir sind keine Opfer, sondern in der Lage, unser Schicksal zu beherrschen. Das bedeutet, wir können lernen, negative Energie in eine positive Kraft umzuwandeln, die Gutes hervorbringt – die großartigste Umwandlung, die wir bewirken können.

Eine meiner früheren Schülerinnen, die ich hier B. nenne, wurde durch ihre Angst in eine fundamentalistische religiöse Gruppe geführt, die sie davon überzeugte, daß esoterische Lehren die

Waffen des Teufels waren. Da sie mich liebte und zu der Überzeugung gekommen war, ich wäre irregeleitet worden, rief sie mich eines Tages an und war ernsthaft um den »Zustand meiner Seele« besorgt. Wir unterhielten uns eine Zeitlang, wobei sie versuchte, mich zu überreden, meine Arbeit in der Schule aufzugeben. Ich versuchte ihr zu erklären, daß ich gründlich und umfassend alles untersucht hätte, was die »alte Religion« mir bieten konnte, und daß ich das Gefühl hätte, die neue Art zu denken habe mir erweiterte und produktivere Wege für mein spirituelles Wachstum eröffnet.

Ich beendete das Gespräch damit, daß ich ihr sagte, es sei in Ordnung, wenn sie das Gefühl hätte, daß sie noch mehr Zeit auf dem Weg bräuchte, den sie verfolgte. Wenn es für sie richtig war, dann sei das genau der Platz, an dem Sie auch sein sollte. Ihre letzten Worte waren, daß ich, wenn ich darauf bestände, den »gottlosen Weg« fortzusetzen, angegriffen werden würde.

Als ich den Hörer auflegte, schickte ich ihr im stillen meinen Segen und vergaß den Vorfall. Die Schule war einige Jahre lang gut vorangekommen. Ich hatte das Gefühl, wenn ich nur auf den Willen Gottes für mich und meine Schule eingestimmt blieb, könnte niemand in meinen Schutzschild eindringen, wenn ich keine Angst davor hatte und den Drohungen keine Kraft gab.

In den nächsten drei bis vier Monaten ließ der Aufschwung meiner Schule allmählich nach. Sowohl die Anzahl der Besucher als auch die Einnahmen gingen zurück. Gemäß meiner Gewohnheit, mich nach innen zu wenden, wenn etwas nicht gut lief, meditierte ich darüber, um die Lösung zu finden. Ich machte meine Position erneut klar: daß mein einziges Interesse darin bestand, den Willen Gottes für mich zu erfüllen. Wenn Gott wollte, daß ich mit dem aufhörte, was ich tat, und ich mich etwas anderem zuwenden sollte, wäre ich überaus glücklich, dies zu tun. Ich bat nur darum, ein eindeutiges Zeichen zu bekommen, welche Richtung ich einschlagen sollte.

Ich begann über meine schon älteren Eltern nachzudenken, die im Nordwesten lebten und die ich schon seit einigen Jahren nicht mehr gesehen hatte. Ich fühlte mich schuldig, weil ich ihre körperliche Pflege in den Händen meines Bruders und meiner Schwägerin gelassen hatte, die das Gefühl hatten, daß ich keinen angemessenen Beitrag zu ihrer Unterstützung leistete.

Während die Tage vergingen und ich die Situation – egal, in welche Richtung ich mich wandte – nicht verstand, vertiefte sich meine Seelenpein. An einem Tag in der Meditation hatte ich die ganze Verantwortung dafür, den Status quo aufrecht zu erhalten, abgelegt und bat erneut darum, in jeder Art und Weise zu Diensten zu sein, in der Gott es wünschte. Plötzlich kam mir B.'s Stimme in den Sinn: »Du wirst angegriffen werden!« Plötzlich konnte ich die ganzen Zusammenhänge erkennen. Ihre Gruppe hatte mit voller Intensität dafür gebetet, daß ich, als Repräsentantin des Teufels, zerstört werden möge, damit die Stadt von meinen Lehren befreit würde. Ihre Gebete waren genauso aufrichtig wie meine, obwohl sie irregeführt waren, da auch sie dachten, daß sie Gottes Willen erfüllten. Das war auch ihr Zugang zu mir – das und die Tatsache, daß ein Lehrer und ein Schüler eine starke Verbindung zueinander haben. B. war das »Bindeglied« und ihr Wunsch, den Willen Gottes zu erfüllen, war ihr Zugang zu mir. Ein medialer Angriff wird immer dort wirksam, wo die eigenen Schwächen liegen, und meine Schwäche war das versteckte Schuldgefühl, das ich hatte, weil ich nicht mehr Zeit und Geld für meine Eltern aufbrachte.

Jetzt wußte ich auch, was ich dagegen tun konnte. Sofort baute ich ein mentales Bild einer dicken Mauer aus Ziegelsteinen auf, durch die die Gebetsformen der Gruppe nicht mehr dringen konnten. Als nächstes bat ich darum, daß die beträchtlichen Energien, die sie hervorbrachten, in irgendeine Art nützlicher Aktivität geleitet werden sollten, die sich sowohl für sie als auch für die Stadt, die sie liebten, segensreich auswirken würden.

Dann bat ich – wohlwissend, daß ich unbeabsichtigterweise ihre negativen Energien in mir und die Manifestationen in meiner Umgebung aufgenommen hatte – darum, einen Weg zu finden, auf dem ich diese Energien in positiver Weise nutzen konnte. Ein paar Tage später sah ich, während ich die Zeitpläne für meine Gruppen in den nächsten Monaten fertigstellte, daß alle Gruppen Ende Mai ausliefen. Ich mußte bis zum September keine neuen Ausbildungsseminare mehr anfangen. Daher hatte ich im Sommer drei Monate Zeit, in der ich eine Vortragsreihe planen konnte – was ich schon seit Jahren machen wollte.

Ich begann sofort, mich darauf vorzubereiten. Innerhalb eines Monats hatte ich zwölf Wochen mit Vorträgen gefüllt, die mich in den Nordwesten führten, wo ich mehrere Wochen mit meinen Eltern verbringen konnte. Die Vorträge warfen genug Geld ab, so daß ich sogar in der Lage war, extra Geld für ihre Unterstützung zu bezahlen. Das war meine erste Vortragsreise, und es sollte von nun an in meinem Leben zu einer regelmäßigen Aktivität werden. Man kann sehen, daß alle Elemente vorhanden waren: Die Gebete der gegnerischen Kräfte waren mit dem höchstmöglichen Wohl vermischt. Sie wollten mich aus der Stadt raushaben, beide wollten den »Willen Gottes« tun, ich wollte meinen Eltern helfen und eine Weile bei ihnen bleiben. Ich benutzte die Energie, die in meine Richtung gelenkt wurde, um auf die Vortragsreise zu gehen, die mein Wissen darüber erweiterte, was andere Gruppen in Amerika gerade taten. Als ich nach Hause kam, lief das Zentrum aufgrund der neuen Energie und der Informationen, die ich mitbrachte, so gut wie nie zuvor. Darüber hinaus habe ich nie wieder etwas von B. und ihrer Gruppe gehört.

Achten Sie bitte auf die folgenden zwei Sachen: Ich habe keine Energie auf Gegenbeschuldigungen, Rachegedanken, Angst oder Ärger verschwendet. Der erste Schritt besteht darin, ein Visualisationsverfahren anzuwenden, um weitere Energien von der Quelle abzublocken, die ich als solche erkannt hatte. Der zweite

bestand darin, die bestehende Energie in positive Tatkraft umzuwandeln.

Ziehen Sie positive Energie aus der negativen Energie anderer Menschen

Der erste Schritt, um negative Energie in positive umzuwandeln,
ist der, nach dem Positiven Ausschau zu halten, welches aus jeder
Situation erwachsen kann. Suchen Sie nach Möglichkeiten, wie
Sie die Energie in etwas Nützliches verwandeln können.

Schauen Sie sich einmal Ihre eigene Vergangenheit an. Ich bin
mir sicher, daß Sie entdecken werden, daß aus jeder scheinbaren
Tragödie Segen hervorgegangen sind, die Ihr spirituelles Wachstum und Ihre Verwirklichung gefördert haben. Es ist schwieriger,
das zu tun, wenn Sie sich noch mitten in der Situation selbst
befinden, doch sollten Sie Ihren Geist darauf trainieren, nach dem
Guten Ausschau zu halten, wodurch Sie den Ausweg aus jeder
Schwierigkeit schneller finden werden.

Wenn eine Sache, eine Form einmal in Ihrem oder durch Ihren
Geist erschaffen worden ist, bewegt sie sich frei durch Raum und
Zeit, um sich zu manifestieren. Zeit und Raum können ihr Fortschreiten nicht stoppen oder behindern; eine Willenshandlung
jedoch kann dies sehr wohl. Dion Fortune[46] sagte: »Was der Geist
eines Menschen erschaffen kann, kann ein anderer zerstören.«
Das funktioniert natürlich in zwei Richtungen. Man kann eine
positive Kraft benutzen, um eine negative Vorstellung zu zerstören, oder man kann eine negative Kraft benutzen, um eine positive
Vorstellung zu zerstören. Da wir uns in diesem Kapitel mit
negativen Gedankenformen beschäftigen, die uns schaden könnten, lassen Sie uns ersteres näher betrachten.

Einige Autoren empfehlen, man sollte den Angriff umkehren, daß
heißt, daß man die negative Energie zu ihrem Ursprung zurück-
schicken sollte, was die bösartige Energie auf denjenigen zurückfallen läßt, der sie in die Welt gesetzt hat. Dies ist zwar sehr

effektiv, doch kommt es mir so vor, als müßte man dazu ähnlich bösartige Absichten haben wie derjenige, von dem das Ganze ursprünglich einmal ausging. So ein Wunsch nach Rache kann nur noch mehr Energie dieser Art im eigenen Leben hervorbringen, und der Teufelskreis bliebe weiter bestehen. Darüber hinaus besteht immer die Möglichkeit, daß Sie sich in Ihrem Urteil darüber, von wem diese Energie stammt, irren. Dann würde eine völlig unschuldige Person darunter leiden müssen.

Es gibt eine Geschichte, die man sich von den Kahunas, den alten Priestern auf Hawaii, erzählt. Wenn ein Kahuna auf einen anderen ärgerlich war oder Angst vor ihm hatte, stellte er eine Gedankenform her, die einzig und allein dazu da war, den anderen zu töten. Die Gedankenform ging ihres Weges, um das zu tun, wofür sie erschaffen worden war, und hielt sich so lange in der Nähe der Zielperson auf, bis es ihr gelungen war, aus den mentalen Energien des Feindes eine Situation zu kreieren, die seinen Tod herbeiführte.

Wenn jedoch die »Magie« des angegriffenen Kahunas größer war oder sein Schutz stark genug, konnte er alles Böse abwehren, was ihn aufgrund der Killer-Gedankenform befiel – unabhängig davon, ob ihm die Anschläge auf sein Leben bewußt waren oder nicht.

Der Gedankenform, deren einziges Ziel es war, zu töten, blieb dann nichts anderes mehr übrig, als zurückzukehren und ihre Absicht an ihrem Schöpfer auszulassen, da sie nicht aufgelöst werden konnte, bevor sie nicht das erfüllt hatte, wofür sie erschaffen worden war. Wir haben natürlich die Macht, uns unsere negativen Gedankenformen zurückzurufen und sie zu vertreiben oder zu zerstören. Die Moral der Geschichte ist jedoch der Bumerang-Effekt des Wunsches, einem anderen zu schaden, unabhängig davon, ob die Person aktiv unser Feind ist oder nicht.

Eine andere Methode, um negative Energie loszuwerden, ist, sie zu verbannen. Die Technik besteht daraus, einen tiefen Atemzug zu nehmen, all die negative Energie in sich hineinzuziehen und den Atem dann mit angespanntem Körper und all der uns zur Verfügung stehenden körperlichen, emotionalen, mentalen und spirituellen Energie mit einem lauten, explosiven Geräusch wieder auszustoßen. Benutzen Sie Ihre Visualisationsfähigkeiten, um die Energie in den Weltraum, tief ins Meer oder an den Nordpol zu schicken. Die Gefahr dabei ist, daß – egal, wohin Sie die untransformierte Energie schicken – es dort Lebensformen gibt, die durch sie negativ beeinflußt werden können.

Es gibt einen Ort auf der Erde, dessen Aufgabe es ist, Energie umzuwandeln, und das ist der Erdboden. Jedes Element der Erde wird dazu benutzt, eine Art von Energie in eine andere umzuwandeln. Alle Tiere und Insekten im Erdreich verbringen ihr Leben damit, den Erdboden mit Luft zu durchsetzen, Steine und verweste Materie in noch mehr Erdboden umzuwandeln und durch die Samen und Wurzeln neues Leben hervorzubringen.

Es ist möglich und vielleicht sogar erlaubt, von Zeit zu Zeit negative Energie in den Erdboden zu schicken, damit sie dort umgewandelt wird. Man muß jedoch dafür sorgen, daß die Übertragung der Energie mit der Bitte verbunden ist, sie umzuwandeln. Auch das ist nicht die ideale Art und Weise, mit dem Problem umzugehen, da es möglich ist, den Boden unfruchtbar zu machen, wenn man zuviel negative Energie hineinleitet.

Negative Energie durch intelligentes Handeln in eine positive Kraft umzuwandeln ist noch immer die beste Art, mit einem Übermaß an Negativität umzugehen. Es ist auch der kreativste Weg, und er hilft einem, die eigene mentale und spirituelle Erfindungsgabe aufzubauen. Zusätzlich tragen Sie dadurch Ihren Teil dazu bei, etwas von der gewaltigen Schicht an Karma abzubauen, die unseren Planeten überschattet.

Gedankenformen, die schützen

Menschen, deren mediale Kräfte sehr weit entwickelt sind, können auf der astralen Ebene Gedankenformen und Bilder wahrnehmen. Wenn man diese Entwicklungsstufe erreicht hat, kann man ein tatsächliches Bannritual durchführen, das sehr wirksam jede Gedankenform zerstört, die von einem Feind geschickt wird. Man nennt es das Bannritual des Pentagramms.

Das Pentagramm ist ein fünfzackiger Stern mit einer menschlichen Gestalt in der Mitte, deren Kopf sich in der oberen Spitze und deren vier Gliedmaßen sich in den anderen vier Spitzen befinden. Die Zeichnung, von der man normalerweise sagt, daß sie von Agrippa stammt, ist in einem Kreis eingeschlossen, die den Kosmos repräsentiert. Sie symbolisiert die menschliche Seele, die sich geistig von der niederen unbewußten Natur löst.

Dieses magische Pentagramm oder der mikrokosmische Stern ist zugleich auch der fünfzackige Stern der Freimaurer, das höchste Wahrzeichen weißer Magie, und es ist von vielen Geheimgesellschaften zum Schutz verwendet worden. (Wenn der Stern umgekehrt wird, also seine Spitze nach unten zeigt, ist es das geheimnisvolle Zeichen des Ziegenbocks der Schwarzen Magie und das Zeichen des Satans. Als solches repräsentiert es Widerstand und Tod, die Erhebung von Streit und Aggression über den Frieden.) In seiner positiven Form, mit der Spitze nach oben, kann es jede Form von Furcht und schreckenerregender Erscheinung bannen. Wenn die bedrohliche Gedankenform oder das Bild vor Ihnen sichtbar ist, sollten Sie ihr gerade ins Gesicht schauen und schnell das bannende Ritual durchführen. Wenn Sie sie nicht sehen können, aber ihre Herkunft kennen, sollten Sie in die Richtung schauen, aus der sie kommt.

Um das Pentagramm als Schutz einsetzen zu können, müssen Sie sich nur die Umrisse des Sterns vorstellen. Zeigen Sie dann mit dem ausgestreckten Zeigefinger Ihrer rechten Hand auf Ihren linken Fuß. Heben Sie dann Ihre Hand, bis Ihr Finger nach vorne auf Höhe der Mitte Ihrer Augenbrauen zeigt, während Sie sich vorstellen, daß Sie mit Ihrem Finger eine glühende Spur blaugoldener Energie hinterlassen. Zeigen Sie als nächstes mit Ihrem Finger auf Ihren rechten Zeh. Dadurch wird ein umgekehrtes V erschaffen, das fast so groß wie Ihr Körper ist. Zeigen Sie dann mit Ihrem Finger auf einen Punkt auf der Höhe Ihrer linken Schulter, bewegen Sie Ihren Finger quer hinüber bis auf die Höhe Ihrer rechten Schulter und wieder zurück zu Ihrem Ausgangspunkt. Auf der astralen Ebene wird dadurch ein mächtiges geistiges Bild eines alten Schutzsymbols kreiert. Wenn nötig, können Sie den Vorgang auch in allen vier Himmelsrichtungen wiederholen.

Praktizierende aus Geheimgesellschaften betonen, daß man eine relativ große wohlproportionierte Figur erschaffen sollte, bei der alle Linien gleich lang sind und deren letzte diagonale Linie genau da aufhört, wo die erste aufsteigende Linie begann. Wenn Sie fertig sind, sollten Sie in der Lage sein, das Pentagramm (die Pentagramme) mit geschlossenen Augen vor Ihrem geistigen inneren Auge zu sehen. Es sollte sehr lebhaft vor und um Sie herum aufflammen.

Natürlich muß man dieses Ritual sehr oft üben und es ständig zum Schutz verwenden, damit man es in einer Gefahrensituation auch rasch durchführen kann. Manche Menschen haben den Eindruck, daß die körperliche Durchführung einer magischen Handlung die Visualisation unterstützt. Die Ergebnisse gleichen denen, die erzielt werden, wenn man sich schützendes weißes Licht vorstellt. Auch dabei ist es nicht notwendig, ein physisches Gegenstück zu erschaffen, um sicherzustellen, daß der Schutz wirklich vorhanden ist.

Es gibt auch noch andere Arten von Gedankenformen, die man als Schutz verwenden kann, für die man nur ein bißchen Vorstellungskraft und ein intensives Verlangen braucht.

Einige Jahre lang verbesserte ich mein Einkommen dadurch, daß ich fünf Zimmer in dem großen Haus vermietete, in dem ich lebte. Wenn man auf so engem Raum mit anderen zusammenlebt, macht man doch einige merkwürdige Erfahrungen mit ihren emotionalen Projektionen. Ich könnte von mehreren Fällen berichten, die die fachmännische Neutralisierung negativer Kräfte erforderten, doch ein außergewöhnlicher Fall hebt sich deutlich von den anderen ab.

Zwei junge Männer – nennen wir sie Bob und Tony – mieteten ein großes Zimmer im oberen Stockwerk an. Sie waren gutaussehend, charmant und umgänglich, verbrachten viel Zeit mit mir und halfen mir im Haushalt. An dem Morgen, an dem ich entdeckte, daß an einem Fenster eine Klimaanlage fehlte, tröstete mich Bob. Er half mir, die Fenster zuzunageln und die Schlösser an den Türen zu verstärken.

Wie gewöhnlich meditierte ich, um die Ursache des Problems herauszufinden. Ich konnte die Spur bis ins obere Stockwerk verfolgen, aber die genaue Quelle war nicht auszumachen. Die Mieter benutzten die hintere Treppe, um zu ihren Zimmern und nach draußen zu gelangen, und es war schwierig, sie dazu zu bewegen, die hintere Tür immer abzuschließen. Ich hatte den Eindruck, daß einer der Besucher vielleicht der Schuldige sein könnte.

Tief im Alpha-Zustand fertigte ich eine bedrohliche Gedankenform an, um die hinteren Treppen zu schützen. Der einzige Zweck dieser Gedankenform war, zu erschrecken, nicht, Schaden anzurichten. Mein Wunsch war, daß demjenigen, der für die Diebstähle verantwortlich war, ein Schrecken eingejagt werden sollte. Er sollte verschwinden und nicht mehr wiederkommen.

Am nächsten Tag, als weder Bob noch ich da waren, kam ein fürchterlich brutaler und bedrohlicher Mann die Treppe hinauf, trat die Tür zu Bobs und Tonys Apartment ein und verlangte Geld, von dem er behauptete, daß Bob es ihm schuldete. Tony war zu

Hause und berichtete, daß der Mann gedroht hatte, Bob umzubringen, wenn er nicht zahlte, und er hatte sich so benommen, als ob er in der Lage gewesen wäre, seine Drohung wahr zu machen. Bob kam einige Stunden später nach Hause, packte seine Sachen, verließ nicht nur die Stadt, sondern auch das Bundesland und ging zu seinen Eltern nach Kalifornien zurück.

Mein erster Gedanke, als ich mir die Trümmer im Zimmer anschaute, war, daß meine schützende Gedankenform versagt hatte. Als ich jedoch mehr über Bobs Aktivitäten erfuhr (ich bekam heraus, daß er Drogen verkauft hatte und dieser Mann sein Lieferant war), entdeckte ich, daß die Gedankenform auf eine unmittelbare und sehr effektive Art und Weise gewirkt hatte. Sie hatte Bob das einzige gebracht, was bedrohlich und erschreckend genug war, um ihn davonzujagen. Am selben Tag rief mich anonym jemand an, der mir sagte, daß Bob der Dieb gewesen sei, und der mir verriet, wo ich die Klimaanlage finden konnte.

Wie man eine unerwünschte Gedankenform zerstören kann

Eine Regel, die ich in meinem Haus durchzusetzen versuchte, war: keine Drogen und kein Alkohol. Menschen, die Drogen nehmen oder Alkohol trinken, sind sprunghaft und unberechenbar in ihren Gedanken und Handlungen, und sie können Situationen erschaffen, die peinlich oder sogar gefährlich für andere im Haus sind.

Obwohl ich mir die Mieter immer sehr sorgfältig aussuchte, vermietete ich ein Zimmer an einen Mann, der Alkoholiker war. Er zahlte für dreißig Tage seine Miete und ging dann prompt auf eine Sauftour. Nach dem Gesetz konnte ich ihn nicht aus dem Haus vertreiben, bis seine Miete abgelaufen war. Dann aber weigerte ich mich zu verlängern und machte das Zimmer wieder sauber. Es stellte sich heraus, daß der nächste Mann, der das Zimmer mietete, auch ein Alkoholiker war. Er verbrachte dreißig Tage in einem Alkoholdelirium.

Das war für mich eine völlig neue Erfahrung, denn eine der Fragen, die ich vor der Vermietung immer stellte, war: »Trinken Sie Alkohol?«, und jeder der Männer hatte mir mit ernstem Gesicht »Nein« geantwortet.

Am Monatsende setzte ich den unliebsamen Mieter vor die Tür, machte das Zimmer sauber und vermietete es wieder. Zu meinem Erstaunen und zu meiner Bestürzung wiederholte sich die gleiche Situation noch einmal! Ich erkannte dann, daß sich in dem Zimmer eine Gedankenform eingenistet hatte, die meine alkoholtrinkenden Mieter erschaffen hatten. Diese Gedankenform zog nun Geister an, die sie weiter am Leben erhalten würden.

Als auch dieser Mieter endlich wieder ausgezogen war, benutzte ich die folgende Methode, um die häßliche Gedankenform in dem Zimmer zu zerstören. Füllen Sie eine große Menge Salz in eine gläserne, feuerfeste Schale (ein Pfund reicht), und stellen Sie die Schale in das Zimmer. Gießen Sie Alkohol über das Salz, und zünden Sie es an. Bewegen Sie den brennenden Alkohol durchs Zimmer, und sorgen Sie dafür, daß das Licht der Flamme in alle dunklen Ecken kommt, auch hinter die Bilder und Vorhänge, unter das Bett, in die Schränke usw.

Das hört sich wie reinster Aberglaube an, und ich habe nie eine logische Erklärung dafür finden können, warum es klappt, aber es funktioniert. Ich vermute, es ist vielleicht ein Teil einer alten alchimistischen Formel, die in eine so starke Gedankenform eingebettet wurde, daß sie auch heute noch wirksam ist.

Als das Zimmer von allen alten Gedankenformen meiner unwillkommenen Gäste gereinigt war, füllte ich den Raum durch eine Visualisation mit weißem Licht. Die nächste Bewohnerin war eine wunderschöne junge Dame, die sich für Esoterik interessierte. Sie reinigte das Zimmer noch mehr, indem sie die Wände in einem leuchtenden Kanarienvogelgelb anstrich. Die Atmosphäre in dem Zimmer war vollständig verändert.

Diese Technik hat mir auch sehr geholfen, die bleierne Atmosphäre auf dem Dachboden zu reinigen, auf dem eine Gruppe von Männern alle möglichen Zaubersprüche gesprochen und sich in Magie geübt hatte und auf dem sie einige merkwürdige und ungemütliche Gedankenformen hinterlassen hatte.

Erzeugen Sie eine gegenteilige Wirkung

Eine weitere Methode im Umgang mit Feindseligkeit besteht darin, die gegenteilige Gedankenform zu jeder Art von negativer Energie zu erschaffen, die in Ihre Richtung gelenkt wird. Wenn Sie sich krank und von unbekannten Energien bedrängt fühlen, stellen Sie sich überschäumende, energetische Gesundheit vor. Wenn Ihre Finanzquellen versiegen, stellen Sie sich vor, wie sich Ihnen neue eröffnen. Richten Sie Ihre Aufmerksamkeit darauf, eine harmonische Umgebung und klare Gedanken zu erzeugen. Benutzen Sie vor allen Dingen freizügig die SUBSTANZ auf der kreativen Ebene. Werden Sie sich klar darüber, was *Sie* wollen, anstatt den negativen Gedankenformen von anderen Menschen zu erlauben, in Ihrem mentalen und emotionalen Körper Fuß zu fassen. Verschwenden Sie keine Gedanken an eine sich vorübergehend manifestierende Negativsituation. Ignorieren Sie sie einfach. Seien Sie sich dessen bewußt, daß das weiße Licht in erster Linie reinigend wirkt. Es richtet Sie auf, reinigt und schützt Sie. Wenn Sie Ihre mentale Energie auf das Ziel richten, das Sie wirklich erreichen wollen, muß sich das »Endprodukt« der bestehenden Disharmonie auflösen, weil es durch nichts aufrechterhalten wird.

Richten Sie Ihre Aufmerksamkeit darauf, den göttlichen Plan für Ihr Sein zu erfüllen, und darauf, Unterstützung von den höheren

Ebenen zu bekommen. Dadurch erzeugen Sie mit der Zeit in sich Ihren eigenen Transformator für negative Energien, der um so stärker wird, je öfter Sie ihn anwenden.

Die »dunklen Mächte«

Patanjali beschreibt – wie bereits besprochen – fünf Leiden, die den spirituellen Fortschritt des Menschen behindern: Unwissenheit, Selbsttäuschung, Anhaftungen, Haß und falscher Stolz. Ich würde diesen noch ein Leiden hinzufügen wollen: Angst. Ihre hinterhältigen Schlingarme breiten sich in allen Aspekten unseres Lebens aus. Es gibt wahrscheinlich kein menschliches Wesen, welches nicht zu einem gewissen Grad Angst verspürt, von kleinen Sorgen angefangen bis hin zu ausgesprochenen Phobien. Ich meine nicht die normale Vorsicht, die man möglichen körperlichen Gefahren gegenüber walten läßt, sondern jene die Seele entkräftende emotionale Lähmung, die sich hinter jeder Handlung verbirgt (und auch deren Ursache ist), die uns davon abhält, alle Erfahrungen, die uns angeboten werden, voll zu genießen oder voll an ihnen teilzunehmen.

Während des Fische-Zeitalters war die größte Angst der Christen die Angst vor dem Teufel. Diese Angst wurde ihnen von den frühen Theologen der Kirche eingeflößt. Es war die Angst vor einem nebulösen Etwas, das die eigene Erlösung zunichte machen konnte, wenn man nicht Menschen, Orten, Situationen und Ereignissen gegenüber ständig wachsam war.

Unter den sich entwickelnden Medien verwandelt sich diese Angst vor dem Teufel in eine Angst vor den »dunklen Mächten«. Sowohl der Teufel als auch die dunklen Mächte sind nicht greifbar. Es sind unsichtbare Feinde, mit denen man sich unmöglich in einem offenen Kampf auseinandersetzen kann. Daher verwandelt sich die Angst vor dem Unsichtbaren in Angst vor etwas, das

man sehen kann: Menschen. Daraus entwickelt sich die gefährlichste Angst von allen, die Angst vor den eigenen Mitmenschen.
Das Ziel des Esoterikers ist, die gesellschaftlichen Krankheiten –
Vorurteile, Ungerechtigkeit, Mißachtung aufgrund niederer ge-
sellschaftlicher Stellung oder Klassenunterschiede und andere
abwertende und trennende Handlungen und Gesetze, die von der
Angst vor den eigenen Zeitgenossen herrühren – zu transzendieren.

Unter den esoterischen Schülern habe ich häufig einen wesentlichen leidbringenden Faktor beobachtet, der sie gegeneinander
aufbrachte, zur Folge hatte, daß einige aus einer Gruppe sich
zurückzogen, und sogar Spannungen zwischen Lehrern, Mitarbeitern und Leitern herbeiführte. Es war die Angst davor, daß eine
gewisse Person mit den »dunklen Mächten« im Bunde sein
könnte. Fast immer erwies sich diese Furcht als grundlos, doch
der Schaden war schon entstanden, und die Betroffenen hielten
sich anschließend selbst davor zurück, voll an Aktivitäten teilzunehmen, die für sie sehr nützlich hätten sein können.

Wir wollen Meister über unser eigenes Leben und unsere Umgebung werden, und Angst hält uns davon ab, dieses Ziel zu erreichen. Es ist egal, ob die Furcht gerechtfertigt ist oder nicht. Wir
dürfen nicht zulassen, daß sie unsere Aktivitäten einschränkt.

Das erste, woran Sie denken sollten, ist, daß Ihre persönliche
Umgebung immer frei von Negativität sein kann, unabhängig
davon, was andere um Sie herum tun. Sie sind immer kraft Ihres
Schutzschildes aus weißem Licht vor den Übergriffen jeglicher
negativer Energien geschützt. Zum zweiten haben Sie als wissendes spirituelles Wesen die Pflicht, dazu beizutragen, das negative
Karma des Planeten aufzulösen, indem Sie es – wann immer
möglich – in positive Energie umwandeln.

Sich entwickelnde Medien versuchen ständig, die Schwingungen, die sie an Menschen und Plätzen wahrnehmen, zu interpretieren. Wenn Sie sich in einem Raum befinden, in dem es starke,

angstbesetzte Gedanken anderer Menschen gibt, oder mit Menschen zusammen sind, deren höhere Chakren noch nicht geöffnet sind, könnten Sie fälschlicherweise die Schwingungen, die Sie wahrnehmen, als böse oder negativ interpretieren. Oder vielleicht befinden Sie sich ja tatsächlich in einem Raum, in dem die bösen Mächte herbeigerufen wurden. Es ist ganz egal. Die einfachste Methode, um angstvolle Gedanken auszurotten, besteht darin, sich und andere mit weißem Licht zu reinigen.

Sehen Sie im Geiste den ganzen Raum (oder, wenn nötig, das ganze Gebäude) mit weißem Licht oder der Gegenwart Christi erfüllt. Beginnen Sie auf einer Seite, und füllen Sie nach und nach das ganze Zimmer. Alle negativen Schwingungen werden augenblicklich verschwinden, und Sie werden außerdem Ihre Verpflichtung der Umgebung gegenüber erfüllt haben.

Eines der außergewöhnlichsten Ereignisse, die ich je erlebt habe, war ein einfaches Gebet eines esoterischen Priesters, Dr. E. A. Winkler, der Präsident der St.-John-Universität in Louisiana. Er wollte einen bestimmten Raum benutzen, um einige mediale Beratungen durchzuführen, doch fühlten wir beide, daß die Energien in dem Raum nicht so sauber waren, wie sie hätten sein sollen. Ich hatte gerade damit begonnen, das Reinigungsritual mit weißem Licht durchzuführen, als es sich plötzlich so anfühlte, als ob der ganze Raum bereits mit weißem Licht erfüllt sei.

»Mann!« sagte ich. »Das ging aber schnell! Wie haben Sie das gemacht?«

Er sah mich an und grinste. «Ich habe einfach Gott darum gebeten, diesen Raum angemessen auf seine Arbeit vorzubereiten«, antwortete er.

Laufen Sie vor negativen Energien nicht davon. Wandeln Sie sie um. Auf diese Weise stellen Sie unter Beweis, daß Sie ein Meister und kein Opfer der Energien in Ihrer Umgebung sind.

Niemand ist wirklich böse. Jeder auf diesem Planeten arbeitet mit negativen Energien. Niemand macht da eine Ausnahme. Als

Lichtwesen ist es unser Ziel, diese Energien umzuwandeln. Unsere Aufgabe, die letztendlich auch unser Aufstieg ist, lautet, alle materiellen Energien ins Licht zu bringen. Wir müssen sie erst erfahren, bevor unser Verstehen dazu ausreicht, sie umwandeln zu können. Um Gott und unseren Mitmenschen zu dienen, müssen wir bereit sein, zu akzeptieren, daß bei dieser großen Aufgabe auch viel Verwirrung entsteht. Diese Einsicht kann uns dahin führen, unser eigenes Mitgefühl zu entfalten. Wenn wir uns dieser Einsicht verweigern (der vergessene Pfad), haben wir allem nur noch eine weitere negative Energie hinzugefügt, die transformiert werden muß.

Glauben Sie, daß Sie sich unsichtbar machen können?

Da wir uns gerade mit der Macht der Gedankenformen und ihrer Auswirkung auf unsere Umgebung und unser Leben beschäftigen, möchte ich Ihnen gerne von einer Erfahrung berichten, die ich mit einer Gedankenform machte, mit der ich mich unsichtbar machen wollte.

Eines Tages – es war ein Tag vor meinem Geburtstag – verließ ich gegen acht Uhr Omaha in Nebraska und machte mich auf den Weg nach Oklahoma City. Mein Zeitplan war knapp kalkuliert, und ich hatte geplant, Kansas zu erreichen, bevor ich mich schlafen legte. Ich wußte, daß es eine lange, beschwerliche Fahrt werden würde, und so suggerierte ich mir, während der Geschwindigkeitsanzeiger über die Geschwindigkeitsbegrenzung hinausging, daß ich für die Autobahnpolizei unsichtbar sei. Weiterhin stellte ich mir vor, daß ich in keine Staus kommen würde, daß die Fahrt glatt verlaufen würde und es auf dem Weg keine Schwierigkeiten oder Hindernisse geben würde.

Genau um Mitternacht überquerte ich die Bundesstaatsgrenze nach Kansas. Ich weiß nicht, ob es irgendwelche magische Bedeutung hatte, daß der Zeitpunkt »genau Mitternacht vor meinem Geburtstag« sowohl einen neuen Tag als auch ein neues Jahr bedeutete und ich gleichzeitig auch in einen neuen Bundesstaat kam.

Ein paar Minuten in Kansas, fand ich ein Café, welches rund um die Uhr geöffnet hatte. Ich legte eine Pause ein und ging hinein, um etwas zu essen. Ich saß auf dem letzten Hocker an der Bar in der Nähe der Kasse. Neben mir war noch ein Hocker frei, und auf dem übernächsten saß ein Mann, der Kaffee trank.

Es war ziemlich viel los in dem Café, und drei Bedienungen gingen ihrer Arbeit nach. Eine von ihnen füllte dem Mann neben mir Kaffee nach, und mehrere Leute bezahlten ihre Rechnungen an der Kasse, während ich darauf wartete, bedient zu werden.

Wahrscheinlich saß ich bereits seit sechs oder sieben Minuten dort, als mir auffiel, daß alle drei Bedienungen dort standen und sich unterhielten, als ob sie nichts zu tun hätten. Ich wandte mich dem Mann neben mir zu und sagte halb amüsiert und halb verärgert: »Was ist denn los? Bin ich unsichtbar, daß sie mich nicht sehen können?« Der Mann schaute einfach weiter geradeaus, als ob auch er mich nicht bemerkte!

Ich würde jetzt gerne berichten, daß ich noch weitere Versuche angestellt habe, um wirklich herauszufinden, ob ich unsichtbar war, doch in Wahrheit war ich so erschüttert, daß ich von meinem Hocker stieg und das Café verließ. Ich erzähle Ihnen das nur als ein weiteres Beispiel für die bemerkenswerten Phänomene, die der Geist hervorbringen kann. Und auch weil das vielleicht meine Strafe dafür war, daß ich magische Kräfte eingesetzt hatte, um das Gesetz zu brechen!

466

Praktische Übungen, Teil 8
Techniken zur spirituellen und medialen Heilung

Der Körper möchte gesund sein. Die Natur hat Selbstheilungskräfte. Der natürliche Zustand jeder Zelle ist vollkommene Gesundheit. Das Bewußtsein einer Leberzelle hat zum Beispiel das Ziel, eine perfekte Leberzelle zu sein und die Ganzheit dessen hervorzubringen, wofür sie geschaffen wurde.

Das Bewußtsein des einzelnen Menschen setzt sich jedoch über das Bewußtsein dieser winzigen Lebewesen hinweg. Sie werden dazu gezwungen, die störenden, behindernden Qualitäten widerzuspiegeln, die von den Konflikten im Unterbewußtsein herrühren. Mediales Heilen dient dazu, den Einfluß dieser negativen Kräfte zu mildern oder zu beseitigen. In einer Krebsklinik in Texas hat Dr. Carl Simonton Pionierarbeit im Bereich der geistigen Beeinflussung des Körpers geleistet. Er arbeitete mit Krebspatienten im Endstadium, brachte ihnen bei, zu meditieren und in der Meditation sämtliche Vorstellungsbilder zu benutzen, die ihnen einfielen, um die Krebszellen zu beeinflussen. Ein Krebspatient stellte sich vor, die Krebszellen seien Mäuse und die heilenden Kräfte seines Körpers Katzen, die die Krebszellen auffraßen. Ein anderer stellte sich vor, die weißen Blutzellen seien Krieger, die die Krebszellen angriffen und zerstörten.

Dreimal täglich meditierten die Patienten auf diese Weise fünf Minuten lang. Mehr als dreißig Prozent dieser Krebspatienten im Endstadium schafften es tatsächlich, den Tod abzuwenden, Ihren Lebenswillen wieder zu stärken und auf geistigem Wege eine Selbstheilung des Krebses zu erreichen! Diese Technik wird jetzt auch in anderen Krankenhäusern in den Vereinigten Staaten mit ausgezeichneten Ergebnissen erprobt. Es gibt viele Beweise dafür, daß wir bewußt den Fluß der Lebensenergie in uns beeinflussen können.

Die folgenden Übungen zur Umwandlung von Energie habe ich persönlich ausprobiert und für wirksam befunden.

Übung 1: Zur Beseitigung von Müdigkeit

Dies ist eine ausgezeichnete Reinigungstechnik, mit der man die dunklen Wolken negativer Gedankenformen beseitigen kann, mit denen wir tagtäglich bombardiert werden. Probieren Sie diese Übung am Ende des Tages oder während einer Pause in einer besonders hektischen Zeit aus. Sie ist so erfrischend wie eine Dusche.

Reiben Sie die Handflächen rasch ein paarmal aneinander. Halten Sie Ihre Fingerspitzen in die Nähe Ihrer Stirnmitte, ohne diese allerdings zu berühren. Bewegen Sie Ihre Hände abwärts am Gesicht entlang, ohne die Haut zu berühren – die Hände sollen nur durch die Aura gleiten. Bewegen Sie Ihre Hände nach außen, und schütteln Sie sie aus, als würden Sie Wasser oder etwas anderes, was an Ihren Händen klebt, abschütteln. Wiederholen Sie das dreimal.

Halten Sie Ihre Fingerspitzen als nächstes wie gerade eben in die Nähe ihrer Stirnmitte. Bewegen Sie Ihre Hände diesmal nach oben, zur Rückseite des Kopfes, zum Nacken und zu den Seiten Ihres Halses hin. Berühren Sie dabei weder Ihre Haare noch die Haut, sondern bewegen Sie die Hände wie einen Kamm durch die Aura. Schütteln Sie wieder Ihre Hände aus. Wiederholen Sie die ganze Übung dreimal. Sie wirkt ganz hervorragend bei Spannungskopfschmerzen und bei Ermüdungserscheinungen.

Übung 2: Entspannen Sie Ihre Augen

Reiben Sie die Handflächen rasch ein paarmal aneinander. Legen Sie Ihre Hände behutsam für 15 Minuten über Ihre Augen. Drücken oder reiben Sie nicht. Erlauben Sie der heilenden Energie Ihrer Hände, die Augen zu beruhigen und zu heilen.

Übung 3: Wie Sie blaue Flecken vermeiden können

Es gibt viele unbekannte Energien, die aus den Fingerspitzen ausstrahlen. Diese Übung hilft immer. Sie müssen Sie nur selbst ausprobieren, um zu sehen, daß sie funktioniert.

Wenn Sie eine zarte Haut haben und leicht, wie viele Frauen, zu blauen Flecken neigen, sollten Sie folgendes ausprobieren: Unmittelbar nachdem Sie gegen einen spitzen Gegenstand oder irgend etwas anderes gestoßen sind, was einen blauen Fleck hervorrufen könnte, sollten Sie sofort die Fingerspitze eines Ihrer Mittelfinger auf die Stelle legen, die Sie sich gerade gestoßen haben. Reiben Sie leicht, bis der Schmerz des Aufpralls weg ist, und vergessen Sie das Ganze anschließend. Es wird keinen blauen Fleck geben!

Übung 4: Levitation

Ich habe keine Erklärung dafür, warum das nun folgende Verfahren klappt, doch es funktioniert. Es ist ein faszinierendes Partykunststück, hat aber auch ganz praktische Anwendungsmöglichkeiten. Vier Frauen haben diese Levitationsmethode benutzt, um ein großes Piano zu transportieren. Fünf Menschen haben damit nach einem Sturm einen umgefallenen Baum von einem Rasen getragen.

Suchen Sie sich fünf Personen, Männer oder Frauen aus. Eine von ihnen soll sich auf einen gewöhnlichen Stuhl setzen, vorzugsweise auf einen, der keine Armlehnen hat. Die anderen vier Personen stellen sich so um den Stuhl, daß zwei von ihnen davor und zwei dahinter stehen. Jeder von ihnen soll nun seine Hände so zusammenfalten, daß die beiden Zeigefinger aneinander liegen und nach vorne zeigen, während die anderen Finger verschränkt sind. Die beiden Personen, die hinter dem Stuhl stehen, sollen dann jeweils mit ihren beiden nach vorn ausgestreckten Zeigefingern unter die Achseln der Person greifen, und die beiden Personen, die vor dem Stuhl stehen, sollen mit den Zeigefingern unter die

Kniebeuge greifen. Versuchen Sie so die Person aus dem Stuhl zu heben.

Natürlich wird es nicht funktionieren. Lassen Sie dann die vier Personen dreimal tief miteinander ein- und ausatmen, wobei sie beim Einatmen die noch immer verschränkten Finger in die Höhe heben. Nach dem vierten Einatmen sagen alle gemeinsam: »Er (sie) ist ganz leicht.«

Die vier Personen legen anschließend sachte ihre rechten Hände auf den Kopf der Person, die im Stuhl sitzt, in der Reihenfolge, wie sie auch im Kreis stehen. Eine Hand kommt auf die andere, und in gleicher Weise werden auch die linken Hände auf den Kopf der Person gelegt, bis sich ein ganzer Stapel von Händen auf ihrem Kopf befindet.

Dann sollten alle wieder dreimal tief miteinander atmen. Nach dem dritten Ausatmen nehmen sie in umgekehrter Reihenfolge die Hände wieder von dem Kopf. Sobald die Hände unten sind, greifen alle vier Personen rasch mit ihren Zeigefingern wie zuvor unter die Achseln und Kniebeugen der sitzenden Person und heben sie gemeinsam hoch. Die Person wird sich, unabhängig davon, wie schwer sie ist, leicht aus dem Stuhl heben lassen, ohne daß irgendeine Anstrengung dazu nötig ist!

Übung 5: Sprechen Sie mit Ihrem Körper

Der Körper folgt verbalen Anweisungen. Wenn Sie nachts wie viele Menschen unter Fuß- und Wadenkrämpfen leiden, sagen Sie dem Fuß oder der Wade, daß sie aufhören soll, sich zu verkrampfen! Sprechen Sie laut und wirklich in Befehlsform. Geben Sie Ihren Worten Nachdruck, und sprechen Sie als Autorität. Die Krämpfe werden sofort aufhören. (Gehen Sie anschließend zum Arzt, und lassen Sie den Kalziumspiegel in Ihrem Körper überprüfen. Krämpfe bedeuten normalerweise, daß man mehr Kalzium braucht.)

Gehen Sie davon aus, daß Ihr Körper Ihnen gehört und nicht Sie

Ihrem Körper. Behandeln Sie ihn wie ein wertvolles Stück, das sie besitzen, welches ordentlich ernährt werden muß, genügend Bewegung und Pflege braucht, aber auch seine Pflicht tun muß, für Sie ein geeignetes »Vehikel« für Ihre Aktivitäten im Leben zu sein. Kultivieren Sie für sich die Einstellung, daß Ihre Zeit viel zu wertvoll ist und daß es zu viele aufregende Dinge zu tun gibt, als daß Sie sie mit Krankheit oder ähnlichen Behinderungen verschwenden wollten.

Übung 6: Finden und löschen Sie negative Bereiche im Körper

Die folgende Übung wird Ihnen helfen, konditionierte Reaktionen aus der Vergangenheit zu eliminieren, die aus dem Unterbewußtsein heraus vielleicht Ihren Körper vergiften. Durch die Vorstellung, daß vergangene Situationen anders verliefen und ausgegangen sind, wird in Ihrem Unterbewußtsein auch eine neue Reaktion hervorgerufen.

Legen Sie sich bequem auf ein Bett oder ein Sofa, und reinigen Sie sich mit weißem Licht. Entspannen Sie Ihren Körper, und bringen Sie Ihren Geist in den Alpha-Zustand (siehe auch Tabelle 1).

Stellen Sie sich vor, dies sei der letzte Tag Ihres Lebens. Gehen Sie in Ihrer Erinnerung nochmals durch Ihr Leben, und überlegen Sie sich, was Sie anders machen oder verändern würden. Stellen Sie sich vor Ihrem inneren geistigen Auge dann vor, daß Sie es anders machen. Stellen Sie sich das veränderte Ergebnis Ihres Tuns vor, das, was sich ergibt, wenn Sie mit der entsprechenden Situation umgehen. Arbeiten Sie pro Tag mit einer Erinnerung aus dem Unterbewußtsein.

Wenn Sie damit fertig sind, füllen Sie Ihren Körper ganz mit der Farbe Rot aus. Richten Sie Ihre Aufmerksamkeit nach innen. Denken Sie in der Folge an jede dieser negativen Emotionen: Ärger, Neid, Haß, Eifersucht. Achten Sie darauf, wo sie am meisten auf Ihren Körper einwirken.

Stellen Sie sich dort strahlendes, weißes Licht vor, und reinigen Sie den Bereich ganz und gar. Klären Sie auf diese Weise alle dunklen Bereiche im Körper. Machen Sie diese Übung jeden Tag, bis Sie beim Gedanken an diese Emotionen keine weiteren Reaktionen spüren.

Füllen Sie Ihren Körper danach ganz mit der Farbe Blau. Werden Sie eins mit Ihrem Körper, und achten Sie darauf, wo diese positiven Gedanken auf Ihren Körper einwirken: Liebe, Dankbarkeit, Frieden und Freude.

Beenden Sie diese Übung, indem Sie Ihren Körper segnen, und danken Sie ihm aufrichtig für seine Bemühungen, Ihnen zu dienen.

Übung 7: Steigern Sie Ihre Lebenskraft

Setzen Sie sich aufrecht, aber entspannt hin, oder stellen Sie sich hin, und verteilen Sie Ihr Gewicht gleichmäßig auf beide Füße. Sie sollten eine bequeme Haltung finden, in der Sie Ihre Wirbelsäule geradehalten, wobei Brust, Hals und Kopf eine gerade Linie bilden.

Entspannen Sie sich einen Moment lang, und versuchen Sie, Ihren Geist von den Sorgen und lästigen Nebensächlichkeiten des Tages zu befreien. Atmen Sie dann vollständig aus. Ziehen Sie dabei den Bauch ein, damit die restliche noch in den Lungen verbliebene Luft aus den Lungen herausgepreßt wird, die in der Regel durch unser normales, zu flaches Atmen dort bleibt.

Füllen Sie Ihre Lungen dann langsam einatmend wieder, während Sie bis sieben zählen. Machen Sie eine kurze Pause, und atmen Sie dann wieder aus, wobei Sie wieder bis sieben zählen.

Wiederholen Sie diesen Atemrhythmus 7:1:7 mindestens zwölfmal, um die Atemwege zu reinigen.

Stellen Sie sich, während Sie ein- und ausatmen, vor, wie der lebenspendende Energiefluß durch die feinstofflichen Kanäle des Ätherkörpers strömt und in die physische Form hineinfließt, wobei jede einzelne Zelle Ihres Körpers aufgeladen wird. Stellen Sie sich, während Sie den Atem anhalten, vor, daß Sie diese Lebenskraft und die Energie in sich speichern.

Für diese Übung brauchen Sie etwa drei Minuten, nach 15 bis 20 Minuten jedoch werden Sie eine deutliche Belebung spüren, und der allgemeine Anstieg Ihrer Gesamtenergie wird mehrere Stunden anhalten.

Meditationspraxis: Seien Sie im Fluß!

Es gibt einen Fluß ewiger Lebensenergie, der alle sichtbaren und unsichtbaren Dinge und alle menschlichen und sonstigen Aktivitäten durchdringt. Wenn Sie sich in der Meditation auf diesen Energiefluß einstimmen und darauf achten, die restliche Zeit über in seinem Kraftfeld zu bleiben, können Sie Ihr intuitives Bewußtsein dadurch sehr verfeinern und erweitern. Sie können auf diese Weise auch die eigene Gesundheit und Ihr inneres Gleichgewicht bewahren und die rechte persönliche Kontrolle über die Manifestationen der SUBSTANZ im Leben aufrechterhalten. Die pulsierende Lebensenergie, mit der man in dieser Meditation in Berührung kommt, wird jenes mentale und spirituelle Bewußtsein wieder entstehen lassen, welches den Menschen oft von Geburt an aberzogen wird.

Seien Sie im Fluß!

Legen Sie sich entweder auf den Fußboden oder ins Bett. Achten Sie darauf, daß Ihr Kopf im Norden liegt, damit Sie sich in einer Linie mit den polaren Erdenergien befinden. Während Ihr Körper und Ihr Gehirn immer langsamer schwingen und Sie sich dem Alpha-Bewußtsein nähern, fühlen Sie die pulsierende Lebenskraft in Ihrem Körper. Versenken Sie sich in dieses Gefühl. Gehen Sie in diesen pulsierenden, vitalen, lebendigen Kern Ihrer selbst, und schweben Sie einfach davon. Lassen Sie das Gefühl entstehen, daß Sie kopfüber davongetragen werden, sich immer noch in einer liegenden Stellung befinden und in einem Meer von Energie treiben. Schweben Sie geistig in die Stratosphäre davon, und beobachten Sie, wie die Erde immer kleiner wird, bis sie aus Ihrem Blickfeld schwindet. Gehen Sie mit dem Fluß, bewegen Sie sich langsam spiralförmig weiter, und seien Sie ganz vertieft in die universalen Rhythmen. Fühlen Sie, daß Sie ein Teil des Göttlichen sind.

Kehren Sie nach einer gewissen Zeit wieder zum normalen Wachbewußtsein zurück. Füllen Sie Ihren Körper mit weißem, schützenden Licht, und erkennen Sie, daß dieses Licht die Einheit mit allem Existierenden ist und es Ihr Leben in vielerlei wichtiger Hinsicht verändern wird.

Bleiben Sie bewußt auch im normalen Alltag im Kraftfeld dieser ewigen Lebensenergie. Sie werden feststellen, daß sich dadurch Ihre Kommunikation zu Ihrer Seele verbessert. Wenn Sie sich zwischen zwei Möglichkeiten entscheiden müssen, werden Sie intuitiv und klar erkennen können, daß die eine besser ist. Folgen Sie diesem Weg, als ob er ein Teil der kosmischen Kraft ist, und Sie werden feststellen, daß all Ihre Angst schwindet. Genauso wird es nagenden Zweifeln ergehen – sie verschwinden einfach. Die leise, kleine Stimme in Ihrem Inneren hat immer recht. Sie können sich mit dieser Meditation häufiger – wenn Sie möchten, sogar täglich – wieder aufladen. Es wird Ihre Intuition verstärken, so daß Sie sich nie wieder auf die oft fehlerhaften Urteile anderer in bezug darauf, was für Sie richtig ist, verlassen müssen.

Seelenbewußtsein – richtig verstandene Mystik

Sie haben bis jetzt schon große Fortschritte gemacht, sich Ihrer selbst als Seele bewußt zu werden. Einige von Ihnen werden auch schon die eine oder andere mystische Erfahrung gemacht haben. Sicherlich haben Sie schon eine klarere Vorstellung von sich selbst als einzigartigem spirituellen Wesen, als Individuum, das seinen eigenen Weg zur Einheit mit dem, was es als Gott oder das Absolute betrachtet, geht. Sie wissen, daß noch ein weiter Weg vor Ihnen liegt und dies erst der Anfang ist. Sie wissen aber auch, daß Sie große Veränderungen in Ihrem Leben hervorgerufen haben und weitere Veränderungen nicht nur möglich, sondern bereits in Vorbereitung sind.

Sie werden hier nicht stehenbleiben. Es ist tatsächlich von einem spirituellen Standpunkt her ganz und gar unmöglich, an dieser Stelle stehenzubleiben. Sie haben für sich eine ganz andere Perspektive gewonnen, neue Träume entwickelt und Potentiale entdeckt, die Sie in Ihrem spirituellen Fortschritt nicht erlahmen lassen werden. Es könnte zwar sein, daß Sie einmal ein Plateau erreichen, wo Sie scheinbar aufhören, zu studieren und zu streben, und das Leben einfach passieren lassen, aber das ist ein normaler Bestandteil des Prozesses. Wenn Sie eine Zeitlang auf der gleichen Stufe bleiben, so handelt es sich um eine Zeit, in der die Seele sich noch einmal verinnerlicht, was sie gelernt hat. Sie zieht sich sozusagen in ihrem eigenen rhythmischen Zyklus zur Meditation und zur Ruhe zurück, wodurch auch das äußere Selbst eine Entspannungsphase durchlebt, in der es keine Herausforderungen oder seltsamen Situationen gibt, durch die es sich hindurchdenken muß.

Einige Menschen scheinen sogar eine Zeitlang zu den alten, vertrauteren religiösen Konzepten zurückzukehren, so wie ein junger Mensch auch manchmal ein Verlangen danach verspürt, wieder zur relativen Sicherheit der Kindheit und zu Mutters Schoß zurückzukehren, als die Entscheidungen noch von anderen getroffen wurden. Man kann für eine Weile die Verantwortung für die eigene spirituelle Arbeit und das eigene spirituelle Wachstum niederlegen. Doch auch dann kann man nicht umhin, die alten Ideen mit den neuen zu vergleichen, wodurch man neue Einsichten in die wahre Bedeutung der alten Glaubenssätze gewinnt.

Es kommt nicht darauf an, was Sie tun oder wie lange es dauert. Zeit ist für die Seele irrelevant. Der vorbeiziehende Erfahrungsstrom ist flüchtig und illusorisch, und früher oder später kommen alle Erfahrungen zum Ende. Nur die GEGENWART ist ewig, ohne Anfang und Ende, und in diesem Raum ist die Seele aktiv. Sie nimmt Daten auf, setzt sie in Beziehung zu anderen Daten, beurteilt sie und wertet sie aus.

Die Seele beschäftigt sich nur damit, Vorgänge, die aus einer Reihe von aufeinanderfolgenden Ereignissen bestehen, voranzutreiben – egal, wie lange sie dazu, in irdischer Zeit gemessen, braucht und um welche Vorgänge es sich dabei handelt. Auf ihrer Reise durch die Ewigkeit versucht sie durch die verschiedenen Erfahrungen ein vollständiges Verstehen von Harmonie und Disharmonie, von der Resonanz der Schöpfung zu erlangen. Keine Erfahrungen werden ihr verweigert, da sie zu richtigen Ergebnissen bei ihren Auswertungen kommen soll. Für die Seele führen falsche Urteile und Wahrnehmungen auch zur Notwendigkeit, die gleichen Umstände noch einmal herbeizuführen, damit sie niedere in höhere Schwingungen transformieren kann.

In dieser Hinsicht ist die Beziehung der Persönlichkeit zur Seele sehr bedeutungsvoll. Wenn der bewußte, denkende Verstand der Persönlichkeit einen Fehler in seinem Denken entdeckt, wird diese Information sofort an die »Datenbank« der Seele weitergegeben, und Anpassungen werden vorgenommen.

Das gleiche passiert, wenn die Seele einen solchen Fehler wahrnimmt. Der Persönlichkeit wird sofort eine Fehlermeldung übermittelt. Der Unterschied zwischen diesen beiden Fällen liegt darin, daß die Persönlichkeit, die ja einen eigenen Willen hat, auf diese Wahrnehmung reagieren kann oder nicht. Wie oft haben Sie in dem Wissen, falsch zu handeln, trotzdem nach dem alten, vertrauten Verhaltensmuster gehandelt, wenn auch nur aufgrund von Gewohnheit, Verlangen oder der Notwendigkeit, »das Gesicht wahren« zu müssen?

In meinen Rückführungen habe ich ein perfektes Beispiel einer solchen Situation in meinem diesem Leben unmittelbar vorangehenden Leben entdeckt. Ich wurde während des Bürgerkrieges als Tochter eines reichen Kaufmanns aus dem Süden geboren. Wir hatten Negersklaven, und unsere materiellen Bedürfnisse waren erfüllt (es ist mir sogar gelungen, die Echtheit dieses Lebens teilweise zu verifizieren). Ich heiratete einen Soldaten aus dem Norden und zog nach Iowa, um dort zu leben.

Das Leben dort war weder so, wie ich es erwartet hatte, noch so, wie ich es gewohnt war. Als Tochter eines gesellschaftlich prominenten Mannes mochte ich die Situation, in der ich mich wiederfand, nicht und hatte auch nicht den Eindruck, sie verdient zu haben. Wir lebten in einem komfortablen, aber bescheidenen Heim, und ich mußte selbst kochen, waschen und mich um meine Kinder kümmern. Ich mußte meinem Mann auch in unserem kleinen Geschäft auf dem Lande helfen und niedere Arbeiten erledigen, die ich als weit unter meiner Würde betrachtete.

So wurde ich, in der Art eines schmollenden Kindes, eine zänkische Ehefrau, die bei ihrem Mann keine Zweifel daran ließ, daß sie der Meinung war, »unter ihrem Stand« geheiratet zu haben.

Ich ließ meinen Mann stets wissen, daß das Leben, was er mir anbieten konnte, unter meiner Würde war.

Am Ende jenes Lebens schaute ich auf die vergangenen Jahre zurück und versuchte sie auszuwerten. Ich sah, daß es zahllose Gelegenheiten gegeben hatte, in denen ich hätte sagen können und sogar sehr oft selbst den Wunsch hatte zu sagen: »Ich liebe dich, und wir können ja einfach das Beste aus dem machen, was wir haben, und glücklich sein.«

Es jedoch wirklich zu sagen war etwas ganz anderes. Stolz stand mir im Wege. Ich hätte zugeben müssen, daß ich unrecht hatte und daß all die Dinge, für die ich einstehen zu müssen glaubte, falsch waren. Um mein Gesicht zu wahren, verhielt ich mich also weiterhin so, wie ich meinte, es meiner richtigen Stellung nach auch tun zu müssen. Meine selbst auferlegte Haltung trug viel dazu bei, mich und andere in jenem Leben unglücklich zu machen.

Der Drang, mich auf eine spirituell lohnenswertere Art und Weise zu verhalten, entstand, ja er drängte sich mir förmlich viele Male seitens meiner inneren Führung auf, aber die sture Ader, die man so oft im Willen der Persönlichkeit findet, gab dem keinen Raum. Durch diese Erinnerungen wurde mir vieles über die Herkunft des Stolzes, der Sturheit und der rigiden Denkmuster klar, die mich auch in diesem Leben plagten. Der beharrliche Eigenwille der Persönlichkeit angesichts der Bemühungen der Seele, das Verhalten der Persönlichkeit zu korrigieren, setzte sich fest und baute ein Muster von Gedankenformen auf, mit denen sich meine Persönlichkeit auch in diesem Leben noch auseinandersetzen muß.

Die Suche nach der Seele

Als ich begann, mich mit Esoterik zu beschäftigen, sagte man mir, daß die Seele alles wüßte und man nur im Bewußtsein der Seele leben müßte, um sofort alle Fehler zu berichtigen und sein ganzes

Karma auszulöschen. Das war wahrscheinlich eine Übertragung vom grundsätzlichen religiösen Dogma des Fische-Zeitalters, daß man nichts für das eigene spirituelle Wachstum tun muß, solange man glaubte, daß Jesus gestorben war, »um uns von unseren Sünden zu erretten«.

Die Widersprüche und Trugschlüsse beider Aussagen werden unmittelbar deutlich, wenn man sie logisch weiterdenkt. Sie werfen unzählige Fragen auf, für die es keine angemessenen Antworten gibt. Was ist »Sünde«? Wie können wir verlorengehen, wo wir doch ursprünglich aus göttlicher SUBSTANZ erschaffen wurden?

Und wenn die Seele allwissend ist und über alle Dinge Bescheid weiß, was ist dann der Sinn all des Kämpfens und Strebens hier auf diesem Planeten? Wenn Jesus unsere Sünden wiedergutgemacht hat, warum gibt es dann noch »Sünde«? Wenn wir auf die Probe gestellt werden, wieso?

Der erste Schritt auf meinem persönlichen Pfad in jungen Jahren bestand aus vollkommenem Glauben an und vollständiger Unterwerfung unter die Behauptung, daß Jesus mich von allen Sünden gerettet hatte. Meine Bestürzung war groß, als ich entdeckte, daß, egal wie sehr ich mich bemühte, ein rechtschaffenes Leben als wahrer Gläubiger der christlichen Lehre zu leben, das offensichtliche Ergebnis Armut, Krankheit, Leiden und emotionale Traumen waren. Die »Sünden«, von denen ich gerettet sein sollte, hafteten nur allzu offensichtlich noch an mir.

Man sagte mir, daß ich auf die Probe gestellt würde, so wie ein Vater sein Kind um der Rechtschaffenheit wegen züchtigt, und je mehr ich erleiden müßte, um so mehr liebe mich der Vater. Zum Schluß lehnte ich mich gänzlich gegen diese Theorie auf! Ich hatte nichts getan, um diese Art von Züchtigung zu verdienen, die mir zuteil wurde, und sicherlich würde ein liebender Vater sein Kind nicht einfach nur zum Vergnügen bestrafen.

Die Suche nach der Seele und meine Fragen führten unweigerlich dazu, daß ich mich mit Metaphysik und Mystik beschäftigte. Was ich dort entdeckte, machte mehr Sinn als alles mir zuvor Bekannte. Metaphysik und Esoterik drehten die ganzen Dogmen um und wiesen ihnen neue, erweiterte Bedeutungen zu.

Mein nächstes Ziel war, mir meiner Seele bewußt zu werden, um selbst auch »alle Antworten zu kennen«, wie meine frühen Lehrer es beschrieben hatten. Ich machte mich auf den Weg zum ICH-BIN-Bewußtsein, den Weg, auf den ich auch Sie gebracht habe. Mein frühes Training in spiritueller Hingabe kam mir zugute, und mein Leben verwandelte sich in eine spirituelle Suche rund um die Uhr. Nach fast fünfzehn Jahren des Lernens und des Anwendens, der Versuche und der Irrtümer kam schließlich der Tag, an dem ich zweifelsfrei erkannte, daß ich wirklich eine Ebene des intuitiven Bewußtseins erreicht und auch schon einige Zeit von dieser Ebene aus operiert hatte. Das ist der Einklang mit dem Überbewußtsein, den ich in diesem Buch zu beschreiben versucht habe.

Es gab jedoch noch mehr zu lernen. Ich entdeckte, daß die Seele selbst auch nicht allwissend ist. Sie hat nicht bereits alle Antworten. Sogar die Meister der Hierarchie testen erst den einen, dann den anderen Plan aus, wenn sie danach trachten, den göttlichen Plan weiterzuführen. Darauf folgte die Erkenntnis, daß, wenn die Seele bereits alles wüßte, was es zu wissen gibt, keine Notwendigkeit für die ständigen Erfahrungen auf der Erde oder anderswo bestünde.

Das hätte mir von Anfang an klar sein müssen, doch das war es aus irgendeinem Grunde nicht. Ich mußte mit ganz neuen Fragen wieder von vorne anfangen und von neuem untersuchen, was die Seele war, was ihre Ziele waren und wohin wir – die Seele und ich – eigentlich gingen, jetzt, da wir nun endlich wußten, daß wir ein und dasselbe waren.

Meine erste Erkenntnis war, daß die Erfahrungen und Aktivitäten der Persönlichkeit das Bedürfnis der Seele erfüllen, zu lernen, wie sie mit kosmischen Gesetzmäßigkeiten umgehen muß. Ich erkannte auch, daß die Seele Zugang zu Informationen aus Quellen hat, die dem bewußten Geist normalerweise nicht zugänglich sind. Wenn die Persönlichkeit in der Lage ist, sich diese Quellen bewußt, beständig und absichtlich nutzbar zu machen, um Führung zu bekommen, wie sie irdische Situationen handhaben soll, und wenn sie sich gleichzeitig der Wahrnehmungen, Schlußfolgerungen und Informationen bewußt ist, die von der Seele selbst stammen, kann man davon ausgehen, daß man die Bewußtseinsstufe der Seele erreicht hat. Dann ist man in Übereinstimmung mit jenem höheren Teil des eigenen Wesens.

Seelenbewußtsein ist eine völlig bewußte Zusammenarbeit zwischen diesen beiden großartigen Aspekten der dreifachen Natur des eigenen Wesens: Seele und Persönlichkeit. Sie machen dann gemeinsame Erfahrungen und setzen die Fähigkeiten beider ein, um harmonische Ergebnisse zu erzielen. Die Seele ist dann mit der Führung der Fähigkeiten der Persönlichkeit betraut, und die Persönlichkeit dient freudig der Erleuchtung und dem Wachstum der Seele. Das ist für beide Seiten bereichernd. Mit der Zeit wird die geläuterte Persönlichkeit zur eigenen Identität, und die drei verschmelzen und unterwerfen sich der Herrschaft des höchsten Aspektes des ganzen Wesens, dem Geist. Aus dem Adepten wird dann ein Meister – zumindest auf dieser Ebene. Was uns jenseits der irdischen Erfahrung erwartet, ist mir derzeit nicht bekannt.

Der seelenbewußte Mensch

Das Bewußtsein seiner selbst als Seele kommt nicht in einer gigantischen Explosion feuriger Erleuchtung, sondern entwickelt sich nach und nach über die Jahre hinweg. In dem Maße, wie Sie sich Ihre innere Führung erschließen, bauen Sie auch Kommunikation und die Klarheit auf dieser Ebene auf. Nur sehr wenig ist bislang über diesen Schritt der spirituellen Evolution geschrieben worden, obwohl Hunderte von Büchern darüber berichten, daß man auf diese Stufe kommen kann und es das Endziel aller mystischen Schulen und Praktiken ist. Die größte Schwierigkeit besteht darin, angemessene Worte für das zu finden, was sich in Worten nicht beschreiben läßt. Wie beschreibt man jemandem Schnee, der in den Tropen lebt, oder einem Blinden einen Regenbogen?

Gott als Lebenskraft befindet sich niemals in einem statischen Zustand. Das Göttliche verändert sich ständig, erfährt sich und ist in seiner unendlichen Kreativität im Werden begriffen. Die Einheit mit dieser Lebenskraft erlaubt dem seelenbewußten Menschen, sich mit seinen Gedanken und Gefühlen in die Komplexität eines Blattes, in eine Schnecke, einen Vogel oder in ein Haustier hineinzuversetzen und die Lebenskraft zu spüren, die durch diese einfachen Erscheinungsformen fließt – als Gott, der sich als dieses kleine Teil seiner selbst erkennt und erfährt. Es könnte sein, daß auch Gott durch diese Erfahrung wächst und sich weiterentwickelt, in einer Komplexität, die unser jetziges Vorstellungsvermögen bei weitem übersteigt.

Auf die gleiche Art und Weise wissen Sie, der seelenbewußte Mensch, daß Sie eins und im Frieden mit Gott oder einem Engel, einem Teufel oder einem menschlichen Wesen sein können. Es gibt in Ihnen die tiefe Erkenntnis (nicht nur die intellektuelle Annahme) der Einheit, des essentiellen Einsseins aller Dinge.

Vorbehaltlos übernehmen Sie die Verantwortung für Ihr Wissen, daß alles, was Sie tun, andere zum Guten oder zum Schlechten beeinflußt und daß umgekehrt auch Sie durch das beeinflußt werden, was andere tun.

Obwohl wir mehr oder weniger unsere persönliche Umgebung und unser eigenes Leben unter Kontrolle bekommen können, sind wir auch am planetarischen Karma beteiligt. Dieses Karma wird sowohl durch unsere Handlungen in vergangenen Leben als auch durch die gegenwärtigen Gedanken und Handlungen all derer, die jetzt auf dem Planeten sind, verursacht. Wir erkennen und akzeptieren die Bedeutung, die es hat, daß wir in die Rasse, das Land und die Kindheitserfahrungen hineingeboren wurden, die auf unsere Persönlichkeit einen so großen Eindruck machen, denn sie führen uns stufenweise an das Verständnis heran, daß wir ein Teil des einen großen Seins sind, welches in der unendlichen Vielfalt zum Ausdruck kommt.

Jede Gruppe von Menschen, die drei bis viele tausend Menschen zählen kann, jedes Dorf, jede Stadt, jede Rasse und jede Nation hat ein kollektives Bewußtsein, an dem wir teilhaben. Wenn wir ein Mitglied in einer Gruppe sind, dann deswegen, weil unsere eigene Essenz, unser Bewußtsein unserer selbst, auf gewisse Weise mit dem Bewußtsein all der anderen in der Gruppe, der Rasse oder der Nation übereinstimmt.

Man sagt, daß ein Volk seine Herrscher verdient hat – egal, wie gut oder schlecht sie sein mögen –, da sie dem Gruppenbewußtsein der Menschen entspringen, die von ihnen regiert werden oder denen sie dienen. Der Regent findet auf irgendeine Weise Anklang in denen, die ihn wählen oder die unter seiner Herrschaft geboren werden.

Der einzig dauerhafte Weg, um eine Veränderung in der Regierung oder irgendeinem Teil einer Gruppe herbeizuführen, der wir angehören, ist, das Bewußtsein der einzelnen Mitglieder der Gruppe zu haben und die Menschen zu einer besseren Art des Denkens und Handelns zu erziehen. Da das Bewußtsein der Gruppe dann eine höhere Qualität hat, werden auch die Führer von höherer Qualität sein, da sie aus dem gleichen Guß sind – ein Teil des Ganzen.

Wenn Sie sich selbst verändern und Ihr persönliches Bewußtsein erweitern, beeinflussen Sie damit das Ganze. Da alle Dinge, die Sie tun, sich auf die Menschen auswirken, mit denen Sie in Berührung kommen, werden sie dadurch in gewisser Weise nach oben gezogen. Ein seelenbewußter Mensch weiß um das Gesetz des Ganzen und seiner Teile, und er fühlt diese Einheit sehr deutlich. Aus diesem Einfühlungsvermögen entwickelt man ein größeres Mitgefühl für jene, die innerhalb des Ganzen kämpfen müssen oder zu leiden haben.

Die noch unbeantwortete Frage

Was *macht* man ethisch und spirituell mit dieser Erkenntnis? Wie kann man dieses Wissen umsetzen, so daß es für einen selbst und das Ganze nützlich ist?

Diese Frage zu beantworten ist die Aufgabe, die sich seelenbe-wußte Menschen selbst stellen. Sie lernen allmählich, nicht mehr nur für sich selbst zu denken, zu handeln und zu leben. Wenn ihre Idee des Dienens sich so erweitert, daß sie bereit sind, der ganzen Menschheit zu dienen, verschmilzt das Bewußtsein mit dem noch umfassenderen kosmischen Dasein.

Das Transzendieren der materiellen Welt

Seelenbewußte Menschen erkennen, daß alle Dinge heilig sind, und wissen, daß es nichts Profanes gibt. Unkraut ist zum Beispiel nur eine Pflanze, die sich am falschen Platz befindet. Sie ist noch immer ein Teil des göttlichen, allumfassenden Ganzen. Seelen-bewußte Menschen suchen und erkennen die Göttlichkeit in allen Wesen, die ihnen begegnen, und sie versuchen diese Göttlichkeit aufs äußerste zu verstärken und sichtbar werden zu lassen.

Sie lernen Bezeichnungen wie »gut« und »böse«, »negativ« und »positiv« und »richtig« und »falsch« als in sich wertlos zu be-trachten. Sie sind nur Begriffe, die wir benutzen, um verschiedene Arten von Erfahrungen zu beschreiben. Es stimmt, daß harmoni-sche Erfahrungen wie Liebe und Gesundheit wünschenswerter sind als die entsprechenden gegenteiligen Erfahrungen. Daher könnten wir es so sehen, daß die Dinge, die sich auf Harmonie zubewegen, gut sind und die, die sich auf Disharmonie zubewegen, schlecht sind. Dennoch haben *alle* Erfahrungen nur so lange Macht über uns, wie sie unsere Aufmerksamkeit auf sich ziehen können. Immer wenn wir uns entscheiden, ihnen diese Macht zu entziehen, löst sich die Situation auf und hat nicht mehr Gehalt als ein ausgeschalteter Fernseher oder eine leere Filmleinwand.

Seelenbewußte Menschen sind sich in einem positiven Sinne all dessen bewußt, was um sie herum passiert, und doch ruhen sie gelassen in sich selbst. Materieller Besitz ist für ihr Glück nicht entscheidend, auch wenn er nützlich sein kann. Sie sind sich darüber im klaren, daß kein Mensch, kein Ort und kein Gegenstand ihnen Glück bringen oder ihnen ihr Glück nehmen kann. Es ist ganz egal, was ihnen in der äußeren Erfahrungswelt passiert, da es weder der Mensch noch der Ort, noch der Gegenstand ist, der sie glücklich oder unglücklich macht, sondern immer nur ihre jeweilige Reaktion auf die Erfahrung.

Glück und Freude sind der natürliche Zustand der Seele. Je gelassener, ruhiger und friedlicher man mit den Erfahrungen im Leben umgeht, um so sicherer kann man sein, daß man sich im Seelenbewußtsein befindet. Das ICH BIN in ihnen, der objektive Beobachter, betrachtet die vorbeiziehenden Dinge und Situationen mit Gleichmut. Die Seele erfreut sich an ihrer Fähigkeit, Erfahrungen zu machen. Unser emotionales Zentrum ist es, das darüber urteilt, ob die Erfahrung gut oder schlecht ist. Wenn die emotionale Natur der Vorherrschaft der spirituellen Natur untersteht, werden alle Dinge vom richtigen Standpunkt aus als Teile des Ganzen gesehen. Dann werden sie weder als gut noch schlecht betrachtet, sondern als Erfahrungen, in denen negative Energien in positive umgewandelt werden.

Es gibt eine tiefe, innere Erkenntnis, daß Menschen, Orte und Dinge den Bedürfnissen der Gegenwart entsprechend durch unser Leben ziehen. Nichts von Wert geht jemals verloren. Wenn ein

Gegenstand oder eine Erfahrung aus unserem Leben geht, kann es und wird es von etwas Gleich- oder wahrscheinlich sogar Höherwertigem ersetzt.

Seelenbewußte Menschen sind so eingestellt, daß sie in jeder Situation, in der sie sich befinden, nach dem Guten suchen, das daraus entstehen kann. Sie gehen gelassen und flexibel in die nächste Erfahrung, wenn die chronologische Abfolge der Ereignisse die vorüberziehende Szene verändert.

Sie lehnen es ab, die materielle Welt als die einzige Realitätsbasis zu betrachten, weil sie erkennen, daß das, was sie gerade erfahren oder optisch wahrnehmen, von ihren eigenen psychischen und spirituellen Bedürfnissen kreiert wird. Es kann daher auch kraft ihres eigenen Willens oder Wünschens wieder aufgelöst werden oder sich ganz von selbst auflösen, wenn alle Bedürfnisse aus der Situation befriedigt worden sind.

Die noch unbeantwortete Frage

Wie kann man die offensichtliche Notwendigkeit, materielle Dinge besitzen zu müssen und Erfahrungen auf der materiellen Ebene machen zu müssen, mit der gleichermaßen notwendigen oder erwünschten spirituellen Transzendenz in Einklang bringen. Ein Teil dieser Frage läßt sich mit dem Hinweis auf die Nichtabhängigkeit oder die Nichtanhaftung an materielle Dinge, Orte und Menschen beantworten. Doch beantwortet das die Frage nicht vollständig. Man sollte der Einheit des Ganzen – des Spirituellen und des Materiellen – nicht durch die eigenen Handlungen oder die eigene Weltanschauung entgegenwirken wollen. Die Gefühle der Liebe, der Freude und der Dankbarkeit spielen eine wichtige Rolle, wenn der Suchende auf diese Frage in seinem Leben eine Antwort finden will.

Meditieren Sie über die folgenden Ideen: »das Spirituelle materialisieren« und »das Materielle spiritualisieren«.

Das Transzendieren von Raum und Zeit

Der seelenbewußte Mensch kann willentlich die Begrenzungen von Raum und Zeit durch Nichtanhaftung transzendieren. Lösen Sie sich vom ICH-BIN-Bewußtseinspunkt aus geistig und emotional von der Situation. Betrachten Sie die Situation, als ob sie jemand anderem passierte.

Man kann eine Technik aus der Gestalttherapie verwenden und der Situation und sich selbst Fragen stellen, zum Beispiel: Welchen Wert besitzt diese Erfahrung für mich? Was bringt sie mir? Sollte sie verändert werden und, wenn ja, wie? Gibt es eine bessere Lösung als die, die ich gerade anwende? Stellen Sie der Situation Fragen wie: Wie fühlst du dich bei dem, was gerade passiert? Welche Lösung schlägst du vor?

Warten Sie auf eine Antwort. Vielleicht kommt sie sofort oder auf anderen Wegen, die wir bereits erörtert haben.

Der seelenbewußte Mensch ist in der Lage, jede disharmonische Situation mental und emotional vollständig loszulassen. Das bedeutet, *trotz* der äußeren Erscheinungen freudvoll und glücklich zu sein und nicht zuzulassen, daß man von den niedrigen emotionalen Energien beherrscht wird. Egal, wie die Situation aussehen mag, sie kann Ihr inneres Glück nicht in Gefahr bringen, wenn Sie weiterhin in Einklang mit der Gelassenheit bleiben, die von Natur aus in Ihnen ist.

Ein seelenbewußter Mensch ist sich der Wahrheit hinter den Verhältnissen und den Ursachen bestimmter Zustände auf individueller und planetarischer Ebene bewußt. Als ebensolcher haben Sie die Situationen im Leben unter Kontrolle und sind ihnen nicht unterlegen oder ihr Sklave.

Sie können die Erfahrungen und Situationen in Ihrem Leben mit einer großen Statue aus Knetmasse vergleichen, die Sie mit Ihren Händen formen. Vielleicht gefällt Ihnen die Kunstfertigkeit und der Einfallsreichtum, mit dem Sie diese Statue geformt haben, aber was wäre, wenn die Statue zusammenbricht? Würden Sie zerbrechen? Nein, es wäre ja der Statue passiert, nicht Ihnen. Sie müssen sich vom Zusammenbruch der Statue nicht negativ beeinträchtigen lassen.

Genauso verhält es sich mit den Situationen in Ihrem Leben, die Sie aus der Ihnen zur Verfügung stehenden SUBSTANZ Gottes erschaffen. Das, was der Situation und innerhalb der Situation geschieht, passiert nur der Situation. Es ist Ihrer Schöpfung, nicht dem inneren ICH BIN widerfahren, das diese Dinge vom losgelösten Standpunkt des objektiven Beobachters aus betrachtet. Sie können die Statue oder die Situation wiederaufbauen oder sich eine neue machen.

Sie brauchen nur zwei Werkzeuge, um Ihre Umgebung zu gestalten: die Bestätigung und die Nichtbeachtung. Das, was Ihre Aufmerksamkeit (Bestätigung) bekommt, wird genährt und verstärkt. Die Dinge, denen Sie Ihre Aufmerksamkeit entziehen (Nichtbeachtung), gehen mangels Energie ein.

Wenn Sie das Werkzeug der Nichtbeachtung einsetzen, sollten Sie die Sache nicht so vehement zurückweisen, daß es deswegen zurückkommt und Sie plagt. Vehemenz ist eine Energieform, und die Menge an Energie, die Sie aufwenden, um eine Situation zurückzuweisen, kann von der Situation verwendet werden, um in Ihrem Leben zu bleiben.

Weisen Sie sie daher sachte zurück. Verurteilen oder kritisieren Sie nicht. Entziehen Sie der Angelegenheit einfach Ihre Aufmerksamkeit. Wenn Sie die Existenz von etwas leugnen, bestätigen Sie ihr Dasein in Wirklichkeit dadurch – sonst gäbe es ja keinen Grund, sie zu leugnen. Sie nicht zu beachten bedeutet einfach, die Energie dafür zu verwenden, um etwas anderes zu erschaffen oder zu genießen oder einfach nur etwas anderem Aufmerksamkeit zu schenken. Durch dieses praktische und intelligente Vorgehen bezeugen Sie wortlos, daß die Situation tatsächlich nicht die Macht besitzt, Ihre Aufmerksamkeit zu fesseln.

Auf diese Weise findet eine Transformation statt, und ein neuer Mensch geht daraus hervor: der seelenbewußte Mensch. Er lebt außerhalb der Dimension von Raum und Zeit und läßt seine Lebenskraft als Liebe, Freude und Dankbarkeit im selbstlosen Dienst an anderen zum Ausdruck kommen. Diese Art zu leben muß man leben, um sie verstehen zu können – sie ist eine »Erfahrung des Werdens«.

Die noch unbeantwortete Frage

Was ist Unsterblichkeit? Ist sie die Läuterung, die Transformation und die Auferstehung des physischen Körpers, die Jesus uns gezeigt hat? Ist die Integration von Geist, Seele und Persönlichkeit, die zu einer klaren, bewußten Kommunikation zwischen diesen drei Ebenen führt, auch ein Schritt in Richtung auf Unsterblichkeit? Wenn der Tod der letzte Feind ist, den wir überwinden müssen, können wir dadurch, daß wir unsere Angst vor dem Tod verlieren, bewirken, daß er nicht mehr unser Feind ist, oder liegt noch eine tiefere Bedeutung in diesen Worten?

Der seelenbewußte Mensch denkt tief und lange über die Bedeutung und den Wert des Lebens und des Todes als Teile des kosmischen Ganzen nach.

Die zwölf höheren medialen Kräfte

Da wir nun wohlbehalten dem verblüffenden, aber auch freudvollen und gleichzeitig herausfordernden Pfad[47] bis hierhin gefolgt sind, die Fallen vermieden haben und erfolgreich die niederen mentalen und emotionalen Sphären diszipliniert haben, ist der Lohn unserer Arbeit nicht mehr fern.

Es gibt zwölf höhere mediale Gaben, die im seelenbewußten Menschen erwacht sind. Nur der Adept verfügt über alle zwölf. Ihre Entwicklung kann uns jedoch als Richtschnur dienen, an der wir unsere intuitiven Fähigkeiten messen können. Wir werden mit der Zeit wahrnehmen, wie sich eine nach der anderen entfaltet. Man könnte jede dieser Kräfte als höhere Oktave zu den niederen Grundformen bezeichnen, die die meisten von uns als »medial« betrachten, und jede dieser Fähigkeiten kann nur dann entwickelt werden, wenn unsere Absicht die ist, zu dienen, und nicht, bedient zu werden.

1. Die Verbindung zur intuitiven Ebene

Intuition ist die Sprache der Seele. Während Sie sich darin üben, auf die Führung der Seele zu hören, beginnen Sie mit dem in Kontakt zu treten, was Vera Stanley Alder »die fünfte Dimension«[47] nennt. Das ist das Reich der Ideen, Prototypen und Konzepte, die ein hohes Maß an Energie und Begeisterung mit sich führen.

Dies ist das Reich, welches von den großen Männern und Frauen aktiviert wurde, die große Pläne erdachten und sie ausgeführt haben, die großartige neue Erfindungen, Gemälde, Musik, Bücher und andere Schöpfungen hervorgebracht haben, die zum Wohle der Menschheit beitrugen. Man kommt mit dieser Bewußtseinsebene immer dann in Berührung, wenn man eine großartige neue Idee hat, die all die Kraft und Begeisterung mit sich bringt, um sie auszuführen, und wenn man weiß, daß das Endergebnis für eine große Anzahl von Menschen von Nutzen sein wird.

2. Empfänglichkeit für Eindrücke

Das schließt Telepathie und das Bewußtsein von geistigen Kontakten zu unseren Mitmenschen, zu Lehrern, zu einem großen Zentrum oder Wesen oder zur Seele mit ein. Durch mentale Objektivität kann man den Unterschied zwischen den eigenen Gedanken und den Gedanken anderer feststellen und sie willentlich beiseite legen oder benutzen.

Auf höchster Ebene befähigt diese Kraft den Schüler dazu, bei vollem Wachbewußtsein Botschaften, die von höheren Quellen stammen, zu entziffern und sie in nützliche Formen des kreativen Ausdrucks zu leiten. So werden tiefere Einsichten in die Mysterien der spirituellen Evolution und des Wachstums gewonnen und anderen übermittelt.

3. Die Wahrnehmung der Realität

Durch diese mediale Gabe nimmt man den Gesichtspunkt der Seele ein und sieht die Dinge so, wie sie wirklich sind. Man kann versteckte Absichten, Entstellungen, verzerrte Strukturen oder Ereignisse geistig durchdringen und in ihrem eigentlichen Sein verstehen. Man urteilt nicht mehr nur aufgrund ihrer Erscheinung (ihres illusionären Charakters). Wenn man diese Fähigkeit besitzt, basieren die eigenen Reaktionen und Einstellungen nicht mehr auf der äußeren, verzerrten Erscheinung von Dingen und Ereignissen, sondern auf der Wahrheit hinter der Fassade – nicht nur in persönlichen Alltagskontakten, sondern auch in bezug auf die fortlaufenden evolutionären Zyklen, denen die Menschheit unterworfen ist.

Das geringere Gegenstück zu dieser medialen Fähigkeit ist die angewandte Psychometrie.

4. Die Erkenntnis der wahren Bedürfnisse anderer Menschen

Diese Fähigkeit entsteht aus der Verbindung zwischen Intuition und Intelligenz. Das Herz-Chakra ist völlig geöffnet, und man versteht die wirklichen, unausgesprochenen Bedürfnisse der anderen Menschen: die Bedürfnisse, die hinter den Störungen der Persönlichkeit oder den offensichtlichen Wünschen liegen.

Solche Wahrnehmungen entspringen unmittelbaren Erkenntnissen und Reaktionen auf der Seelenebene, und es entstehen durch sie keine Reaktionen oder Reibungen innerhalb der eigenen Persönlichkeit. Diese Fähigkeit ist mit einem tiefen Mitgefühl und einer schnellen Reaktion verbunden, um dieses Bedürfnis auf intelligente Art und Weise durch die richtige Aktion, zur richtigen Zeit und mit den richtigen Mitteln zu erfüllen. Die Fähigkeit, schnell reagieren zu können, kann einem Mitmenschen einen sehr großen psychischen Dienst erweisen, der dadurch vielleicht seinem eigenen inneren Erwachen einen Schritt näher kommt.

Das geringere mediale Gegenstück besteht aus plötzlichen hellsichtigen oder hellwissenden Einsichten.

5. Das Verstehen des richtigen Umgangs mit der eigenen Macht

Wirkliche Medien haben ihre Fähigkeiten unter Kontrolle – nicht umgekehrt. Körperliche, mentale und emotionale Energien werden auf rechte Weise und intuitiv für die Förderung und Befreiung anderer, in Übereinstimmung mit dem göttlichen Plan für die Entwicklung und die Erhöhung der Menschheit eingesetzt. Wir können unsere Vollendung an der Art und Weise und dem Ausmaß messen, in dem wir die Kräfte unseres Wesens und die Kräfte, die unter unserem Einfluß stehen, einsetzen. Wir müssen bereits von der Ebene unserer Seele aus operieren, das heißt die Seele *sein,* bevor wir diese Kräfte ohne Entstellungen durch die Bedürfnisse und Wünsche der Persönlichkeit anwenden können. Wir können das Ausmaß, in dem wir diese Kräfte richtig einsetzen, an unseren Ergebnissen ablesen. Wenn wir sie falsch einsetzen, vermehren sich dadurch unser Leiden, unsere Unzufriedenheit und die negativen Reaktionen aus unserer Umgebung. Wenn wir sie richtig im privaten oder öffentlichen Leben anwenden, führt das zu weiterer Entfaltung, zu mehr Klarheit, mehr Unterstützung und Macht.

Das niedere Gegenstück zu dieser Fähigkeit ist angewandte Psychokinese.

492

6. Das Gespür für die richtige Zeit

Alles hat seine Zeit. Das weiter fortgeschrittene Medium weiß, wann es an der Zeit ist, die richtigen Worte zu sagen, ein Projekt zu beginnen, ein Geschäft zu erweitern, einen Plan oder eine Idee zu verwirklichen oder Entscheidungen zu fällen. Der richtige Zeitpunkt ist, wenn alle förderlichen Faktoren richtig synchronisiert sind, so daß maximale Entwicklung möglich ist.

Diese Fähigkeit ist dann aktiviert, wenn man sich intuitiv »am richtigen Ort befindet und zum richtigen Zeitpunkt das Richtige tut«, damit das bestmögliche Ergebnis erzielt wird.

In den niederen Formen der Medialität ist das Gegenstück die »Eingebung«.

7. Der Überblick über menschliche Begebenheiten

Alle Manifestationen auf der physischen Ebene sind nur Symbole, die Einstellungen, Ideale, Motive und Ursachen hinter den Begebenheiten, Geschehnissen, Bewegungen, der Sprache und den literarischen Werken widerspiegeln. Durch diese fortgeschrittene mediale Fähigkeit kann man die Absicht oder die Ursache hinter diesen Dingen erkennen und sehen, welche Richtung diese Sache nehmen wird. Man kann aus dem Herzen und dem Geist lesen, der alle Ausdrucksformen umfaßt, und entsprechend darauf reagieren.

Die niedere Oktave dieser Fähigkeit ist in Astrologen, Kartenlegern, Numerologen und anderen entwickelt, die Symbole benutzen, um andere zu beraten oder ihnen wahrzusagen.

8. Geistige Zentriertheit

Fortgeschrittene Medien leben in und identifizieren sich mit dem höheren Geist. Sie beobachten die vorüberziehenden Ereignisse von einem objektiven Standpunkt aus und steuern ihre alltäglichen Angelegenheiten durch kreatives Denken, Visionen und durch abstrakte Ideen, wie man sie auf der mentalen Ebene findet.

Sie geraten nicht in destruktive emotionale Zustände und geben sich Träumereien, körperlicher Trägheit und niederen mentalen Verwirrungen oder Illusionen nicht mehr hin. Sie haben einen scharfen, klaren und analytischen Verstand und inspirieren und erleuchten die Menschen, mit denen sie es zu tun haben.

Dies entspricht dem disziplinierten Zustand des ICH BIN, wenn sich dieser Bewußtseinsfokus im Kopf oder darüber befindet.

9. Ein intensives Streben nach Höherem

Das Streben nach Höherem ist die Antwort der Seele auf das göttliche Leben, welches sie durchdringt, erhöht, erleuchtet und erweckt, wobei es die ganze Illusion und die falsche Realität beiseite schiebt und auflöst, die unsere normalen Wahrnehmungen uns vermitteln. Es ist ein intensives Verlangen, das zu sein, was man wirklich ist, das zu erreichen, wozu man das Potential besitzt. Das ganze eigene Wesen richtet sich auf die Ewigkeit aus, was einem hilft, mit der Zeit alle persönlichen Hindernisse zu überwinden und sich selbst ständig auf allen Ebenen zu übertreffen.

Das Streben nach Höherem führt letztendlich zur Verschmelzung der Dreiheit – Geist, Seele und persönliche Identität –, wobei die Identität die geläuterte und vollständig entwickelte Persönlichkeit ist.

10. Hingabe an die Seele

Die Seele ist die Quelle unserer Kreativität, der Liebe, der Schönheit, unseres Mitgefühls, von Inspirationen, Erfindungen, Kunst und unserer Empfindungsfähigkeit. Fortgeschrittene Medien sind der Seele sehr zugewandt, nicht nur ihrer eigenen, sondern auch der Seele in anderen: in der Gruppe, dem Volk, unserem Planeten und dem göttlichen Leben, welches das Ganze durchdringt und erhält.

Es handelt sich dabei nicht um emotionale Hingabe, sondern um ein tiefes, reines Empfinden von Verwandtschaft, ein aktives Streben zur Einheit hin, ein Ausgerichtetsein und klares Denken. Diese Hingabe manifestiert sich in einer extremen Anziehungskraft, die die Einheit mit dem größeren Ganzen auf einen selbst ausübt.

Das geringere Gegenstück zu dieser Qualität tritt in Menschen in Erscheinung, die sehr patriotisch oder religiös eingestellt sind und die sich bestimmten Lehren oder Glaubensbekenntnissen unterwerfen. Dadurch kommt es häufig in Zeiten, in denen sie dringend etwas wissen müssen, zu hellwisserischen Eingebungen.

11. Die Kontinuität des Bewußtseins

Es gibt einen Bewußtseinszustand, in den man sich allen Ebenen des Geistes bewußt ist oder es willentlich sein kann. Man erkennt und betrachtet alle Bewußtseinsebenen im Gehirn, der Seele und auch auf höheren Ebenen von der richtigen Perspektive aus.

Wenn diese mediale Fähigkeit beginnt, sich zu entfalten, kommt es zu präkognitiven oder prophetischen Eingebungen.

12. Die bewußte Kommunikation mit dem eigenen Lehrer

Die mediale Fähigkeit zeichnet solche großen Schüler und Adepten wie Alice Ann Bailey, Madame Blavatsky und andere aus, deren Arbeit und schriftstellerische Tätigkeit uns ein großes Vermächtnis an spiritueller Literatur beschert haben. Sie entsteht aus der kontuierlich aufrechterhaltenen Bewußtheit der subtilen Eingebungen seitens der eigenen höheren mentalen Ebene und der Ebene der Seele. Sie erweitert sich mit der Zeit zum vollen Bewußtsein der mentalen Kommunikation mit weiterentwickelten spirituellen Wesen.

Dieses Bewußtsein und die Kommunikation vollzieht sich auf der Ebene der Seele und nicht in der astralen Welt. Sie ist etwas ganz und gar Mentales, Nichtemotionales, obwohl Liebe und Freude sicherlich auch vorhanden sind. Um zwischen der Kommunikation von wirklichen spirituellen Meistern des Planeten und anderen selbsternannten »Botschaftern« unterscheiden zu können, sollte man auf Aufrufe und Manipulationen achten, die die niedere emotionale Ebene ansprechen und die dazu gedacht sind, uns durch Scham oder Angst gehorsam oder abhängig zu machen oder uns zur Veränderung zu treiben. Der wahre spirituelle Pfad ist der der Freiheit, der Liebe, der freudigen Erleuchtung und Erfüllung des ganzen Selbst. Falls man das Gefühl hat, daß es in irgendeinem dieser Bereiche an etwas mangelt, wenn man einen spirituellen Kanal auswertet, sollte man sich lieber nur nach den Anweisungen richten, die von den höheren Ebenen in einem selbst stammen.

Damit hört die Liste aber nicht auf. Diese Fähigkeiten – und noch mehr – werden sich entfalten und entwickeln, wenn Sie ein Leben der wahren Meditation und des aufopferungsvollen Dienstes leben. Der Schüler diszipliniert seinen Geist und seine Energien. Während er anderen liebevoll dient, kommt es ganz von selbst zur Entfaltung seines eigenen Bewußtseins. Er bekommt mehr Unterstützung, und seine Macht dehnt sich immer mehr aus.

Auf Ihrem weiteren Weg des Dienens …

Mit Hilfe dieses Buches haben wir an uns selbst gearbeitet, unsere Intuition entwickelt und waren bestrebt, das Geben und Nehmen auszuweiten und auf eine höhere Stufe zu heben. An dieser Stelle sollten wir uns ein paar abschließende Gedanken machen.

Unser Körper, unser Geist und unsere emotionale Natur sind Werkzeuge, mit denen wir sowohl spirituelles Wachstum als auch körperliche Erfahrungen herbeiführen können. Sie stehen uns zur Verfügung. Die völlige Kontrolle über jede Art von Werkzeug schließt mit ein, daß wir es willentlich aufnehmen, wirksam einsetzen und auch wieder ablegen können. Nur dann kann man zurücktreten und sagen: »Das bin ich nicht, aber es gehört mir. Ich bin getrennt davon. Ich habe es unter Kontrolle, und ich bestimme darüber.«

Ich, der Denkende, existiere unabhängig von dem Gedanken. Nur die wirkliche Erkenntnis dieser Trennung befähigt uns, den Gedanken beiseite zu legen und uns ausschließlich auf der Ebene des ICH BIN bewußt zu bleiben. Dann überqueren wir auch die Brücke zum höheren Geist und zur Ebene der Seele.

Um dies verwirklichen zu können, sollten Sie sich eine offene, hinterfragende Einstellung bewahren. Gehen Sie nicht davon aus, daß ein spezielles Glaubenssystem oder eine bestimmte Betrachtungsweise der Realität die »richtige« Interpretation Ihrer persönlichen Erfahrungen ist, besonders Ihrer subjektiven Erfahrungen. Es wird weniger interpretative Verzerrungen geben, wenn Sie in bezug auf innerliche und äußerliche Sinneswahrnehmungen geistig offen und neugierig bleiben.

Seien Sie aufmerksam und Ungereimtheiten Ihres Denkens gegenüber wachsam. Beobachten Sie Ihren eigenen Fortschritt kritisch. Werten Sie Ihre Glaubenssätze und Ihre mentalen Strukturen immer wieder aus neue aus. Achten Sie auf Unvereinbarkeiten in der Art und Weise, wie sie sich auf das Leben beziehen. Stellen Sie sicher, daß die neuen Ideen, die Sie für sich formulieren, auch innerlich Sinn machen. Seien Sie nicht leichtgläubig, und übernehmen Sie nicht einfach jede Philosophie, die vom neuesten Guru vorgetragen wird oder als spirituelle Mode angeboten wird.

Suchen Sie nach neuen Wegen, sich in Beziehung zu setzen, und nach neuen verbalen und nonverbalen Interpretationen Ihrer inneren Erfahrungen.

Lassen Sie das Leben zu. Fließen Sie mit Ihren bewußt gelenkten medialen Erfahrungen. Setzen Sie sich nicht unter Druck, und strengen Sie sich nicht an. Jede Art von Erforschung verborgener Bereiche des Lebens muß einen Sinn haben und Freude machen.

Reglementierung und intensive Absicht können den Geist wieder auf die Beta-Ebene bringen, wodurch das ganze Projekt fehlschlagen wird. Intuitive Erfahrungen finden meistens dann statt, wenn man voll mit dem Leben beschäftigt ist und weniger in typischen »Ausbildungssituationen«.

Werden Sie eins mit dem Weg. Jesus sagte: »Ich bin der Weg, die Wahrheit und das Leben [Licht], niemand kommt zum Vater denn durch mich« (Johannes 14,6). In einem seiner vielen Vorträge im parapsychologischen Institut schockierte Dr. Russ Michael seine Zuhörerschaft einmal mit der Aussage: »Ich bin der Weg, die Wahrheit und das Licht!« Er fuhr dann damit fort, zu erklären, daß, je mehr man sich hingibt und dient, der Pfad der spirituellen Verwirklichung nicht mehr nur das Ziel ist, sondern auch zur Essenz des eigenen Seins wird. Wenn man täglich die Prinzipien lebt, die man auf dem Weg entdeckt hat, nehmen sie das ganz Leben in Anspruch. Man wird tatsächlich zu dem Weg, den man geht.

Wir tendieren normalerweise dazu, jedes Programm zur Selbstverbesserung so zu betrachten, als sei es ein Schritt auf dem Weg zu einem letztendlichen Ziel, hin zu der letztendlichen Vollendung, auf die wir uns ständig hinbewegen und hinentwickeln. Wir neigen dazu, den Weg in räumlichen und zeitlichen Begriffen zu beschreiben, als ob das Wachstum ein Ende nähme, wenn wir jenen Punkt der Vollendung erreicht haben. Der Weg führt jedoch nicht zu einem letzten Ziel. Der Weg selbst ist das Ziel.

Das Leben ist unendlich. Es ist nicht statisch, sondern ein dynamischer Prozeß. Der Vorgang des Erfahrens selbst ist der Weg. Das Ziel ist das Wissen darum, daß wir unseren Weg selbst bestimmen und davon profitieren. Das Ziel ist die endlose Wirklichkeit der Unendlichkeit, die wirkliche, unbegrenzte Ewigkeit der GEGENWART.

Obwohl wir uns durch verschiedene Phasen evolutionärer Entwicklung hindurchbewegen, ist der lobenswerteste Fortschritt die

Fähigkeit, sich selbst in den ewigen Strom des Lebens hineingleiten zu lassen und Ziele und deren Umsetzung mehr Stufen auf dem Weg sein zu lassen als Ziele an sich. Jesus wurde selbst zum Pfad. Wahrheit und Licht waren die absolute Essenz seines Wesens. Wir können Tag für Tag die Wahrheit, wie wir sie kennen, leben. Indem wir das tun, vermehren wir den Zustrom weiterer Wahrheit und des spirituellen Verstehens als Teil des endlosen Prozesses, eins mit Gott zu werden.

Das ist eine große Herausforderung, und es könnte viel Mut dazu erforderlich sein. Zumindest in den letzten 2000 Jahren hat die Menschheit sich dazu überreden lassen, allein aufgrund des Glaubens Lehrmeinungen und Glaubensbekenntnissen beizupflichten, die nicht immer Raum für die Gleichheit aller Menschen oder die Einzigartigkeit individueller Situationen ließen. Es kann sein, daß diese moralische Disziplin für die Entwicklung des emotionalen Körpers im Fische-Zeitalter notwendig war. Das neue Wassermann-Zeitalter ist geistig ausgerichtet, und das Individuum ist aufgefordert, seine eigenen mentalen Fähigkeiten einzusetzen und sich aus den übriggebliebenen emotionalen Trugschlüssen des Fische-Zeitalters herauszuarbeiten.

Ein Vorschlag für Ihre Meditation

Nehmen Sie sich ein paar Minuten Zeit, und wiederholen Sie die folgende Aussage: »Ich erlaube mir zu sein!« Wiederholen Sie diese Aussage mehrere Male, wobei Sie die Betonung jeweils auf ein anderes Wort legen: *Ich* erlaube mir zu sein! Ich *erlaube* mir zu sein! Ich erlaube *mir* zu sein! Ich erlaube mir zu *sein!* Meditieren Sie über das, was durch diese Meditation in Ihnen aufsteigt.

»Umsonst habt ihr's empfangen, umsonst gebt es auch«

Die spirituelle Führung ist, wie Jesus sagt (Matthäus 10,8), für alle umsonst, die darum bitten. Sie sollten Ihrerseits auch frei von sich geben – jederzeit und an jedem Ort –, wenn Sie jemandem dienlich sein können. Geld oder Geldmangel wird für Sie niemals wirklich ein Problem sein, wenn Sie frei und großzügig von sich und von Ihren Talenten geben. Für »Nachschub« wird immer gesorgt sein.

Geld sollte Ihnen besonders dann nicht bei Ihrer Entwicklung im Wege stehen, wenn Sie sich aufgrund Ihrer Talente dafür qualifizieren, mediale »Lesungen« durchzuführen. Wenn Sie die Energien, die sich in Ihren Talenten manifestieren, frei in den Dienst der Menschheit stellen, werden Sie für sich immer größere Ressourcen erschließen. Durch Ihr Geben werden Sie das verstärken, was Sie zurückbekommen. Sie werden finanziell und auch auf andere Art und Weise reichlich belohnt werden. Solange Sie frei das geben, was Sie auch umsonst erhalten, wird es Ihnen an nichts mangeln – sei es materiell oder immateriell. Vielleicht kommen die Güter dieser Welt auf sehr ungewöhnliche Art und Weise zu Ihnen. Das entspricht der Natur des Geistes: Er ist unendlich phantasievoll und kreativ. Erwarten Sie, daß es so kommt.

Die Methoden der östlichen Mystiker haben meistens die Auflösung des Egos zum Ziel. Die Methoden der westlichen Mystiker haben die Erweiterung des Bewußtseins auf allen Ebenen zum Ziel, wodurch die Persönlichkeit automatisch transformiert wird. Die höchsten Formen der Verschmelzung mit dem Göttlichen drängen das Selbst eher zu einem aktiven statt passiven Leben.

»Hier steht nun die gerade erwachte Seele. Zum ersten Male ist sie sich der Realität bewußt und reagiert mit großer Liebe und Ehrfurcht auf sie. Die Seele sieht sich nicht nur mit einer ganz neuen Welt konfrontiert, sondern steht auch am Anfang eines neuen Weges. Aktivität ist jetzt ihr Motto, die Pilgerfahrt ihre

Lebensaufgabe. Das einzige, was ihr verraten wird, ist, daß es eine Suche gibt und ein Ziel (Offenbarung). In der einen oder anderen symbolischen Art und Weise ist ihr die Notwendigkeit des langwierigen und langsamen Prozesses, zur Transzendenz zu gelangen und den Charakter zu bilden, gegenwärtig. Sie weiß, daß sie dadurch frei wird und die Fähigkeit erlangt, auf hohen Realitätsebenen zu existieren. Jene, in denen dieses Wachstum noch nicht begonnen hat, sind keine Mystiker – jedenfalls nicht in dem exakten Wortsinne, in dem das Wort hier verwendet wird –, egal, wie groß ihre vorübergehende Erleuchtung gewesen sein mag.«[48]

Praktische Übungen, Teil 9
Telepathie: der sechste Sinn?

Da wir bereits gezeigt haben, daß der größte Teil unserer medialen Wahrnehmungen vielleicht nur die Erweiterung unserer gegenwärtig nur unzulänglich funktionierenden fünf Sinne sind, bleibt nur noch Telepathie als die Wahrnehmungsfähigkeit, die die Menschheit möglicherweise als nächste entwickeln oder entfalten muß.

Es ist nicht so schwierig, die Möglichkeit einer Kommunikation von Geist zu Geist zu akzeptieren, wenn wir daran denken, daß es ein physisches Gegenstück dazu in unserem Körper gibt.

Die Nervenzellen berühren sich nicht. Die Nervenenden sind von anderen Nervenenden unterschiedlich weit entfernt. Mentale und emotionale Botschaften, die die Nervenzellen entlangwandern, müssen diese Abstände überwinden, wenn sie an ihr Ziel gelangen wollen.

Telepathie funktioniert auf sehr ähnliche Weise: Die Botschaften springen von Geist zu Geist oder von einem emotionalen Zentrum zum anderen. Auf der höchsten Ebene findet man die Kommunikation zwischen Seelen.

Übung 1: Lassen Sie sich nicht verschaukeln!

Suchen Sie jemanden als Versuchsperson aus, die sich entspannt hinstellt und Ihnen, dem Sender, mit geschlossenen Augen gegenübersteht. Der Sender muß der Versuchsperson eine Gedankenform übermitteln, die eine körperliche Bewegung enthält. Sie sollte den Wunsch beinhalten, die Versuchsperson möge sich entweder nach vorne, nach hinten, nach rechts oder nach links beugen. Stellen Sie sich lebhaft vor, was die Versuchsperson tun soll, machen sie leise das, was Sie in der Gedankenform übermitteln, und schicken Sie den Gedanken intensiv an die Versuchsperson. Wenn die Versuchsperson nicht mit einer entsprechenden Bewegung reagiert, gehen Sie mit Ihren Händen in die Aura der Versuchsperson, und ziehen oder drücken Sie sie in die entsprechende Richtung, ohne aber ihren physischen Körper zu berühren.

Die Versuchsperson sollte sich in die gewünschte Richtung bewegen. Der Schlüssel zum Erfolg besteht für die Versuchsperson darin, nicht zu versuchen, mental zu analysieren, was von ihr erwartet wird, sondern ihrem Körper zu erlauben, sich aus sich selbst heraus zu bewegen.

Sowohl Versuchsperson als auch Sender sollten sich im klaren darüber sein, daß sie beide in diese sichtbare Demonstration der Macht der Gedanken eingewilligt haben. Der Sender sollte diese Fähigkeit nicht dafür einsetzen, absichtlich ahnungslose Menschen zu manipulieren. Die Versuchsperson sollte in Erinnerung behalten, daß man nicht gegen den eigenen Willen manipuliert werden kann, wenn man seine Fähigkeiten unter Kontrolle hat.

Übung 2: Welcher Gegenstand war es?

Schicken Sie jemanden aus dem Zimmer. Die restliche Gruppe entscheidet sich dann für einen Gegenstand im Raum, der von der Versuchsperson zu bestimmen ist. Wenn sie wieder in den Raum zurückkommt, konzentrieren sich alle auf den ausgewählten Gegenstand. Die Versuchsperson versucht, sich das vorzustellen, worauf sich die Gruppe konzentriert. Wenn sie ein klares Gefühl oder eine klare Vorstellung hat, zeigt sie auf den Gegenstand, den sie gefühlt oder gesehen hat.

Übung 3: Lassen Sie sich führen!

Diese Übung ähnelt der Übung 2, nur wird zusätzlich zu dem Gegenstand auch eine Person ausgewählt, die als Führer fungieren soll. Wenn die Versuchsperson wieder ins Zimmer zurückgekehrt ist, nimmt sie den Führer bei der Hand, bewegt sich mit ihm durch den Raum und versucht, den Gegenstand ausfindig zu machen.

Der Führer bleibt dabei passiv, konzentriert sich geistig auf den Gegenstand, der ausgesucht wurde, ohne jedoch bewußt die Versuchsperson beeinflussen zu wollen. Die Versuchsperson bemüht sich darum, sich auf die bewußten oder unterschwelligen Vorgänge im Führer einzustimmen, die ihr helfen könnten, den Gegenstand zu finden. Das könnten etwa geringfügige körperliche Anspannungen sein, die dann auftreten, wenn der Führer auf mentaler Ebene denkt: »Nein, nicht in die Richtung!«, oder aber auch andere physiologische Effekte.

Übung 4: Bekommen Sie das Bild?

Jeder Teilnehmer sollte ein paar Blätter Papier haben. Der Sender sucht sich geistig einige einfache Formen oder Gegenstände, beispielsweise einen runden Fußball, einen Baustein, einen Regenschirm, einen Baum oder ein Segelboot, aus, die mit wenigen Linien dargestellt werden können.

Der Sender skizziert jeweils einen dieser Gegenstände auf ein Blatt Papier, wobei er die Vorstellung davon geistig den anderen Teilnehmern vermittelt. Die anderen Teilnehmer versuchen, die Bilder zu empfangen, und zeichnen sie auf. Wenn alle Zeichnungen fertig sind, sollten Sie sie mit den Originalen des Senders vergleichen. Achten Sie auf die allgemeine Ähnlichkeit mit dem Zielbild, aber auch auf Übereinstimmungen in bezug auf die Form, die Größe, die Form der Linien usw. Seien Sie dabei objektiv. Sie können die Bilder entweder gleich vergleichen oder erst nachdem alle Zeichnungen fertig sind.

Übung 5: Ihre Nase weiß Bescheid!

Lassen Sie bei dieser Übung[49] jemanden jeweils ein paar Tropfen von bekannten Haushaltssubstanzen in kleine identische Behälter oder Fläschchen füllen. Sie sollten vorzugsweise undurchsichtig sein und auf dem Deckel mit einer Nummer versehen werden, damit man sie identifizieren kann. Die Substanzen sollten einen starken Geruch haben, etwa Alkohol, Zimt, Kaffee, Knoblauch, Zwiebelessenz, Pfefferminzlikör oder Essig. Benutzen Sie Ihre Phantasie, um auf noch mehr Möglichkeiten zu kommen. Parfums oder Gewürze sollten einen klar erkennbaren Geruch haben, zum Beispiel Rosenduft, Jasmin, Erdbeere, Zitrone, Vanille. Die Teilnehmer sollten auf jeden Fall mit den Stoffen vertraut sein, die benutzt werden. (Benutzen Sie kein Ammoniak. Ammoniak reizt die empfindlichen Schleimhäute der Nase und könnte sogar die ganze Übung zunichte machen, weil der Sender nicht mehr riechen kann!)

Der Sender öffnet das Fläschchen und riecht kurz an der Substanz. Die Teilnehmer versuchen, eine Verbindung zu der Substanz herzustellen, die der Sender riecht.

Schreiben Sie sich Ihre Eindrücke auf. Wenn Sie Essig riechen, könnten Sie beispielsweise aufschreiben: »Ein saurer, ätzender Eindruck, es kitzelt etwas in der Nase.« Wenn Sie den Geruch von Vanille wahrnehmen: »Süßlicher, überladener Geruch.«

Übung 6: Erkennen Sie die Karten

Der Sender soll sich etwa 60 Sekunden lang auf Karten mit Zahlenwerten in einem normalen Kartenspiel konzentrieren. Lassen Sie die Bildkarten weg. Zählen Sie die Treffer so, daß jede richtige Spielfarbe (Pik, Karo, Herz, Kreuz), jede Farbe (Rot oder Schwarz) und jede Zahl einen Punkt ergibt. Wenn Sie mehr als zehn Punkte bei dieser Übung erzielen, ist das ein hervorragendes Ergebnis.

Übung 7: Telefon-Vision

Wenn Sie am Telefon mit einem Freund sprechen, versuchen Sie sich vorzustellen, was er oder sie gerade anhat. Bitten Sie Ihren Freund, Ihnen Ihre Eindrücke zu bestätigen.[50]

Übung 8: Telepathie durch Raum und Zeit

Setzen Sie sich ans Fenster oder an einen anderen Platz, wo Sie einen Teil einer Straße oder einer Autobahn sehen können, auf der nicht allzu viele Autos fahren. Versuchen Sie, zu entscheiden, aus welcher Richtung das nächste Auto kommen wird. Setzen Sie die Anzahl Ihrer Treffer ins Verhältnis zur Anzahl aller Autos, die tatsächlich vorbeigefahren sind.

Die Übung trainiert auch Ihre präkognitiven Fähigkeiten, da Sie der Zukunft vorausgreifen.

Meditationspraxis

Setzen Sie sich aufrecht und mit gerader Wirbelsäule hin. Reinigen Sie sich mit weißem Licht.

Wenn Sie im Alpha-Zustand (siehe auch Tabelle 1) sind, konzentrieren Sie sich auf das Herz-Chakra. Lassen Sie Ihr ganzes Wesen mit dem Herz-Chakra eins werden.

Erweitern Sie dieses Bewußtsein nun immer mehr nach draußen, über die Grenzen Ihres Körpers hinweg, und schaffen Sie dadurch einen bewußten Raum, der einige Zentimeter über Ihren Körper hinausragt. Kehren Sie dann zum Herz-Chakra zurück.

Wiederholen Sie das fünfmal, wobei Sie den Raum immer größer werden lassen.

Richten Sie Ihre Aufmerksamkeit auf den ICH-BIN-Bewußtseinspunkt. (Wenn sich dieser Punkt im Herz-Chakra befindet, bleiben Sie einfach mit Ihrem Bewußtsein dort.)

Konzentrieren Sie sich auf den ICH-BIN-Bewußtseinsfokus. Nehmen Sie ihn als den Punkt wahr, an dem Seele und Körper sich begegnen. Werden Sie sich Ihrer selbst ganz und gar als Seele bewußt. Dehnen Sie dieses Bewußtsein jetzt einige Zentimeter über Ihren Körper hinaus aus. Kehren Sie zum ursprünglichen Bewußtseinsfokus zurück. Dehnen Sie sich wieder aus, aber machen Sie die Sphäre diesmal etwas größer. Halten Sie den Raum einige Minuten lang aufrecht, und kehren Sie dann wieder zum Ursprungspunkt zurück.

Wiederholen Sie diese Übung während Ihrer ganzen Meditation immer wieder, und machen Sie jedesmal die Sphäre des ICH-BIN-Bewußtseins etwas größer, bis Sie schließlich so groß wie das Universum sind oder sich so weit ausgedehnt haben, wie Sie können.

Kehren Sie langsam zu Ihrem normalen Alltagsbewußtsein zurück. Füllen Sie Ihre Aura und Ihren Körper mit schützendem weißen Licht. Nehmen Sie sich einen Augenblick Zeit, und bedanken Sie sich für die Segnungen in Ihrem Leben. Wenn Sie aus der Meditation gehen, lächeln Sie, und nehmen Sie wahr, wie leicht und einfach das Leben um Sie herum, in Ihnen und durch Sie hindurch fließt.

finden Sie für jeden Moment einen... finden einen
Raum einige Minuten festzuhalten. Jetzt führt Sie diplomatisch
zum Übungsergebnis über.

Wiederholen Sie diese Übung während der nächsten Wochen
immer mit der gleichen Konzentration, nähern Sie sich dem Leben,
Bewußtsein, etwas größer als Sie sein wollen, spüren Sie das
Gegenüber und geben sich der nächsten Gestalt, kann Sie
kennen.

Kehren Sie langsam zu Ihrem gewohnten Bewußtsein zurück,
aber... füllen Sie Ihre selber zu Ihrem Körper. Atmen Sie einige
tiefer Atmen. Nehmen Sie sich Zeit, bis Sie aufstehen... und
bedanken Sie sich für die Stunde nach Ihrer Länge auf. Wenn Sie
aus der Meditation gehen, bleiben ruhig, und nehmen das Empfinden
recht und aus den Leben der Sie sich nach all Ihrem inneren
Sie nahmen Sie sich.

Anhang A
Für Fortgeschrittene

Die folgende Übung ist bei den Menschen am wirksamsten, bei denen das ICH-BIN-Zentrum sich normalerweise im Hals oder, was noch besser ist, im Kopf oder darüber befindet; aber jeder kann mit ihr experimentieren. Am meisten Erfolg mit der Übung werden diejenigen haben, die über genügend mentale Disziplin verfügen, um das ICH-BIN-Zentrum willentlich von einem Chakra zum anderen verlagern zu können.

Probieren Sie aus, welche Körperhaltung Ihnen am meisten liegt. Möglicherweise sagt es Ihnen am meisten zu, mit gerader Wirbelsäule zu sitzen, vielleicht ziehen Sie es aber auch vor, sich flach auf den Rücken zu legen, so daß Ihr Kopf nach Norden zeigt. Wenn Sie liegen, sollten Sie Ihre Hände etwa 2 bis 3 Zentimeter über dem Kopf zusammenlegen, so daß die Handinnenflächen zum Kronen-Chakra zeigen. Die Hände müssen während der ganzen Übung in dieser Stellung bleiben. Die Energien der Handinnenflächen tragen dazu bei, die Energien durch den Körper hindurch nach oben zu ziehen.

Beginnen Sie, indem Sie sich auf den ICH-BIN-Bewußtseinspunkt konzentrieren und ihn ins Basis-Chakra verlagern können. Zentrieren Sie sich völlig in diesem Bereich. Sie sollten in der Lage sein, sich vorzustellen, daß Ihre Beine sich unter Ihnen und Ihr restlicher Körper sich über Ihnen befindet. Wenn Sie das schaffen, werden Sie unmittelbar fühlen, daß sich im Basis-Chakra Energien sammeln, die sich etwa nach einer Minute plötzlich auf eine Art und Weise aufladen, die einem Orgasmus ähnlich sind. (Damit dieses Experiment erfolgreich ist, ist keinerlei Form von sexueller Aktivität notwendig.)

Sobald die Energien abklingen, bewegen Sie die ICH-BIN-Aufmerksamkeit zum Solarplexus und wiederholen auch dort den gleichen Vorgang. Wenn Sie wahrnehmen, daß sich Ihr Bewußt-seinsfokus innerhalb des Solarplexus-Chakras befindet, lassen Sie wieder den starken Zufluß von Energie und die entsprechende Entladung zu.

Machen Sie gleich, ohne Pause, mit der Aufwärtsbewegung weiter. Bewegen Sie sich rasch zum Herz-Chakra, und gehen Sie davon aus, daß Ihnen die Wogen der Energie folgen. Wiederholen Sie den Vorgang im Hals-Chakra, und bewegen Sie sich anschließend ins Kopf-Chakra. Vielleicht haben Sie an diesem Punkt das Gefühl, die aufsteigende Energie ist so groß, daß Sie sich kaum noch im Zaum halten können. Stellen Sie sich vor, das Kronen-Chakra sei weit geöffnet, die Energie fließe dort nach draußen und ergieße sich wie das Wasser eines Springbrunnens über Ihren Körper. Ganz unabhängig davon, ob Sie tatsächlich diesen Vorgang fühlen, wird Ihre Vorstellung ausreichen, um die gewünschte Wirkung hervorzurufen: den Druck abzubauen.

Wenige Augenblicke nachdem Sie diese Übung beendet haben, werden Sie einen Zustrom von Energie und einen Anstieg Ihrer Stimmung verspüren, den man nur als ekstatisch bezeichnen kann. Geistig und körperlich werden Sie sich auf der Höhe Ihrer Leistungsfähigkeit befinden.

Machen Sie diese Übung nicht öfter als einmal am Tag und auch nicht am späten Nachmittag, da Sie mehr Energie speichern werden, als Sie bis zur Schlafenszeit aufbrauchen können. Es könnte sonst sein, daß Sie nur wenig Schlaf bekommen oder gar nicht schlafen können. Eine gute Zeit, um diese Übung zu machen, ist der frühe Morgen. Wenn Sie gerade aufgewacht sind, ist der Geist noch tief im Alpha-Zustand, und Ihre geistige Disziplin ist groß. Sie sollten jedoch verschiedene Zeiten ausprobieren, um herauszufinden, welche für Sie die beste ist. Vielleicht haben Sie den Eindruck, daß Sie diese Übung nicht öfter als zwei- bis dreimal in der Woche machen möchten, vielleicht auch nur einmal wöchentlich.

Wenn Sie irgendwelche Medikamente einnehmen oder unter psychischen Problemen leiden, die mit Traurigkeit, Haß, Rachegelüsten oder Eifersucht etwas zu tun haben, sollten Sie sehr vorsichtig mit dieser Übung umgehen. Sie könnten sich im Anschluß an die Übung ein wenig verwirrt fühlen oder leichte Kopfschmerzen haben, da das starke Aufsteigen der Energie sich durch alle physischen und psychischen Hindernisse hindurchbrennt, um ihre Absicht zu verwirklichen. Die Kopfschmerzen und die anderen leichten Nebenwirkungen werden sich jedoch schnell wieder auflösen, und die Unannehmlichkeiten werden nachlassen. Wenn sie nicht relativ schnell wieder verschwinden, sollten Sie die Übung nicht mehr machen, bis sie emotional stabiler sind.

Anhang B
Meditation zur Zentrierung im ICH-BIN-Bewußtsein

Dies ist eine ausgezeichnete Meditation, um sich zu zentrieren, das Bewußtsein zu erweitern und den Weg zur Erleuchtung vorzubereiten. Wenn Sie möchten, können Sie diese Meditation auf eine Kassette aufnehmen. Dabei sollten Sie genügend Pausen lassen, damit Sie den Anweisungen folgen können und Zeit haben, die Gedanken aufzunehmen, die ihnen von der Seele übermittelt werden.

Wenn Sie in einer Gruppe meditieren, sollten Sie Ihre Arme und Beine nicht überkreuzen, damit die Energien in der Gruppe frei fließen können. Wenn Sie allein meditieren, dürfen Sie den Kreislauf schließen, indem Sie Ihre Zeigefinger und Daumen zusammenlegen und die Füße und Beine zusammenhalten. Dadurch ermöglichen Sie Ihren Energien, innerhalb Ihres eigenen Wesens fokussiert zu bleiben. In beiden Fällen sollten Sie – wie sonst auch – Ihre Wirbelsäule geradehalten und Ihren Körper entspannen. Füllen Sie Ihren Körper mit weißem Licht, nicht nur zum Schutz, sondern auch als Symbol Ihres Wunsches nach Erleuchtung.

Affirmation: *Laß den Geist, der in Jesus war, auch in mir sein. »Ein jeglicher sei gesinnt, wie Jesus Christus auch war« [Philipper 2,5].*

Zentrieren Sie sich im ICH BIN. Dies ist der Ort Gottes in Ihnen, unendlich kreativ und endlos im Werden begriffen. Irgendwo zwischen dem Herzen und dem Nabel werden Sie ein kleines, wirbelndes Energiezentrum finden. Dies ist das Solarplexus-Chakra, das emotionale Zentrum. Befehlen Sie diesem Zentrum, ruhig zu sein, und richten Sie Ihre Aufmerksamkeit auf etwas Ihnen sehr Angenehmes. Erlauben Sie sich jetzt, so zufrieden zu sein, so glücklich, daß Sie sogar lächeln würden, wenn Sie nicht gerade so entspannt wären.

In diesem Gefühl des Friedens und des Wohlwollens richten Sie nun Ihre Aufmerksamkeit auf das Herz-Zentrum.

Affirmation: *Ich bin Gott, der sich in mir, durch mich und als ich zum Ausdruck bringt ... Gott ist grenzenlos und unendlich kreativ. Er erschafft nie zwei Dinge gleich ... Ich bin einzigartig ... Gott, der sich selbst als ich zum Ausdruck bringt, der sich selbst als seine spezielle Schöpfung in mir kennt ... Ich bin ein Teil des wunderbaren, vollkommenen Ganzen; und doch tue ich das, wozu er nur mich erschaffen hat ... ich bin diese ganz besondere, einzigartige Schöpfung – ICH BIN, DER ICH BIN.*

Zentrieren Sie Ihre Aufmerksamkeit jetzt in dem Hals-Chakra. Das ist das Zentrum der Macht, durch das Gott spricht. »Im Anfang war das Wort, und das Wort war bei Gott, und Gott war das Wort« (Johannes 1,1). Gott war Sprache als kreative Macht. Die Sprache kreativer Macht ist Gott in Aktion.

Affirmation: *Innerhalb der göttlichen Vorstellung spricht Gott in der vollendeten Sprache der Schöpfung. Ich überantworte dieses mächtige Kraftzentrum jetzt dem Willen Gottes. Es ist mein Wille, nur noch das Wort Gottes (des Guten) zu sprechen. Ich werde die Macht dieses Zentrums nicht dafür benutzen, etwas zu manifestieren, von dem ich nicht möchte, daß es Wirklichkeit wird. Ich bringe Weisheit und rechtes Urteilen durch meinen Gebrauch dieses Zentrums zum Ausdruck. Alle Worte, die ich jetzt spreche, entsprechen dem rechten Umgang mit Gottes Wort in allen Aktivitäten meines Lebens.*

Heben Sie Ihre Aufmerksamkeit jetzt zum »Zentrum des Dritten Auges« in der Mitte Ihrer Stirn.

Jemand definierte Gott einmal so: »Gott ist, noch göttlicher zu werden.«

Affirmation: *Ich werde immer mehr zu Gott, der immer mehr ich wird. In meiner Seele liegt das vollkommene Abbild von Gottes ursprünglicher Idee von mir. Ich bin dieses vollkommene Abbild, das dabei ist, sich zu verwirklichen. Ich bin mir JETZT dieses göttlichen Abbildes bewußt – das göttliche Schicksal, welches nur von mir verwirklicht werden kann.*

Zentrieren Sie Ihre Aufmerksamkeit jetzt im Kronen-Chakra. Dies ist das Tor zum reinen Sein. Bewegen Sie, wenn möglich, das ICH-BIN-Bewußtsein aus dem Kopf hinaus, in den Raum oberhalb des Kopfes. Wenn Ihnen das nicht möglich ist, dann seien Sie dort zufrieden, wo Sie sich befinden, denn da, wo Sie sind, ist auch Gott. Wissen Sie, daß Sie eins mit Gott, mit dem Universum und mit allem was ist, sind.
Es gibt keine Dualität mehr. Er gibt keinen Grund mehr, zu sprechen oder nicht zu sprechen, etwas zu erschaffen oder nicht zu erschaffen. Es gibt weder gut noch böse, weder richtig noch falsch. Alles, was ist, ist einfach. Einfach reines Sein, Frieden, Wohlwollen und Einheit. Einheit mit allem. Einheit mit Gott.

Affirmation: *Ich weiß, daß ich das bin, was ich bin – ICH BIN, DER ICH BIN.*

Seien Sie so lange still, wie Sie gerne möchten. – Kehren Sie dann langsam und mühelos wieder zu dem Punkt zurück, wo sich das ICH-BIN-Bewußtsein in Ihnen befindet. Bringen Sie dabei einen Teil des Friedens und des erweiterten Bewußtsein mit sich zurück in Ihren Alltag.

Affirmation: *Laß den Geist, der in Jesus war, auch in mir sein. Amen.*

Anhang C
Die esoterische Bedeutung des Vaterunser

Das Vaterunser ist noch nie richtig verstanden worden, obwohl es viele gelehrte Abhandlungen zu diesem Thema gibt. Vielleicht hat das Gebiet auch viele Bedeutungsebenen, so daß sozusagen für jeden etwas dabei ist.

Unabhängig davon, was es sonst noch bedeuten sollte, glaube ich nicht, daß es einfach nur auswendig gelernt werden sollte. Dies hat allerdings dazu geführt, daß es im Herzen und im Verstand der Menschen geblieben ist, und so wurde verhindert, daß seine tieferen Bedeutungen über die Jahrhunderte verlorengehen konnten. Diejenigen von uns jedoch, die meditieren, können in diesem Gebiet einen verschlüsselten Satz von Meditationsanweisungen entdecken. Man könnte sagen, eine »Schritt-für-Schritt-Anleitung zur erfolgreichen Meditation«.

Die Anweisungen, die Jesus gab, waren sehr präzise. Wenn er sagte, wir sollten auf diese Weise beten, bedeutet dies, daß man diese Methode oder diese Folge von Schritten anwenden soll, wenn man betet oder meditiert (vgl. Matthäus 6,5–15).

Unser Vater in dem Himmel! Dein Name werde geheiligt.

Damit fängt die Meditation, die Zeit der Hingabe, an. »Trachtet vielmehr nach seinem Reich, so wird euch das alles zufallen« (Lukas 12,31): Bei diesem Schritt Ihrer Meditation sollten Sie die Quelle suchen, die Erleuchtung und die Verschmelzung. Verbringen Sie soviel Zeit wie nötig damit, das Gefühl des Einsseins mit Gott zu erlangen, bevor Sie weitermachen.

Dein Reich komme. Dein Wille geschehe auf Erden wie im Himmel.

»Ich will den Willen Gottes leben.« Bitten Sie um Anleitung. Überantworten Sie das niedere Ego dem höheren Ego. Im wesentlichen erlauben Sie damit Gott, in Ihnen die Kontrolle über Ihr Leben zu übernehmen und Sie in Ihrem täglichen Leben zu führen. Es ist wichtig, daß Sie verstehen (genauso wichtig, wie es ist, es zu glauben), daß der Gott in Ihnen der »Vater in Ihnen« *ist*.

Gehen Sie zum Vater in Ihnen, wie Jesus es tat. Der Vater in Ihnen ist Ihr göttliches Selbst, Ihre Seele, das, was diesen momentanen Brennpunkt im Raum und Zeit, den Sie als Ihre Persönlichkeit kennen, erschaffen hat. In ihrem Zentrum befindet sich jener göttliche Funke, Ihr Teil der göttlichen SUBSTANZ, der sich als Sie individualisiert hat. Diese Erkenntnis erlaubt dem Kern Ihres Wesens, dem göttlichen Selbst, sich auszudehnen, in Ihren täglichen Angelegenheiten mehr Platz einzunehmen und sich selbst zu führen.

Unser täglich Brot gib uns heute.

JETZT ist der Zeitpunkt, in dem Sie Ihre magischen Techniken anwenden können. Sie können Visualisationen einsetzen, um auf die Erfüllung Ihrer Ziele hinzuwirken, aber erst *nachdem* Sie den Kontakt zum Vater in Ihnen hergestellt haben. Was für einen Sinn hat es, zu Gott zu beten, wenn die Kommunikationskanäle nicht zuvor geöffnet wurden? Meditation ist ein Vorgang, der in zwei Richtungen vor sich geht. Es gibt eine Zeit, um etwas zu bitten, und eine Zeit des Zuhörens. Zuerst müssen Sie jedoch sicherstellen, daß auf beiden Seiten jemand da ist.

Und vergib uns unsere Schuld, wie wir vergeben unsern Schuldigern.

Bitten Sie darum, daß Ihnen alle negativen Gedanken, Einstellungen und Taten vergeben werden. Sogar die negativen Gedanken, die Sie überhaupt erst auf die Idee gebracht haben, daß es Ihnen an irgend etwas mangelt.

Anderen zu vergeben wird außerdem die Auflösung von Karma beschleunigen. »Du sollst deinen Nächsten lieben wie dich selbst« (Markus 12,31). Wenn Sie möchten, daß Ihnen vergeben wird, dann müssen Sie zuerst den anderen vergeben. Alle Wesen auf diesem Planeten befinden sich in einem Wachstumsprozeß, und 99 Prozent unseres Wachstums entsteht aus den Fehlern, die wir bei unseren Versuchen machen, etwas zu lernen. Erlauben Sie anderen zu wachsen genau wie Sie.

Und führe [lasse] uns nicht in Versuchung, sondern erlöse uns von dem Übel.

Bitten Sie darum, an diesem Tag Führung zu erhalten, damit Sie keine falschen Urteile fällen. Bitten Sie darum, darin unterstützt zu werden, andere nicht zu manipulieren. Drücken Sie den Wunsch aus, daß Ihnen die richtigen Menschen gebracht werden, damit Sie das erleben können, worum Sie bitten, und daß es für alle Beteiligten zum Vorteil sein möge. Bitten Sie darum, daß Ihnen gezeigt wird, wie Sie Charakterschwächen, an denen Sie augenblicklich arbeiten, entweder vermeiden oder wettmachen können.

»Lasse uns nicht in Versuchung« ist eine Interpretation der Unity Church (Einheitskirche). Sie glauben nicht daran, daß Gott absichtlich jemanden in Versuchung »führen« würde. Sie übernehmen selbst die Verantwortung für alle Fehler in ihrem Leben und bitten daher Gott darum, sie aus ihrer selbsterschaffenen Falle zu befreien.

Denn dein ist das Reich und die Kraft und die Herrlichkeit in Ewigkeit. Amen.

Das Werk ist dann getan, wenn es auf den inneren Bewußtseinsebenen vollendet ist. Ihre Bitten werden sich bald darauf auf der
illusorischen materiellen Ebene manifestieren. Alles, was Sie
jetzt noch tun müssen, ist, in einem erwartungsvollen Zustand zu
verweilen. Bedanken Sie sich an dieser Stelle dafür, daß es sich
bereits manifestiert hat und daß sich die ewige Macht und Herrlichkeit des inneren Selbst JETZT durch Sie manifestiert.

Das hebräische Wort *amen* heißt »wahrlich, es geschehe«. Es
dient dem bekräftigenden Abschluß des Gebets.

Dank

Quellen

Die Autorin bedankt sich für die Zusagen, Auszüge aus den folgenden Werken abdrucken oder überarbeitet abdrucken zu dürfen (zusätzliche Informationen – auch zu den in Deutsch erschienenen Büchern – finden Sie in den Anmerkungen):

Think and grow rich von Napoleon Hill, New York: E. P. Dutton, Inc., © 1979, wurde mit Erlaubnis des Herausgebers benutzt; »Gottes Himmel« aus *Believe it or not!* von Robert Ripley, New York: Simon & Schuster, © 1929, wird mit Erlaubnis von Ripleys »Believe It or Not!«, einer Abteilung der Jim Pattison Industries, verwendet; *New Age Teachings,* Ausgabe 133 (Februar 1979), wird mit Erlaubnis von Illiana verwendet; *Awakening of Conciousness: An Interpretation of Its Process* von Carl Hulsmann, London, U. K.: Momenta Publishing, © 1982, wird mit Erlaubnis des Herausgebers verwendet; *The Kundalini Experience: Psychosis or Transcendence?* von Lee Sannella, M. D., Lower Lake, CA: Integral Publishing © 1987, wird mit Erlaubnis des Herausgebers verwendet; *Spiritual Centers in Man* von Manly P. Hall, © 1978 by Philosophical Research Society, wird nach Absprache benutzt; *Mark I ESP Training Manual* und *Mark I ESP Advanced Training* von Bevy Jaegers, Sappington, MO: Aries Productions, © 1972 und 1973, wird mit Erlaubnis der Autorin benutzt; *Handbook of Psi Disvoveries* von Sheila Ostrander & Lynn Schroeder, New York, Berkeley Publishing, © 1974, wird mit Erlaubnis der Autorinnen verwendet; *Hidden Secrets Revealed by the I Am That I Am* von Ann Herbstreith. 1984 von der Autorin herausgegeben, wird mit ihrer Zustimmung benutzt; *Biorhythms: A Personal Science* von Bernard Gittleson, © 1975, New York: Arco Publishing, wird mit Erlaubnis der Simon & Schuster; Inc., verwendet; *The Cosmic Doctrine* von Dion Fortune, York Beach, ME: Sa-

Danksagungen

Ganz besonders möchte ich mich bei folgenden Menschen bedanken. Bei meiner Tochter und meinem Schwiegersohn, Kacey und Ron Miller, die mir ein Jahr lang in ihrem Heim Zuflucht gewährt haben. Es war die Zeit einer großen Prüfung, in der ich daran arbeitete, dieses Buch zu schreiben.
Mein Dank geht an Bill Moore, dem Mitarbeiter und Mitbegrün-

der sowohl der ersten Organisation, dem Institut für mediale Wissenschaften, und seinem Nachfolger, dem parapsychologischen Ausbildungszentrum. Es hat meine Vorträge aufgenommen und geduldig den Kasettenrecorder bedient, während ich daraus den ersten groben Entwurf schrieb, und mich durch all meine Selbstzweifel hindurch immer wieder ermutigt.

Ich möchte auch gerne Maria Gibson danken, nicht nur für ihre Jungfrau-Fähigkeit, grammatikalische Fehler und Interpunktionsfehler zu finden, sondern auch für ihre intellektuelle Gabe, mich auf einige bislang unentdeckte falsche Schlußfolgerungen hinzuweisen.

Mein Dank geht an alle Menschen im parapsychologischen Ausbildungszentrum, die daran gearbeitet haben, die Schule erfolgreich zu machen. Ohne ihre Liebe und ihr beständiges Wirken hätte es gar keine Schüler gegeben und daher auch keinen Lehrer. Besonderen Dank auch an diejenigen, die gekommen sind, um zu lernen und zu lehren, und die dazu beigetragen haben, aus der Schule das zu machen, was sie geworden ist.

Danken möchte ich auch all jenen, die mich lieben und mein Selbstvertrauen aufgebaut haben, und auch denen, die mich nicht lieben und gegen meine Arbeit gekämpft haben, da ihr Widerstand mein Rückgrat gestärkt hat und ich dadurch gelernt habe, negative Energien in positive umzuwandeln.

Und zuletzt möchte ich auch allen anderen Menschen danken, denen ich während der letzten fünfzig Jahre begegnet bin, da jeder von ihnen einen Teil von sich zu diesem Buch beigetragen hat.

Dieses Buch ist folgenden Menschen gewidmet
Der Erinnerung an meine Mutter, deren liebevolle Erziehung in mir schon früh Wohlbefinden und Selbstvertrauen hervorbrachte. Der Erinnerung an meinen Vater, dessen äußerst unabhängiger Geist mir ein Beispiel setzte, dem ich folgen konnte, als ich in die Grenzbereiche des Geistes vordrang.

Bill, ohne dessen hingebungsvolle Beharrlichkeit ich vielleicht
nie die Zeit gefunden hätte, dieses Buch zu schreiben.
Und meinen Schülern, von denen ich so viel mehr gelernt habe
als sie von mir.

Anmerkungen

1 Unter einem Oui-ja-Brett (Oui-ja-Board) versteht man »ein Gerät zum Empfang von Geisterbotschaften. Es handelt sich meist um ein herzförmiges Brett aus Holz oder Kunststoff, das durch darunter montierte Laufrollen oder Räder frei beweglich ist. Darauf sind die Buchstaben des Alphabets, die Zahlen von eins bis zehn und die Worte ›ja‹ und ›nein‹ kreisförmig angeordnet. Bei einer Séance legt jeder Teilnehmer einen Finger mit der Spitze auf den Zeiger in der Mitte des Oui-ja-Boards und bittet um eine Geisterbotschaft. Dann dreht sich der Zeiger und zeigt nacheinander auf Buchstaben, die zusammengesetzt schließlich die Antwort ergeben.« (Aus Nevill Drury: *Lexikon des esoterischen Wissens,* Knaur-Tb. 4160, S. 466.)

2 Karma (Sanskrit) »wird verstanden als 1. eine geistige oder körperliche Handlung; 2. die Konsequenz einer geistigen oder körperlichen Handlung; 3. die Summe aller Konsequenzen des Tuns eines Individuums in diesem oder einem vorangegangenen Leben; 4. die Kette von Ursache und Wirkung in der moralischen Welt. Das Karma eines jeden entsteht aus seinen Samskāras. (Eindrücke, Neigungen und Möglichkeiten im Bewußtsein, die durch Handlungen und Gedanken, auch in früheren Inkarnationen entstanden sind.) Dieses Potential leitet sein Verhalten und steuert seine Motive bei seinen gegenwärtigen wie auch zukünftigen Gedanken und Handlungen. So ist jedes Karma die Saat für ein weiteres. Die Früchte des Karma werden in Form von Freude oder Leid geerntet, je nach der Art der Gedanken oder Handlungen.« (Aus *Lexikon der östlichen Weisheitslehren,* O. W. Barth Verlag/Scherz, Bern, München, Wien, [2]1986, S. 183 f., 317.)

3 Napoleon Hill: *Denke nach und werde reich,* Ariston Verlag, Genf 1992.

4 Deutsch: Robert Ripley: *Unglaublich, aber wahr,* Saturn Verlag, Wien 1938.

5 Treffender wäre vielleicht das einfach Fürwort ICH, um die innere Essenz zu umschreiben, die jeden von uns leitet. Der Ausdruck ICH BIN eignet sich jedoch besser, um dieses nicht ganz einfache Konzept zu vermitteln. Wenn wir in den in diesem Buch vorgeschlagenen

Übungen nur das Fürwort ICH benutzen, müßten wir den entschiedenen Nachteil in Kauf nehmen, daß durch den Gebrauch von ICH die Grenzen der Persönlichkeitsstruktur nicht überschritten werden. Der Ausdruck ICH BIN hingegen hebt die eigene Aufmerksamkeit und das eigene Streben sofort auf eine höhere Ebene des Bewußtseins.

6 *New Age Teachings,* Ausgabe 133 (Februar 1979). Man kann ein Abonnement dieser Channelings erhalten, wenn man sich an folgende Adresse wendet: New Age Teachings, 2–4 Maple Street, Box 346, Brookfield, MA 01506, USA, Tel. (USA) 5 08-8 67-3754.

7 Wenn im Westen von Yoga die Rede ist, meint man meist den Hatha-Yoga, der auf Körperübungen (Asana) in Verbindung mit Atemübungen (Pranayama) besteht (vgl. *Lexikon der östlichen Weisheitslehren* [s. Anm. 2]).

8 Die Abbildung 7 wurde übernommen von Carl Hulsman: *Awakening of Consciousness: An Interpretation of Its Process,* Momenta Publishing, London, und Hunter House Publishers, Claremont, CA, 1982.

9 Vieles von dem, was ich hier beschrieben habe, stammt aus Lee Sannellas Buch *Kundalini-Erfahrung,* Synthesis Verlag, Essen 1989. Es beschreibt klar und verständlich die klinische Erforschung der Kundalini, ihre Symptome und Nachwirkungen.

10 Manly P. Hall: *Spiritual Centers in Man,* Philosophical Research Society, Los Angeles 1978.

11 Lobsang Rampa ist das Pseudonym von Cyril Henry Hoskin, »Autor des berühmten Weltbestsellers *Das dritte Auge,* in dem die Initiationserfahrungen eines tibetischen Lama geschildert werden. Als man entdeckte, daß Huskin in Dublin lebte, beharrte dieser darauf, daß er vom Geist eines echten Lama besessen wäre und daß seine Bücher deshalb authentisch seien. Trotz der Kontroversen … hatte das Werk … enormen Einfluß auf die Verbreitung mystischen Gedankenguts und hat viele Leser dazu gebracht, sich intensiver mit … spirituellen Disziplinen zu befassen.« (Aus Drury: *Lexikon des esoterischen Wissens* [s. Anm. 1]).

12 Sheila Ostrander und Lynn Schroeder: *PSI – Die wissenschaftliche Erforschung und praktische Nutzung übersinnlicher Kräfte des Geistes und der Seele im Ostblock,* Scherz Verlag, Bern 1977.

13 Bevy Jaegers: *Mark I ESP Training Manual* und *Mark I ESP Advanced Training,* Aries Productions, Sappington, MO, 1972, 1973.

14 Psychometrie ist ein von dem Parapsychologen J. R. Buchanan geprägter Begriff für ein diagnostisches Verfahren, um die Charaktereigenschaften von nicht anwesenden Menschen anhand von Gegenständen aus deren Besitz zu bestimmen (vgl. Drury: *Lexikon des esoterischen Wissens* [s. Anm. 1]).

15 Oui-ja-Brett: s. Anm. 1.

16 Jaegers: *Mark I ESP Training Manual* (s. Anm. 13).

17 Sheila Ostrander und Lynn Schroeder: *PSI-Training,* Goldmann Verlag, München 1993.

18 Jaegers: *Mark I ESP Training Manual* und *Mark I ESP Advanced Training* (s. Anm. 13).

19 Reading heißt wörtlich übersetzt »Lesung«, bedeutet aber in diesem Zusammenhang soviel wie »Interpretation, Prophezeiung, Tranceäußerung« (aus Jess Stearn: *Die sieben Leben des Schlafenden Propheten. Edgar Cayce und die Reinkarnation,* Knaur-Tb. 4265, S. 12).

20 Avatara oder Avatar bedeutet im Sanskrit wörtlich »Herabkunft«. Der Begriff beschreibt eine Inkarnation des göttlichen Bewußtseins auf Erden. Im Gegensatz zu gewöhnlichen Menschen wird ein Avatara nach hinduistischer Auffassung nicht aus karmischen Konsequenzen geboren, sondern aus freier Entscheidung. Er ist sich während seines ganzen Lebens seiner göttlichen Mission bewußt und kommt, »um neue Wege der religiösen Verwirklichung zu finden und sie seinem Zeitalter anzupassen, und er ist in der Lage, seine göttliche Erkenntnis seinen Mitmenschen durch Berührung, Blick oder Schweigen zu übermitteln. Da er frei von allen Bindungen des Ego ist, befindet er sich jenseits der Dualität.« (Aus *Lexikon der östlichen Weisheitslehren* [s. Anm. 2].)

21 Ann Herbstreith: *Hidden Secrets Revealed by the I Am That I Am,* P. O. Box 1582, Grand Rapids, MI 49501, USA, 1984.

22 Paul Hawinks: *Der Zauber von Findhorn,* Rowohlt Verlag, Reinbek 1985.

23 Die Informationen über den Biorhythmus stammen aus dem Buch von Bernard Gittleson: *Biorhythmus: A Personal Science,* Arco Publishing, New York 1975.

24 Dion Fortune: *The Cosmic Doctrine,* Samuel Weiser, York Beach, ME, und Thorsons Publishing Group (Aquarian Press), London 1976.

25 Kingdon Brown: *Power of Psychic Awareness,* Parker Publishing, W. Nyack, NY, 1969.

26 Sybil Leek: *Diary of a Witch,* Lucis Publishing, New York 1972.

27 Karma: S. Anm. 2.

28 Patanjali: *Die Wurzeln des Yoga,* Scherz Verlag, Bern 1976.

29 Annalee Skarin: *Ye are Gods,* DeVorss Publishing Co., Marina del Rey, CA 1973.

30 Deutsch: Abraham H. Maslow: *Motivation und Persönlichkeit,* Rowohlt Verlag, Reinbek 1981.

31 Deutsch: Korra Deaver: *Die Geheimnisse des Bergkristalles,* Wildpferd Verlag, Aitrang 1991.

32 Bevy Jaegers: *The Extra-Sensitive Pendulum,* MO, Sappington Aries Productions, 1972; s. A. Anm. 12.

33 Die Meditation »Die Quelle der Kraft« wurde mit Erlaubnis von Dr. Russ Michael von der Church of Humanities benutzt.

34 Readings: s. Anm. 19.

35 Um die Erlaubnis zu erhalten, das Poster »Dein göttliches Selbst« (Abbildung 16) abdrucken zu dürfen, sind wir gebeten worden, auch die folgenden Sätze zu drucken:

»Die Summit-Universität wurde 1971 von den Boten Mark und Elizabeth Prophet gegründet. Sie sollte das Hauptausbildungszentrum der großen weißen Bruderschaft in unserer heutigen Zeit sein. Mark ging 1973 ins Jenseits und stieg in die Ewigkeit auf.

Elizabeth, die von Tausenden ihrer Anhänger liebevoll ›Mutter‹ genannt wurde, ist noch heute bei uns und führt das Werk weiter, das Mark ursprünglich im Jahr 1958 begann, als er das Summit Lighthouse gründete (die heute Church Universal and Triumphant genannt wird). Fr. Prophet hat ihr Leben dem Unterrichten an der Summit-Universität gewidmet, und sie sorgt für die beständige spirituelle Führung der wachsenden internationalen Organisation.«

Weitere Informationen über ihre spirituelle Arbeit können Sie über die folgende Adresse erhalten: Summit Lighthouse, Box A, Corwin Springs, MT 59021, USA.

36 Bevy Jaegers: *The Human Aura,* Aries Productions, Sappington, MO, 1971.

37 Kirlian-Fotografie: von dem sowjetischen Elektronikingenieur S. D. Kirlian und seiner Frau in den Jahren 1939 bis 1958 entwickeltes

Verfahren, »Lichthöfe« (Lumineszenzen) zu fotografieren, das sind vibrierende Energiefelder, von denen alle lebenden Dinge umgeben sind.

38 Bevy Jaegers: *Secrets of the Aura,* Aries Productions, Sappington, MO, 1974.

39 Vgl. die beiden Edgar-Cayce-Bücher von Jess Stearn: *Der Schlafende Prophet* (Knaur-Tb. 4124) und *Die sieben Leben des Schlafenden Propheten* (Knaur-Tb. 4265; s. a. Anm. 19).

40 Der Begriff »kollektives Unbewußtes« geht auf den Schweizer Psychologen C. G. Jung zurück, »nach dessen Auffassung gewisse Urbilder im Unbewußten nicht individuellen, sondern ›kollektiven‹ Ursprungs sind – symbolischer Ausdruck der sich ständig wiederholenden Erfahrungen der Menschheit« (aus Drury, *Lexikon esoterischen Wissens,* Knaur-Tb. 4160 [s. a. Anm. 1]. S. 330).

41 Agnostiker: jemand, der glaubt, die Kenntnis Gottes sei nicht möglich wie auch die Existenz oder Nichtexistenz Gottes nicht nachweisbar sei.

42 Devas sind in der Theosophie eine Hierarchie von Geistern, die helfen, das Universum zu regieren. Das Sanskritwort bedeutet »himmlische Wesen«.

43 Ann Faraday: *Deine Träume – Schlüssel zur Selbsterkenntnis,* Fischer Taschenbuch Verlag, Frankfurt 1980.

44 Joel S. Goldsmith: *Das mystische Ich,* H. Schwab Verlag, Argenbühl 1985.

45 Mein Dank geht an Anthony J. Fisichella, den Autor von *Metaphysics – The Science of Life,* Llewellyn Publications, St. Paul, MN, 1985. Er hat die Lücken in meinem Wissen beim Überblick über diese Zeitalter ausgefüllt.

46 Fortune: *The Cosmic Doctrine* (s. Anm. 24).

47 Vera Stanley Alder: *The Fifth Dimension,* Samuel Weiser, York Beach, ME, 1970.

48 Evelyn Underhill: *Mystik,* Verlag Reinhardt, München 1928.

49 Jaegers: *Mark I ESP Training Manual* (s. Anm. 13).

50 Ebenda.

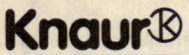

Westliche
Wege

Knaur® Esoterik

Oskar Ruf
DIE ESOTERISCHE BEDEUTUNG DES LESENS
Vorwort von Rüdiger Dahlke

(86012)

Knaur® Esoterik

Oskar Ruf
DIE ESOTERISCHE BEDEUTUNG DER MÄRCHEN
Vorwort von Rüdiger Dahlke

(86007)

Knaur® Esoterik

Natalie Goldberg
DER WEG DES SCHREIBENS
Durch Schreiben zu sich selbst finden

(4275)

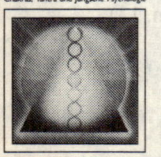

Knaur® Esoterik

Charles Breaux
REISE INS BEWUSSTSEIN
Chakras, Tantra und Jungsche Psychologie

(4251)

Knaur® Esoterik

Charles Breaux
LEBENSLINIEN
Der Weg der Seele durch zahlreiche Leben und Zeiten

(86004)

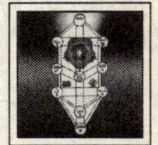

Knaur® Esoterik

Kabaleb
EINWEIHUNG
IN DIE MYSTERIEN DES GÖTTLICHEN WERKES

(4269)